교수는
무엇으로
판단하는가

교수는 무엇으로 판단하는가
─ 동료평가를 통한 학문적 수월성의 발견과 구성

초판 1쇄 펴낸날 | 2011년 1월 25일

지은이 | 미셸 라몽
옮긴이 | 정준영
펴낸이 | 조남철
펴낸곳 | (사)한국방송통신대학교출판부
　　　　　110-500 서울시 종로구 이화동 57번지
　　　　　전화 영업 02-742-0954
　　　　　　　편집 02-3668-4764
　　　　　팩스 02-742-0956
　　　　　출판등록 1982년 6월 7일 제1-491호
　　　　　홈페이지 press.knou.ac.kr

출판위원장 | 김무홍
기획 | 박혜원
편집 | 김정규 · 김재호 · 박수로
본문디자인 | 상록문화사
표지디자인 | design Bbook
마케팅 | 전호선

ISBN 978-89-20-00398-1 03370

값 19,000원

교수는
무엇으로
판단하는가

동료평가를 통한 학문적 수월성의 발견과 구성

미셸 라몽 지음 | 정준영 옮김

지식의날개

옮긴이의 말

성찰적 평가문화의 구축을 위하여

'동료평가peer review'는 오늘날 우리 학계에서 가장 널리 사용되는 평가의 방식이다. 신규 교수의 채용에서부터 승진 심사, 연구비 신청 심사, 학회지에 게재할 논문 심사 등이 모두 동료평가 방식을 따르고 있는 것이다. 나아가 이제까지 동료평가를 사용하지 않던 곳에서도 점차 이 방식의 평가에 의존하는 사례가 늘어나고 있다.

심사자로서든 평가 대상으로서든 동료평가 과정에 참여해 본 적이 있는 사람이라면 누구나 이 평가 방식이 완벽하지 않다는 점을 알고 있다. 한 방면의 전문가인 학자의 업적을 정확하게 평가할 수 있는 사람이 많지 않다는 점(특히 전공 분야가 극도로 세분화되어 있는 오늘날 학계의 상황에서는 더욱 그렇다) 외에도 평가 과정에서 평가자의 학문적 지향이나 개인적 취향에 따라 다양한 편견이 개입될 수 있기 때문이다. 하지만 동료평가의 이런 한계에도 불구하고 사적인 자리에서의 논의 외에 동료평가에 대한 체계적인 분석은 거의 존재하지 않는 편이다.

미셸 라몽의 이 책은 연구비 신청 심사에서의 동료평가만을 다룬 다는 한계를 지니고 있지만 이 동료평가의 기제에 대해 체계적인 분석을 제공하고 있다는 점에서 흥미로운 연구라 할 수 있다. 라몽은 동료평가가 수월성, 곧 학문적 질의 발견을 목표로 삼고 있지만 그 과정에는 수많은 난관이 존재한다는 점을 발견한다. 먼저 분과학문마다 질을 정의하는 방법에 차이가 있는데, 여기에는 각 분과학문의 사회적 위상과 분과학문에 지배적인 인식론적 지향, 이 지향이 분과학문을 통합하고 있는 정도 등이 영향을 미친다. 게다가 수월성을 구성하는 여러 요소들 중 어느 쪽에 더 중점을 둘 것인가는 심사 과정에서 심의위원들 사이에 존재하는 역학이나 심의위원 개인의 취향, 질에 국한되지 않는 추가적 고려사항 등에 따라 바뀔 수 있는데, 이 역시 순수한 질을 발견하여 보상한다는 목표에 장애로 작용할 수 있다.

제한된 시간 내에 다양한 주제를 다루고 있는 다수의 지원서 중 연구비를 지급할 일부의 지원서만 선정해야 한다는 현실적 한계는 심사 과정에서 심의위원들 사이의 타협을 불가피하게 만들며 이 타협의 결과는 심의위원이 어떻게 구성되느냐에 따라 크게 달라질 수 있다는 것이다. 게다가 이런 상황은 대다수의 지원서가 모두 부분적으로 어느 정도 약점을 지니고 있으며 지원서마다 강점과 약점이 서로 다르다는 점에서 더욱 악화된다. 결국 이런 과정을 거쳐서 최종적으로 발견된 질은 지원서 자체에 본래부터 내재해 있던 것이라기보다는 심사 과정에서 구성된 것으로 보는 것이 타당할 것이다.

하지만 라몽은 동료평가가 지닌 이런 한계에도 불구하고 이 체제의 신성성에 대한 집합적 믿음이 순수한 질을 추구하는 분야라는 학계의 정당성을 유지하고 확산시키는 데 핵심적이라는 사실도 놓치지 않는다. 학문적 수월성을 적절히 발견하여 보상한다는 믿음이 붕괴된다면 진리 추구의 영역으로서 학계의 통합성 자체가 기반을 잃어버릴 수 있을 것이기 때문이다. 따라서 우리는 동료평가가 지닌 한계 때문에 그것을 성급하게 폐기하기보다 이 한계를 최소화하고 체제의 정당성을 유지할 방법을 모색해야 할 것이다. 이는 동료평가가 지닌 여러 가지 문제점에도 불구하고 그것을 대체할 수 있는 뚜렷한 대안이 아직 존재하지 않는다는 점에서 더욱 그렇다.

라몽의 이 책은 잠재적 심사위원들이 자기 분과학문과 스스로의 지향에 대해 성찰적으로 되돌아봄으로써 동료평가를 좀 더 나은 형태로 가다듬을 수 있도록 도움을 준다. 라몽의 연구는 미국 학계에서의 동료평가를 분석 대상으로 삼고 있지만, 저자 자신도 이야기하고 있듯이 미국식 동료평가 체제를 수입하여 시행하고 있는 다른 나라의 학계에도 많은 시사점을 지니고 있다. 특히 라몽의 지적처럼 지리적으로 분산되어 있고, 학계의 규모가 매우 크며, 다양한 제도를 포괄하고 있는 미국의 학계에 가장 적합한 동료평가 체제를 그와 크게 다른 조건을 지니고 있는 우리 학계에 수입할 때 그런 성찰성은 더욱 긴요한 것이라 할 수 있다. 우리 사회과학계에서도 흔히 발견되듯이 양적 지향의 연구와 질적 지향의 연구 사이의 갈등이 부분적으로라도 해소될 수 있으려면, 심사를 담당하는 사람들이 열린 마음으로 '인지적 맥락화'를 통해 상대의 기준에서 질을 평가하려는 노력을 게을리하지 말아야 할 것이기 때문이다.

근자에 우리 사회의 여러 영역에서는 갖가지 형태의 평가가 활발하게 이루어지고 있다. 학계에서의 동료평가와 마찬가지로 이들 평가도 적어도 표면적으로는 수월성을 발견하여 보상하려는 목표를 지니고 있다. 하지만 평가의 목표가 당위적으로 받아들여지고 있는 것과 달리 각 영역에서 무엇이 수월성이고 그것을 적절하게 발견할 방법이 무엇인지에 대해서는 제대로 논의가 이루어지지 않고 있다. 당위적 목표가 아무리 많은 사람의 공감을 불러일으킨다 해도 수단에 대한 믿음을 심어 주지 못한다면 평가의 정당성은 훼손되고 평가에서 불이익을 받은 사람의 승복도 받아내기 힘들 것이며 궁극적으로는 체제에 대한 믿음도 훼손될 것이다. 이 책이 보여 주듯이 절차의 정당성에 대한 믿음은 체제의 신성성을 유지하는 데 결정적이기 때문이다.

다양한 기회에 심사를 받고 심사에 참여하기도 하면서 동료평가의 의의와 한계에 대해 이런저런 생각을 해 보다가 이 책을 접하고 반가운 마음에 번역을 시작했다. 하지만 막상 번역을 하다 보니 어려운 점이 한두 가지가 아니었다. 우선 구어체의 면접 자료들을 자연스러운 우리말로 옮기는 것이 쉽지 않았고, 프랑스에서 학위를 마친 후 성년이 되어서야 미국으로 이주한 저자의 문장도 전체적인 내용을 이해하는 데는 방해가 되지 않았지만 막상 개별 문장을 우리말로 옮길 때는 장애로 작용했기 때문이다. 힘든 번역이기는 했지만 원어민이 아닌 사람의 영어를 번역하면서 역자의 부족한 우리말 실력을 다시 한 번 절감할 수 있었던 소중한 기회이기도 했다. 곳곳에서 발견될 어색한 문장이나 잘못된 번역은 오로지 역자의 능력 부족 탓이다. 독자 여러분의 너그러운 이해를 구하며 기회가 닿는 대로 바로잡을 것을 약속드린다.

처음 번역을 권유했던 한국방송통신대학교 전 출판부장 한복연 교수님과 번역을 하는 과정에서 지원을 아끼지 않았던 김정규 팀장님, 편집을 담당했던 김재호·박수로 님에게 감사를 드린다. 부족한 번역이지만 우리 학계의 동료평가 체제, 나아가 우리 사회의 평가문화 전반을 되돌아보는 계기를 제공해 줄 수 있다면 충분히 의미를 지닐 수 있으리라고 기대한다.

2011년 1월

정 준 영

차례

옮긴이의 말

Chapter **01**

동료평가의 블랙박스를 열며_15

Chapter **02**

패널의 작동 방식_43

프로그램의 목적과 평가 기준_46

임용과 프로그램 관리자의 역할_49

평가위원의 선정_54

사전 선별자의 역할_63

평가위원의 작업_65

패널 심의의 역학_74

결 론_81

Chapter **03**

분과문화에 대하여_83

해석적 · 경험적 분과학문_93
철학의 '난감한 사례'_97
영문학의 '정당성 위기'_104
역사학, 합의적 학문_117
인류학의 취약한 경계_126
정치학: 대립을 초래하는 합리적 선택_136
경제학: 수학적 형식주의에 의해 통합된 학문_143
결　론_146

Chapter **04**

실용적 공정성: 심의의 관습적 규칙들_153

관습적 규범을 통한 정당성과 신뢰의 생산_157
훌륭한 평가위원을 만드는 것_160
심의의 핵심 규칙들_166
동맹, 전략적 투표, 그리고 거래_172
개인적 이해관계와 인맥 배제하기_178
괴팍스러운 취향과 자기 재생산을 넘어_182
방법론적 다원주의 권장하기_188
분과학문의 편견 제쳐 두기_192
정당성의 한계: 규칙 위반하기_196
패널 결과에 대한 외부의 영향_207
결　론_221

차례

Chapter **05**

수월성의 다양한 종류 인식하기_225

지원서의 요소들_228

수월성을 인지하는 6가지 기준_235

비공식적, '섬세한' 평가 기준_263

지원자의 도덕적 자질_273

결 론_278

Chapter **06**

학제성과 다양성에 대한 고려_283

학제적 평가의 보상과 도전_287

원만한 수행_288

그것을 잘 평가하기_292

다양성 기준 포함시키기_296

많은 다양성 촉진하기-이유와 방법_297

수월성 대 다양성_303

다양성에 대한 관점: 유색인 평가위원들_307

젠더 편견의 인식_309

제도적인 긍정적 입법_313

연구 주제와 관련된 긍정적 입법_320

결 론_328

Chapter 07

미국과 외국에 대한 함의_333

미국의 평가 모델 외국에 수출하기_339
동료평가에 대한 훨씬 더 사회적인 관점을 향하여_342
다른 유형의 평가에 대한 함의_345

●●●● 부록

방법론과 자료 분석_348

감사의 글_358

주석_364

참고문헌_398

찾아보기_435

동료평가의
블랙박스를 열며

나는 학자들의 자아에 대한 감각과 그들의 정서에 대한 분석을
시도한다. 부르디외는 구별짓기를 위해 경쟁할 때 유사한 위치에
있는 사람들 사이에 갈등이 가장 심하다고 시사하지만, 나의 인터
뷰 결과에 따르면, 행위자들은 자기 지위를 극대화하는 기회뿐 아
니라 집합적인 문제풀이에 실용적으로 참여하는 기회를 위해서도
동기를 부여받는 것으로 드러났다. 그래서 나는 머튼과 부르디외,
휘틀리와 달리 동료평가가 경쟁논리(또는 시장논리)에 의해 전적
으로 또는 주도적으로 움직인다는 관점에 반대한다. 나아가 동료
평가가 상호작용적이고 정서적인 과업임을 시사한다.

우수하다고 간주되는 것에 대한 여러 가지 견해들이 있습니다. 수월성에 대한 상이한 표준들, 또한 다양한 형태의 수월성이 있지만, 나는 사실 누구의 평가 기준이든 어느 정도까지는 기꺼이 받아들일 겁니다. 어디까지일지는 장담하기 어렵지만, 일단 보면 한눈에 알아볼 수 있으리라 자부합니다. 여러분은 그에 대한 최소한의 직감을 얻게 될 겁니다. 특히 좋지 않은 것은 알아보기가 더 쉽죠.

— 사회학자

수월성을 정의하는 데는 언제나 논란이 있게 마련입니다. (내 동료들은) 아주 쉽게 말하곤 하죠. 마치 좋은 책이란 자명하다는 듯이 "이 책이 그렇게 탁월하다고는 생각지 않아."라고 말입니다. 그들의 견해는 참으로 덧없거나 모호한 것들에 불과하죠.

— 영문학 교수

삶의 다양한 단계에서 선택된 사람들로 만들어진 피라미드 구조에서 우리는 마치 그 정점 위에 우뚝 선 느낌을 받았습니다. 우리는 저마다 나름의 자부심을 지닌 검증된 학자들을 B, B$^+$, A그룹으로 분류하면서 우리 자신은 A그룹이라고 생각했습니다.

— 정치학자

학문을 하며 살아가는 사람에게 '수월성^{excellence}'이란 성배와도 같다. 학자들은 자신의 분야에 새로운 지평을 열 연구 성과를 거두기 위해 분투한다. 대학들은 순위를 높이기 위해 경쟁하며, 학생들은 영감을 불러일으켜 줄 스승을 찾아 헤맨다. 그러나 연구의 세계에서 언제나 수월성이 논란의 대상이 됨에도 불구하고, 그에 대한 정의는 물론 어떤 방법으로 수월성을 획득할 수 있는지에 대한 학문분야 간의 합의도 거의 도출되지 않는 것이 현실이다.

영문학이나 인류학 분야에서 '정수精髓'라고 일컫는 것은 경제학에서 '최고로 뛰어남'으로 불리는 것과 거의 공통점이 없다. 이러한 부등식不等式은 학문적 기획이 빛바래거나 무의미해서 성립하는 것이 아니다. 그것은 여러 학문분과가 저마다 다른 조명 아래 고유의 빛을 뽐내고, 그 구성원들이 다양한 방식으로 질을 규정하고 있기 때문이다. 또한 질과 수월성을 평가하는 여러 기준의 비중이 분과에 따라 다를 수 있고 그 자체가 치열한 논쟁의 대상이 되기도 한다. 이 책이 지향하는 목표가 바로 표준과 그에 부여된 의미를 밝혀내는 것이다.

라틴어의 '아카데미아academia'는 고등교육에 몸 바치는 이들의 공동체를 의미한다. 그 중심에는 '한패' 또는 '동류同類'라 일컬어지는 동료들이 있어서 질을 정의할 때 그들이 곧 오피니언 리더가 된다. '동료평가'라고도 불리는 광범위한 학문적 평가체계 속에서 이른바 동료들은, 공동체의 다른 구성원들이 이루어 낸 업적의 질에 대해 보통 익명으로 비평을 개진한다. 그렇게 함으로써 그들은 위신과 명예, 연구 지원 장려금이나 기금 또는 차별화된 지위와 안정적인 직업을 주는 정년보장 직위, 명망 있는 출판사와의 출판 계약과 같은 희소한 자원의 배분을 결정한다.

동료들은 학문공동체의 다양한 채널을 통해 인적 자원과 아이디어의 흐름을 조정하지만, 이 공동체의 특성이 민주적이지 않기 때문에 누군가는 남달리 큰 목소리를 내게 되고 그럼으로써 다른 구성원들에 비해 그 집단의 문지기 역할을 더 자주 맡게 된다. 그런데 다양한 공동체의 관문을 제각기 다른 사람들이 지키게 되므로 문지기를 맡은 그들조차도 시도 때도 없이 평가의 대상이 되어야 한다.[1]

동료평가는 은밀하게 진행된다. 오직 평가위원회 구성원만이 그 안에서 벌어지는 상황을 정확히 알고 있을 뿐이다. 이 책에서 나는, 이러한 독특한 세계에 대해 내가 알게 된 것을 낱낱이 공개하고자 한다. 나는 학술연구를 지원하는 유수의 장학금과 기금 분배를 위한 '다학제적 패널'에 참여하는 인문과학자와 사회과학자들을 연구했다. 나는 이들 전문가와 심층면접을 하고 그들의 심사 과정을 지켜보았다.

대면 토의 과정에서 평가위원들은 개별 기획서가 지닌 장점을 따지며 패널 구성원들에게 자신의 평가 기준을 개진하고, 지원자의 학문분과에 걸맞게 그 기준을 조율하고자 한다. 따라서 기금 지원을 위한 평가 패널은 수월성에 대한 다양한 학문적 정의를 관찰하기에 이상적인 여건을 제공한다. 점점 더 다양한 분과의 학자들이, 더 많은 시간을 동료평가에 할애하고 있다는 사실이 그 과정을 살펴보는 부가적인 이유라 할 수 있다.

광범위한 분야의 수많은 행위자들이 학문적 수월성을 생산하고 정의한다. 출판을 위한 동료평가와, 세대를 이어 가며 학생이 읽는 책들이나 고급 학술지가 출간하는 최신 논문들, 전국 학회에서의 선거와 일류대학 임용 과정 등에서 바라보는 수월성의 정의는 제각기 다를 수 있다. 미국의 고등교육기관은 교수의 임용과 승진, 해고에 대한 정교한 절차를 마련해 두고 있는데, 이러한 시스템의 일부를 체계적으로 관찰하는 것은 공통의 평가문화가 시스템 자체의 조화에 얼마나 기여하는가를 평가하는 핵심적인 과정이다.

장학금 수여 프로그램을 평가할 때 다음과 같은 전형적인 질문이 제기되곤 한다.

이 프로그램들은 확실한 인재를 찾아내는 데 적합한가?

이 장학금의 수혜자들은 처음의 기대에 부응하는가?

여기서 엿볼 수 있는 묵시적인 가정은, 이 프로그램이 장학금을 수여하여 인재들을 지원함으로써 그들로 하여금 모든 잠재력을 발휘할 수 있도록 돕고자 한다는 것이다.[2] 학문적 업적의 가치가 어떻게 확인되는가를 조사하는 것은 다소 반직관적이지만, 장담컨대 나는 그것이 궁극적으로는 좀 더 흥미로운 과제라고 생각한다. 그러기에 나는 촉망받는 인재나 걸출한 저작의 궤적에 초점을 맞추기보다 우리가 인정하는 수월성을 정의하고 강제하는 표준들을 포함한 평가의 배경을 분석함으로써 성공의 수수께끼를 풀어 나갈 것이다.[3]

서론을 대신하여, 나는 이미 완성된 연구나 제안된 기획안들에 대해 동료평가에서 제기되는 전형적 질문과 똑같은 물음을 던지고 그에 답하려 한다.

무엇을 연구하는가?

내가 연구하는 것은 '평가문화'이다.[4] 이 폭넓은 의미의 술어는 수많은 구성요소를 포괄하고 있는데, 이를테면 평가위원들이 각자의 사정안을 놓고 토의할 때 채택하는 문화적 대본(업적주의적 절차인가?),[5] 그들이 '기준'에 부여하는 의미(말하자면, 창의성은 어떻게 인지하는가?), 다양한 표준들에 매기는 비중(예를 들어 '질'이냐 '다양성'이냐?), 또한 그들은 수월성을 어떻게 이해하고 있는가 등이 그것이다. 그들은 수월성이 객관적 실재라고 보는가? 그렇다면 그것은 어디에 있는가? (경제학자들이 흔히 믿고 있듯이) 지원서 속인가, 아니면 (영문학자들이 주장하듯) 관찰자의 눈동자 속인가?

평가문화는, 평가와 권력 역학의 관계에 대한 평자들의 이해도와, 판단하고 합의를 도출하는 능력, 학문분과 간의 경계나 다양한 학문영역의 가치와 운명에 대한 평자들의 관점 또한 포함하고 있다. 덧붙여 평가문화는 사정관들의 주관이 평가에 악영향을 미친다고 생각하는지(경성 사회과학자들의 희화화된 관점), 아니면 도리어 비평과 감식에 본질적인 것이라고 생각하는지(인문과학이나 좀 더 해석적인 사회과학자들의 관점)의 문제가 포함된다.[6]

나는 이 책에서 6개 분과에 걸쳐 공유된 표준과 평가적 분과문화를 연구한다. 각 학문분과는 특유의 개성과 도전을 보여 준다. 철학자들은 분과지식 평가에서의 독점권을 주장하며, 역사학 분야에서는 장인정신이라는 기초 위에 비교적 강한 합의가 존재한다. 인류학자들은 자신들의 경계를 정의하고 지켜 나가는 데 매달려 있고, 영문학자들은 '정당성의 위기'를 겪고 있다고 여기는가 하면, 정치학자들은 그들 분야가 분열되어 있음을 경험한다. 대조적으로, 수학적 형식주의를 기반으로 자기 분야가 합의를 이루고 통합되어 있다고 느끼는 것이 경제학자들이다.

누구를 연구하는가?

연구 대상은 평가위원들이다. 그들은 뛰어난 '친화력 people skills'과 흠잡을 데 없는 판단력으로 각별한 존경을 받는 전문가들이다. 그들은 자신의 영향력이나 호기심 또는 즐거움이라는 것을 앞세워 기금 지원을 위한 동료평가를 맡는 데 동의했다. 누군가는 하루 이틀에 걸쳐 빛나는 정신활동을 지켜보는 일이 '굉장히 즐거웠다'고 이야기한다. 또 어떤 위원들은 큰 존경을 받는 전문가로서 스스로의 정체성이 유지되는 것은 물론 이상적으로는 제고되는 과정에 참여하기 위해 기꺼이, 자신의 의견이 존중되는 패널에 참여한다.

왜 동료평가를 연구하는가?

앞서 이야기한 것처럼 미국의 고등교육에서는 재원의 분배 기준으로 수월성과 다양성 중 어느 쪽이 더 중요한가에 대한 논쟁이 격렬하게 펼쳐지고 있다. 어느 하나를 택하고 다른 하나를 포기해야 하는가? 좀 더 폭넓은 평가문화를 분석하는 것이 양자의 관계를 이해하는 데 도움이 될 것이다. 최상위 수혜자를 제외한 모든 수혜자들에 대한 기금 지원 결정은 일반적으로 수월성과 다양성 양면을 미묘하게 조화시키는 안배를 통해 이루어지는 것이다. 간혹 사정관들은 '다양성'의 여러 유형들 가운데 평점 A^- 나 B^+ 기획안(실제 순수한 A는 드물다) 가운데 어느 것을 기금 지원 커트라인에 올려놓을까를 두고 다툰다. 사정관들이 학문분과의 다양성과 제도상의 다양성에 특히 관심을 쏟는 까닭은 한정된 기금이 소수의 분야나 명문대학에

편중되지 않도록 하기 위해서이다.

드물게는 인종의 다양성이나 성별, 지리적 다양성도 배려의 대상이 된다. 일반적 논의와는 달리, 오늘날 동료평가의 실제에서는 수월성과 다양성의 문제는 대안代案이 아닌 부가적 고려사항이다. 나의 분석은, 말하자면 예일대학 출신이 아닌, 중서부 주립대학 출신이 의사결정 과정에서 예측 가능한 방향으로 가중치를 부여받지 않는다는 점을 명백히 해 줄 것이다. 이와 같이 어떤 상황에서는 여성 또는 유색인종이라는 것이 유리할 수 있지만 또 다른 상황에서는 불리할 수도 있다.[7]

어떤 방법을 택할 것인가?

나는 사회적 행위자가 일상생활을 이해하고자 할 때처럼 우리는 주로 관심사에 대한 실용적인 문제 해결식 접근 방법을 따른다고 생각한다. 그래서 나의 분석은 사정관들이 실용적인 평가 방법을 채택한다는 것을 보여 준다. 그들은 제한된 시간 내에 일정수의 연구계획서에 대한 합의를 도출해야 하는데, 그것은 과정의 공정성을 어떻게 이해하며 무엇을 하는가를 결정하는 실질적 관심사이다.

그들은 심사가 진행됨에 따라 공통의 기준을 만들어 가며, 토의를 하는 과정에서 '관찰을 통해 배움'으로써 자기 교정을 거치게 된다.[8] 더욱이 수월성이라는 어휘 자체가 최상에서 최하까지의 직선적인 위계를 전제로 하고 있는 것과 달리 평가위원들은 비선형적非線型的 평가 방법을 채택한다. 그들은 주제나 방법론, 지역, 심지어 가나다순에 이르기까지 갖가지 공유 특성들을 바탕으로 계획서들

교수는
무엇으로 판단하는가

을 비교한다. 때로는 그들도 과업을 성취해야 한다는 조건 때문에 발생하는 비일관성을 알고 있다.

무엇을 알아내는가?

평가위원들의 행위는 동료평가의 역학에 따라 통제되며 (심사규칙과 관련한) 특정한 절차가 작업을 이끈다. 평가는 그들 각각의 학문 분과별 평가문화와 기금 출연기관이 규정한 (창의성·중요성·수행가능성과 같은) 공식적 기준에 따라 이루어진다. 평가자들은 여기에 다양성에 대한 고려와, 예컨대 우아함과 같은 좀 더 섬세한 기준을 가미한다. 하지만 광범위한 분과적 차이를 극복하고 그들은 합의를 도출해 낼 공통의 심사규칙을 함께 만들어 낸다. 이들 규칙에는 다른 분과의 영역에 대한 존중과 동료의 전문성에 대한 인정이 포함된다. 그것들은 개인적 기호와 특유의 취향, 분과의 편견을 일괄하는 것을 수반하며, 방법론적 다원주의와 인지적 맥락화(이를테면 평가에서 분과에 걸맞은 기준을 사용하는 것)를 장려한다. 이들 규칙을 존중함으로써 평가위원들은 동료평가 과정을 신뢰하게 되는데, 이는 평가위원들이 연구계획서의 판단과 더불어 다른 동료들의 표준과 행동을 판단하기 때문이다.[9]

동료평가는 혹독한 비판과 면밀한 조사의 대상이 되고 있다.[10] 이중맹검二重盲檢, double-blind 평가에서 훈련 후 점수 매기기에 이르기까지 다양한 방법이 일관성을 유지하고 반복가능성과 안정성을 확보하며 모호성을 줄이기 위해 사용될 수 있다. 기금 지원 동료평가는 아직도 대면 회의를 선호하지만 출판을 위한 동료평가에서는 평가자들이 혼자서 논문이나 책의 초고를 검토한 후 물리적으로 멀리 떨어져 있는 책임자에게 대개 글로 추천을 한다.[11]

신뢰를 구축하는 데는 논쟁이 지대한 역할을 한다. 공정한 결정은 다양한 유형의 전문가들 사이의 대화에서 비롯되는데, 이 대화는 재량과 불확실성, 다양한 요인들과 수월성의 경쟁 유형에 대한 가중치 부여와 관련하여 여지를 남겨 놓는다. 그것은 또 유연성과, 집단이 수월성의 정의에 대해 공유된 감각을 발전시킬 여지도 남겨 놓는다. 곧 의견 발표 규범speech norms과 암묵적인 집단 경계를 포함한 독특한 집단의 스타일이 발전될 여지를 남겨 놓는다.[12]

개인의 권위가 반드시 이 과정을 오염시키는 것은 아니다. 그것은 전문성의 매개 요인이자 결정의 질을 신뢰하는 기반으로서 집단이 구축하는 것이다.[13] 이것들이 인용 횟수 세기와 같은 양적 기법보다 심사가 질을 찾아내는 데 더 나은 도구라고 간주되는 여러 이유 중 하나이다.

개별 결정의 공정성을 판정할 수는 있지만 체계 전체와 관련해 확실하고 입증 가능한 결론에 도달하는 것은 불가능하다. 그러나 체계에 대한 참여자의 믿음이 그것의 원만한 운용에 지대한 영향을 미친다. 체계의 정당성에 대한 믿음은, 어디까지가 허용되는 행동인가에 대한 구성원의 이해(이를테면 수상자를 결정할 때 개인적 이해관계를 배제하라는 신호를 보낼 것인가 말 것인가, 한다면 어떻게 할 것인가)뿐 아니라 개인의 행위(예컨대 부지하세월로 지원서를 읽는 데 보내는 시간)에도 영향을 미친다. 따라서 체계를 포용하는 것은 평가위원의 행동에 매우 중요한, 긍정적 효과를 낳는다.[14]

이 연구의 중요성은 무엇인가?

동료평가에 관한 책들은 대부분 평가의 인지적 차원에만 초점을 맞추고 있고 그 밖의 것들은 나쁜 영향을 미치는 것으로 파악한다.[15] 하지만 내가 보기에 평가는 매우 정서적이고 상호작용적인 과정이다. 그것은 문화적으로 배태되어 있고 평가위원들의 '사회적 정체성', 즉 그들의 자아개념과 다른 사람들이 그들을 어떻게 정의하는가에 의해 영향을 받는다.[16] 동료들이 자신의 견해를 존중해 주기를 바라는 평가자의 지극히 솔직한 욕망도 심사 과정에서 중요한 역할을 수행한다. 합의 형성은 부서지기 쉽고 상당한 정서적 작업을 요구하는 일이다.[17]

동료관계collegiality를 유지하는 것은 중요하다. 그것은 또한 미국 고등교육기관의 독특한 특성(공간적 분산, 사회적·지리적 이동성, 각 분야의 엄청난 규모 등)이 상호작용의 불확실성을 증가시키기 때문에 지난한 일이기도 하다.

고등교육기관이 진실로 업적주의적인가? 학자들은 스스로를 재생산하는 엘리트인가?[18] 이들 질문과 그 밖의 유사한 질문들은 평가에서의 편견과 평가자의 신뢰성이라는 문제와 긴밀하게 연결되어 있다. 전문성과 감식안(또는 식별력)은 쉽게 동류애(homophily; 자신의 것과 가장 닮은 연구를 높이 평가하는 심리)로 빠질 수 있다. 흔히 연장자이며 중견 학자인 평가자는 때로 수월성을 '내 마음에 가장 와 닿는 것'으로 정의하는데, 그것은 사실 '나와 가장 닮은 것'과 유사해지며 그 결과 '가진 자(haves; 명문 학회나 지배적인 패러다임과 연관된 사람들)'가 더 많은 자원을 받게 되는 것이다.[19]

동류애의 경향은 기금이 보수적이라는, 널리 유포된 편견을 설명할 수 있다. 다시 말해 아주 창조적이고 창의적인 기획이 기금을 지원받으려면 더 높은 장애물을 넘어야 한다는 믿음이 널리 퍼져 있는 것이다.[20] 그것은 또 매튜 효과(Matthew effect; 이미 자원을 가진 사람에게 더 많은 자원이 쏠리는 경향)를 설명하는 데도 도움이 된다.[21]

그런데 나는 좀 더 복잡한 패턴을 발견했다. 평가자들은 흔히 자신의 것과 같은 연구 유형을 선호하면서도 한편으로는 가장 강력한 연구계획서를 보상하는 것에 매료되어 있기도 하다. 평가위원들은 필연적으로 특정한 인지적·사회적 네트워크 안에 자리 잡고 있다. 그들 모두에게는 학생과 동료, 친구가 있으며 그들과 때로 상당히 자그마한 인지적 세계(하위분야 또는 하위전공)를 공유하고 있는데, 이따금 그들과 그리 먼 관계가 아닌 사람들의 작업을 심사해 달라는 요청을 받는다.

무엇이 수월성을 정의하는가에 대한 그들의 이해는 그들이 처해 있는 문화적 상황에 따라 결정된다. 그러나 일단 사정관이 되어 줄 것을 요청받으면, 그들은 절대적이고 탈 맥락화된 표준을 통해 정의되는 질을 평가하기 위해 일상적 환경으로부터 벗어날 것을 종용받게 된다. 사실 그들의 자아 정체성은 개인적 이해관계를 극복할 수 있는 전문가로서의 자아개념과 연결되어 있다. 그래서 평가자들은 질을 심사하고자 할 때 모순적인 밀고 당기기를 경험한다.[22]

이 연구의 인식론적 함의는 무엇인가?

19세기 프랑스 사회과학자 오귀스트 콩트처럼 오늘날의 일부 학자들은 (물론 콩트의 견해처럼 사회학을 최상위에 놓는 사람은 거의 없지만) 분과학문들이 단일 위계상에서 균일하게 배열될 수 있다고 믿는다. 선택의 틀은 합의와 성장으로 측정되는 분과의 '성숙도'인데 혹자는 과학성과 객관성을 선호하기도 한다.[23]

다른 사람들은 자연과학이 본받아야 할 모델로 간주되어서는 안 된다고 굳게 믿는다. 특히 과학을 연구하는 데는 수많은 모델이 존재하며 그중 상당수는 지배적인 전형적 표상과 일치하지 않는다는 점을 고려할 때 그렇다는 것이다.[24]

사회과학과 인문과학에서 좀 더 과학적인 분과와 좀 더 해석적인 분과가 선호하는 (새로운 접근법, 새로운 자료, 또는 새로운 방법론에 초점을 맞출 때의) 창의성의 양태는 크게 다르다.[25] 규범적 관점에서 보자면 내 분석의 중심사상leitmotif 중 하나는, 각 분과들은 그 대상과 관심사가 극적으로 다르다는 그 이유 때문에 서로 다른 조명 아래에서 고유의 빛을 발하며 상이한 것들에 강점을 지니고 있고 상이한 평가의 틀을 적용하는 것이 가장 적합하다는 것이다.

예컨대 어떤 분야에서는 '얼마나 많이'와 같은 질문을 통해 지식에 가장 잘 접근할 수 있는가 하면, 다른 분야는 '어떻게'와 '왜'라는 질문을 제기하는데 이는 대안적 접근법과 해석적 도구, 방법론, 자료수집 기법 등의 사용을 요구한다. 이 근본적인 차이는 수월성과 인식론적 다양성이 이분법적 선택이 아니라는 점을 함축한다. 그 대신 다양성은 수월성의 다양한 양태를 증명한다.

이 연구는 시의적절한가?

21세기의 초두, 그러니까 내가 인터뷰를 진행하던 때는 시장의 힘이 점증적으로 더욱 전문적인 분야를 선호하고, 연구가 이윤 추구와 결합되어 있었으며,[26] 게다가 동료평가의 기술은 과학의 비중을 높이 평가하는 광대한 학문적 문화 속에 오랫동안 파묻혀 있던 시기였다. 공론장에서 사회과학은 여전히 사회나 인간 등의 행동에 대한 신자유주의의 시장 중심적 설명과 좀 더 제도적이고 문화적인 설명 사이에서 줄다리기를 계속하고 있었다.[27] 평가 절차 속에 다원주의가 어떻게 혼입되는지를 조명함으로써 나는 복수의 가능성에 대한 감각을 유지하는 데 도움을 주고 싶다.

미국 고등교육기관에서는 많은 요인들이 분과학문적·인식론적 다원주의를 훼손하는 작용을 하고 있는데, 어떤 시도이건 시대적 조류를 거스르는 것은 꽤 어려운 일이다. 학문연구에서는 특히 더 그런데, 스승과 후원에 기반을 둔 이동이 두드러져 보이는 체계 속에서 사고의 독립성을 유지하기란 쉽지 않기 때문이다.[28] 영역 파괴의 길로 너무 멀리 앞서 나가는 개혁가는 필경 그 대가를 지불하는데, 심지어 이를 통해 그들이 관습을 재정의하고 미래의 변화를 위한 길을 개척할 때에도 마찬가지이다.[29]

학문적 평가의 맥락에서 동료평가의 체계에 대한 명쾌한 대안은 없는 것 같다.[30] 더욱이 이 연구의 응답자들 사이에는 그것이 지닌 흠결에도 불구하고 이 체계가 전반적으로 '잘 운용되고 있다'는 합의가 존재하는 것처럼 보인다. 계획서 평가에 참여를 한 번도 요청받지 못한 학자와, 기금 프로그램에 한 번도 지원해 본 적이 없는 사람들도 같은 의견인지는 확실하지 않다.

학문적 판단이 지닌 온갖 불확실성에도 불구하고 나는 지적 냉소주의와 맞서 싸우고자 한다. 후기구조주의의 영향으로 많은 학자들은 진리와 실체의 관념이 다분히 자의적인 것이라고 보게 되었다. 하지만 많은 사람들은 여전히 '수월성'을 매우 중시하며, 비록 그것을 정의하는 방식의 차이는 있을지라도 그것을 발견하고 보상하는 데 강하게 매료되고 있다.

또한 나는 학문적 논쟁에서 문제가 된, 경쟁하는 평가 기준에 대해 견실한 연구를 바탕으로 더 심층적인 이해를 제공하고자 한다. 정치학과 사회학 같은 경험적 기반의 학문은 수월성의 분과적 표준을 마련할 때 형식이론과 양적 연구기법의 위상을 어디에 둘 것인가에 관련해 커다란 갈등을 겪었다. 정치학에서는 합리적 선택이론의 영향력이 증가하면서 긴장이 강화되었다.[31]

1990년대에 벌어졌던, 미국사회학회의 대표학술지인 *American Sociological Review*의 편집자 선임을 둘러싼 불화는 사회학에서 질적 연구와 양적 연구의 위상에 대한 격렬한 논쟁을 낳았다.[32] 두 분과에서 다양성과 학문적 수월성은 매번 전문 학회의 회장 선출에 있어서 상호배타적 기준으로 받아들여진다. 나의 분석은 이 논의가 극단적인 논쟁을 넘어설 수 있도록 도와줄 것이다.

또 이 책은 미시적 수준에서 사회적인 것과 학문적인 것의 공동생산coproduction을 조사한다.[33] 1960년대 말 이래 정부 기금 수여기관의 지원을 받고자 했던 사회학자들은 정부조직에서 사용하는 평가의 표준에 대한 이해를 기반으로 하여 그들의 작업을 '과학적인' 것으로 정당화하는 시도의 일환으로 양적 기법을 더 많이 채택하기 시작했다.[34] 동시에 정부 조직들은 사회공학social engineering의 기반으로서 사회과학적 지식(예컨대 센서스 정보, 학교의 성취도 관련 자료, 다양한 집단들 사이의 실업률 등)에 더욱 의존하기 시작했다. 그에 따라 지식 네트워크와 자원 분배의 네트워크가 나란히 성장했고 이런 정렬이 분과의 위계를 유지시켜 왔다.

연구자가 외부의 기금에 더 많이 의존할수록 연구 과제를 선택할 때 그의 자율성은 약화된다.[35] 돋보이거나, 또는 연구자가 돋보인다고 인식하는 평가 표준이 곧 그들이 수행할 작업의 종류를 결정한다. 이들 표준은 학자들이 기금을 지원받고 지위를 얻을 가능성에도 영향을 미치는데, 이는 장학금의 수혜가 학문적 명망의 획득에 핵심적인 사항이기 때문이다.[36] 그런 식으로 학문세계의 광범위한 위계를 위한 조건들이 마련되었다.

내가 진정으로 바라는 것은 동료평가의 블랙박스를 열어, 특히 바깥에서 들여다보는 젊은 학자들에게 평가 과정이 좀 더 투명해지도록 만드는 것이다.[37] 또한 좀 더 경륜 있는 중견 학자들(문지기들)이 그들이 하는 일의 한계에 대해 진지하게 생각하고 또 생각하기를 바란다. 특히 그들이 '나(또는 나의 연구)와 가장 닮은 것'을 '흥미로운 것'으로 정의할 때 말이다. 좀 더 폭넓은 시야를 제공하는 것은 분과학문의 좁은 경계에 갇혀 있는 많은 사람들의 관점을 확대시키는 데 도움을 줄 것이다.

분과학문 간 문화 사이에 내재하는 차이점과 유사성을 폭넓게 이해하게 되면 학자들이 자기 영역 외의 분야에 대한 관용성은 물론 감식안까지 획득하게 될 것이다. 또한 그 과정이 관습적 규칙에 의해 움직이고 있다는 것을 알고 나면, 평가자들 모두가 수월성을 둘러싼 광범위한 경합 속에서 그들 자신의 우주적 중요성에 대해 보다 겸허해지고 좀 더 실제적인 감각을 갖게 될 뿐 아니라 상이하고 개방된 전망에서 체계를 바라보도록 하는 데도 도움이 될 것이다.

　이제 이 연구의 진행 과정과 분과학문적 포지셔닝의 세부 사항을 기술하고자 한다. 이 주제에 관심 없는 독자들은 패널의 작동 방식을 서술하는 2장으로 건너뛰어도 좋다.

　내가 이야기를 나눴던 학자들은 교수와 대학원생들이 제출한 기금이나 장학금 지원서를 평가하는 기금 패널에서 활동한 사람들이다. 세기가 바뀌는 시기의 2년에 걸쳐 5개의 전국 단위 기금 경연에서 12개의 상이한 패널에 참여한 학자들과 인터뷰했다(상세한 것은 부록을 보라).[38]

　개별 기금 조직(그리고 연구 대상이 된 특정 경연)은 ACLS(American Council for Learned Societies; 인문과학 장학 프로그램), Society of Fellows(일류 연구중심대학이 후원하는 주거비 지원 장학금 국제경연), SSRC(Social Science Research Council; 국제 학위 과정 현장 연구 프로그램), WWNFF(Woodrow Wilson National Fellowship Foundation; 여성학 프로그램), 그리고 사회과학 분야의 익명 재단 등이다.

　각각의 사례에서 나는 평가위원들, 패널의 의장, 프로그램 관리자와 각각 2시간가량 개별적으로 이야기를 나눴다. 이들 81회의 인터뷰에는 프로그램 관리자, 패널 의장과 함께 나눈 15회의 인터뷰가 포함되어 있으며, 패널 심사가 종결된 후 철저하게 비밀이 유지된 상황에서 몇 시간 내지 며칠 안에 이루어졌다.

　인터뷰의 목적은 특정 지원서에 찬성 또는 반대하는 과정에서 평가위원들이 했던 주장, 경연의 결과에 대한 그들의 견해, 지원서의 순위에 대한 패널 토의 전후의 생각 등을 알아보는 데 있었다. 나는 패널 회의 전후의 순위 자료를 모두 가진 채 각각의 인터뷰에 나섰다. 여타의 질문들은 평가위원들이 선발 절차와 그 결과를 어떻게 해석하는가, 자신의 평가를 다른 평가위원들의 평가와 어떻게 비교하고 있는가, 그들이 대학원생과 동료, 스스로의 연구 가운데에서 수월성을 어떻게 인지하는가, 학문적 수월성을 믿는가 아닌가, 그렇다면 그 이유는 무엇인가, 그리고 그들이, 내 식대로 말하면 '크림은 위로 떠오른다the cream rises to the top'는 것에 대해 어떻게 생각하고 있는지를 듣기 위한 것들이다.

덧붙여 나는 그들에게, 그들이 특별히 높이 평가했던 지원서의 예를 들어 달라고 요청하고 왜 그 지원서에 그렇게 높은 점수를 주었는지 물어보았다. 여기서 나의 목적은 스스로의 학자적 자아라는 광범위한 개념 속에서 응답자들이 지니고 있는 수월성의 틀을 찾으려는 것이었다.[39]

나는 인터뷰 전에 최종 심사에 올라온 지원서의 상당수를 미리 읽어 배경정보를 얻은 뒤 집중 질문을 준비했다. 심사 과정을 직접 관찰할 수 있었던 세 가지 사례에서는 현장 노트를 정리해 심사 후의 인터뷰에서 평가위원들에게 심층 질문을 하는 데 이용했다.[40] 전체적으로 인터뷰는 평가위원들이 수월성을 어떻게 평가하는가에 대한 이해뿐 아니라 평가 과정 자체에 대한 조직적이고 문화적인 관점에서의 민속지적ethnographic 정보 역시 제공해 주었다. 나는 심사와 순위매기기에 대한 많은 개인적 설명을 수집하여 일련의 지원서에 대해 다양한 학자들이 한 주장의 유형에 대한 보완적인, 그래서 좀 더 정확한 이해를 얻었다.

　동료평가에 대한 대부분의 저술은 평가의 기준에 부여된 의미를 무시하는 경향이 있다. 이런 잘못을 바로잡기 위해 나는 다른 접근법을 취했다. 나는 개방적인 귀납적 인터뷰 기법을 사용해 평가위원들이 최상의 지원서와 최악의 지원서로 판단하는 것 사이의 경계를 긋도록 요청했고, 이를 통해 그들의 평가를 뒷받침한 기준을 밝히고 그들이 사용한 분류체계를 재구성할 수 있었다.

　이 방법은 중산층과 노동계급 사람들이 지니고 있는 가치 개념을 조사한 이전의 내 연구에서 효과적이었던 방법이다. 그것은 프랑스와 미국에서의 계급 분노, 인종차별, 외국인 혐오 등 민감한 주제를 연구할 때 특히 유용했다.[41] 사람들은 경계를 지을 때는 자기 검열을 잘 하지 않는 편인데 그것은 세계를 기술할 때 경계를 긋고 있다는 것을 종종 인식하지 못하기 때문이다. 이 연구에서 경계에 초점을 맞춘 것은, 평가자들이 당연시하는 것이 그가 명시적으로 진술한 신념보다 경계 긋기 작업에 더 많은 영향을 미칠 수 있다는 점에서도 유용하다.[42]

　내가 연구한 패널은 모두 서로 다른 분과학문에서 온 학자들로 구성되어 있었지만 그들이 평가한 경연은 분과적 지원서와 학제적 지원서를 다 받는 것이었다. 패널 구성원들은 사회과학과 인문과학 분야의 사람들이었는데, 이들 분야는 순수과학과 응용과학에 비해 대개 덜 합의적이라고 비춰지는 분야이다.

　피면접자들은 광범위한 분과를 대표한다. 일부는 경제학, 철학, 또는 사회학 출신이었고, 다른 사람들은 인류학, 영문학, 역사학, 정치학처럼 지난 몇 십 년간 심대한 인식론적 변화를 겪은 학문분과 출신이었다. 또한 일부는 음악학, 지리학, 예술사처럼 다소 작은 분과를 대표했다. 나는 학자들에게 자기 분과학문과 그 분과의 표준 그리고 분야들 간의 유사점과 차이점에 대한 의견을 물었다. 따라서 각 분과학문에 대한 나의 분석은 다중의 설명으로부터 도출된 것이다. 응답은 고도로 발전되고 일관된 것에서부터 즉석에서 깊이 생각하지 않고 한, 조직되지 않은 것에 걸쳐 있었다.

자기 분야와 타 분야에 대한 참여자들의 솔직한 평가는 대학이 — 그리고 아카데미아가 — 무엇인지에 대한 독특한 창을 제공해 준다. 나의 분석은 일반대중은 물론 학문공동체의 대다수 구성원들에게 조차 단지 부분적으로, 흔히 불완전하게 이해되고 있는 세계를 드러내 준다.

기금과 장학금은 수월성의 학문적 표지academic signals로 점점 중요시되고 있는데 특히 학술지가 늘어나 지위의 측정 도구로서 학자들의 출판 횟수가 지닌 신뢰성이 줄어들고 있기 때문이다.[43] 둘 중에서는 장학금이 기금보다 더 나은 수월성 척도로 간주된다. 사회과학과 인문과학의 전 분야에 걸쳐 학자들이 안식년을 뒷받침하고 연구를 지속할 수 있게 해 줄 장학금을 받기 위해 애를 쓰고 있기 때문이다. 연구를 위해 자료를 모으는 데 종종 큰 비용이 드는 사회과학 분야에서 기금은 가치 있고 관례적인 것이지만 인문과학에서는 덜 중요하다.

명성 높은 장학금은 그 수혜자의 업적이 다른 사람들의 것에 비해 질이 높다는 것을 보여 주는 증거가 되며 그렇게 함으로써 기금은 동기와 자신감을 높인다.[44] 그것들은 또한 대중적 지위를 높이기도 하는데 이는 전문가들의 패널이 다른 다수의 후보자들에 비해 그의 업적이 우월하다고 합의한 것이기 때문이다.[45] 실제로 최근 WWNFF와 ACLS의 경쟁률은 12:1이었으며 SSRC는 16:1, Society of Fellows의 경쟁률은 200:1에 달했다. 썩 중요한 것은 아니지만 이들 경연은 물질적 지원도 해 주는데, 지원액은 3천 달러(WWNFF 학위논문 기금)에서 5만 달러(전임교수에 대한 ACLS 장학금)에 이른다.

이들 지원 패널은 평가자들 자신을 위해서도 중요한 의미가 있다. 패널에 선정되었다는 것은 동료들이 그들의 전문성을 존중하고 있다는 것을 증명해 주는 것이기 때문이다. 학계에서 권위 있는 경연을 위한 패널에 참여하도록 초대받았다는 것은 유명 기업의 고참 부사장에게 지급된 연간 상여금의 상징적 등가물이라 할 만한 보상이 될 수 있다. 하지만 그런 초대에 대해 평가자들이 부여하는 가치는 학계에서 그들이 차지하고 있는 위치와 연공서열에서의 위계에 따라 크게 달라진다.

내가 어떻게 이 이야기와 인연을 맺게 되었는가? 나는 오랫동안 지식사회학 연구에 대해 지대한 관심을 지녀 왔고 이 분야에서 전문성을 수립했다.[46] 그에 못지않게 중요한 것은, 나는 내가 기술하고 있는 체계의 내부자이면서 동시에 국외자이기도 하다는 사실이다.[47] 이 책의 말미에 쓴 '감사의 글'에서 언급했듯이, 나의 연구는 이 책에서 분석하고 있는 것과 같은 종류의 기금원인 다수의 권위 있는 기금과 장학금의 지원을 받아 이루어진 것이다. 나는 또 정년을 보장받은 하버드대학교의 교수이다.

더욱이 나는, 내 연구 주제와 동일한 유형의(그러나 같은 경연은 아니다) 기금 패널에서 구성원으로 활동하기도 했다. 이런 사실만으로도 나는 충분한 내부자요 전형적인 문지기라 할 수 있을 것이다. 그리고 실제로 이러한 내부자성insiderhood은 나의 분석에 수많은 방식으로 영향을 주었다. 예컨대 기금 지원조직의 비교적 은밀한 환경에 접근할 수 있었고, 내가 친숙한 것을 의식적으로 낯선 것으로 만들었음에도 불구하고 이들 환경을 이해하는 데에도 도움이 되었다.

'내부자'로서의 지위에도 불구하고 나는 또한 어떤 면에서 국외자이기도 하다. 먼저 나는 교수가 되는데 매우 이례적인 길을 밟았다. 나는 파리대학에서 대학원을 마치고 난 이후에야 비로소 미국의 고등교육 체계의 일원이 되었다. 그런 거리감은 항상 내가 민속지학자라는 것과 뒤엉켜 있는데, 민속지학자는 원주민이 어떻게 사고하는지, 무엇이 그들을 움직이게 하는지 해독할 수 있도록 거리를 제공하는—실제로는 요구하는—역할이다. 게다가 미국으로 건너온 스물다섯 살 이전에 나는 영어로 생각하거나 사교하고 활동한 적이 없다. 프랑스어의 영향을 벗어나지 못한 내 음조와 억양은 내 주위의 사람들에게 끊임없이 나의 타자성他者性을 환기시켰다.

또한 내가 여성이라는 점에서 스스로를 타자로 생각하는데, 그것은 내가 이민자라는 점과 더불어 일정 정도 나를 변두리로 내몰아 내가 왜 '내부자 의식'에 젖어들지 않는지를 설명하는 몇몇 이유 중 하나이다. 게다가 내 과거 저작들이 인종적 경계와 계층 경계, 그리고 사회적 배제를 다룬 것이었다는 점도 결코 무관하지 않다. 이런 배경은 동료평가 체계의 상대적인 공정성과 개방성에 대한 믿음이 미국 고등교육의 활력에 중요하다는 이 책의 주장을 일깨워 주었다. 그런 믿음은 체계가 단지 부분적으로만 업적 중심적이라고 생각하는 국외자들로 하여금 이들 학자 간 경연에 모험적으로 참여하도록 초대하고 고무한다. 마지막으로 이 책의 중심에는 내 자신의 자아와, 적어도 때로 의미 있는 삶을 유지하기 위해 일하는 학자로서의 자기이해가 깃들어 있다.

내가 주장하는 평가에 대한 실용적 접근은 사회학 — 민속방법론과 상징적 상호작용론(각각 해럴드 가핑컬과 어빙 고프만의 업적과 연관되어 있는) — 에서 나온 패러다임에 의존하고 있는데, 그것은 사회적 삶과 사회질서의 집합적 성취 조건에 주의를 기울인다. 이들 이론은 사회적 행위자(주로 평가위원들이지만 프로그램 관리자, 지원자, 그리고 학문공동체 전반도 포함)가 혜택의 분배에 필요한 조건들을 만들기 위해 어떻게 협력하는지 이해하는 데 도움을 주었다.[48]

나의 분석은 또 미국과 유럽의 실용적 전통과 문화적 분석의 전통을 기저로 삼고 있는데, 이들 전통은 인류가 일상의 행위를 이해하기 위해 짜내는, 경쟁하는 의미의 망에 주의를 기울이기 때문이다(그중에는 업적주의와 페어플레이의 개념을 배반하지 않으려면 사람들이 갈등을 어떻게 표현하고 수행해야 한다고 생각하는가도 포함된다).[49] 더욱이 나는 전문성, 신뢰성, 사실의 안정화와 논쟁의 종결 등에 관련한 과학 연구로부터 도출된 통찰력에 기반을 두었다. 여기서 신뢰성의 범위에 대한 브루노 라투르Bruno Latour와 스티븐 울가Steven Woolgar의 연구, 전문성 주장에 대한 해리 콜린스Harry Collins의 연구가 특히 많은 도움을 주었다.[50] 따라서 나의 접근법은 학문적 평가 문제를 다뤘던 로버트 K. 머튼Robert K. Merton과 리처드 휘틀리Richard Whitley, 피에르 부르디외Pierre Bourdieu의 관점과 대조될 수 있다.

질의 평가에 대한 주제를 다룬 대부분의 연구는 지식사회학 분야에서 로버트 K. 머튼의 영향력 있는 연구가 제기한 논점에 초점을 맞추고 있다. 그 논점들은 과학에서의 합의와, 과학의 에토스에 연관된 보편주의적 평가와 특수주의적 평가의 논점, 그리고 평판과 명망에 관하여 다양하게 해석되는 매튜 효과와 후광 효과 등이다(후광 효과란 관계 맺기association를 통해 위신을 얻는 것을 가리킨다).[51]

이 주제를 연구하는 연구자들은 저자의 연령이나 평판 같은 '부적합한' 특수주의적 특질에 대한 판단이 그 (또는 그녀의) 작업에 대한 평가에 영향을 미치는지(또는 오염시키는지)를 다뤘다.

보다 최근의 연구들은 동료평가 절차의 공정성에도 관심을 쏟는다.[52] 이들 연구가 비록 중요한 기여를 했지만 그들이 제기한 질문의 틀은 일단 특수주의적 고려가 배제되면 평가 절차가 단일화될 수 있다는 것을 함축한다. 그들은 평가가 견고한 비교조항에 근거를 둔 것이 아니며, 학술연구를 평가하는 데 복수의 의미를 지닌 다양한 경쟁적 기준이 사용된다는 점을 간과하는 경향이 있다. 이들 기준에는 문체의 기교와 문화자본의 과시, 경험적 건실함, 방법론적 정교함 등이 포함된다.

나는 이전에 진행되었던 연구들이 노정을 멈춘 바로 그 지점에서 시작함으로써 그 연구들을 기반으로 삼는다. 나는 이제껏 소홀하게 다루어졌던 평가 절차라는 측면에 대해 상세한 조사를 수행한다. 나는 머튼이 정의한 규범(예컨대 보편주의에 관한)의 의미가 만들어진 상황을 분석한다. 이전 연구에서 사용했던 것과 유사한 방법을 사용하여 기금 수혜 지원서 평가에 대한 내용분석을 시도하지만, 이전의 연구와는 달리 나는 분과학문의 차이들과 평가의 기준에 관심을 둔다.[53]

말하자면 지난날의 연구가, 프로젝트의 중요성이 기금 수혜에 강

교수는
무엇으로 판단하는가

한 영향을 미쳤음을 발견했다면, 나는 저마다 다른 분과학문에서 온 평가위원과 패널 구성원들이 무엇을 '중요성'이란 말로 규정했는지를 추적한다. 또한 대부분의 가용 문헌들이 공정성 자체에만 관심을 두고 있는 반면 나는 공정하다고 인식되는 것은 무엇이며, 평가위원들이 공정성을 수립하고 유지하기 위해 무엇을 하는가를 조사한다.[54] 나는 지원서에 따라 비교와 평가의 기준이 계속 바뀌는, 곧 상이한 지원서들이 서로 다른 원칙에 기초하여 재분류되고 비교되는 것을 발견했다.

경로의존성은 비교 가능한 것들comparables의 정의를 가장 잘 설명한다. 부동산 중개인이 시간이 흐름에 따라 동네에서 서로 다른 비교 기준을 사용하거나 우리 모두가 상대적이고 맥락적인 판단을 내릴 때 경험하는 '직감gut feeling' 즉 인지심리학자들이 최초의 '틀짓기priming' 경험에 의해 형성된다고 이야기하는 감정을 생각해 보라.[55]

평가는 필연적으로 부서지기 쉽고 불확실한 노력이며, 부드럽게 진행되려면 '정서적 작업'을 필요로 하는 노력이다. 게다가 평가위원들의 자아감각과 상대적 위치 설정은 절차로부터 분리될 수 없으며 필경 내재적인 것이다. 그래서 머튼과 그의 동료들과 달리 나는 이들 인지외적 요소들이 절차를 오염시키지 않는다고 시사한다. 그것들이 없이는 평가가 불가능한 것이다.[56]

사회학자 리처드 휘틀리와 피에르 부르디외는 분과학문들 사이를 비교할 체계적 기반을 제공한 몇 안 되는 학자이다.[57] 휘틀리는 분과들 내의 권력관계를 예측하기 위해 의존성과 과업 불확실성에 초점을 맞춘다. 그는 특정 학과나 하위분과에서 자원을 모아야 할 필요성이 클수록 과학자들이 평판을 구축하고 물질적 자원에 대한 통제권을 획득하기 위해 더 치열한 경쟁을 벌인다고 시사한다. 그는 자신이 낮은 기능적 의존성과 높은 전략적 의존성(영문학과 같은)이라고 명명한 특징을 지닌 분야에서는 학문적 기여가 '비교적 분산되고 암시적인 방식으로, 개인적 접촉과 지식에 깊이 의존하여' 판단될 것으로 예측한다.[58]

그와 유사하게 《학문적 인간Homo Academicus》에서 부르디외는 과학자를 자신의 세계관, 그리고 양질의 학문적 업적에 대한 자신의 정의를 정당한 것으로 부과하기 위해 투쟁하는 사람으로 분석한다. 휘틀리와 부르디외는 학자들이 수월성의 정의를 위해 경쟁한다고 주장하며 평가의 대안적 기준이 공존함을 지적한다. 하지만 둘 중 누구도 이들 기준을 귀납적으로 분석하지 않는다. 부르디외가 학술 연구에 적용된 판단의 범주들—수월성이나 '뛰어남brilliance' 같은—을 지적한 모니크 드 생 마르탱Monique de St. Martin과 함께 쓴 초기 저술에서조차 그는 지원서를 주어진 범주 안에 분류하는 데 사용하는 기준의 의미를 분석하지 않았다.[59] 그와 반대로 이 책은, 학자들이 '탁월하고' '촉망되는' 연구와 좀 덜 두드러지는 업적을 구분할 때 사용하는 기준에 대해 상세한 경험적 분석을 제공한다.

나의 접근법은 다른 점에서도 부르디외의 것과 차이가 있다. 부르디외는 학자들이 자신의 판단을 보편주의적 용어로 자연화하고 정당화하지만 실제로 그 판단은 학문적 장field에서 그들의 위치를 반영하고 또 그에 기여한다고 주장한다. 그는 관심의 배후에 있는 사회적·경제적 걸러내기를 조사하지만 수월성을 지키는 것이 많은 학자들의 자기개념에 얼마나 핵심적인지, 또 즐거움과 같은 무관심성의 측면이 어떻게 자기 기여적 환상을 넘어설 수 있는지를 고려하

지는 않는다.[60]

이와 달리 나는 학자들의 자아에 대한 감각과 그들의 정서에 대한 분석을 시도한다. 부르디외는 구별 짓기를 위해 경쟁할 때 장내에서 유사한 위치에 있는 사람들 사이에 갈등이 가장 심하다고 시사한다. 그러나 나의 인터뷰 결과에 따르면, 행위자들은 자기 지위를 극대화하는 기회뿐 아니라 집합적인 문제풀이에 실용적으로 참여하는 기회를 위해서도 동기를 부여받는 것으로 드러났다.[61] 그래서 나는 머튼과 부르디외, 휘틀리와 달리 동료평가가 경쟁논리(또는 시장논리)에 의해 전적으로 또는 주도적으로 움직인다는 관점에 반대하며 나아가 동료평가가 상호작용적이고 정서적인 과업임을 시사한다.

요약하면, 고프만의 주장에 의거하여 나의 분석은 자아와 정서에 대한 고려의 중요성—특히 즐거움, 면목 살리기, 자아개념의 유지와 같은—이 학문적 평가를 할 때 학자들이 투자하는 자산의 일부라고 시사한다.[62] 휘틀리와 달리 나는 사회과학과 인문과학에 동류애적 판단이 만연해 있다고 주장한다. 사람들이 평가를 어떻게 문제풀이로 접근하는가, 그들이 평가 관행을 어떻게 발전시키며 그들의 신념을 어떻게 정립하는가, 그들이 스스로에 대해 절차를 어떻게 표상하는가 하는 문제가 나의 분석에서는 핵심적이다.

실용주의의 전통을 따라 나는 또한 관점과 의사소통 양식의 다원주의를 강조한다. 프랑스의 신실용주의는 평가 상황에서 공동 행위coordinated action에 초점을 맞춘다.[63] 나는 평가위원들이 사용한 평가 표준의 조합과 평가위원들이 특정 공정성의 개념을 지지하면서 주장을 전개하는 방식을 분석하는 데 관심이 있다는 점에서 이 접근법과 공통점을 지니고 있다.

그러나 나는 사전에 정의된 정당화 논리를 이용하지 않는다. 그 대신 평가 기준을 이해하려는 나의 접근법은 좀 더 귀납적이다. 그 것은 존 듀이와 함께 문제 해결, 대화, 학습에서 신뢰가 어떻게 도출되는가를 연구했던 다른 사람들에게 많은 신세를 지고 있는 부분이다.[64]

나는 또한 그들이 결정을 내려야 한다는 제약 속에서 '최소한을 충족시키도록'(최적의 결정이 아니라 '그런대로 괜찮은' 결정을 만드는) 이끄는 조직의 논리에도 관심을 가지고 있다. 그래서 나의 접근법은 아직도 평가의 인지적 측면에 일차적인 관심을 두는, 동료평가에 대한 표준적 저술과는 꽤 큰 거리를 지니고 있다.

패널의
작동 방식

심의는 평가위원들이 대화의 흐름 속에서 자신들의 주장을 조정
하도록 강제한다. 이 과정은 보다 투명하고 통제받지 않는 결정,
또한 맥락적 정보를 고려한 결정을 이끌어 낼 수 있다. 의사결정
의 기술로서 심의는 분과에 따라 위상과 영향력에 차이가 있다는
점이 알려져 있음에도 불구하고 갈등을 중화시키는 데 도움을 주
고 학제 간 대화를 고취한다. 그것은 또한 평가위원들이 뜨거운
논쟁 순간 속에서도 자신들의 주장을 정교하게 가다듬으면서 즉
흥적이고 직감적일 수 있는 여지를 주기도 한다.

학문공동체가 기능하려면 매우 사려 깊고 [정보에 근거한] 판단을 내릴 필요가 있다고 봅니다. 그것은 권리라기보다는 의무에 더 가까우며 나는 기꺼이 그러한 판단을 내릴 용의가 있습니다. 한편으로는 나 자신의 경험에 자부심을 지니고 있는 데다 다른 한편으로는, 훌륭한 결정을 내리기 위한 자리에 초빙되었을 분들의 판단을 존중하니까요……. 나는 그것이 경험에 기초하고 있다고 생각합니다. 나는 사람들이 나의 연구를 보고 나서 "훌륭한 연구이며 대단히 뛰어난 학자이다. 누가 훌륭한 학자인지 평가하는 데 그의 도움을 청한 것은 탁월한 선택이었다."라고 이야기했으면 좋겠습니다.

— 정치학자

학문의 세계에서 기금 지원 결정을 구조화하는 평가의 제도적 얼개는 비밀스러운 것이 아니다. 그럼에도 불구하고, 기금 프로그램의 목적과 평가의 공식적 기준에서부터 패널이 어떻게 구성되며 평가위원들이 무엇을 하도록 요청받는가에 이르기까지, 이러한 '기본 운용 체제nuts and bolts'에 관한 정보의 대부분은 널리 알려져 있지 않다. 그래서 이 장에서는, 연구된 5개 기금 지원기관의 목적과 그에 연계된 공식적 평가 기준을 기술하려 한다. 곧 프로그램 관리자의 역할을 포함한 평가 절차의 구조와, 평가위원과 사전 평가위원screeners의 선정, 심사 전의 순위매기기 작업, 마지막으로 심사의 역학 등이 그것이다.

캐린 노르–세티나Karin Knorr-Cetina의 작업에 의존하여 나는 패널의 이러한 측면들을 평가문화가 한데 어우러지게 하는 평가의 기구 또는 기술로 이해한다.[1] 이 기술은 가능성을 정의하고 제한한다. 제도적 규칙과 함께, 그것은 선택이 일어나고 상호작용이 발생하는 환경-분과문화의 소통을 위한 틀과 하드웨어를 만들어 낸다. 한 가지 예를 들자면, 비밀 엄수 지침은 공개적 행위를 제한하며 어디에서 무엇을 말할 수 있는지를 한정하는 것이다.

나는 패널 심사에서 수상자 선정에 대한 참여자의 진술이나 정당성 설명만큼이나 그에 대한 공식적 논평들에 관심이 있다. 여기서 나는 특히 기금 지원조직의 절차에 대한 기술에 초점을 맞춘다. 존 마이어John Meyer와 브라이언 로웬Brian Rowan의 말에 따르면 이는 절차를 정당화하는 데 결정적 역할을 수행하는 '신화와 의식'으로 간주될 수 있다. 이를테면 선택 기준을 웹사이트에 공시하거나 패널 작업의 중요성과 그 규칙에 관련된 공식 서문으로 심의를 시작하는 것이 그렇다.[2] 패널의 심의를 형상화하는 상호작용의, 언급되지 않고 당연시되는 양상의 대부분은 이 장에서 가볍게 다뤄지지만 책의 말미에서 집중 조명될 것이다.

특정 조직에 초점을 맞추지 않겠다는 약속이 기금 지원기관을 접촉하는 데 필요한 조건의 하나였다. 그래서 나의 분석은 거의 전적으로 경연과 패널들 사이의 유사성을 살펴보며 많은 차이점들, 예컨대 어떤 경연(Society of Fellows와 같은)은 소수의 사람에게 아주 큰 보상을 주는 반면 다른 데서는 다수에게 작은 보상을 주는 등의 차이점들은 묵살한다.[3] 나는 조직의 익명성을 훼손하지 않는 범위 내에서 몇 가지 조직의 차이를 조명했다. 지원자의 연공서열이 추천서에 부여하는 비중에 어떤 영향을 미치는가를 논의할 때 등이 그 일례이다.

가령 내가 조직의 의사결정에 대한 완전한 분석을 목표로 했다면 다른 방식을 택했을 것이다. 예컨대 조직의 정책 결정에 대한 쓰레기통garbage-can 모형을 다룬 풍부한 문헌에 의존했을 것인데, 그 모델은 조정되지 않은 다수의 참여자(패널의 사례에서처럼)가 내리는 결정이 얼마나 불확실성투성이인지, 합리적인 것처럼 제시되지만 실제로는 합리적이지 않은지를 곱씹게 한다.[4]

나아가 나는 지원자에 대한 전체 조사 과정, 상이한 지원자의 범주(공립대학 출신인가 사립대학 출신인가, 명문대학 출신인가 아닌가)가 경연에 지원하는 정도와, 어떤 (불평등하게 분배된) 자원이 장학금을 얻을 기회를 향상시키는가를 조사했을 것이다.[5] 그런 분석은 분명 엘리트 중심으로 자원 배분이 이루어진다는 점을 조명했을 것이다. 조직 분석의 제약 때문에 평가 절차의 제도적 역학은 경시할 수밖에 없었지만 다행히도 문화적 측면은 적절히 다뤄졌다.

⦂프로그램의 목적과 평가 기준

내가 연구한 5개 프로그램은 안식년 기간 중의 연구자에게 수입을 보장하고 연구비용을 분담할 기금을 제공하여 특정한 유형의 학문을 진흥하는 것을 목적으로 하고 있다. 각 프로그램의 목적은 후원조직의 웹사이트에 서술되어 있다. SSRC(Social Science Research Council)가 후원하는 IDFR(International Dissertation Field Research) 프로그램은 사회과학과 인문과학에 개방되어 있으며 WWNFF의 Women's Studies Dissertation Grant 프로그램도 마찬가지이다.[6] ACLS (American Council of Learned Societies)가 기금을 조성하는 The Humanities Fellowship 프로그램은 인문과학과 관련 사회과학의 연구를 지원한다. Society of Fellows는 광범위한 분야에 걸쳐 기금을 지원하며 익명의 재단은 사회과학 분야의 연구만 지원한다. 이들 경연은 또한 상이한 이력 단계에 있는 학자들을 대상으로 한다. SSRC와 WWNFF 프로그램은 대학원생에 대한 지원을 제공하며 ACLS는 조교수, 부교수, 정교수에 대한 독특한 경연을 유지하고 Society of Fellows는 최근에 박사학위를 받은 사람에게만 장학금을 제공한다. 그리고 익명의 사회과학재단은 전 계층의 연구자를 모두 지원한다.

이 장에서 나는 기금 지원조직이 진술하는 목적을 액면 그대로 받아들인다. 4, 5, 6장에서는 평가위원들이 프로그램의 목적과 지원대상에 대해 부여하는 상이한 의미와 중요성의 정도, 그리고 이들 이해가 평가 절차에 어떻게 영향을 미치는지를 탐구한다.

많은 평가위원들이 기금 지원기관의 고유한 목적을 단지 제한된 방식으로만 강조하지만 이들 목표는 패널 심의에 영향을 미친다. 예컨대 프로그램 관리자는 때때로 평가위원들이 수상자를 안배할 때 여러 종류의 다양성을 '고려할 것factor in'을 권고할 것이다. 게다가 몇몇 경연은 독특한 유형의 학문scholarship을 장려하고 이런 목적은 전반적인 평가의 배경에 작용하는데, 이는 평가위원들이 지원서가 그런 명시적 목적과 어떻게 부합하는가 하는 질문에 맞닥뜨릴 수 있기 때문이다.

이는 과거 지역연구에 대한 SSRC 기금 지원 프로그램의 대체 도구로서 1996년에 마련된 IDFR 프로그램의 사례에서 특히 그렇다.

1990년대 SSRC의 지도부는 지역연구가 좀 더 이론적이고 학제적이며 비교연구를 지향하는 방향으로 나아갈 필요가 있다는 결론을 내렸다.[7] 그들은 IDRF 프로그램을 의제 설정agenda-setting의 도구로 만들었으며 대학원생들에게 다음과 같은 것을 고취하는 명시적 목적을 지니고 있었다.

> (대학원생들이) 독특한 문화와 언어, 경제, 정치, 역사에 대한 자신들의 지식을 분과학문적 훈련과 조화시켜 활용함으로써 그들 분과학문이나 전문 지역을 초월하는 이슈들을 다루도록 한다……. 현재의 프로그램은 고립된 마을에서부터 전 세계 지역에 걸쳐 사회와 문화가 지리적으로는 멀리 떨어져 있지만 문화적·경제적·전략적·생태적으로 매우 가까운 사건들에 연결시키는 과정에 사로잡혀 있다는 전제에서 운영된다. 특정 지역의 가치나 사회적 상황에 대해 더 많은 것을 배우는 것은 그 지역이 자신의 영역 밖에서 전개되지만 그 문화나 경제, 생태를 벗어나지는 않은 사건과 과정에서 어떤 위상을 갖는지를 배우는 것이다.[8]

마찬가지로 WWNFF의 Women's Studies Dissertation Grant 프로그램은 '분과학문이나 지역·문화적 경계를 넘어 여성에 대한 독창적이고 의미 있는 연구를 고취'하기 위해 만들어졌다.[9] 재단의 소식지에서 WWNFF의 전 회장 로버트 와이스부치Robert Weisbuch는 여성학 연구에 대한 지원을 정당화하면서 이 학문영역의 학제적 성격과 강화된 경계에 대한 의문 제기, 활발한 논쟁을 위한 촉매제로서의 역할, 그리고 그것의 시의성(여성학은 '우리의 삶과 절연된 단지 학문적인 것이 아닌' 영역이다)을 인용했다.[10] WWNFF 프로그램은 미국에서 여성학 영역을 증진하고 발전시키는 데 매우 중요한 역할을 수행해 왔다.

5개 기금 지원 프로그램의 공식적 평가 기준은 표 2_1에 요약되어 있다. 이들 기준은 National Science Foundation 같은 다른 기금 지원기관에서 전형적으로 사용하는 것과 궤를 같이하고 있다. 공식 평가 기준을 공개하는 것은 설득가능성을 증진시키고 소수 엘리트 계층의 장이 아니라 민주적 승리가 누구에게나 가능하도록 만든다(성공이 기술적 능란함의 과시에 좌우되므로). 제안된 연구의 질을 대상으로 하는 이들 기술적 기준에 대해서는 5장에서 상세히 논의할 것이다. 그러나 질의 평가를 넘어 기금 지원기관들은 지원서의 학제적 성격과 지원자의 (제도, 분과, 지리적 분포, 인종·종족, 성별 등의) 다양성도 고려한다. 6장에서는 평가위원들이 이들 기준에 부여하는 다양한 의미와 그것들이 공식 설명서와 어떻게 결합되어 사용되는지 면밀히 살펴볼 것이다.

⋮ 임용과 프로그램 관리자의 역할

ACLS가 채택하고 있는 평가 절차는 아래 ACLS 내부 문서가 설명하듯이 내가 연구한 여타 대부분의 기금 지원조직과 유사하다.

ACLS는 그 교우fellows를 선택하기 위해 집중적인 동료평가를 발전시켜 왔다. 이 절차는 지원자와 같은 학문영역 출신의 독자

표 2_1 기금 지원기관이 사용하는 평가 기준

기관	명확성	독창성	학문적 또는 사회적 중요성	방 법	질	수행가능성	기 타
익명기관			예	예 (적합한 방법론)	예 (관련문헌에 대한 파악)	예 (필요한 기술과 경험)	재단의 목적과의 일치, 학제적
ACLS	예		예		예	예 (훈련, 과거 경험, 연구 계획)	
IDRF	예 (명확하고 알아보기 쉬운 글, 명확한 정식화)			예 (방법론적 문제에 대한 민감성, 현장 조사에 대한 근거 제공)		예 (관련 개념과 이론에 대한 지식, 현실적인 범위, 현장 연구를 위한 적합한 수준의 훈련)	다학제성, 지역을 아우르는 패널에 대한 호소력
Society of Fellows			예	예	예 ('학문적 수월성')		교육 경력, 학제적 공동체에 대한 기여
WWNFF의 여성학 하위논문 장학금	예	예	예 (여성에 대한 기여)	예 ('학문적 타당성')	예 ('학문적 수월성')	예 (준비, 준비성, 합리적인 시간계획)	

※ 기준 출처는 http://www.acls.org/fel-comp.htm, http://programs.ssrc.org/idrf, http://www.woodrow.org/idrf, http://www.woodrow.org/womens-studies/index.php
'예'는 그 기준이 지원서 평가에 사용되었음을 의미함. ' '표시된 것을 제외하고 제시된 특정 기준 모두는 필자의 용어로 바꾼 것이다.

에 의한 선별과 학제적 패널의 심사를 배합시킨다. 외부 동료평가 과정의 첫 단계에서 각 지원자는 일반 분야 출신의 두 학자에 의해 사전 선별된다(17개의 사전 선별 분야는 인류학, 예술사, 고고학, 고전학, 영문학, 현대 외국어 등을 포함한다). 선별자가 매긴 점수와 의견에 따라 전체 지원서의 약 50%가량이 탈락한다. 남은 지원서들은 대략 60개씩 묶여 지원서를 모두 읽은 5~6명의 저명 학자들로 구성된 4개 패널에 송부된다. 그런 다음 이들 패널은 ACLS에 모여 지원서 각각에 대해 논의한 후 수상자를 선정한다.[11]

평가 절차에서 가장 중요한 행위자는 프로그램 관리자인데 그는 기금 지원기관의 전임자로서 기금 경연의 운영을 책임지는 인물이다. 일반적으로 프로그램 관리자는 장학금 프로그램이 포괄하는 분과에서 박사학위를 취득한 사람이다. 이런 전문성은 지원서의 실질적 내용을 이해하고 심의의 방향을 정하는 데 필요하다. 몇몇 프로그램 관리자가 대학이나 연구소에서 기금 지원기관으로 이직한 사람인가 하면(개중에는 정년보장에서 탈락한 후) 나머지 사람들은 박사학위 취득 후 곧바로 기관에 채용된 사람들이다.

프로그램 관리자의 책임은 사전 선별자와 평가위원의 선택, 평가절차 중에 두 집단과 의사소통하며 방향을 제시하는 일, 지원자와 연락하는 일, 지원서의 조직과 분포를 감독하는 일 등을 포함한다. 또 그들은 패널 심의의 사회를 보거나 패널 의장을 임명함으로써 이 역할을 맡기기도 한다(이 경우 의장은 관리자와 긴밀히 협력하게 되는데, 직접 사회를 보지는 않지만 관리자는 심의 과정 내내 자리를 지킨다). 어느 경우든 그들은 패널의 분위기를 잡는 데 핵심적 역할을 한다. 그들은 상호작용을 촉진하며 협력관계를 강화하고 긴장을 완화시키고 (종종 유머를 통해) 효과를 보장하며 관습적인 평가규칙이 깨졌을 때는 '회복작업repair works'에 참여한다.[12]

그들은 또 절차의 '신성성' 곧 동료평가의 가치에 대한 평가위원들의 신뢰를 뒷받침하는 데도 기여한다(4장을 보라). 프로그램 관리자들이 평가위원들에게 평가 기준과 프로그램의 우선순위를 알려주긴 하지만 그렇다고 이 지침을 존중하도록 강권하지는 않는다. 앞으로 살펴보게 되겠지만, 평가위원들은 의사결정과 관련해 완벽한 권한을 부여받는다.

프로그램 관리자들이 전문가 또는 '동료'로 간주되지는 않지만 (그들이 전문 연구자는 아니므로) 그들은 경연 결과에 영향을 미칠 큰 재량권을 가지고 있다.

첫째로 많은 사람들이 지원서의 성공을 결정하는 데 가장 중요한 단일 요인이라고 믿고 있는 개별 패널의 구성을 그들이 결정한다. 프로그램 관리자는 또 행동이나 참여 수준이 기대에 어긋나는 평가위원의 참여를 중지시킬 수 있고 훌륭한 사전 선별자를 평가위원의 역할로 위촉할 수도 있다. 이런 책임 덕분에 그들은 판관으로서의 지위가 권력인 양 과도한 태도를 보이거나 다시 위촉받고자 혈안이 된 학자들에 대해 적절한 균형추 역할을 하게 된다. 하지만 대부분의 경우 프로그램 관리자의 권력은 의제 설정과 같은 류의 간접권력이라고 할 수 있다.[13]

이에 대해서는, 한 사회학자가 다년간 참여했던 한 패널에서의 자신의 경험을 비추어 넌지시 언급한 바 있다. 그는 이전의 프로그램 관리자에 대해 우호적으로 말했는데, '학제적 연구와 새로운 노선의 연구에 더 많은 관심을 갖고 있는 인문과학 분야 출신들'인 평가위원들을 우대했다는 것이다. 이보다 덜 우호적 평가를 받는 현직 관리자는 '매우 견실하고 상당히 생산적이지만 어느 모로 보나 틀림없이 이 유쾌한 핵심을 유지하는 관성력이라 할 수 있는 2류 연구기관에 속한 사람들, 어디에도 한계에 도전할 기미가 없는 인물'인 평가위원을 더 선호하는 것처럼 보인다.

프로그램 관리자의 역할과 영향력을 완전히 이해하려면 평가자의 선정을 살펴보아야만 한다. 사전 선별자와 평가위원들은 다양한 풀에서 선발될 수 있다. 전반적으로 그들은 자기 분야에서 매우 높이 평가받는 전문 학술가이다. 5개 중 3개 프로그램의 평가위원들은 이전의 기금 수혜자 가운데서 선정되었다. 다른 하나인 Society of Fellows에서는 특정 대학의 교수군에서 선정되었다. 다섯 번째 경연에서는 그 분야 전문가들 사이에서 선정되었다.

평가위원들은 기금 지원기관이 — 즉 프로그램 관리자가 — 그 분야 다른 전문가의 자문을 받아 추출하는데, 이 절차는 4개의 기금 지원조직에서 유사했다(Society of Fellows는 좀 다르다). ACLS의 내부 문서에 나와 있는 기술이 전형적이다.

사전 선별자와 평가위원들 모두는 정년보장 자격을 지닌 중견 정교수나, 그에 필적할 만한 업적을 지닌 독립적 학자들이다. ACLS 이사회가 사전 선별자를 승인하고 평가위원을 선정한다. 사전 선별자와 평가위원 모두는 학술원Learned Societies 이사회, 위원회 대표, 행정관과 학술원 회장의 자문을 통해 구축된 데이

터베이스에서 추출된다.[14]

사전 선별자와 평가위원의 선정에는 다소의 차이점이 있으므로 각각을 별도로 살펴보기로 한다.

⫶ 평가위원의 선정

수준 높은 평가위원의 선정은 장학금 프로그램의 위신에 핵심적이다. 지금은 고인이 된 ACLS의 회장 존 담스[John D'Arms]는 다음과 같이 설명한다.

> 우리는 선정위원회가 저명한 학자들, 엄격하지만 넓은 마음을 가지고 있고 다른 사람의 연구를 판정하는 데 그치지 않고 그로부터 배운다는 자세를 지닌 학자들로 구성되도록 하기 위해 노력하고 있습니다. 우리는 평가위원들이 주의 깊게 지원서를 읽고 이곳 ACLS에서 동료들과 온종일 연구 지원서에 대해 토의하고 나면 평가위원들 스스로의 학자적 인문성[humanities]에 대한 이해가 확장되고 시야가 확대될 것으로 믿습니다. 또한 우리는 오랜 논의 끝에 평가위원들이 도달하는 합의가 질에 대한 국가적 표준을 수립하는 데 도움이 되리라는 것도 믿는 바입니다. 우리의 목표는 ACLS 장학금이 전국을 통틀어 가장 엄정하고 전문적이며 모험적이고 공정한 절차의 결과물로 인정받게 하는 것입니다.[15]

이 설명은 평가위원들의 경향(엄격하면서도 넓은 마음을 가진)과 절차의 도덕적 질(모험적이고 공정한)을 강조하고 있다.[16] 그것은 기금 지원 패널이 전국적인 질의 표준을 수립하는 역할을 하는 것으로 선전한다. 모든 사례에서 패널에 참여하는 개인들의 지위는 평가의 정당성에 대한 중요한(비록 유일하지는 않더라도) 보증요소로 제시된다. 중요한 연구에 기금을 지원했다는 전통과 같은, 기금 지원조직의 평판도 전반적인 정당성에 기여한다. 그래서 기금 지원조직은 경연의 결과를 발표할 때 종종 평가위원들의 명단을 공개한다.

합당한 능력과 헌신 의지를 지닌 평가자를 찾아내어 지속되는 기금 지원 프로그램의 정당성을 확보하는 것이 프로그램 관리자의 임무이다. 최소한 평가자들은 이 체계의 정당성을 믿어야 한다. 그들 스스로가 종종 장학금과 기금의 수혜자가 된다는 것은 동료평가 기술에 초점을 맞추고 있는 수월성의 문화에 대한 강한 공감을 불러일으킨다. 따지고 보자면 그들이 수상을 했다는 사실은 그들이 이런 평가 양식에 지속적으로 순응해 왔다는 증좌이다.

전형적으로 신뢰받는 다수의 학자와 기금 지원기관 종사자들과 관계를 유지하고 있는 프로그램 관리자들은 이 네트워크를 조사하여(때로는 '가십'을 통해) 원하는 지적·개인적 성향을 보이는 평가자를 발굴한다. 관리자가 이 선발 과정에서 행사하는 자율권의 정도는 조직에 따라 다르기는 하지만 대체로 상당한 편이다. 적어도 프로그램 관리자들은 그렇다고 이야기한다.[17]

그들은 적합한 평가위원을 찾기 위해 선도적 전문가나 패널 의장, 기금 지원조직의 이사회 구성원들, 재단의 수뇌, 그리고 다른 프로그램 관리자들에게 자문을 구할 수 있다. 그들은 자신들의 네트워크에 의존하지만 다양한 범주에 걸친 전문가를 충원해야 할 필요성 때문에 그것만으로는 한계가 있다.[18] 한 정치학자는 프로그램 관리자, 패널 의장과 친교가 있었던 것이 평가위원으로 선정되는 데 영향을 미쳤다는 것을 술회하면서 네트워크의 역할을 강조한다.

> 나는 [의장이 알 만한] 사람들을 골랐다고 [프로그램 관리자와 패널 의장을] 비난하지는 않습니다. [그러지 않으면] 정말 걷잡을 수 없는 궁지에 빠지게 될 수 있으니까요. 당신이 선정한 사람들의 판단에 대해 신뢰가 없다면 매우 비효율적이고 불공정한 위원회가 될 수 있으며 그런 결과는 네트워크에서 옵니다……. 나는 내가 비교적 광범위한 분야의 연구에 대해 편견 없이 받아들인다는 평판을 지니고 있다고 생각합니다.

패널을 한데 엮을 때 프로그램 관리자는 전반적인 패널의 구성이 '관점의 균형', 광범위한 학술 영역과 분과를 아우르는 점에서의 보완성, 다양성을 갖추고 있는지를 고려한다. 최소한 패널에는 여성과 북동부 지역 외의 대학에서 가르치는 사람, 비엘리트 기관에서 가르치는 사람이 일부 포함되어야 한다. 이상적으로는 유색인종도 포함되는 것이 좋겠지만 이는 패널의 규모에 따라 달라질 수 있다 (이 연구에서 조사한 패널의 규모는 3명에서 16명까지의 범위에 걸쳐 있다).

미국 고등교육체제의 특성을 염두에 둘 때 이러한 다양성은 필수적이라 할 수 있는데, 거기에서 정당성은 전문성뿐 아니라 보편주의와 개방성에도 그 바탕을 두고 있다. 최고의 명문학교들과 연계된 사람들 중에서만 평가위원들을 선정하는 대안적 모델은 생각하기 어려울 것이다. 미국의 환경 내에서는 의사결정 과정에 민주주의와 보편주의, 합리성이 모두 존재해야 하기 때문이다.[19]

평가위원들은 매우 광범위한 주제와 다양한 분과학문을 포괄하는 지원서에 대해 의견을 구축해야 한다. 심의 과정에서 그들은 방대한 양의 지원서를 판단하는 동시에 다른 위원들이 제공하는 새로운 정보를 수용할 수 있어야 한다. 그들은 또 스스로의 결정에 대해 신뢰할 만한 근거를 제시하는 방법을 알고 있어야 한다. 이러한 기대는 연구의 생산자이자 증거의 사정관으로서 그들이 평소의 일상적 연구생활 속에서 충족시켜야 하는 것들과 별로 다르지 않다.[20] 따라서 그들이 사전 선별자들에 비해 더 연장자이고 더 풍부한 경험을 지닌 사람들이라는 것은 놀라운 일이 아니다. 평가위원들은 또한 일반적으로 보다 널리 존경받고 있고 명성도 더 많이 알려져 있다.

마지막으로, 사전 선별자들이 다른 평가자들과 상호작용을 하지 않는 것과 달리 평가위원들은 패널 심사 과정에서 대면 협상에 참여해야 하기 때문에 훌륭한 대인 기술을 담보로 선택된 사람들이기도 하다. 그래서 — 평가위원이 '머저리가 아니라는' — 최소한의 조건을 넘어서 프로그램 관리자는, 유연성과 신속한 업무 처리 능력과 더불어 '폭넓고 논리정연하며 자신감 넘치고 사교성 있는' 핵심 자질을 갖춘 학자를 찾는다. (훌륭한 평가위원의 특성에 대해서는 4장에서 더 심층적으로 다룬다.) 심의 과정 내내 시종일관 유쾌한 분위기를 유지하는 패널 구성원의 능력은 집단의 성공에 필수불가결한데, 이는 사람들이 자신의 입장만을 고집함으로써 갈등이 야기될 위험성을 줄여 주기 때문이다.

일단 프로그램 관리자가 적격의 평가위원을 찾으면 그들이 심의에 참여해 주도록 설득해야 한다. 고명한 학자들은 늘 다른 전문적 업무에 시달리고 있는데다, 서인도사를 전공하는 역사가가 이야기하듯이 엄밀한 동료평가가 '정신적으로 진이 빠지는' 일일 수 있다는 점 때문에 얼마간의 설득 작업이 필요할 수 있다. 평가위원에 위촉되는 일이 지닌 매력은 후보자의 경력 단계, 그가 근자에 다른 패널에 참여한 적이 있는가의 여부, 향후 몇 달간 해야 할 일이 어느 정도인가에 따라 달라질 것이다. 평가위원들 스스로가 밝힌 승낙의 동기는 어젠다를 정의하고자 하는 욕망으로부터 공동체에 대한 봉사, 새로운 아이디어 접하기, 여타 수준 높은 전문가들에 견주어 스스로를 평가해 보기, 자신의 위상과 자아개념을 검증해 보기에 이르기까지 걸쳐 있다.

명예와 함께, 경쟁 결과를 정함으로써 다른 학자들의 궤적에 영향을 미치는 '권력'의 호소력은 종종 평가위원 후보들에게 매혹적이다. 패널의 심의가 '진이 빠진다'고 묘사했던 예의 역사학자는 다음과 같이 설명한다.

[여기] 어떤 배경에서든 앞으로 박사논문 연구의 방향에 대해 일종의 조정자 역할을 하도록 선정된 소수의 사람이 있습니다……. 이것은 미국의 대학원생들에게 가장 명예로운 장학금 중 하나입니다. 실제로 그것과 경쟁할 만한 것은 존재하지 않는 것 같아요. [당신은] 기금 지원을 통해 특정한 메시지를 줌으로써, 말하자면 다양한 영역에서의 미래의 방향을 결정합니다.

인류학자인 다른 평가위원도 비슷하게 강조한다.

중요 패널에 참여하는 사람은 누가 수상자가 되는가라는 문제에 대해 확실히 결정력을 지니고 있죠……. 그것은 누가 탁월하다고 평가되는가를 규정함으로써 다음 세대의 학생들을 훈련시킬 대학의 자리에 누가 발탁될지를 결정하며 그런 방식으로 계속 진행되죠. 기금 지원자 본인과 연결되어 있는 사람조차 그들이 어떻게 그들의 기준을 재규정하거나 기금 지원의 형태를 바꾸게 될지 생각하게 됩니다……. 나는 [이러한 종류의] 정치적 반향과 역동성에 대한 정말 쓸 만한 연구를 보고 싶어요. [그것들은] 적어도 내 세계에서는 언급되지 않고 있죠. 우리 모두는 누가 권력 행사자인지 어느 정도 알고 있으며 누가 무엇을 위한 평가자가 되도록 위촉받는지 알고 있다는 말입니다.

영향력을 행사할 기회가 지닌 매력에도 불구하고 많은 평가위원들은 사려 깊게 자신들의 역할을 공표하지 않는데, 이는 동료들로부터의 압력을 회피하거나 심의의 세부 사항에 대한 질문을 피하고 싶어서이다. 그들은 이런 종류의 거북함보다는 익명성을 더 원한다.

어떤 평가위원들에게 참여의 일차적 동기는 권력이 아니라 다양한 분야에서 무엇이 진행되고 있는가를 배울 매우 즐거운 기회이다. 한 흑인사 학자의 말을 들어 보자.

"그 분야에서 무엇이 일어나고 있는지 일별하고, 박사논문을 쓰는 학자들의 호기심을 자극하는 것이 무엇인지 알아내는 것은 멋진 일이죠. 우리가 하나의 집단으로 함께 모일 때 다른 사람들이 무엇에 대해 생각하고 무엇을 흥미로워하며, 우리의 아이디어들이 어떻게 서로 융화되거나 융화되지 않는지 보는 것은 즐거운 일입니다……. 나는 내가 모르고 있던 무엇인가를 배우고 있거나 보다 잘 이해하게 된다고 느낍니다."

새로운 정보는 평가위원들의 연구 어젠다에 당연히 영향을 미치고 그들 자신의 기금 지원서를 향상시키는 데 영향을 미칠 수 있다.

다른 사람들은 참여 동기와 관련해 오히려 무심한 어조로 설명한다. 한 사람은 일종의 '노블레스 오블리제'의 감정을 가리켰다. '[이 기금 지원기관이] 이전에 나에게 두 번 장학금을 주었기 때문에 의무감을 느꼈다'는 것이다.

한 문학자는 '단지 내가 어느 때엔가는 짊어져야 할 짐 중의 하나로 받아들여서' 봉사하기로 했다고 말한다.

"[언젠가는] 네 번 이상이나 부탁을 해 와 그냥 '피할 수 없다'는 생각이 들더군요……. 나는 가외의 일을 찾아다니는 유형이 아닙니다. 덧붙여서 나는 궁극적으로 나에게 무슨 이득이 있는지 모르겠어요."

세 번째 평가위원은 대조적으로 사례(드물게 주어지는)와, 심의가 벌어지는 매력적인 도시로의 여행 기회라는 조건에 매료되었다고 스스럼없이 인정했다.

또 다른 사람들은 '정말 똑똑한 사람들'과 상호교류하는 기회와, 그런 종류의 상호작용이 흔히 학자에게 베풀어 주는, 연관된 즐거움을 높이 평가한다. 한 영문학 교수는 다음과 같이 털어놓았다.

많은 평가위원들과의 평가에서 [한 여성 평가위원]과 나만이 같은 의견이고 다른 평가위원들은 의견이 다르다는 것을 발견하고 매우 기분이 좋았어요. 그런 기분을 자아낸 것은 그녀의 전공분야에 대해서 평소 그녀를 존경하고 있었기 때문이었죠. 그녀의 연구 가운데 어느 부분은 페미니즘의 영향을 아주 강하게 받고 있어서 적어도 나의 연구와 좀 더 닮은 측면이 있답니다. 나는 정말 즐겁게 그녀의 책을 읽었던 기억이 있어요……. 우리는 [유사한 주제에] 관심이 있고 그것이 우리 평가의 유사성을 이끌어 냈죠.

또 다른 평가위원은 "나는 중세연구자와 매우 즐겁게 공감했던 기억이 몇 차례 있어요. 그것은 주요 고전을 통상적인 방식과 달리 읽는 것이었는데…… 그 순간에 딱 맞아떨어지는 의기투합의 느낌을 가졌지만, 추상적 용어[들]로는 어떻게 표현할 수가 없네요."라고 말한다. 학문연구가 비교적 고립된 채 이루어지다 보니 그런 연결의 순간은 특히 중요하다. 그것들은 또한 학자를 잘 파악하는 데 필요한 지식을 공유하고 있는 사람들이 별로 많지 않다는 점 때문에도 가치가 있다.

많은 피면접자들이 심의 중에 개인적 또는 집단적 활성effervescence의 순간을 경험했음을 술회한다. 이들 느낌은 다양한 요인에 의해 촉진되지만 일부 응답자들은 무엇이 훌륭한 연구를 정의하는가와 관련해 그들이 다른 사람들과 깊은 공감을 느낄 때나, 집단 전체가 특정 연구 기획을 아울러 연결고리를 형성한다고 느낄 때가 특히 강력한 순간이라고 지적한다.[21]

만약 이들 학자들이 패널로 참여하는 데 있어 개인적 이해관계를 가지고 있다면 그것은 내적 보상―훌륭한 지원서를 읽는 즐거움―을 발견하는 것과, 지적 분야 내부에서 그들 위상을 극대화하는 것처럼 보상으로 인식되는 관계의 구축이 아닐까 한다. 많은 응답자들이 지적하는 이들 즐거움의 요소는 학문적 장에 대한 부르디외의 기술에는 완전히 빠져 있는 것이다.[22]

콜린스는 지식인들의 비등沸騰을, 주목을 받았다는 것에서 오는 정서적 에너지와 연관시킨다.[23] 하지만 정서적 에너지는 중요한 경험을 공유하고 있다는 것에서 올 수도 있다. 학자들 사이에 자아개념이 다양하다는 점을 염두에 두면 그들의 동기를 풍부하게 이해할 수 있다.[24]

인터뷰에서 많은 평가자들은 패널에서 자신들의 수행에 대한 관심을 표명했다. 패널 참여는 그들이 채워 주도록 요청받은 역할을 다했는지 가늠해 볼 기회였다. 그들은 기대에 부응하거나 능가하기를 원했다. 최소한 자신이 선호한 지원서 중 일부의 가치를 동료들에게 확신시킴으로써 품위를 유지한 채 심의장을 나서야 한다. 그래서 심의의 장은 이상적 자아나 인지된 기대 자아를 보여 주는, 그리고 굳이 덧붙인다면 아마도 자신을 다른 사람과 견주어 보는 마당이다.

그것은 또한 각 평가위원들이 중요한 전문가로서 다른 평가위원들의 정체성을 확인하는 마당이기도 하다. 비록 표준 설명에서는 논의된 바가 없지만, 동료심사의 이런 측면은 이 집단의 구성원들이 다른 사람들의 수행을 판단하는 데 많은 시간을 할애하며 질에 강력하게 몰입할 것으로 예상되고 있다. 그럼에도 그들의 상대적 지위와 가치에 대해 상당한 모호성을 경험하고 있다는 점 때문에 특히 가치를 지닐 수 있다.

패널에 참여하는 것은 또한 학문공동체가 질을 알아내고 생산하

교수는
무엇으로 판단하는가

는 방법에 대한 신념을 유지한다는 수행적 효과를 지닌다. 참여는 절차에 대한 몰입을 재확인하며 또 평가위원들에게 그것을 개선할 기회도 준다. 이런 확인은 흥분의 감정을 불러일으키는데 그것은 또 훌륭한 연구가 이루어질 수 있도록 재원을 분배하는 경험과, 공정하다고 인정받는 절차에 참여하는 데서 오는 자부심, 또는 심지어 '기회 축적'의 집단적인 실행으로부터도 발생할 수 있다.[25]

⋮ 사전 선별자의 역할

사전 선별자는 일반적으로 호평받는 부교수 또는 (몇몇 사례에서는) 조교수로서 그들의 멘토가 프로그램 관리자에게 추천한 사람들이다. 그들이 참여를 요청받는 이유는 비록 평가위원들만큼 지적인 폭과 패널 참여 경험을 갖추지는 못했을지라도 높은 표준과 뛰어난 판단력을 갖추고 있다고 인정받고 있기 때문이다. 또 그들은 대면 심의에 참여하지 않기 때문에 평가위원과 동일한 인간관계 기술을 필요로 하지 않는다.

앞에서 제시한 바 있던 ACLS의 절차에 대한 기술이 시사하듯이 사전 선별자의 업무는 그들 각각의 전문 영역 내에서 활동하는 지원자가 제출한 지원서 중 가망이 없는 것을 걸러 내는 것이다. 미첼 스티븐스Mitchell Stevens가 명문대학의 사정 절차에 대한 연구에서 한 표현을 빌리자면, 그들의 과업은 세밀한 구분distinction과 대립되는 거친 분류sorting이다.[26] 사전 선별자들이 매긴 순위는 평가위원들이 평가하고 논의할 지원서의 목록을 형성한다.

여러 가지 면에서 사전 선별자의 역할은 추천할 만한 요소를 별로 지니고 있지 않다. 이들 평가자는 대체로 엄청난 시간을 요구하는 작업량에 걸맞는 보상을 받지 못하며, 그들의 정체성도 대개 감춰지고 어떤 연구를 지원할지에 대한 최종 의견 표명도 하지 못한다. 그러나 그 자리에 위촉되었다는 것은 일종의 명예훈장, 즉 학문 공동체가 개인의 견해에 부여하는 가치의 확실한 징표이기 때문에 많은 소장 학자들이 종종 이런 자격으로 참여하는 것에 만족한다. 사전 선별자로 활동하는 것은 대개 전문가로서의 행로에서 불안정한 단계에 있는 그들의 정체성에 대해 지위와 안정성을 덧붙여줄 수 있다.

사전 선별자들은 일반적으로 한 해 동안 봉사하며 프로그램 관리자가 그들의 작업 수행에 대해 만족할 경우 다시 참여하도록 초청받는다. 하지만 수년 이상 봉사하도록 요청받는 사례는 거의 없다. 대개 그들에게는 지원서를 읽고 평가하는 데 고작 몇 주가 주어지지만 일반적으로 그들에게 기대되는 바가 무엇인지에 대해서는 거의 지침을 받지 못한다.

사전 선별자들이 그들의 과업에 쏟는 주의에는 큰 차이가 있다. 이를테면 어떤 사람은 각 지원서에 관해 몇 자나 몇 줄 적어 평가위원들에게 정보를 주지만 다른 사람들은 순위만 매기기도 한다. 프로그램 관리자는 질 관리를 한다. 사전 선별자를 '재위촉'하기로 하는 결정은 사전 선별자가 과업에 얼마나 주의를 기울이는지에 의해 영향을 받는다. 그들의 입장에서 평가위원들은 대개 사전 선별자들의 작업을 '점검'하는 선택을 할 수도 있지만 그렇게 하는 사례는 거의 없다.

하지만 내가 연구한 한 경연에서는 평가위원이 사전 선별자가 써 놓은 주석을 보고 특정 유형의 지원서가 과도하게 가혹한 판정을 받았다고 확신한 사례도 있다. 결과적으로 패널은 배제된 지원서를 모두 재검토하기로 결정했다. 그런 문제가 사전 선별자의 경험 부족 때문이라 보면서 한 역사학자는 다음과 같이 설명한다.

> 스타일과 표준 모두에 대해 의문이 있었죠. 어떤 사람들은 그저 높은 [순위]를 매기는 데 머뭇거리죠. 그런데 중간 점수가 누구를 충분히 배제할 수 있는 경연에서 그것은 치명적일 수 있죠……. 다른 사람들은 특정 지원서에 대해 매우 강한 반응을 보임으로써 우리가 동의하기 어려운 표준을 가진 것처럼 보이기도 했습니다. 우리는 그걸 보고 "잠깐만 기다려 보세요. 그것은 이 지원서를 배제할 이유가 아니군요."라고 말했죠. 그리고 그들 표준들 중 하나는…… 상당히 자의적으로 보이더군요. 그것은 곧 연구를 위한 구체적인 시간계획의 결여에 대한 [하나의] 결정이었죠. 지원서를 선택하거나 탈락시킬 때 절대적인 기준이 [이것이 되어서는 안 되죠.]

⋮ 평가위원의 작업

평가위원들은 최종 심사에 올라온 지원서를 평가한다. 그들은 보통 1점에서 5점까지(또는 A에서 E까지)의 척도에 기초하여 각각의 지원서에 순위를 매기고, 지원자에게 유리하도록 또는 불리하도록 논리를 구축하며, 이 평가를 패널의 다른 구성원들과 논의한 후 수혜자와 관련한 최종 추천을 한다. 전술했듯이 이 작업은 다양한 전문성의 유형을 요구한다. 그중 가장 중요한 것은 많은 문헌에 익숙한 것이며 광범위한 자료들을 비교하고 평가할 수 있는 능력이다(내가 면접한 평가위원들은 각각 18개에서 80개 사이의 지원서를 평가하여 순위를 매기도록 요청받았다).

그들은 통상 지원서와 첨부자료를 살펴보는 데 한 달 정도의 시간을 보낸 후 순위를 매겨서 최종 심의에 참여한다. 대부분의 사례에서 지원서를 읽고 평가하는 작업은 강의와, 동료들과의 공식·비공식적 교류, 대학원생을 만나 조언을 주는 일, 학과와 학교, 전문 학회 등에 봉사하는 일, 연구, 저서나 논문 저술 등으로 이미 꽉 짜인 스케줄 속을 '비집고 들어간다.'[27] 많은 평가위원들은 대개 가족과 함께 보내야 할 시간에 지원서를 평가한다고 이야기하는데, 그러다 보니 종종 주말 시간이 할애된다. 예컨대 한 사회학자는 각 지원서에 40분씩 배정하여 18개의 지원서를 읽는 데 주말을 꼬박 소모했다고 털어놓는다.

대부분의 패널 구성원들은 평가에 똑같은 양의 시간과 주의를 기울이지 않는다는 점을 인정한다. 한 정치학자는 자신이 동료 평가위원들보다 훨씬 더 주의 깊은 사람이라고 진술한다.

"[심의를 하다 보니] 지원서들이 기억나더군요. 나는 몇몇 사람들보다 지원서에 대해 훨씬 더 상세히 알고 있었어요. 그들 중 일부는 회의가 열리기 오래전에 지원서들을 읽었더군요."

처음 평가위원을 맡은 한 예술사 학자는—심의 중에—다른 사람들만큼 시간을 투여하지 않았다는 것을 알고 나서 풀이 죽고 곤혹스러워했다.

"학기 중 가장 안 좋을 때였어요. 지원서들이 도착한 것은 성적 평가를 해야 할 두 클래스의 보고서 더미들을 막 받았을 때였죠. 물론 지원서들을 읽기는 했지만 [다른 평가위원들]만큼 읽지 못한 것은 분명합니다."

사전 준비의 정도가 동료들에 대한 평가위원들의 신뢰 수준에 영향을 미친다.

사전 선별자들이 제공한 순위와 주석에 의지하는 것에 덧붙여 평가위원들은 흔히 패널이 모이기 전에 자신들이 내리는 판단과 관련해 다음과 같은 몇 가지 근거 혹은 전부에 기반을 둔다. 지원자의 자기소개서 개요, 개인적 진술, 경력 사항(특히 과거 수상 경력, 출신 학교들, 수강 과목, 직장 경력, 여행, 언어능력), 연구 계획안, 참고문헌, 연구 시간계획, 과거 연구의 예, 성적표, 추천서, 교육 경력과 관심 분야, 기금 프로그램의 목표에 얼마나 헌신할 것인가에 대한 서약, 여타 기금원의 가용성 등.

한 사례―Society of Fellows―에서 패널은 최종 심사 대상자들에 대한 대인 면접도 실시한다. 5장에서 보게 되듯이 평가위원들은 이들 증거에 대해 상이한 비중을 부여한다. 특히 지원서, 프로젝트, 그리고 지원자(자신과 자신의 업적에 대한 기술을 포함하여)에 대해. 그들은 또한 추가적 자원을 동원할 수 있다. 예를 들어 한 미국사 학자는 특정 지원서의 독창성 주장을 좀 더 잘 평가하기 위해 서재에 가서 중동의 역사에 관한 표준 서적을 참조하였다고 술회한다.[28]

평가위원들은 일반적으로 2~3년 정도를 봉사한다. 순환체계는 연속성을 보장하고, 새로운 패널 구성원들이 심의의 관례적인 규칙들을 배우도록 뒷받침한다. 이 체계의 장점은 평가위원들이 매년의 경험을 대조한 진술을 보면 분명해진다(그들이 최소한 2년을 패널에 봉사했으므로 이 연구에 관여한 17명의 평가위원들은 두 차례 면접 대상이 되었다).

앞에서 인용했던 예술사 학자는 그녀가 봉사했던 첫 해를 설명하면서 그녀에게 기대되던 바를 '오해'했기 때문에 지나치게 후한 점수를 줬다고 고백한다.

"많은 사례에서 내 1점이 2점에서 3점일 수 있었고 확실히 내 2점은 3점과 4점이었던 것 같아요…….[지원서에서] 인용할 거리를 전혀 마련하지 않은 채 왔기 때문에 그건 정말 당혹스럽더군요."

그 결과 다른 평가위원들은 그녀가 '낮은 표준'을 갖고 있는 것으로 보게 되었고, 그녀는 그 점이 매우 못마땅했다. 다른 평가위원은 '후하게' 점수를 주었던 첫 해의 경험으로부터 배움을 얻었다고 진술한다.

> 내가 선호하는 것과 낮은 점수를 준 것을 어디에 배치하며 언제 그걸 밀고 포기할지에 대해 보다 나은 감을 가지게 되었어요. 예컨대 작년에 나는 내가 할 수 있을 법한 어떤 것과도 180도 다른 지원서에 1등급을 주었죠. 하지만 그것은 너무 야심이 컸고 일견 지나치게 무모했는데 나는 그 점을 좋아한 편이었어요. 어쨌든 그 지원서는 기본적으로 내가 옹호를 했던 것 중 하나였는데 [사람들이] 물끄러미 나를 바라보더니 말하더군요. "당신의 이야기를 듣고 보니 이 사람에 대한 반대 논의를 펼치는 것 같군

요.” …… 이런 종류의 일에서는 모두가 어느 정도의 역할 연기를 하는 법이지요.

평가위원들은 평가 절차가 직선적이지는 않다고 지적하는데, 지원서 더미를 하나씩 읽어 가는 동안 기준이 바뀌기 때문이다. 대부분의 평가위원들은 문서를 검토하는 동안 각 지원서와 지원자에 대해 메모를 하고 반복 과정에서 이따금씩 주기적으로 그들의 순위를 다시 살펴본다. 그런 과정의 결과, 한 정치학자에 따르면 ‘각각의 평가위원들은 대부분의 지원자에 대해 상당히 명확한 기억을 지니고 회의에 오게’ 된다.

지원자 전체를 아울러 조망하게 됨에 따라 평가위원들은 종종 지원서들이 매우 다른 조명 아래에서 빛나는 것을 발견하게 된다. 즉 서로 다른 각각의 지원서에 대해 상이한 표준이 적용되며 지원서들이 모두 동일한 근거에서 수혜를 받거나 탈락하게 되지 않는다는 것이다. 한 평가위원은 이를 다음과 같이 표현했다.

[한 지원서는] 독창성에서 큰 강점이 있고 나름대로 야심찬 것이었지만 구체적인 서술이 미진했죠. 중첩이 너무 많았거든요. 또 다른 지원서는 흥미는 전혀 없었지만 설명은 잘 되어 있었어요. 그 둘의 강점과 약점은 반대였기에, 왜 우리가 한쪽에 기금을 지원하면서 다른 쪽에는 같은 논리로 살펴보는 것이 아니라 반대의 방식을 적용해야 하는지를 둘러싸고 논쟁이 벌어졌죠.

경험이 쌓이면 이런 경우와 같이 비교할 수 없는 것들을 한 가지

틀에 놓고 결론을 이끌어 낼 수 있게 된다(이에 대한 추가적 논의는 4장에서 이루어진다).[29] 상이한 특성 — 예컨대 독창성과 중요성 — 이 하나의 지원서를 통념적 커트라인 위로 밀어 올릴 수 있으며, 평가 절차는 일관성이 있거나 직선적이지 않다. 한 역사학자는 다음과 같이 말한다.

> 만약 50편의 훌륭하고 경험적 근거를 갖춘, 중요한 지원서가 있고 그것들이 그럴듯한 비교의 차원도 지니고 있다면 나는 당연히 그것들을 지원할 겁니다……. [실제로는] 20개의 결함 있는 지원서들 사이에서의 선택이죠. 나라면 아마 아이디어는 풍부하지만 너절하게 보이는 것보다는, 흥미로운 비교의 초점은 빠져 있더라도 나름대로 내적 구성이 탄탄하고 경험적으로 중요한 [지원서]를 지원할 겁니다.

평가위원들은 작업의 상당 부분을 혼자 하면서 그들 나름의 평가 방법을 개발한다. 예를 들어 한 평가위원은 채점을 하기 전에 먼저 모든 지원서를 가나다순으로 읽은 다음 다시 분야별로 읽는다. 다른 사람은 그녀의 평가 절차를 다음과 같이 기술한다.

> 최종 점수를 매겼을 때는 [지원서를] 대략 세 번쯤 읽은 뒤였죠. 그중 몇 편은 수차례 더 읽었고요. 나는 채점 없이 한 번 읽은 후 다시 보면서 점수를 매깁니다. 그런 뒤 며칠 동안 시차를 두었다가 비로소 최종 점수를 매기죠. 그리고 어떤 경우에는 여러 번 읽어야 했어요……. 나는 몇 편의 점수를 상향 조정했는

데, 어떻든 A를 주면 논의가 이루어질 것이라는 점을 알고 있었고, 그것들이 논의될 만하다고 보았으니까요. 비록 내가 학제적 작업에 임하고 있지만 역사 분야에서 제출된 것에 대해서는 문외한이므로 그것들을 평가할 때에는 도움이 필요했습니다.

이런 개인화된 접근법은 사전 선별자들과 마찬가지로 평가위원들이 지원서의 평가에 대한 공식 훈련을 받지 않는다는 점을 고려할 때 놀라운 일이 아니다. 프로그램 관리자가 일반적으로 평가위원에게 제공하는 지침은 경연의 목표, 염두에 두어야 할 기준, 그리고 과거 수상자들의 목록 등에 대한 정보에 한정된다. 평가자들은 평가의 대상(개인 또는 프로젝트), 적용되는 선발 기준의 특정한 의미(예컨대 독창성과 중요성을 어떻게 인지하는가), 또는 각 기준에 부여된 비중(수월성의 표준 대 수상자의 지리적 분포와 같은)에 유의하는 지침을 가지고 있지 않다.

그런 영역에서의 결정은 평가자의 재량에 맡겨지며 평가자는 이제까지의 경력을 통해 타당한 평가 수행 방법을 습득한 사람들로 기대된다. 그리고 대다수는 이런 기술을 지니고 있는데 그것은 여타의 많은 과업을 학습할 때와 동일한 방식, 곧 혼자서 그리고 좀 더 경험이 많은 동료와 멘토를 관찰함으로써 습득한다.[30] 한 인류학자는 '훈련'을 받지 않으면서도 평가위원들이 그들에게 기대되는 바를 학습하는 방법에 대해 다음과 같이 설명한다.

나는 기금 지원 평가위원회에 많이 참여해 보았지만 한번도 어떤 훈련을 [받은] 기억은 없어요……. 사실 원로 학자들을 훈련시킨다는 생각을 하기란 쉽지 않죠. 나는 학계, 미국 학계, 적어도 연구중심대학에는 다수의 공유된 규범이 있다고 생각하는데, 평가위원의 대다수는 그곳 출신들입니다……. 나는 우리가 무엇보다 먼저 그 분야의 주요 학회지에 기여할 능력이 있는가에 꽤 큰 비중을 두고 사람들을 판단하는 편이라고 봅니다. 그리고 우리는 많은 저술을 한, 그런 의미에서 주요 대학 출판부 등에서 책을 낸 사람에게 감명을 받습니다……. 처음 패널에 참여했을 때 나는 아마도 30세쯤 되었을까, 그것을 [우리가 어떻게 할 수 있을지 걱정했죠]……. 이제 종류가 다른 여러 패널에 참여해 본 후의 소회로는 당시 나는 [전문가들 사이에서] 어떤 불일치가 있을까 하는 등등의 호기심에 사로잡혀 있었던 것 같아요. 그러나 나는 평가를 하는 것의 어려움 때문에 놀라지는 [않았습니다]. [그것은] 차츰 자연스러워졌죠.

이와 마찬가지로 한 정치학자는 다음과 같은 이유에서 평가를 위한 평가위원들의 공식 훈련은 필요치 않다고 믿고 있다.

그건 우리가 평생 하고 있는 종류의 일입니다……. 강의, 다른 사람의 업적에 대한 비판, 당신이 가르칠 교과를 위해 논문을 읽는 것 등. 내 말은 사람들의 주장을 비판하고 분류하며 그것들의 변수에 대해 생각하고, 내가 말하고 있는 모든 것에 대해 생각하는 일 등이 곧 우리가 하는 일의 전부라는 겁니다. 그래요, 나는 우리가 어떤 특별 훈련도 전혀 받을 필요가 없다고 생각합니다.

패널 심사가 끝난 후에는 흔히 프로그램 관리자가 회의를 평가하고 패널 구성원들에게 다시 봉사를 요청할 것인지를 결정한다. 내가 연구한 패널들 중에는 극소수 구성원이 재초빙되지 않은 사례가 있었는데 이는 그 구성원이 기대했던 만큼의 전문성을 보여 주지 못했거나(의견을 표현할 때 우유부단하거나 망설이는 것처럼 보이는 것에서 드러난다), 또는 필수적인 인간관계 기술을 결여하고 있는 것처럼 보이기 때문이었다.

이런 '사적 평가'는 일상적으로 진행되지만 프로그램 관리자가 평가위원들에게 이런 정보를 제공함으로써 그들 자신의 판관으로서의 수행능력을 향상시키는 데 도움을 주는 사례는 거의 없다. 평가위원들의 학자적 권위를 고려할 때 그렇게 했다가 도리어 어색한 상황을 야기할 수 있기 때문이다. 또 프로그램 관리자가 과거 수상자의 활동 상황에 대한 정보를 제공해 주는 사례도 없는데, 만일 그렇게 한다면 선발 절차를 개선하는 데 유용할지도 모른다.

패널의 공식 평가가 이루어질 때—이를테면 프로그램이 외부 위원회의 검토를 받을 때—보고서는 기금 지원 프로그램 직원의 손에 남는 편이다. 평가위원들은 미래의 대학원생을 선발하거나 동료의 정년보장을 승인할 때와 달리 그들이 심사숙고한 선택의 결과를 결코 직면하지 못한다. 그들은 스스로 높은 표준을 정립하는 책임 있는 전문가로 가정되며, 의사결정 과정에서 완전한 또는 그에 버금가는 자율권을 부여받는다. 이런 자율성은 선발 과정과 프로그램 관리자가 그 안에서 수행하는 역할의 비중을 높이게 된다.

⦂패널 심의의 역학

일반적으로 평가위원들은 보통 기금 지원기관의 사무실에서 하루나 이틀 정도 만나 지원서를 논의한다. 일부 패널이 기금 지원 결정을 내리는 한편 다른 패널은 기금 지원 추천을 하는데 이 추천은 거의 예외 없이 수용된다. 통상 패널 구성원들이 모이면 검토 대상 지원서의 목록이 제공되는데, 거기에는 각 지원서에 대해 평가위원 모두가 매긴 점수의 총합이 기재되어 있다.[31]

회의가 시작되면 통상 먼저 심의규칙을 설명해 주는데 그것은 패널 의장 또는 프로그램 관리자가 진행한다. 이들 규칙은 이를테면 결정을 내릴 때 합의제나 다수결 중 어느 쪽으로 할 것인가 또 (낮은 점수를 받은 지원서도 포함해) 모든 지원서를 다 논의할 것인가를 결정한다.

패널 의장 또는 프로그램 관리자의 책임은 심의를 조율하고 논의를 이끌어 가며, 모든 평가위원들이 (원한다면) 각 지원서에 대해 의견을 표명할 기회를 보장하고 지원자들이 공정한 심의를 받을 수 있도록 주의하는 것이다. 그들은 또한 그저 비용과 이득의 분석이 아니라 실질적 논의가 이루어지도록 함으로써 원칙적으로 심의의 질을 감독한다.

의장과 프로그램 관리자는 고압적인 성품(부적격 평가위원의 확실한 표지)을 관리해야 하며 도를 넘는 연합이나 헌신allegiance의 형성을 막아야 하고, 강하고 잠재적으로 신랄한 불일치를 미연에 방지해야 한다. 4장에서 보게 되듯이 그들은 또 한 평가위원이 모욕당했다고 느낄 때(이는 그의 전문성이 적합한 인정을 받지 못하거나, 다른 평가위원이 특정 분야나 주제에 대해 적합한 존경심을 보여 주지 않는다고 생각할 때 생길 수 있다) 정서적 조율 작업을 맡아야 한다.[32] 이러한 노력들이 성공을 거두려면 평가위원들이 의장과 프로그램 관리자를 모두 존중해야 한다. 존중은 패널을 이끌어 가는 기술과 경륜에 따라 부여될 것이다. 연령, 성별, 인종, 알려진 전문 경력, 재직 중인 기관(패널 의장의 경우) 역시 영향을 미친다.[33]

한 평가위원은 그녀가 참여했던 패널의 성공을 명시적으로 프로그램 관리자에게 귀속시켰다.

"평가위원들이 정말 자발적이고 관용적이어서 놀랐어요……. 맥락과 프로그램 관리자 덕분이었던 것 같아요……. 그녀가 선택한 방법인지, 그녀가 선택자인지조차 확신하지 못하지만 그녀가 만들어 낸 기풍은 정말로 예외적이었고(분위기를 형성하는 데 있어) 또한 우리를 곧장 앞으로 나아가게 했죠. 그도 그럴 것이 해야 할 작업이 엄청난 양이었으니까요."

대조적으로 패널 의장은 평가자의 역할과 의장의 역할 사이를 왔다 갔다 함으로써 일부 패널 구성원들의 신망을 얻지 못했다. 이처럼 왔다 갔다 하다 보니 심의를 조정할 때 중립적이라는 느낌을 줄 수 없었고 결과적으로 평가자로서도 의장으로서도 신뢰성을 잃고 말았다. 다른 의장은 선심을 쓰는 듯하고 시간을 끄는 관리 스타일 때문에 강한 비판을 받았다. 한 평가위원은 그가 다음과 같은 말을 계속 되풀이했다고 진술한다.

"모두가 무얼 하고 있는지 알고 있을 때 '이게 우리가 하고 있는 일입니다'라는 말을 반복했죠. 빨리빨리 일을 진행시켜야 할 때였는데 말이죠. 그래서 그 말은 좌중을 맥 빠지게 하는 어쩌면 불필요한 말이었죠. 그런 말은 하지 않아도 되는 말이었어요."

일반적으로 패널은 지원자 목록의 위에서부터(가장 많은 수의 높은 점수를 받은 것) 아래로 심의를 진행한다. 회의 전에 합계 최고점을 받은 지원자가 기금을 받을 것이라는 점에는 묵시적인 이해가 있다. 그래서 심의가 시작될 때 그런 사례가 언급되기도 하지만 그것들은 대개 논의되지 않는다. 마찬가지로 낮은 점수를 받은 지원서도 거의 논의되지 않는다. 심의의 대부분은 혼합된 점수를 받은 지원서를 낸 지원자에 할애되는데 그 집단의 크기는 기금 지원 경쟁률이 어느 정도이냐에 달려 있다. 한 경제학자는 다음과 같이 설명한다.

600점과 700점을 받은 지원자에 대해서는 10초 안에 (별 볼일 없는 것이라고) 이야기할 수 있죠. 커트라인에 가까워질수록 힘들어져서 더 많은 시간을 잡아먹죠. 나는 우리 인생 전체에는 시간의 구속이 있고 우리는 어떤 일엔가 주의를 집중해야 한다고 봅니다. 참회를 위한 시간은 부족하지 않을 테니까요. 나는 그것이 합리적이었다고 생각해요. 누구라도 이보다 더 잘할 수는 없을 겁니다.

혼합된 점수를 받은 '중간 집단' 지원서는 결함을 지니고 있지만 그 결함은 서로 다르다. 평가위원들이 비교할 수 없는 결함을 비교하려 할 때 주로 가장 큰 난관에 부딪치게 된다. 대부분의 시간이 이들 중간 순위 지원서에 할애되는데, 이는 평가위원들마다 지원서의 상대적 강점과 약점에 상이한 비중을 부여하기 때문이다. 그래서 목록의 '아래쪽 반second half'을 채우려는 패널의 노력은 기준의 상대적 중요성과 특정 기준의 의미에 대한 논쟁으로 귀결된다. 이 범주에 있는 지원서를 비교할 때 패널 구성원들은 또한 학제성과 다양성을 전면에 내세워 고려하게 된다.

패널에 따라 사람을 한 명 정해 각 지원서를 제시하도록 하는 사례도 있지만 내가 연구한 패널에서는 그런 사례가 없었다. 심의는 상당히 빠른 속도로 진행되며 각 평가위원들에게 차례로 의견 표명을 요청한다. 기억을 되살리기 위해 평가위원들은 종종 처음에 지원서를 평가할 때 썼던 메모를 참고하면서 지원서에 대한 찬성과 반대 주장을 편다. 많은 사람들이 사전에 주장을 연습한다. 즉 회의를 준비하면서 그들 자신의 순위를 만드는 노력의 일환으로 머릿속에서 지원서들을 비교해 보는 것이다. 짧은 의견 교환이나 좀 더 긴 논의 후에 프로그램 관리자나 의장은 그(또는 그녀)가 본 잠정적 합의를 제시하고 추천함으로써 결론을 내린다. 합의가 이루어지지 않을 때는 그 지원서를 옆으로 밀어 놓았다가 나중에 다시 논의한다. 한 평가위원은 이런 방식의 장점을 다음과 같이 기술한다.

누군가가 자기 의견을 고집하며 '만일 이 제안에 기금을 지원하지 않는다면 나는……' 식으로 발언하는 대신(종종 그러는 사람들이 있다) 우리는 "이건 보류했다가 나중에 살펴봅시다."라고 말했죠. 그리고 우리가 지원서 전부를 살펴보고 나니 일이 좀 더 분명해지더군요. 막판이 되었을 때(13개의 [지원서] 중 5개의 [자리]가 결정되었을 때) 나는 이 방식이 훨씬 빠른 방식이라는 생각이 들었습니다. …… 그래서 나는 그것이 매우 적합하다는 것을 알았죠.

심의 대상이 된 첫 번째 지원서에 대한 논의는 나중 것보다 긴데, 심의 시작 때에는 평가위원들이 또한 그들 자신의 전문성과 배경을 제시하고 다른 평가위원과 관련하여 자신의 정체성을 규정하기 때문이다. 한 경제학자가 말한 것처럼 "나는 그것이 이들 패널 중의 하나에서 첫 몇 시간의 논의 가운데 배우는 것이라고 봅니다……. 각 구성원에 대한 느낌, 말하자면 그들은 이걸 중요하게 생각하고 저건 가볍게 생각하며, 아마도 여기에서 그들이 이 분야를 대표하는 유일한 사람들이며 그들은 그 분야의 사절단으로 온 것이라는 것 등을 말입니다." 그들은 또한 자신들이 더 많은 권위를 지닌 것으로 인정받아야 한다고 믿는 영역을 가리킴으로써 자신들의 영역을 획정한다.[34]

한 정치학자는 초기 심의 과정이 각 개인들에게는 '[자신들이] 얼마나 똑똑한지를 과시하는' 기회이기도 하다는 점을 적시한다. 이는 곧 평가위원들이 자신의 특정 분야와 전문 주제를 전형적으로 알려 주는 때라는 것이다. 그런 식으로 패널 심의는 또한 '자아의 수행performing the self', 즉 다른 학자들 사이에서 자신의 능란한 말솜씨와 문화자본을 보여 줄 기회이기도 하다.[35] 4장에서 보게 되듯이 그런 과시는 집단의 개인 간 역동성에 중요한 영향을 미친다.

평가위원들이 서로를 알아 가고 '가장 쉬운 것'에서부터 좀 더 합의가 어려운 지원서로 옮겨가면서 그들은 '집단 스타일'을 발전시킨다.[36] 사실 한 역사학자가 설명하듯이 '특히 해마다 이들 위원회에 앉아 있다 보면 누구든 점차 다른 사람들이 사물을 어떻게 보는 지에 대한 감각을 얻게 되며 [그들의 주장을] 어느 정도 예측할 수 있게' 된다.

많은 평가위원들은 패널 속에서 특정 지원서에 대한 자신들의 견해를 가다듬고 그 주제와 관련된 최신의 저작에 대한 추가적 정보를 얻기도 한다. 심의의 이러한 측면은 한 역사학자가 지적한 바 있는데 그는 몇몇 지원서가 기금을 받지 못해서 실망했느냐는 질문을 받고 다음과 같이 이야기한다.

> 내가 문자 그대로 의문부호를 가졌던 많은 사례들이 있었습니다. 그리고 나는 그것이 탁월하고 전망 있는 연구처럼 보인다고 생각했지만 내 스스로 그것을 충분히 잘 이해했다고 생각하지는 않았습니다. 그래서 나는 논란에 끼어들었을 때 내 주장을 펴기보다 질문을 했고 그 결과 내가 무언가를 이해하지 못한 것이 아니라 그 기획이 완전히 숙고되지 않은 것이라는 확신을 가지게 되었습니다.

반대로 이 역사학자는 다른 평가위원들이 역사에 대한 그의 전문성에 의존했다고 설명한다.

> 나는 동료들이 때때로 역사 분과의 [지원서의] 배경에 대해 설명해 주기를 바라는 것을 알았습니다. 곧 이것이 작업의 진행방향인가, 이것이 가치 있는 자료 목록인가, 이 지원서가 빠트리고 있는 것은 무엇인가와 같은 온갖 종류의 것들에 대해서요. 그

래서 나는 열심히 그와 관련된 설명들을 해 주었는데 이는 다른 사람들이 의문을 느낄 사항에 대답해 줄 수 있는 것이 바로 나의 책임이라고 보았기 때문입니다.

　의심할 바 없이 내가 연구한 패널의 다학제적 성격은 평가위원들이 서로의 도움을 받아 지원서를 평가하는 데 필요한 지식을 획득하도록 만든다. 그러나 모든 패널에서 평가자들은 또한 지원서의 가치에 대한 미묘한 비언어적 신호(눈동자 굴리기, 어깨를 들썩하기, 고개를 끄덕이기, 찬탄의 표정으로 미소 짓기 등)를 주고받는다. 이 신호들은 그들 자신의 지식과 현재의 상황에서 오는 한계를 고려할 때 '최소한의 필요조건을 충족시키거나' 최선의 선택을 하는 데 도움을 주는 신호들이다.[37]

　1장에서 시사되었듯이 면대면 대화는 더 나은 결정을 낳는 것으로 여겨진다. 예컨대 존 듀이는 공정성에 대한 공유된 표준의 출현과 신뢰의 발전에 논쟁이 중요하다고 믿었다.[38] 따라서 심의는 평가위원들이 대화의 흐름 속에서 자신들의 주장을 조정하도록 강제한다. 이 과정은 보다 투명하고 덜 통제 가능한 결정, 그리고 맥락적 정보를 고려한 결정을 이끌어 낼 수 있다. 의사결정의 기술로서 심의는 분과에 따라 위신과 영향력에 차이가 있다는 점이 알려져 있음에도 불구하고 갈등을 중화시키는 데 도움을 주고 학제 간 대화를 고취한다.[39] 그것은 또한 평가위원들이 논쟁 순간의 열기 속에서 자신들의 주장을 정교하게 가다듬으면서 즉흥적이고 직감적일 수 있는 여지도 준다.[40]

　이 체계는 개인과 변덕, 비일관성의 흔적을 모두 제거하고자 하는 기계화된 평가의 유형과는 대조된다.[41] 기금 지원기관이 동료평가를 사용하는 이유는 그것이 공인된 전문가를 동원할 수 있기 때문이다. 즉 평가 절차의 중심에 감식력과 판단력을 배치하는 평가 기술이기 때문이다.

⋮ 결 론

우리가 보게 되듯이 많은 지원자와 평가위원들은 동료평가가 비교적 깨끗한 평가 절차로 간주되기 때문에 그것을 강하게 지지한다. 그래서 그것은 평가자와 지원자에게 자원의 분배 체계를 정당화해 주며 나아가 정년보장을 포함해 학문적 평가와 승진이라는 더 넓은 체계를 뒷받침한다.

어느 정도까지 동료평가는 질에 대한 동의가 성취되는 곳이며 업적주의의 원칙이 의문시되지 않는 곳이다. 대조적으로 단 하나의 예를 들자면, 사회학자 프랑소와 뒤베François Dubet가 연구한 프랑스의 작업장에서는 업적주의적 자원 배분을 가로막는 다양한 힘이 지배적인 존재에게 특권을 주고 종속 집단에게 불이익을 준다.[42]

상대적 '깨끗함'을 만들어 내는 기술로서 동료평가는 적어도 헝가리나 핀란드, 포르투갈과 같은 '더 작은' 체계에 비해 미국의 상황에서는 특히 중요한 역할을 수행한다. 미국의 고등교육은 엄청난 인구 규모를 자랑하며 몰개인적이고 사회적·지리적 이동이 잦다는 특성을 지니고 있다. 이는 공유된 규범과 행위규칙에 대한 불확실성을 낳고 조직적 통제를 훼손할 수 있다.[43]

이런 조건하에서는 서로 일면식도 없는 개인들이 같이 한방에 들어가는 순간 자신들에게 기대되는 것이 무엇인지 바로 알고, 그 기대대로 하는 것이 특히 중요하다. 그것을 도와주는 것이 전국적 경연 체계를 규제하는, 광범위하게 공유된 제도적 규범이다.[44] 동료평가 체계에 대한 신뢰는 중요한 것으로, 평가의 결과 압도적 다수의 지원자가 탈락할 수밖에 없어 탈락한 사람들이 신뢰를 잃어버리기 쉽기 때문이다. 그래서 이 체계는 열려 있고 업적주의에 따라 운영된다는 스스로의 표상을 유지한다. 이는 별로 멀지 않은 과거에 학문세계가 문화적으로 동질적인 종교적·인종적·계급적 엘리트를 드러내 놓고 더 우대했던 때와 큰 차이가 있다.[45]

다음 장에서 분명해지듯이 동료평가라는, 명확하게 정의된 기술과 그것을 둘러싼 상대적 합의의 맥락에서 학문분과의 평가문화에는 큰 차이가 존재한다. 그 차이는 너무 커서 이 차이의 바다에서 합의가 출현하고 블랙박스가 실제로 수상자를 가려내는 것이 작은 기적처럼 보일 정도이다.

교수는
무엇으로 판단하는가

분과문화에
대하여

분과학문의 평가문화가 다양하고 그와 연관된 갈등의 소지도 다분한 상황에서 평가위원들은 어떻게 합의에 도달해 수상자를 선정하는 것일까? 동료평가를 위해 학자들을 한방에 모아 놓음으로써 개인의 차이를 제한하고 서로 연결할 맥락을 만들어 낸다. 평가위원들은 평가의 규칙과 요구, 그리고 한정된 시간 안에 기금 지원 결정을 내려야 한다는 제약으로부터 합의에 도달하도록 압력을 받는다. 프로그램 관리자가 권장하는 다원주의의 문화도 마찬가지 역할을 한다. 비록 학자들이 독불장군들(contrarians)이지만 이 문화가 학문적 수월성에 함께 몰두하도록 조장함으로써 분과학문의 차이를 중화시키는 데 도움을 준다.

찰스 퍼시 스노 경Sir Charles Percy Snow은 '상호 이해의 틈'이 '과학자'와 '문예지식인literary intellectuals'을 나눈다는 유명한 주장을 한 바 있다. 그런데 이 틈은 또한 많은 사회과학자와 인문과학자, 많은 해석학자들과 좀 더 실증주의적인 연구자들을 나누기도 한다.[1] 기금 지원 패널에 들기 오래전에 학자들은 분과문화에 대한 다양한 믿음과 지각, 특히 각 분야가 지식의 생산과 평가에 사용하는 접근법을 받아들인다.[2] 그들은 지적 행위—대학원 교육, 학생지도mentoring, 자기 분야 내외부의 독서 등—와 대학의 일상에서의 공식적·비공식적 행위를 통해 이들 차이에 대해 익숙해진다. 피면접자 중 분석철학자인 한 평가위원은 몇몇 지배적인 스테레오타입을 다음과 같이 재미있게 요약한다.

> 철학자들은 무엇보다도 엄밀하다고 알려져 있는 것 맞죠? 영문학자들은 문학 텍스트의 행간을 읽을 수 있는 것과 같은 능력, 말하는 것이 아니라 그것들이 말하지 않는 것을 보는 것에 가치를 부여하는 것 같아요. 철학에서는 그런 건 전혀 쓸모없는 것으로 봅니다. 예술사 분야의 몇몇 사람들은 가장 최근의 프랑스 철학 운동의 첨단이 되어 예술에 대한 논의에 라캉, 들뢰즈, 보들리야르, 부르디외 등을 끌어들이고 싶어 하더군요.

이 철학자가 풍자하는 인식론적 스타일의 차이는 자주 학문분과를 넘어(때로는 내부에서) 발생하는, 불화를 일으키는 논쟁을 가열시킨다. '인식론적 스타일'이란 지식의 구축 방법을 이해하는 특정한 방식에 대한 선호와 그들 이론의 증명 가능성 자체에 대한 신념을

가리킨다.[3]

진리 또는 과학의 독점을 추구하면서 사회과학자와 인문과학자는 자주 양극화된 입장에 굴복하여 이론과 방법 모두에 걸쳐 단지 하나의 정확한 접근법만이 있다고 주장한다.[4] 이론과 관련해서 한쪽 극단에 있는 분과에서는 저자의 이론적 지향이 그들 자신의 사회적 위치, 정체성, 정치적 지향에 영향을 받아 형성된다는 점을 인정해야 한다고 본다. 반면에 다른 쪽 극단의 분과에서는 이론은 기존 설명의 조명하에서 새로운 증거를 관찰하는 것으로부터 출현하며 그것은 연구자가 누구이고 그가 대상을 어떻게 이해하는지에 의해 영향을 받지 않는다고 본다.[5]

방법론적 선호와 관련한 차이도 그에 비견될 만큼 크다. 어떤 분과학문은 가설검증을 강조하며 이론을 증명할 때 형식적 모델의 역할을 중시한다. 반면 다른 분과학문은 그런 접근법을 강력히 거부하며 대신 맥락적 방법이나 내러티브 방법을 선호한다.[6]

이 장은 학자들이 그들 자신의 분야와 다른 분야의 평가적·인식적 문화에 대해 지니고 있는, 널리 인정되는 몇 가지 관점을 밝혀낸다. 그런 관습의 뭉치들은 분과학문들이 어떻게 질을 정의하고 인식하는가에 영향을 미친다. 여기에는 '탐구 신념inquiry beliefs'과 '이론적 애착theoretical attachments'이 포함되는데 그것들은 이를테면 그 분야가 자연과학과 얼마나 가까운가, 환원주의적 접근법과 전략의 유용성, 경험적 자료와 이론의 역할과 관련된 것이다.[7]

게다가 그것들은 학문적 수월성이 '실제적'인지 아니면 보는 사람의 관점에 달린 것인지, 합의가 이루어질 수 있는지, 그렇다면 그것의 기반이 되는 것은 무엇인지에 대한 신념을 포함한다. 그것들은 또한 지식의 추구에서 표준, 이론의 역할, 분야 내에서의 합의, 판단능력, 분과학문 경계의 중요성, 주관성의 중요성에 대한 논쟁을 포괄한다.

분과학문의 차이는 기금 지원 패널에 참여함으로써 얻는 경험의 일부일 뿐 아니라 좀 더 일반적으로 학문적 생애 전반에서 작용하는 것이기도 하다. 스테레오타입이 그렇듯이 이들 차이는, 종종 분과학문의 구성원들이 다른 분과학문과 대비하여 스스로를 합리적으로 정의하는 기반으로 기능한다. 그리고 모든 스테레오타입처럼 분과학문의 스테레오타입도 '타자'와의 접촉 결핍에 의해 강화된다.[8]

분과학문을 넘는 상호작용의 빈도는 대개 그리 많지 않은 편이다. 이는 대학의 강한 학과적 구조와 교수의 시간에 대한 요구의 증가, 자기 자신의 분야에서 발을 맞춰 가야 한다는 급박성 등 때문이다. 그래서 기금 지원 패널들의 행위(보다 일반적으로는 고등교육기관의 행위)를 이해하려면 분과학문적인 평가문화에 대해 고려할 필요가 있다. 여기서 나타나는 분과학문의 기질에 대한 상은 리처드 휘틀리가 제시한 것과는 매우 다른데, 그는 분과학문들에 따라 종속성과 과업 불확실성이 달라지는 것에 초점을 맞췄다.[9]

이 장에서의 논의는 여러 자료에 의존하고 있다. 그중 하나는 분과학문 간 문화의 차이와 분과학문에 따라 표준이 어떻게 달라지는가에 대해 개별 평가위원들이 제시한 견해인데, 어떤 것은 조직되지 않고 무분별한 반응이며 다른 것은 잘 숙고된 이론화된 입장이다. 나는 이 연구의 응답자가 연원을 둔 11개의 분과학문 중 6개에 초점을 맞춘다. 이들 분야는 대략 인문과학/사회과학, 연성/경성의 축에 따라 분포되어 있고 응답자의 75%를 포함한다.[10] 제시 순서에 따라 나열하면 그 분과학문들은 철학과 영문학, 역사학, 인류학, 정치학, 경제학이다.

내가 연구한 사회과학 경연은 사회과학 전반에 비해 좀 더 인문적이었기 때문에(이 점은 SSRC와 WWNFF 경연에서 특히 그렇다) 내가 면접했던 인류학자들은 정치학자와 경제학자에 비해 그들 분과학문을 보다 잘 대표하는 사람들이었다. 내가 국립과학재단과 같은 좀 더 과학적인 사회과학 패널, 그래서 경제학과 정치학 출신의 패널 구성원들이 아마도 그들 분과학문의 '평균'에 좀 더 근접했을 패널과 접촉할 수 없었기 때문에 이런 편향은 피치 못할 선택이다.[11]

여기서 균형을 이루어 주는 중요한 요소는 내가 각 분야에 대해 기술할 때 각 분야의 구성원들이 자기 분야에 대해 한 이야기에서 정보를 얻을 뿐 아니라 다른 분과학문 구성원들의 인식도 반영하며 그 분야에 대한 내 자신의 경험과 노출을 포함하고 학문적 삶을 연구했던 학자들의 광범위한 분석에도 의지하고 있다는 점이다. 나는 또 다양한 분야 출신의 광범위한 전문가들과의 논의와 그들의 피드백으로부터도 도움을 받았다.

패널 심사에서 분과학문의 차이에 대한 지각

분과학문의 차이에 대한 표상은 중요하다. 그것들은 다학제적 패널의 구성원들이 자신의 역할과 책임을 이해할 하나의 틀을 제공하기 때문이다. 기본적인 평가 절차에 대해 한 인류학자는 다음과 같은 식으로 그려낸다.

당신은 회의 전에 한 사람의 독자로서, 지원서에서 당신에게 호소력을 지니거나 그렇지 않은 무언가를 발견합니다. 그다음 당신은 아마 그 일부를 집단의 나머지 사람들에게 전달할 수 있을 것입니다……. 결국 당신이 하는 일은 다른 사람에게 왜 어떤 것이 훌륭한 지원서인지 옹호하거나 설명하는 것입니다. 그리고 이번처럼 다른 사람들이 경청한다면 합의에 이르는 일은 그리 어렵지 않습니다.

정의상 학제 간 패널에 참여하는 학자들의 대다수는 상이한 학문 분야에서 온 사람들이므로, 다른 사람들이 그들의 이론적 또는 방법론적 선호를 공유할 것으로 기대할 수 없다. 동료에게 '왜 어느 것이 훌륭한 제안'인지 '전달할 수' 있으려면 다른 사람들이 받아들일, 즉 '다른 사람들이…… 경청할' 논증을 제시해야 한다. 좀 더 광범위하게 말하자면 학자들이 어느 분과에서나 핵심적인 인지적 관행이라고 인식하는 것이 심사 중에 지원서의 어떤 특성을 강조할지 (또는 무시할지)에 영향을 미친다. 그다음 어떤 논증을 하는지에 따라 몇몇 지원서가 도중에 탈락할 가능성이 달라지는데 이는 위원회의 분과학문적 구성에 따라 달라진다.

면접 질문에 대한 패널 구성원들의 응답 내용을 상세하게 분석해 보면 지원서를 평가할 때 대개 다음 인식론적 스타일의 하나 또는 다수에 의존한다는 것을 알 수 있다. 내 동료인 그레고와르 말라르 Grégoire Mallard와 조슈아 게츠코Joshua Guetzkow 그리고 나는 그 인식론적 스타일에 구성주의적constructivist, 종합적comprehensive, 실증주의적positivist, 공리적utilitarian이란 이름을 붙인 바 있다.[12]

종합적 스타일은 지원서에서 이해^{verstehen}, 세부적 내용에 대한 주목, 맥락적 특정성에 가치를 부여한다. 막스 베버의 이해사회학에서처럼 이 스타일은 역사적·문화적 감수성을 지닌 사회과학과 인문과학적 연구를 지지한다.[13] 그것은 가장 널리 사용되는 스타일로서 인문과학자(86%)와 역사학자(78%), 그리고 사회과학자(71%)들이 동원한다.[14] (역사학자들은 별도의 집단으로 간주되는데 이는 이 분과학문이 사회과학과 인문과학 사이에서 혼성적 지위를 지니고 있기 때문이다.)

구성주의적 스타일은 다양한 집단에 '목소리를 부여하는' 지원서를 강조한다. 그것은 성찰성, 즉 연구자의 정체성과 자신의 분석에 대한 몰입의 영향을 고려하는 것을 높이 평가한다. 그것은 정치적·사회적으로 참여적인 연구를 하는 반실증주의자에게 호소력을 지니고 있다. 그것은 인문과학자(28%)와 역사학자(29%)에게 가장 인기 있지만 사회과학자는 겨우 14%만 선호한다.

실증주의적 스타일은 일반화와 가설 검증을 선호한다. 그것은 사회과학자(57%)가 가장 자주 사용하며 그보다 좀 못하지만 역사학자(23%)도 사용한다. 평가에서 이 스타일을 동원하는 인문과학자는 아무도 없다. 공리적 스타일은 실증주의적 스타일을 닮았지만 도구적 지식의 생산에만 가치를 부여한다. 이것은 가장 인기가 없는 스타일이다. 역사학자의 단지 4%와 19%의 사회과학자가 이 스타일을 사용하며 인문과학자 중에는 아무도 없다.

분과학문 문화와 수월성의 정의

지원서를 평가할 때 평가위원들이 채용하는 수월성의 정의는 그들의 개인적 기질과 그들 정체성의 다양한 측면, 그리고 그들의 지적·사회적 궤적에 영향을 받는다. 지원서를 판단할 때 평가위원들이 중시하는 인식론적 기준은 또한 대개 그들의 특정 분과학문에 지배적인 수월성의 정의와 동일한 맥을 지니고 있다. 4장에서 보게 되듯이 다학제적 패널은 이 연관을 느슨하게 하여 그들 자신의 분과학문보다 지원자의 분과학문에서 가치를 부여하는 평가 기준에 우선권을 주기도 한다('인지적 맥락화'로 불리는 관행). 그래서 경연의 학제적 성격은 분과학문적 논증에 영향을 미치고 평가위원들이 지원서의 장점(또는 장점의 결핍)에 대해 서로를 설득하는 방식을 결정한다.

그러나 분과학문별로 수월성을 찾아내고 보상하는 방식은 어떻게 이해되고 있는가? 이 장은 평가위원들이 학문적 수월성은 존재한다고 믿고(물론 기금 지원 패널에 참여한다는 것은 이미 최소한 그 형태가 무엇이든 수월성을 발견할 가능성을 믿고 있음을 시사한다) 무엇이 수월성을 정의하는지 동의하며, 수월성이 평가 대상(즉 지원서) 속에 있는 것이지 보는 사람의 눈에(평가위원들 사이의 타협으로부터 출현하는 상호주관적 합의 속에) 있는 것이 아니라고 믿는 범위 안에서 분과학문에 따른 편차의 증거를 제시한다.

부분적으로 이들 편차는 그 분야의 인식론적 문화, 예컨대 학자들이 평가 기준을 그 자체로 타당한 것으로 이해하는지 아니면 권력 역학을 표현하고 확장하는 것('결국 누구의 기준인가?')으로 이해하는지에 의해 설명될 수 있다. 포스트구조주의가 영향력을 발휘했고 '이론 전쟁'이 벌어졌던 영문학과 인류학 같은 분야는 평가에 대해 상대주의적 입장을 취해 무엇이 질을 정의하는가에 대한 합의가 약할 가능성이 더 높다.

수월성에 대한 분과학문 문화는 인구학적 요인에 의해서도 영향을 받는 것 같다. 이것들은 성장과 쇠퇴의 유형을 보이면서 한 분과학문 내에서의 합의의 수준에 영향을 미칠 수 있다. 지난 30여 년에 걸쳐 학생들은 인문과학과 연성 사회과학에서 도피해 경영학과 컴퓨터 과학 같은 좀 더 실용적인 전공으로 옮겨 갔다.[15] 그림 3_1은 1975년에서 2005년 사이에 각 분야에서 배출된 박사의 수에 관한 자료를 보여 준다. 영문학, 역사학과 정치학은 1975년에서 1985년 사이에 학위 수여자의 수가 상당히 줄어들었다. 1995년 이후 이들 분과학문은 (정도는 다르지만) 다시 회복되어 2005년까지 안정화되거나 또는 다소 증가했다.

1970년대 말에 이르러 경제학은 다른 분야(인류학을 제외하고)에 비해 좀 덜 심각한 쇠퇴를 겪었고 그 후 역사학과 정치학처럼 지속적으로 성장했다. 아마도 경제학과 역사학이 무엇이 질을 정의하는가와 관련해 가장 근접한 합의를 이룬 대표적인 두 분과학문이라는 점은 우연이 아닐 것이다. 1995년에서 2005년 사이에 박사학위 수여자가 줄어든 유일한 분야인 영문학은 또한 학문적 수월성의 개념 자체가 가장 거센 공격을 받고 있는 분과이기도 하다.

물론 분과별 박사학위 수여자의 수가 그 분야의 활력이나 지위의 결정적인 지표는 아니므로, 내가 이들 자료를 분과학문의 지위와 시장에서의 힘, 합의 사이의 일대일 대응의 증거로 제시하는 것은 아니다.[16] 그러나 나는 실제로 그림 3_1에서 예시된 연관이, 지식의 추구와 수월성을 어떻게 정의하고 평가하는가, 라는 연관된 질문에 관한 분과학문의 합의를 유지 — 또는 분열 — 시키는 조건의 좌

표 중 하나를 조명하는 것으로 본다.[17]

동료평가 패널의 맥락에서 분과학문 간 차이의 가장 생생한 지표 중 하나는 평가자들이 지식의 추구에서 주관성에 부여하는 장소이다. 여기서 상호간의 몰이해가 대다수의 사회과학자를 한쪽에, 대다수의 인문과학자를 다른 쪽에 위치시킨다.

그림 3_1 1975~2005년 사이에 선택된 분과학문에서 수여한 박사학위 수

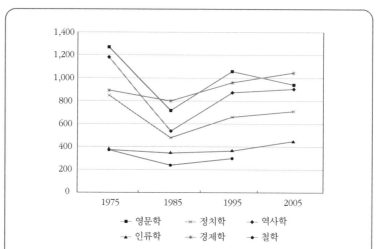

※ 영문학과 역사학, 경제학, 정치학, 인류학에서 1975~2005년에 수여된 박사학위 수에 관한 연간 자료는 국립여론조사센터(National Opinion Research Center, 2006)에서 수행한 학위취득조사(Survey of Earned Doctorates, SED)와 호퍼(Hoffer) 등(2006)에서 뽑은 것이다. 1975~1995년 사이 철학 분야에서 수여된 박사학위의 수에 관한 자료는 미국철학회(American Philosophical Association, APA)의 두 보고서에서 뽑은 것이다. 1975년과 1985년의 정보는 '1949~1994년 사이 미국 대학이 수여한 철학 학위'로부터, 1995년의 정보는 '성/인종/종족에 따른 철학박사 학위'에서 뽑았다. 1975년과 1985년에 수여된 철학박사 수는 1974~1975년과 1975~1976년에 수여된 박사학위 수와 1984~1985년과 1985~1986년에 수여된 박사학위 수를 평균한 것이다. SED 자료는 정부 연구 프로젝트에 의해 획득된 것이고 APA 자료는 전문가 단체가 했던 조사에서 얻은 것이기 때문에 코딩 방식이 다소 다를 수 있다. APA가 1996년 이후의 철학 박사 학위 자료를 아직 모으거나 발표하지 않았다는 점을 주목하라.

⋮ 해석적·경험적 분과학문

인문과학자들은 종종 해석적 기술이 고급 학자의 생산에 필요불가결하다고 본다. 사회과학자 특히 경험주의를 옹호하는 사람들은 흔히 해석이 진리의 생산을 오염시킨다고 비웃는다. 이 기본적 구분이 인문과학자와 사회과학자가 지원서를 평가하는 방식에 직접적으로 영향을 미친다. 일부 인문과학자들은 '매력적인 것'이 될 가능성이 있는 것을 '진실한 것'이 될 수 있는 것보다 높이 평가한다.

한 영문학 교수는 한 지원서를 다음과 같은 말로 기술한다.

"그녀는 이것을 매우 세심하게 정리했더군요. 그것은 계획대로 되지 않더라도 정말 매혹적인 대화를 불러일으킬 것 같았습니다. 그래서 나는 그것이 진실한가 아닌가에 대해서는 정말 관심이 없었어요."

이 지원서를 지지했던 문학자인 다른 평가위원은 독창성을 경험적 건실함의 위에 놓으면서 다음과 같이 말한다.

"당신은 절대 무엇도 증명할 수 없습니다."

사회과학에서 진리 개념에 대한 그런 회의론은 거의 듣기 어렵다. 이를테면 정치학과 출신의 여러 평가위원들은 전통적인 실증주의의 표준을 강조한다. 한 사람은 자신을 '매우 광범위한 의미에서 과학자'로 생각함을 지적하면서, 학자를 평가할 때 그가 사용하는 표준에 대해 다음과 같이 기술한다.

타당성이 하나고 간결성parsimony이 다른 하나라고 말할 수 있습니다. 나는 간결성이 비교적 중요하지만 타당성만큼 중요하다고 생각하지는 않습니다. 그것은 훌륭한 이론이란 독립변수에서 파악된 정보와, 예측, 즉 종속변수에서 파악된 정보 사이의 비율을 극대화하는 것이라는 관념입니다. [또한] 서로 극히 다른 사회들이 아니라 서로 다른 역사적 시기를 포괄하는 일반화 가능성…… 체계적 지식이 역시 중요하다고 생각합니다. 그래야 당신의 오류가능성이 확인될 수 있기 때문이죠. 다시 말하자면 거부할 수 없는^{discomfirmable} 지식을 갖는 것이 중요합니다.

이 평가위원에게는 결과의 복제가능성이 중요하다.

"아니면 우리가 하는 것은 개인의 표현이 되기 때문입니다…… [그가 칭송하는 학자들의 작업에서] 흥미로운 것은 그들 자신의 세계관이 아니라 세계 자체입니다."

하지만 사회과학자 모두가 이처럼 주관성(개인적인 것)이 지식의 생산에 부정적 영향을 끼친다고 보는 것은 아니다. 고에너지 물리학과 여타 과학 분야에서의 표준 관행과 상당 부분 발맞춰, 일부 사회과학에서는 연구에서 해석과 귀납의 역할을 인정하고, 연구자가 이론과 경험 분석 사이를 넘나드는 것(때로 '데이터 마사지, data massaging'라는 경멸적 용어로 지칭되는)을 지적하는 강렬한 경향이 존재한다.[18]

인문과학자와 사회과학자 사이의 틈과 상당 부분 유사하게 사회과학 사이, 경험주의가 좀 더 독점적으로 선호되는 분야와 해석이 필수요소로 간주되는 분야 사이의 분할도 패널 심사에 영향을 미친다. 한 인류학자는 사회학자, 정치학자, 경제학자가 '이론적 모델'과 '통계적 틀[들]'을 강조하는 반면 인류학자와 역사학자는 '언어 능력, 문화에 대한 지식, 연구하는 장소에서 보내는 시간을 더 많이

교수는
무엇으로 판단하는가

강조하는' 편이라고 기술한다. 한 사회학자는 이 구분을 다음과 같이 정리한다.

> 사회학과 정치학, 경제학을 하는 사람들은 하나의 기준 뭉치를 공유하며 인류학과 역사학 출신들은 다른 기준을 공유합니다. 인류학과 역사학은 훨씬 덜 실증주의적이며 단일 사례들을 훨씬 더 편안해하죠. 반면 정치학과 사회학 [그리고] 경제학의 대변자들은 복수의 사례와 튼튼한 연구설계를 원합니다. 그들은 그저 흥미 있는 이야기를 늘어놓으려는 것처럼 보이는 지원서를 좀 불편하게 여깁니다……. 인류학자와 역사학자는 한층 더 귀납적인 접근법을 취하며 일정 정도 이상으로 일종의 '경험적 뒷손empirical dirty hands'에 의존하는 편입니다. 확실히 예를 들어 사회학 입문 수업에서 하는 것과 같은 종류의 전형적인 연역적 절차에 훨씬 덜 기울어 있죠……. 정치학은 사회학에 비해 과학으로 인정하는 범위가 비교적 좁습니다……. 단지 흥미 있는 이야기를 늘어놓는 데 그치는 것이 아니라 가설검증이나 이론도출을 필요로 하는가 하는 차원에서 말입니다.

'일반화할 수 있는 이론'과 '스토리텔링'을 구분하는 데 덧붙여 학자들은 빈번히 순수 지식 대 응용 지식의 추구를 구분한다. 혹자는 사회과학이 응용의 차원을 지니고 있으며, 인문과학은 '의미의 생산'에 기여하는 것이고 '궁극적으로 사람들이 광범위한 종류의 텍스트에 대해 제기하는 질문'에 대한 것이라고 본다. 한 인류학자는 이 구분을 이용해 학자에 대한 그의 선호를 설명한다.

나는 고도로 복잡한 사회상황을 한 구절의 문장으로 응축하려는 식의 사람은 아닙니다……. 나는 인간의 사회적 경험이 지니는 다양한 층위와 복잡성을 바라보는 것에 훨씬 더 흥미를 가지고 있죠……. 내가 모든 인간의 삶에 대한 통합된 이론을 내놓을 사람이라고 생각하지는 않습니다. 나는 그런 일에 별 관심이 없으니까요. 그래서 어떤 면에서 나는 관습적 사회과학보다는 훨씬 더 인문과학적으로 기울어 있다고 생각합니다.

역사학은 인류학보다 훨씬 더 일관된 범주화를 거부한다. 평가위원들이 그 분야가 인문과학에 속하는 것으로 생각하는가 아니면 사회과학에 속하는 것으로 생각하는가는, 대개 자신들의 연구에서 서사와 이론을 어디에 위치시키는가에 의존한다. 사회과학은 지난 40여 년간 역사학에 막대한 영향을 끼쳤고 점차 역사학자들은 윌리엄 소웰 2세를 따라 역사학이 다른 분야에 대해 이론(예컨대 사회변화에 대한)을 제공한다고 주장한다.[19] 그러나 다른 사람들은 역시 이론(문학이나 문화연구류의)에는 관심을 가지고 있지만 종종 스스로를 인문과학자로 생각한다. 1970년대에 일어난 양화量化 쪽으로의 전환 또한 역사학을 사회과학 쪽으로 밀어 갔다.

여러 분과학문의 평가문화를 개별적으로 조사함으로써, 우리는 각 분과의 학자들이 내외부로부터 그들 분야가 어떻게 정의되고 이해되는지를 매우 중요시하고 있음을 알 수 있다.

⦂ 철학의 '난감한 사례'

내가 연구한 패널 중 4개소에 철학자와 철학 연구로 보이는 지원서가 포함되어 있었다. 두 패널에서 철학은 갈등을 야기할 지원서를 생산하는 '난감한 분야'로 나타났다. 그러자 몇몇 프로그램 관리자는 평가위원들에게, 그런 지원서를 다룰 때는 합의 도출이 특히 어렵다고 경고하면서 그것들에 대해 '열린 마음'을 유지해 줄 것을 당부했다. 그런 주의와 권고는 내가 기금 지원 패널에 대한 연구 중에 목격한, 특정 분과학문에 대한 '긍정적 입법'의 청원에 가깝다고 할 수 있다.

여러 평가위원들이 적어도 다음 관점들 중의 하나를 표명했다. (1) 철학자는 여타 인문과학들과 분리된 세계에 살고 있다. (2) 철학자가 아닌 사람들은 철학적 연구를 평가하는 데 문제를 안고 있으며 철학자들은 흔히 그들이 그런 평가를 위한 적절한 자격을 갖춘 존재가 아니라고 생각한다. (3) 철학자들은 그들 연구의 중요성을 설명하지 않는다. (4) 철학자들이 하는 일은 점점 더 부적합하고 쓸모없으며 제멋대로가 되고 있다.

이들 관점—특히 두 번째 관점—은 난감하다. 다학제적 패널이 원만하게 기능하려면 모든 구성원이 다른 분과학문과 손잡고 의존할 용의가 있고, 인지적 맥락화를 실행함으로써 각 지원서가 그 필자의 분과학문에서 가장 높이 인정받는 기준에 따라 평가되도록 해야 하기 때문이다.[20] 뒤에서 나는 철학을 '난감한 사례'로 보는 관점이 그 분과 평가문화의 양상에 연원을 두고 있음을 시사할 것이다.

프린스턴대학 철학자인 알렉산더 네하마스[Alxender Nehamas]는 미국

철학자들이, 철학은 다른 분야에서 나오는 주장을 조사하기 때문에 '이차적 분과학문' 곧 다른 모든 분과학문에 견주어 상위의 학문으로 생각한다는 것을 지적한다.[21] 그 결과 철학자들은 자신들의 세계를 유별나게 벅찬 분야로 생각하게 되었다. 이런 관점에서 철학 관련 지원서를 평가할 진정한 능력을 갖춘 사람은 철학자뿐이라는 결론이 도출되었는데, 이런 태도는 다학제적 평가의 가능성 자체에 도전하는 것이다. 4개 패널의 하나에 참여했던 한 철학자는 이 관점을 매우 명확하게 표현한다. 그는 평가위원 중 철학 관련 지원서를 평가할 자격을 갖춘 사람은 아무도 없다고 단언한다. 수학처럼 철학은 많은 평가위원들이 못 갖춘 특별한 기술을 전제하기 때문이라는 것이다.[22]

철학은 분석적 구분 능력을 요구합니다. 이 능력은 유례가 없을 정도로 하나의 입장이나 주장을 명확하게 만드는 능력이며 한 입장의 함의와 세부내용을 완결짓는 데 있어서 특정한 종류의 엄밀성과 세부내용의 완전한 습득을 의미하는 것입니다. 하지만 동시에 철학의 논점이라는 좀 더 큰 지평에서 파악함으로써 세부적인 주장과 입장의 더 큰 차원에서의 중요성에 대해 감을 갖는 것이기도 합니다.

철학을 이처럼 독특한 '엄밀성'과 예리한 명료성을 갖춘 주장을 고취하는 분야로 이해하는 것은, 하나의 지적 스타일로서 분석 철학의 지배를 반영한다.[23] 두 번째 철학자가 설명하듯이 "논쟁이나 토론의 느낌이 훨씬 더 많다는 점에서 철학은 여타 분과학문과 다르지요……. 철학 논문을 제출할 때는 사람들이 논문의 오류를 발견할 수 있도록 한 시간의 여유를 줍니다. [논의는] 매우 명확하고, 분명하며, 한마디로 우아한 것과는 전혀 거리가 멉니다." 대조적으로 "영문학이나 비교문학에서는…… 논의의 종류가 매우 다르죠. 나는 일반적으로 말해 그것이 덜 무자비하다고 봅니다." 이 무자비함 ─ 이 강인함 ─ 이 아마도 철학자가 가장 흥미로운 분과학문의 하나로서 스스로 자부하는 관점이 아닌가 한다.

기금을 받도록 선택된 모든 지원서들 중에서 '철학 지원서들은 하나같이 설명이 필요한 것들'이라는 사실을 언급하면서 다른 철학자는 다음과 같이 강조한다.

"철학 지원서는 대개 이해하기가 매우, 매우 어렵습니다."

동일한 맥락에서 미국철학회의 웹사이트는 '철학은 어떤 분과학문보다 더, 지적 양심과 비판적 안목의 배양에 주의를 기울인다'고 진술한다.[24] 특히 학제적 상황에서 이처럼 분야에 특정한 특성을 반영하는 행위는 비철학자들에게 잘못된 지적 우월성의 형태나 분과학문의 지위를 증진시키려는 부적절한 시도로 해석될 수 있다.

인문과학에서 철학의 '매우 자율적인' 지위는 학제적 패널에서 또 다른 잠재적 골칫거리의 원천이다. 한 역사학자는 "다른 사람들과 공통의 논의지평을 지니고 있는…… 철학자를 찾는 것은 정말 어렵습니다."라고 말한다. 한 지리학자는 철학 지원서를 평가하면서 그의 패널이 겪었던 좌절감을 요약하며 철학자들은 "절대 이해할 수 없는 연구 지원서를 내놓아 우리는 그것들을 어떻게 다루어야 할지 알 수 없었습니다."라고 언급한다.

달리 말하면 철학 지원서는 이들 패널 구성원들의 인지적 맥락화

능력을 시험하고 있는 것처럼 보인다. 어떤 평가위원들은 철학의 '자율성', '고립' 또는 다른 분과학문과의 '공통 지평의 결핍'을 철학이 적합성을 결여하고 있음을 반증하는 것으로 해석한다. 예컨대 한 지리학자는 철학을 '불모의' 분야로 제쳐 놓는다.

> 나는 옥스퍼드에서 철학, 정치학, 경제학 학위(전형적인 로즈 장학생 학위)를 했습니다. 나는 그때 철학이 상당히 불모의 분야라고 판단했는데 그 후 철학은 갈수록 더 끔찍한 것이 되기 시작했지요⋯⋯. 철학은 정말 1940년대에 옥스퍼드를 사로잡았던 언어적 선회linguistic turn와 여전히 유희를 벌이고 있습니다⋯⋯. 나를 가르쳤던 분들은 모두 전통적인 철학사, 칸트와 흄, 그리고 데카르트를 가르쳤던 분들입니다. 그러나 그들은 아무런 역사적 배경도 지니고 있지 않은 이 언어철학이 등장했다는 말을 듣자 모든 것을 내던져 버렸습니다. 그 결과 철학은 살아 숨 쉬는 인간적 임무라는 느낌을 전혀 주지 못하게 되었으며 그것이 무슨 기능을 수행하는지도 알 수 없게 되었죠. 대신 철학은 일종의 퍼즐 풀이로 바뀌었습니다⋯⋯. 그들은 모두 전시戰時 영국 지성계에서 한 자리씩 차지하던 사람들이었기에 한데 둘러앉아 그럴싸한 현자의 잠언을 떠올리는 걸 즐겼습니다. 빌어먹게도 그것은 불모의 양식입니다.

이 평가위원은 패널 심사 과정에서 철학에 대한 자신의 가혹한 견해를 숨기지 않았다. 그 철학자는 다음과 같이 회상했다.

"이 [지리학자]는 어느 한 시점, 곧 자신이 옥스퍼드에 있었던

1950년대에 철학과 접했으며 그 결과 철학은 그저 말장난일 뿐이라는 인상을 갖게 되었다고 이야기하더군요……. 그는 40년 전에 철학을 했던 사람들과 가졌던 몇 차례의 일화 같은 만남에 근거해서 전체 분야의 신빙성에 의문을 제기하는 것처럼 보였습니다. 그런 태도는 전문적이지 못하며 학제적 패널에 적합한 기반이 [아니라고] 생각합니다."25

다른 평가위원들은 철학에 대해 훨씬 더 외교적인 관점을 취했지만 역시 철학을 난감한 분과로 보았다. 예를 들면 한 영문학자는 다음과 같이 이야기한다.

> 많은 지원서에 대해 아주 다양한 관점이 있었는데, 때로 매우 우호적이었지만 신랄하고 해소되지 않은 논쟁이 있었던 기억이 납니다. 그것은 [그 철학자가] 정말 좋아했던 철학 지원서이지만 다른 사람들은 지지하지 않았고, 그는 좋아하지 않았지만 다른 사람들은 좋아했던 몇몇 다른 지원서에 대한 논쟁이었습니다……. 나는 그 철학자가 침이 마르게 높이 평가했던 다수의 지원서가 정말로 좋게 보이지 않더군요. 나는 또 그가 왜 그것들을 높이 평가하는지 이해할 수 없었으며 참으로 그의 설명을 받아들일 수 없었습니다. [그는] 매우 분명하고 끈기 있게 설명하는 사람 같았지만 여전히 그 설명을 이해할 수 없었을 뿐입니다.

몇몇 패널 구성원들은 철학 지원서들이 지루하고, 초점이 없거나 단순히 다른 분야의 지원서들만큼 탄탄하지 않다고 생각하여 반대했다. 한 영문학 교수는 이들 지원서를 평가할 때 그 철학자의 견해를 존중할 용의가 있었지만 다른 평가위원들은 이 자세에 동조하지 않았다. 그녀는 자신의 태도를 다음과 같이 설명한다.

> 어느 지점까지 나는 [그 철학자의] 순위를 존중하려고 했습니다. 그는 자신이 가장 좋아하는 철학자 후보와 가장 싫어하는 철학자 후보에 대해 그 이유와, 누가 어떤 종류의 철학을 하고 있으며 그것이 다른 것에 비해 왜 중요한지 나름대로 이야기했습니다……. 내 의견을 이야기할 차례가 되었을 때 나는 어느 정도 그의 견해를 따라 그를 지원해 주려 했습니다……. 그가 전문가였고 또한 그 분야는 내 영역 밖의 분야라고 느꼈기 때문입니다. 그리고 나는 특히 우리가 고매한 수준의 철학자를 초빙했다면 그들이 기금을 받아야 한다고 느꼈습니다.

분과학문에 따라 수월성의 정의와 특히 '중요성significance'(5장에서 보게 되듯이 가장 자주 사용되는 두 개의 기준 중 하나)에 얼마만큼의 비중을 부여해야 하느냐에 차이를 지니고 있다는 점 역시 철학 지원서에 불리하게 작용한다. 한 역사학자에 따르면 이들 지원서는 '자신들의 별세계stratosphere'에 있다. 하지만 한 철학자는 다른 학문에서와 달리 철학에서는 창의성(가장 인기 있는 다른 평가 기준)이 매우 다르게 구현되는 것이 근본 문제라고 본다. 학제적 패널이 창의성을 가늠하기 위해 사용하는 지배적인 틀은 새로운 대상의 연구에 초점을 맞춘다. 이는 철학 지원자들에게 불이익을 준다.

우리는 매우 전통적인 문제를 다루는 관습적인 철학의 많은 문제와 씨름하고 있는데 알다시피 그것은 철학을 수천 년간 규정해 온 것이죠. 이전에 연구되거나 검토되지 않았던, 전적으로 새로운 문제는 나오지 않습니다…… . 나는 철학에서도 어떤 종류의 개혁과 창의성이 물론 중요하다고 생각하지만 철학에서 그것을 측정하는 방법은 매우 다릅니다. 그 부분에서 나는 훌륭한 철학을 측정할 기준이 무엇인가에 대한 나의 개념과 우리의 평가에서 이따금 사용하는 기준이 다르다는 느낌을 지속적으로 받습니다. 과거에 이미 한 적이 있을지도 모르는, 상당히 전통적인 기획을 한다고 사람들을 평가절하할 때 말입니다.

마지막으로, 철학이 잠재적인 '난감한 사례'라는 평판은 철학을 하는 사람들 스스로가 철학을 논쟁적인 것으로 정의한다는 사실에서도 벗어나기 어려운 굴레이다. 철학자들은 다른 사람의 작업에 회의와 비판, 논쟁의 눈으로 접근하는 경향이 있다. 불일치는 문제가 있다고 여기기보다 오히려 대부분 지성으로 정의하고 철학의 분과문화를 특징짓는 속성으로 간주하다 보니 기금 지원과 관련해 참담한 결과를 얻는 사례가 많다.

문학자들에게서도 유사한 논쟁성을 찾아볼 수 있다.[26] 그러나 문학자들의 경우 이 격렬한 논쟁이 거대한 학제적 개방성의 흐름 속에서 일어나, 철학의 사례에서처럼 분과학문의 내부지향적 충동을 강화시키는 데 사용되지 않는다. 그들 학문의 청중이 줄어들자 두 분과학문은 정반대의 반응을 보였다. 철학은 표준의 엄정성을 더욱 강화함으로써, 영문학은 우리가 보게 되듯이 점차 상대주의적이고 다양화된 방식으로 표준에 접근함으로써 대응한 것이다.[27]

⋮ 영문학의 '정당성 위기'

　지난 30여 년 동안 영문학은 자신의 임무를 확장함으로써 여기에서 살펴보는 다른 분과학문들과 스스로를 구분해 왔다. 과거 문학적 정전正典을 생산하고, 가르치고, 찬양하던 과업 위에 영문학은 정전화 과정 자체에 대해 반성하는 업무를 덧붙인 것이다.[28] 문학자들이 수월성의 표준에는 특히 권력이 실려 있고 플라톤적 이상과 전혀 무관하다고 인식하게 만든 것은 아마도 포스트구조주의, 특히 자크 데리다와 미셸 푸코의 강한 영향 덕분이다. 데리다와 푸코의 다수 저작들은 의미의 자의적인 위계 구성을 다루고 있다.[29]

　문학자들이 교실과 연구에서 해체적 분석에 몰두하는 것을 고려할 때, 다수의 사람들이 기금 지원 패널의 평가적 역할에 대해 모호한 태도를 보이는 것도 놀라운 일은 아니다. 내가 면접했던 학자들은 '진정한 질'이 존재하는지, 존재한다면 그것을 인식할 능력은 있는지에 대해 회의적이라고 고백한다. 그들은 수월성이 평가되는 지원서에 고유한 객관적 질이 아니라 평가위원들의 상호작용으로부터 나오는 구성물로 이해하는 경향이 있다. '수월성을 믿는가', 그리고 '크림이 저절로 위로 솟아오르는가cream naturally rises to the top'라는 질문에 대한 대답으로 그들은 평가위원들이 합의한 (하지만 확실히 '주관적인') 기준에 기초하여 특정 지원서를 '질 높은' 것으로 딱지 붙이는 데 협력하는 것과 같은 상호주관적 절차를 강조한다. 한 영문학 교수는 학문적 수월성을 믿느냐는 질문에 대해 다음과 같이 말한다.

　　첫 번째 충동은 안 믿는다고 대답하는 것입니다. 믿지 않는 것 같아요. 이런 식으로 이야기해 보죠. 어쩌면 나는 학문적 수월성을 믿지만 그것이 자연적 범주라고는 생각하지 않습니다. 나는 어떤 이유로 우리가 좋아하는 것에 대해 일종의 합의를 통해 수월성이라고 부르고 있고, 그러면 그것이 우리가 수월성이라고 주장하는 것이 된다고 생각합니다.

비슷하게 그녀는 크림은 당연히 위로 솟아오른다는 것을 믿지 않는다고 단언한다.

"왜냐하면 그것은 아마도 당연하지 않기 때문입니다."

그에 이어 그녀는 다음과 같이 부연 설명한다.

나는 [어떤 기준]에 따라 절대적으로 탁월한 것처럼 보이는 지원서와 같은 것이 있으리라고 상상할 수 있습니다. 그러나 심사 막바지에 다다르면 그것은 더 이상 내게 흥미를 주는 문제가 아니지요. 아니면, 대담하고 과감해서 나의 흥미를 끄는 어떤 지원서가 충분히 정리되지는 않았지만 매우 중요한 무언가를 할 수 있는 것으로 보고 막바지에는 그것을 지지할 수도 있습니다. 나만 그렇게 할 것 같지는 않네요.

또 다른 영문학 교수는 크림은 솟아오른다는 것을 믿느냐고 물었더니 "크림이 예컨대 1퍼센트라면 그럴 수 있을 겁니다. 그런데 [장학금을] 결정할 때는 크림을 다루는 [것이 아니라] 사실은 2퍼센트 [우유]를 다루는 것입니다. [웃음] [당신 앞에는] 광범위한 영역의 지원서가 있고 그 우유는 어느 때라도 크림이 될 수 있지만 그걸 정확히 확신할 수는 없죠……. 이런 일을 할 때는 언제나 조금 더 자의식적이고 자각을 하며 스스로에게 질문을 하는 것이 좋습니다. 무엇이 크림을 구성하는가에 대해 우리가 합의를 이룰 가능성은 매우 작습니다."라고 말한다. 세 번째 영문학자는 다음과 같이 설명한다.

> 포스트구조주의 이론이 우리에게 일깨운 일 중의 하나는 '단지 이 기금이나 NEH 또는 ACLS의 기금을 받았다고 해서 좋은 것이라고 말할 수는 없다'는 것입니다. 그보다는 조금 더 엄밀하게 그것이 무엇인지 봐야 합니다……. 수월성은 구성되는 것이 맞습니다. 그렇지만 내가 탁월하다고 단언하고 어떤 기준을 세우면 그대로 탁월해지는 것일까요? 그렇지는 않겠죠. 나는 엄밀성으로 되돌아가렵니다. 단지 시간만 재고 있는 사람 역시 충분한 역할을 [하는] 것은 아닙니다. 선택에 대한 일정한 종류의 원칙을 갖고 있고 자신들의 전제에 도전할 의지가 있으며, 당신이 제기했던 가설에 전적으로 도전해 그것을 넘어선 연구를 보고서도 느긋한 단계 이후에도 데이터를 고려할 의지를 갖춘 [누군가]가 중요합니다. 나는 그런 종류의 일이…… 어느 분야에서나 좋은 것으로 인정되는 일이라고 생각합니다……. 누군가 자기 주제와 관련된 이론적이고 비판적인 문헌에 대해 모르고 있다면 그로부터 당신은 바로 알아챌 수 있습니다. 그것은 그들이 숙제를 하지 않았으며 내가 지적 대화라고 부르는 것에 참여하지 [않았다는] 것을 반증하는 것이니까요.

이처럼 수월성에 대한 상대론적 관점을 지니고 있지 않다 하더라도 문학연구 학자를 어떻게 평가할 것인가, 라는 질문은 여전히 제기된다. 최근까지도 한 영문학 교수가 설명하듯이 '언어의 작동 방식에 대해, 그리고 개별 단어들의 상호작용과 다른 문학 텍스트에 대한, 그것들의 암시에 의해 의미가 생산되는 방식을 매우 주의 깊게 관찰하는 것'으로 정의되는 정독精讀에 대한 숙련은 학문적 위계질서pecking order를 결정하는 데 중요한 역할을 수행했다.[30]

세 가지 동시적 발전이 문학 기예의 숙련에서 이들 기술이 덜 핵심적이도록 만들었고, 또한 문학연구학자가 제대로 평가받는 데 위기를 초래했다.

첫 번째로 정전화 과정에 대한 비판은 씌어진 텍스트를 특권화하는 것에 대한 비판과 함께 진행되었다. 그 결과 학문의 의제가 문화연구로 확장되었는데, 여기서 문화연구란 영상, 공연, 문학 텍스트에 대한 비판적 분석으로 정의된다. 이 전환은 정독의 의미를 변형시켰다. 즉 대중문화의 해독은 정전화된 저자를 연구하는 것에 비해 학식과 적합한 학자적(말하자면 고도로 정당한) 지식을 덜 요구한다.

두 번째로 영문학자들은 역사와 인류학을 포함시키는 방향으로 관심을 확장시켰고, 1950년대에 비해 문학 텍스트를 그것의 사회적·역사적 맥락 속에 위치시키는 데 더 많은 관심을 가지게 되었다. 역사의 기술을 발전시키면서 영문학자는 그들의 광범위한 분석적 도구상자에서 순수한 문학 분석 도구의 가치를 간접적으로 하락시켰을지 모른다.

세 번째로 재현에 대한 사회이론과 문학이론의 이해가 심오한 변형을 겪었는데 이는 마르크스주의와 페미니즘, 정신분석이론과 구조주의로부터 포스트구조주의 이론에 이르는 다양한 형태들에서 드러난다. 이들 변화는 학자들이 이전 시대에 가장 높이 평가되던 '건전하고' '엄밀한' 연구보다 '깔끔하고smart' '흥미로운' 연구에 더 많은 가치를 부여하게 만들었다.[31]

이들 변화로 인해 빚어진 하나의 결과는 문학 지원서가 과거보다, 특히 역사학자들이 제출한 것에 비해 경쟁력이 떨어지게 되었다는 점이다(역사학은 인문과학 장학금의 가장 큰 몫을 수확하고 있거나 그런 것으로 인식되고 있다). 분과학문의 확장과 평가 기준의 다양화는 탈전문화로 이끌어 문학자들이 그런 영역을 '장악하고 있는own' 분과학문 출신의 학자들과 이론적 또는 역사적 지평에서 경쟁할 때 취약한 위상을 지니도록 만드는 것 같다.

인지적 맥락화가 '탈전문화'와 기금 수상의 감소를 연결하는 고리인 것 같다. 지원자의 분과학문에 가장 적합한 기준에 근거하여 지원서를 판단하려면 평가위원들이, 그런 기준이 무엇일까에 대한 감각을 지니고 있어야 한다. 논란의 여지는 있지만 상세한 기준표가 적용되는 영문학과 같은 분과학문에서 평가위원들은 자신들이 적합하다고 생각하는 평가 기준을 훨씬 자유롭게 선택한다. 그래서 문학 연구 지원서가 역사에 많이 의존하거나 역사로 확장한다면 평가위원은 영문학보다 역사학에 적합한 기준을 적용하고 다른 사람도 그렇게 하도록 설득한다(이는 영문학 내에 합의가 별로 존재하지 않는다는 사실 때문에 더 쉬운 작업이다). 한 영문학자는 다음과 같이 회상한다.

어떤 시점에서 누군가가 "이런, 역사가들이 기금을 다 받았네."라는 말을 했죠. 그때 나는 '놀랄 일도 아니지.'라는 생각을 한 것 같습니다. 문학 지원서는 거의 완전히 사라졌습니다. 영문학 교수는 더 이상 문학 지원서를 쓰지 않습니다. 그리고 쓰더라도 그리 잘 쓰지 못하죠……. 왜 그걸 안 쓰는 걸까요? 하나의 이유는 문학비평가들 스스로가 점점 더 역사적 작업이나 사회과학적 연구 쪽으로 방향을 틀었다는 겁니다. 그래서 일종의 내적 자기비판이 되었는데 그것은 좋은 일이고 매우 건강한 징후입니다. 나는 나와 다른 영문학 교수가 문학 이외의 자료에 주의를 돌리는 것을 좋아하는데, 내 생각에 우리는 그것들을 잘 읽을 수 있는 사람들이기 때문입니다……. [그러나] 역사학자는 영문학 교수보다 이걸 더 잘하는 방법을 알 수도 있죠.

역시 영문학에서 온 두 번째 평가위원은 '언어나 문학 분야 사람들에게 가는 장학금의 비중이 정말 줄어들었다'는 점에 동의하며 이것과 탈전문화의 증가에 대해 유사한 연관을 짓는다.

영문학과에서 나오는 다수의 저작이 점점 덜 문학적이 되고 점점 더 일종의 문화연구나 문화적 자료의 생산으로 불리는 것에 관여하고 있습니다. 이들 자료의 다수는 역사와 인류학 분야 사람들에게 친숙한 것이죠. 그래서 그들이 이를테면 '나는 이들 자료를 상당히 잘 알고 있으며 이것 중 아무것도 정말 중요하지 않다'고 생각하게 만들 수 있습니다. 또는 '이것은 실제로는 이만큼 주목을 받을 가치가 없는 자료의 중요성에 대해 과도한 주장을 하고 있는 것처럼 보인다'거나 '수행되고 있는 실제 분석이 특정 영화나 이 특정 MTV 비디오에서 나오는 것에 대해 내가 받은 느낌과 정말 일치하지 않는다'고 생각하게 만들 수 있습니다……. 그런 방향으로 가면 당신은 누구의 소유도 아닌 일종의 개방된 영역으로 가게 되는데 거기에서는 모두가 나름대로 미디어 전문가가 될 수 있습니다.

그녀는 다음과 같은 이유로 문학 지원서가 역사 지원서에 밀리게 되었다고 생각한다.

역사를 연구하는 사람들에게는 무언가가 있습니다. 당신이 평가할 수 있는 구체적인 정보의 뭉치가 있는 것입니다. 해석을 할 때에는 특정 종류의 검증에 종속되는 자료를 참고합니다. 문학적 해석에서도 일부는 미묘함을 다루고 훈련을 해야 하며 이론적 입지점이 어디이고 얼마나 이론적이기를 원하는지, 당신의 지향이 얼마나 형식적인지를 고려해야 합니다. 하지만 우리가 확신을 주는 사례를 만들어 내지 못하고 실제적이고 규범화된 합의가 없다 보니 중요성도 창의성도 주장하기 힘들게 되었습니다.

문학연구자가 '얼마나 이론적'이기를 선택하는가와 무관하게 문학연구는 이제 '이론'의 숙달―예측으로 이끄는 행위가 아니라 일련의 개념적 준거로 정의되는―을 본질적인 기술로 간주한다. 그것이 분과의 경계와 실제 경계를 연결하는 데 사용될 수 있기 때문이다. 성과에 대한 '규범화된 합의'가 없는 것과 결합되었을 때 이론의 강조는 위에 인용한 교수가 주장하듯이 단지 분과학문의 통합성 결여를 악화시킬 뿐이다. 그러나 이론이 다양한 전문영역을 넘나드는 주제에 대해 비전문가와 소통할 수 있도록 해 주는 만큼 이론은 그 청중을 확대함으로써 분과학문에 긍정적인 영향을 미칠 수 있다. 한 영문학 교수는 이론의 중심성과 이론에 대한 그의 관계에 대해 다음과 같은 말로 정리한다.

> 내가 더 나은 이론가였으면 좋겠습니다. 나는 텍스트 분석을 사랑하는 편이며 그 일을 사랑하고 영화의 텍스트 분석을 사랑합니다. 나는 사람들이 내가 그걸 하는 것을 보거나 내가 한 것을 읽는 것을 사랑한다고 생각합니다. 그러나…… 나는 독서를 통해 생겨난 아이디어들과 어울리는 데 더 느긋했으면 합니다. 이론은 내가 도피하려고 하는 것처럼 보이는 무엇입니다. 어쩌면 그것이 나에게 직감적이지 않은 방식으로 생각할 것을 요구하기 때문입니다……. [이론은] 학문 간의 대화가 이루어질 수 있도록 하죠. 그것은 우리가 텍스트에 대해 상호 간 광범위한 대화를 할 수 있도록 해 주는데, 나는 그것이 중요하다고 생각합니다.

청중을 확장하려는 노력, '학문 간 대화'를 하려는 노력은 영문학 분야 인구의 쇠퇴에 대한 하나의 논리적 반응이다.[32] 하지만 갈채를 받으려면 학자들이 자신들의 이론적 통찰력을 발휘할 때 자제해야 한다. 덧붙여 이론화와 가독성의 균형을 맞추는 능력을 갖추어야 한다. 다른 영문학 교수는 "문학연구는 그저 지나치게 매력적fancy이거나 지나치게 복잡할 수 있습니다. 나는 무언가를 매우 복잡하고 새롭게 비판적으로 독해하여 쓰는 것을 정말 즐깁니다. 그러나 사람들이 그것을 이해하지 못한다면 그걸 출판해 봤자 별 의미가 없죠."라고 지적한다. 이론에 대한 강조는 또한 지위 상실에 대한 분과학문의 반응이라 할 '스타 시스템'에 의해서도 추동된다.³³

내가 인터뷰했던 평가위원들은 표준과 수월성의 실제적 의미와 실체, 이론의 장점, 분과의 경계가 지닌 중요성 등 그들 분과학문의 내부논쟁에 대해 동일한 측면의 많은 부분을 지적하고 언급했다. 그러나 그들이 이런 합의 결여의 효과를 반드시 동일한 방식으로 해석했던 것은 아니다. 예컨대 한 사람은 영문학이 평가 기준에 대한 내부의 분리와 자유방임적 태도 때문에 거의 무력해졌다고 본다.

영문학은 하나의 분과학문으로서 격리되어 있다고 할 수 있죠. 내부적으로 분리된 것처럼 보일 뿐 아니라 영문학은 다른 [평가 위원들이] 그들의 분야에서 실제로 저작을 어떻게 평가하며 이들 다른 기준들이 얼마나 중요한지 진지하게 취급하지 않기 때문입니다……. 영문학과는 아마도 어떤 종류의 이데올로기적 요구, 즉 교사와 학자들은 문학이 특정 종류의 사회적 목적이나 정치적 이상에 어떻게 답변할 것인가에 대해 숙고해야 한다는 요구에 훨씬 더 민감하고 수용적입니다. 우리가 문학을 가르치는 방식에 정체성 정치가 실제로 얼마나 녹아들어야 할까요? 자기 고립적이거나 자기 격리적이 되는 어떤 지점이 있을까요? 또는 그것은 권능부여empowerment 양식의 하나일까요? 종종 이들 논점에 관한, 그저 평범한 대화를 하는 것에 대해 일종의 거부감이 존재합니다. 그것은 그저 이데올로기로 가득 차 있기 때문이죠.

평가위원들이 영문학 지원서를 평가할 때 분과학문의 이들 특징은 불리한 요소가 될 수 있다.

　걸으로 드러나는 지원서의 가치가 어떻든 품위를 지닌 분야가 여전히 있습니다. 역사와 예술사, 어쩌면 특정 형태의 철학이 [그렇지 않을까] 싶군요. 그러나 문학에는 [선험적 위신]이란 것이 전혀 존재하지 않습니다……. 다른 지원서가 평가되는 방식에 견주어 보면 [영문학] 지원서는 더 과감히 각하되거나 거부되거나 의문시되는 것 같더군요……. 하나의 실제적인 의문점이 있습니다. 이들 문학 지원서가 정말로 역사가 그런 것만큼 정보를 요구하는가, 또는 그 단어의 어떤 종류의 상식적 의미에서도 우리가 정말로 학문적이라고 믿을 수 있을 만큼의 지식의 체계나 배경을 요구하는가 하는 것 말입니다.

다른 평가위원들은 수월성과 분과학문의 합의, 그리고 그 분야의 운명에 대해 좀 더 낙관적이다. 학술지 제출 논문이나 책의 초고가 아니라 학생 논문의 평가를 지적하면서 다른 영문학 교수는 영문학 교수들이 자주 합의를 이룬다고 설명한다. 질의 판단이 일상적으로 이루어지는 영역을 예로 들면서 그는 이 분야에서 수월성의 문제가 어떻게 개념화되는지에 대해 상당한 뉘앙스를 덧붙인다.

　제 말은 사람들이 동일한 관점이나 동일한 선호, 동일한 경향이나 충성도를 지니고 있지 않지만 그들이 늘상 무엇이 수월성을 구성하느냐에 대해 동일한 관점을 지니고 있다는 것입니다.

다시 말하자면 당신은 당신과 이데올로기적인 면에서 전적으로 상반되는 누군가와 학생 논문의 성적을 매길 수 있습니다. 그 과정에서 당신은 증거의 정리, 논증의 강약, 설득력, 재능의 요소, 논증의 독창성을 인식할 것입니다. 당신은 당신이 그런 종류의 것들을 좋아하느냐 아니냐와 무관하게 그것들을 알 수 있습니다. 다른 분야에서도 그런지는 모르겠습니다. 그러나 여기에는 미묘하게 정신분열적인 무언가가 있어 영문학 교수들은 할 수 없다고 주장하기를 좋아하면서도 논문 성적을 매길 때는 매일 그 일을 하고 있습니다.

그는 '문학연구의 좌파'가 합의가 전혀 존재하지 않는다는 관념을 재생산하고 있다고 믿는다.

나는 "학문적 수월성을 믿지 않아."라는 말을 하고 싶은 상황이 상상이 됩니다……. 사람들은 "나는 셰익스피어가 업다이크보다 낫다고 확실히 알아." 하는 것처럼 절대적 순위가 있다는 말에 자주 그런 [반응을] 보이죠. 그러면 우리들 중 나머지가 "글쎄 나는 그렇게 생각하지 않는데."라고 말하겠죠. 영문학 교수들은 또 '이러이러한 사람은 위대한 작가인가? 이러이러한 사람은 저러저러한 사람보다 더 위대한가'라는 식의 질문을 싫어합니다. 나는 일종의 노동자 윤리에 더 몰두하는 편입니다. 그런 시각에서 나는 실제 쓴 것보다 더 잘 쓰고 싶어 하지 않는 작가란 없다고 생각합니다. 나는 '이 정도면 됐어.'라고 생각하는 작가를 상상할 수 없습니다……. 당신은 그저 그것을 어떤 것

교수는
무엇으로 판단하는가

은 작동하고 어떤 것은 작동하지 않는다고 이야기하고 싶어 하는 것에 국한시킬 수 있습니다. 그러나 나는 그것이 없는 문학의 세계는 상상할 수 없습니다.

다른 분과학문 출신 학자들 사이에서는 문학자들이 질의 문제와 관련해 분리되어 있거나 또는 어쩌면 혼란스러워 한다는 인식이 널리 퍼져 있는 것 같다. 예를 들면 한 역사학자는 자기 대학에서 기금 지원 패널을 했을 때의 경험에 비추어 영문학의 상황을 기술한다.

> 스페인어학과나 영문학과에서 온 사람들이 있을 때 그들은 기본적으로 "나는 이것이 좋아."라고 말합니다. 당신은 왜 그런지 알고 싶어 하지만 그 이유는 극히 변덕스러운 것입니다. 그들은 '나는 축구를 좋아하는데 그것은 축구에 대한 것'이기 때문에 그것을 좋아합니다. 사람들에게 주어지는 용인될 만한 기준의 범위는 매우 넓으며 수월성을 주장하는 기준은 더욱 느슨합니다. 심지어 학과에서는 기금 지원과 관련한 경험도 별로 없습니다. 박사논문 심사의 경험을 갖고 있을지는 모르지만 기금을 줄 때는 어떻게 해야 할지 전혀 모르고 있는 편이죠……. 어떤 범주의 분야가 있는데 어떤 분야는 지속적인 인식론적 위기를 겪고 있는 반면 다른 분야는 너무 확실해 중간 범주가 좀 더 생산적일 수도 있죠. 말하자면 사람들은 의심할 용의가 있지만 그렇다고 판단을 할 때 무력해지거나 자의적이 되고 싶어 하지는 않습니다.

한 철학자는 영문학이 다른 분과학문에 비해 세대적 차이에 의해 더 격렬한 영향을 받았다고 생각한다.

"내가 보기에 기준의 차이는 분과학문에 따라 그리 분명하게 나눠지지 않지만 세대에 따라서는 나눠지는 것 같습니다. 말하자면 [나이 든 학자가] 좋은 업적이라고 생각하는 것을 [다른 사람은] 좋거나 흥미 있는 업적이라고 생각하지 않습니다. 그래서 분과학문에 덧붙여 최소한 2개의 세대가 있습니다."

문학자들의 평가 기술과 관련한 인식의 스펙트럼의 반대쪽 끝에서 한 영문학 교수는 "다른 분과학문에서 온 사람들은 나만큼 세밀하게 읽지 않았다."고 지적하면서 자신의 기준과 다른 분과학문 출신들의 기준을 구분한다. 그는 다음과 같이 덧붙인다.

나는 영문학자입니다. 오늘날 영문학에서는 무엇이든 통용되고 우리 이론의 대다수는…… 다양한 영역에서 영향력을 지니고 있습니다. 그래서 대부분의 경우 나는 그들이 어디에서 왔는지 알고 있다고 느끼며 그들도 나름대로 내가 온 곳을 알고 있습니다. 영문학은 매우 유동적이며 어쩌면 가장 유동적이라고 말할 수 있습니다. [내게 가장 뛰어난 지원서는] 매우 잘 씌어진 것이고 텍스트를 아주 꼼꼼하게 읽은 것이며 개념적·이론적으로 매우 시사적인 함의를 주는 것입니다. 영문학에서 우리의 문제는 위대한 저술을 정의하기가 극히 힘들다는 것이지만 일단 그걸 보기만 하면 금방 알 수 있을 것입니다.

역사학자 역시 '보기만 하면 [수월성을] 인식한다'고 믿지만 이 분야는 영문학의 사례에 비해 더 많은 합의를 이루고 있다.

⋮ 역사학, 합의적 학문

　역사학자들은 무엇이 질을 구성하고 그걸 어떻게 인식하는가에 관한 한 다른 분야의 학자들에 비해 자신들의 분야가 비교적 합의가 잘 되고 있다고 보는 편이다. 영문학과 비교할 때 그들의 어조는 그 이상 적나라할 수 없다. 한 역사학자에 따르면 그의 분야에서는 '분과적 중심이 지배한다.' 그는 다음과 같이 설명한다.

> 　어떤 분야와 달리 역사학은 역사에 대한 대체로 포스트모던한 접근 때문에 정치화된 적이 없습니다. 광범위한 분야에서 당신은 일정한 범위를 갖게 되지만 그 범위는 상당히 좁죠. 공허한 전문용어로 보일 게 뻔한 언어로 글을 쓰는 사람들은 별로 없습니다. 자신을 경험적 역사가로 생각하는 사람이라면 그런 글을 쓰레기 뭉치로 [여기고 내버릴 겁니다]. 문화이론에 몰두하여 순전한 경험적 작업은 단칼에 자의적으로 각하시킬 사람들 같은 지배적 집단은 존재하지 않습니다. 그 중간에는 매우 크고 매우 침착하며 과도하게 정치화되지 않은 사람들이 있으며, 제가 보기에 양 극단은 비교적 적은 규모입니다. 증거가 중요하다는 생각과 동시에, 이론에 주의를 기울이는 것은 좋은 일이라는 인식이 아마도 두 집단이 지니고 있는 생각인 것 같습니다.

　이처럼 평화로운 상황은 그 분야가 공통 이론을 둘러싸고 통합되어 있다는(또는 통합될 수 있다는) 관념에 기반을 둔 것은 아니다. 오히려 초기 미국사 분야에서 매우 저명한 한 역사학자의 견해를 따르면, 공유되고 있는 것은 무엇이 훌륭한 역사학자의 장인적 기술을 구성하느냐에 대한 합의, '세심한 기록 작업archival work'에 대한 감각이다. 한 영국사 학자도 이에 동의한다.

우리는 영문학도 정치학도 아닙니다. 우리는 스스로를 해석적이며 경험적 근거를 지닌 사회과학으로 보죠. 많은 이유들이 있는데 [왜 그런가와 관련해서는] 사람들이 어떻게 훈련되는가, 즉 그들이 훈련을 받을 때 가졌던 공동체 감각[과 관련이 있습니다. 나는 경험적인 것에 근거를 두는 것이 역사학자들이 '여기서 새로운 것은 무엇인가?'라는 생각을 나름대로 더 많이 가지게 만드는 데 강력한 영향을 미치는 것이라고 봅니다. 연구는 결과를 얻는 것을 지향하며, 이론은 유용하지만 절대적인 것은 아닙니다. 합의가 부족한 편인 분과학문들은 수사에 매달린, 즉 개인 특유의 것에 더 기반을 둔 학문입니다. 말하자면 '나는 이것, 이것, 이것에 대해 연구하고 있다, 또는 이것이 나의 이론이다'라고 하지만 그들은 수월성을 판단할 확연한 방법을 가지고 있지 않죠. 내 생각으로는 이른바 인문과학이라고 불리는 다수가 똑같습니다. 반면 사회과학들은 무엇이 훌륭하고 무엇이 그렇지 않은지에 대해 훨씬 더 강한 감각을 지니고 있는 편이죠.[34]

게오르그 이거스Georg Iggers는 《20세기의 역사기술Historiography in the Twentieth Century》에서 지난 몇 십 년간 역사학이 '살아남았을 뿐 아니라 번성했다면' 그것은 부분적으로 역사학이 '학문적 탐구의 논리를 고수하도록 요구했기 때문인데, 그 논리는 학자들 전반이 공유하며 역사적 탐구의 결과가 지닌 타당성을 검증하는 데 사용하는 것으로서 이는 다른 분과학문에서와 상당 부분 유사한 것'이라고 주장한다. 이거스에게 이 경험적 초점은 포스트모더니즘이 제기한 위협이 역사에서 '결실을 맺는 것'을 막아 주었다.

정당성 위기가 아니라 역사 연구의 경계 확장과 동반한 '확장된 다원주의expanded pluralism'가 있었다.[35] 영문학처럼 역사학은 지난 30여 년간 그 대상이 상당히 확대된 덕을 보았는데, 이는 미시사microhistoria, 여성과 젠더의 역사, 여타 종속 집단들의 역사, 좀 더 일반적으로 '아래로부터의 역사'와 지리적 영역을 더 많이 수용하도록 한 전환에 의해 배양되었다.[36] 역사학은 또 수십 년 동안 견고한 학부 등록률을 유지했고 영문학과 달리 교육과 연구 기능─곧 역사의 교육과 연구의 생산 간의 내부적 분리로부터 별로 고통을 겪지 않았다. 그것은 또 박사들을 위한 비교적 건강한 고용시장을 지니고 있었다.

1970년대에는 대부분 일자리보다 박사학위를 딴 사람의 수가 많았지만 2004~2005년에는(그리고 앞서 1990년대에도) 일자리가 더 많았다.[37] 하지만 분야에 따라 고용 상황은 큰 차이를 보인다. 유럽사 전공자들은 전통적으로 별로 선호되지 않던 지역의 역사를 연구하는 학자들에 비해 좀 더 힘겨운 시간을 보내고 있다. 분과가 더 작았다면 더 많은 갈등이 일어났을지 모른다. 내가 연구한 다수의 경연에서 역사학자들의 수상 비율이 엄청나게 높은 것으로 인지되고 있었다. 이는 부분적으로 그들의 지원자 수가 막대하고 항상 패널에 포함되기 때문이다. 미국사와 중국사 같은 하위분야들 사이의 긴장을 비교한다면 분과학문의 단층fault line은 더 깊을 수 있다.

20세기를 지나오며 이 분야의 합의 정도는 요동쳤다. 분과의 자율성과 전문성이 상승하는 것과 함께 전후의 대학 붐 덕분에 역사 교수의 수가(1940년과 1970년 사이에) 5배나 증가하면서 그런 합의도 증가했다.[38] 1960년대에 이 분과는 정치적으로 양극화되었는데 각 파 모두 객관성을 주장했다. 문화인류학과 해석학의 영향을 받은 많은 역사학자들은 객관성의 관념에 대해 점차 비판적이 되었으나, 분과 전체로는 역사 연구의 실행에서 또 다른 합의의 기반을 발견할 수 있었다. 비록 반이론적 성향은 남아 있지만 인식론적 논점은 '너무 뜨거워서 다루지 못할' 것으로 간주되었다.[39]

한 중국사 학자가 설명하듯이 '아시다시피 패널의 다른 역사가와 우리는 적극적인 정도는 아니지만 동의하는 편이다……. 역사는 매우 주관적이다.' 영문학에서처럼 주로 이론의 사용을 둘러싸고 분할이 발생한다. 이 중국사 학자는 좀 더 최근의 이론지향적 경향의 일부를 객관성에 기반을 둔 '과학으로서의 역사'라는 오랜 미국식 사고의 전통 속에 포섭하는 것이 쉽지 않다 보니 분과 내에 긴장이 발생하게 되었다고 본다.[40]

나는 양극화가 증거와 스토리텔링 사이라기보다는 증거지향적인 것과 이론지향적인 것(즉 역사의 바깥에 있는 특정 문화이론에 의해 추동된 기획에 참여하면서 역사에 그들 질문을 던지는 것) 사이라고 보고 싶습니다. [한 집단에게는] 해석자의 눈이 훨씬 강한 힘을 지닌 것입니다. 그 권력은 예술 또는 문예비평가가 그림을 보거나 "나는 이것이 무엇을 의미하는지 말할 수 있어. 나는 이 텍스트를 해독할 수 있어."라고 말할 힘을 느낄 때와 비견될 수 있습니다. 이것은 훨씬 더 고풍의 역사에 대립되는 것인데 그것은 "내 자료는 'x'라고 말해. 그것이 그들이 말하는 것이고 나는 그들이 말하는 것이 명확하다고 생각해."라고 말하죠. 이들은, 그들이 실제로는 여전히 해석하고 있다는 것을 전혀 알지 못하고 있습니다. 그 사이에는, 우리가 하는 것에 대한 의식과, 그럼에도 불구하고 자료가 말한다는 느낌을 함께 지닌 사람들이 있습니다.

역시 양극화와 관련된 이론의 역할을 지적하면서 한 젊은 프랑스사 학자는 역사학이 현재 '전이기'에 있다고 본다.

역사 분야에서는, 무엇이 좋은 역사학이고 나쁜 역사학인가, 우리가 움직여 가야 할 방향은 어느 쪽인가와 관련하여 일종의 분열이 가속되고 있습니다……. 그것은 정확히 역사 서술에서 이론을 어느 정도나 사용해야 하는가와 지난 10년간 문화사의 [지배력]이 증가하면서…… 어느 정도나 사회경제적 실체와의 접촉점을 잃어버렸는가, 라는 질문에 대한 것입니다. 우리는 일종의 전이기라 할 시점에 서 있습니다.

한 중세사 학자는 역사학 내의 분리의 주된 원인을 다음과 같이 요약한다.

이론을 하는 사람과, 이론을 하지 않는, 말하자면 곧이곧대로의 기록 작업을 하는 사람들 사이를 가르는 선이 하나 있을 겁니다. 그다음 사회사류를 하는 사람과, 문화적 입장이 무엇인가를 잘 알고 모든 것의 구조를 검토하는 사람들 사이의 분리도 있죠. 또 과거의 학문을 정치적인 것으로 보는 사람과 그렇게 보지 않는 사람들이 있습니다. 아우르자면 3종류의 분리인데 이들 분리는 종종 서로 얽히기도 합니다…… 나는 분리된 쌍방이 서로에 대해 일종의 스테레오타입을 지니고 있다고 봅니다. 반면 내 자신은 확실히 중재하는 사람이라고 보죠. 그런 의미에서 나는 스스로 규율이 엄한 사람이라고 생각합니다. 나는 역사학이 내놓을 게 많은 분과이며 그것이 내놓는 것은 일종의 세심한 기록 작업이라고 봅니다. 그러나 동시에 나는 경험주의가 이론이 아니라고 믿을 만큼 순진하진 않습니다. 그래서 나 역시 내가 하는 기록 작업에서 좀 더 이론적인 무장을 갖추고 싶어 합니다.

1980년 이후 사회사의 쇠퇴와 문화사의 헤게모니는 지성사가들이 상세히 밝힌 바 있다. 그것은 특히 '새로운 문화사가들'(프랑스사학자 로버트 단톤Robert Darnton과 내털리 제몬 데이비스Natalie Zemon Davis의 작업으로 예증되는)의 출현과 클리포드 기어츠Clifford Geertz, 노버트 엘리아스, 피에르 부르디외 등의 영향력 증대, 포스트구조주의의 효과에 대한 분석에서 잘 드러난다.[41] 포스트모던 이론은 특히 양극화를 조장했지만 한 남아시아 전공자가 주장하듯이 합의가 다시 힘을 얻어가고 있다.

모종의 합의가 나타나고 있는 것 같습니다. 한동안 죽느냐 사느냐 하는 격렬한 전투가 있었죠. 포스트모던주의자들이 모든 것을 앗아 갔다고 믿는 부류와 깡패처럼 행세하면서 자기들만 호사하고 나머지 사람들은 안중에도 없는 부류, 모두가 검은 옷만 입기를 원했던 부류들 사이에 말이죠. 그것들에 대한 사람들의 절망감은 지나갔고 이제 다소 진정된 것 같습니다…… 진정으로 포스트모더니즘을 생각했던 사람들은 매우 중요하며 그것들은 내가 읽거나 쓰거나 생각하는 모든 것에 항상 나타나고 있습니다. 그러나 써먹기 위한 것이라든지 자격을 따지는 일들은 이미 한물간 게 되어 버렸습니다.

아주 노장층의 한 학자는 세대적 긴장이 여러 실질적인 투쟁의 지점들을 포괄하는 것으로 본다.

[여기] 거칠지만 일종의 세대적 단층을 가로지르는, 매우 고통스러운 논쟁이 있습니다…… 나이 든 세대는 정치사·경제사·지성사를 했죠. 젊은 세대는 정체성, 기억의 구성에 대해 작업하고 인종과 계급, 젠더, 집단 정체성 문제들을 종종 분석적 범주로 사용하지만 그들 중 다수는 그렇게 하지 않습니다. 미국사가 가장 고통이 큰 분야인데 그곳에는 정말로 날카로운 단층선이 존재합니다. 유럽[사]는 미국사만큼 날카롭게 파열되어 있지는 않습니다. 새롭고 젊은 세대 중 몇몇 정전적인 저자들이 제기한 질문들에 대해 내 세대가 적어도 부분적으로는 공감하는 편이어서요. 그러나 큰 세대적 긴장이 존재하는 것은 확실합니다.

그럼에도 불구하고 이 학자는 적어도 대학원생을 평가할 때 강력한 합의가 존재한다는 사실을 지각한다.

내가 한 미국사 전공자와 대학원 지원 서류에 점수를 매긴다면, 그와 내가 세대나 훈련에 있어서 아무런 공통점을 지니고 있지 않더라도 우리가 매기는 성적은 거의 다르지 않을 겁니다……. 역사에서 우리가 합의를 잘 이룬다는 것은 확실합니다. 역사에서 나는 결국 우리가 어떤 공유가치를 가지고 있다고 보는데, 그것은 어떤 종류의 일을 하는 데 대한 몰입, 효과적이고 흥미로운 방식으로 저술하는 능력 같은 것들이죠. 내가 보기에 영문학이 우리보다 훨씬 합의가 적은 것은 훨씬 더 심각한 세대적 분리 때문이 아닌가 합니다. 그것은 결국 방법의 결여에서 오는 것인데 영문학에서는 다수의 방법이 경쟁을 벌이고 있죠. 역사에서는 온갖 논쟁에도 불구하고 역사를 어떻게 해야 하는가에 대해 상당한 합의가 존재합니다.

이들 학자가 인정하는 분과 내의 골이 그들과 그리고 내가 면접한 역사학 출신의 다른 평가위원들이 일반 원칙으로서 수월성을 확고하게 지지하는 것을 가로막지는 않는다. 혹자는 다소 유보를 표현하기도 한다. 예를 들어 누군가는 '크림은 위로 떠오른다'는 은유를 '횡단, 검증, 논의, 옹호, 설득, 합의에 안주, 균형 잡기의 은유'로 대체한다. 하지만 여전히 수월성을 '믿는가'라는 나의 질문에 대한, 한 저명한 미국사 전공자의 긍정적 응답이 평가위원의 전반적 입장을 대변하고 있다.

학문적 수월성을 향해 분투하고 그것을 인식하고 실행하는 것은 중요합니다. 무엇이 탁월한 것인가에 대한 어떤 관념을 가지고 있지 않다면 모든 것이 다른 모든 것과 동등한 가치를 지니고 있다는, 완전한 상대적 상황으로 전락해 버리게 되죠. 나는 훈련에서든 훌륭한 연구를 하는 것에서든 그것이 썩 성공적인 경로라고 생각하지 않습니다⋯⋯. 학문적 수월성에 대해서는 항상 얼마간의 이의가 있게 마련입니다. 하지만 우리는 비록 그것이 우리 스스로의 상징적 교육에 근거를 두고 있다는 것을 알지라도 최선을 다해 그것을 구성하고 발견하기 위해 노력할 필요가 있습니다.

한 흑인 여성사 학자도 비슷한 말을 한다.

나는 객관적 표준이 존재한다고 생각하지 않습니다⋯⋯. 그래서 나는 무엇이 수월성이냐에 대해 상당한 합의가 존재하는 것처럼 보일 때마다 놀라곤 합니다. 그것이 필연적으로 객관적이거나 심지어 일관성이 있는지는 모르겠습니다. 하지만 적어도 우리가 고개를 끄덕일 수 있는, 일종의 표준에 대한 감각은 존재한다고 봅니다. [예를 든다면요?] 연구의 통합성이죠. 연구가 자료의 수집 방법이나 [연구] 뒤에 깔린 관념들, 프로젝트의 개념화를 뒷받침하기 위해 사용된 방법론 등의 측면에서 어떤 종류의 엄밀한 검증에 기초를 두고 있는가. 사고의 명료성, 즉 그것이 의미하는 모든 것을 접합하는 데 매우 명료한 방법을 지니는 것. 다른 사람에게 왜 [그것이] 중요하며 그것이 무엇을 의미하는지, 그리고 특정 지식 분야나 더 광범위한 지식 체계에 대해 어떤 적합성을 가지는지를 해석해 줄 나름대로의 방법을 지니는 것. 어떤 기여를 하게 될지 설명하고 독창적으로 중요한 기여를 하며 또 매우 의미 있게 다른 사람의 업적에 기반을 둠으로써, 즉 다른 중요한 작업으로부터 아마도 가지를 뻗거나 그것을 확장함으로써 중요한 기여를 하는 것.

⠿ 인류학의 취약한 경계

인류학은 4개 분야—고고학, 형질physical인류학, 언어인류학, 사회·문화인류학—를 포괄하고 있으며 각 분야는 독자적인 학자의 유형을 생산하고 있다. 내가 연구한 기금 경연의 특성이 주로 사회·문화인류학과 맞는 편이어서 대다수의 지원서(그리고 평가위원들)가 이 분야에서 나왔다. 그래서 여기서의 관찰은 이들 분야에만 적용된다.

사회과학과 인문과학을 막론하고 지난 30여 년은 문화적인 것에 대한 관심이 두드러지게 늘어난 시기였다. 이 점은 우리가 보았듯이 영문학과 역사학 분야뿐 아니라 시각 연구와 커뮤니케이션, 사회학과 같은 학과의 내적 변화에 반영되고 있다.[42] 이 기간 동안 문화인류학의 영향력은 클리포드 기어츠, 매리 더글러스Mary Douglas, 빅터 터너Victor Turner 등이 인류학 외부 분야에서의 발전을 돕기 시작하면서 현저하게 증가했다. 일부 인류학자들은 이런 증식 탓에 문화 개념에 대한 인류학의 독점권이 위협받게 되었다고 보기도 한다.

이런 우려는 사회·문화인류학의 전통적 대상—이른바 원시사회—이 사라지거나 재개념화(탈식민사회로)되면서 더욱 첨예해졌다. 인류학이 선진산업사회를 포함시키는 것으로 영역을 확장하고, 이제까지 다른 분과학문의 특권적 대상이었던 주제들(예컨대 이민, 정치경제, 과학)을 포괄하면서 새로운 생동성을 추구함에 따라 분과학문의 초점에 대한 우려 역시 높아졌다. 동시에 박사학위 수여자의 수는 비교적 정체되어 있었다.[43] 그에 따라 심지어 근자의 저술들도 분과의 합의가 '그저 모든 것에 대한' 영구적인 불일치에 의해 대체되었다고 지적하면서 종종 인류학의 위기 상황을 강조한다.[44]

기어츠에 따르면, '학문적 기획으로서 인류학의 이점 중 하나는 그것을 하는 사람을 포함해 누구도 그것이 정확히 무엇인지 잘 모른다는 것이다…… [그 결과는] 영구적인 정체성 위기이다.'[45] 이런 위기감에서 문화인류학자들은 분과의 경계가 취약하므로 다른 분야 학자들의 월경을 막아야 할 필요가 있다고 생각하게 되었다. 이 분과 경계 작업의 한 측면은 문화에 대한 고품질의 연구와 정교함이 다소 부족해 보이는 작업을 구분하는 것이었다.[46] 그 결과 내부지향적이며 자기준거적인 경향이 강화되었다. 한 인류학자는 자기 분야의 고립적 경향이 그가 평가하는 지원서에 미친 영향을 다음과 같이 본다.

실제로 [우리가 논의했던] 인류학 분야의 몇몇 지원서에서 이런 일이 벌어졌죠. 지원서들은 대개 인류학자가 아닌 사람의 저술은 하나도 인용하지 않으며 단지 그것의 한 가지 표현만을 보입니다……. 그와 함께 적어도 문화인류학의 영향력 있는 특정 분파에서 사회학이든 경제학이든 정치학이든, 다른 분과학문은 순진한 실증주의적 인식론을 따르고 있어 아마도 인류학이 그것보다 나을 것이라는, 일종의 독실한 체하는 경향이 있습니다. 이것은 또한 특정 종류의 정치적 몰입과도 연결되는 편이죠. 말하자면 우리는 사람들을 위해서 일하는데 그들은 악덕한 정부를 위해 일한다는 것 말입니다. 그래서 대학원생이 이웃 분과학문에 상당한 문헌이 존재하는 주제에 관한 작업을 할 때에도 그들은 그에 대해 아무것도 모르며 때로는 그들의 지도교수들 역시 그걸 읽으라는 말을 결코 하지 않을 겁니다. 그건 인류학이 아니어서 가치가 없는 것인데 괜히 수고할 필요 없다는 거죠. 내 밑에 있는 한 대학원생이 전형적인 사례인데 그는 시카고 흑인 사이의 비정당성에 대한 프로젝트를 하려고 합니다. 내가 이와 관련된 약간의 사회학적인 인구학 문헌을 언급했더니 그는 처음에는 그런 말을 들었다는 사실에 대해 화들짝 놀라고 두 번째로, 다른 누구도 자신에게 그 자료 중 어떤 것을 읽거나 그에 대해 연구하고 있는 사람들 그 누구와 이야기해 보라고 권하지 않았다는 데 대해 큰 충격을 받았습니다. 불행하게도 [이것은] 인류학에서 비일비재한 일입니다.

이처럼 강렬한 분과 경계 작업의 맥락에서 인류학자들이 가장 관심을 기울이는 것은, 연구자와 대상 사이에 발전되는 관계의 본성에 관련된 인식론적 쟁점과, 이 관계가 연구자의 대상 이해 능력에 비환원주의적 양식으로 어떻게 영향을 미치는가이다. 1986년에 제임스 클리포드James Clifford와 조지 마커스George Marcus가 《쓰기문화

Writing Culture》를 출판한 이래 재현의 문제와, 우리가 우리의 주제subject 와 어떻게 연결되는가의 문제가 특히 중심적이고 논란을 낳는 것이 되었다. 그 책에서는 학자들의 글이 문학적인 성질을 지니고 있고 다른 사람을 위해 발언하는 것에는 인식론적·도덕적 난점이 있음을 인정하도록 강요한다.

한 평가위원은 "기어츠 자신은 이 입장에 대해 매우 비판적이었습니다. 그가 이야기했듯이 우리가 100% 살균 처리된 작전실을 결코 가질 수 없을 것이라는 이유[만으로] 하수구에서 움직여도 똑같아지는 것은 아니죠……. 이 점에서 그것은 매우 적절합니다……. 만일 우리 스스로의 경험에 대해서만 제대로 이야기할 수 있다면 그건 그다지 흥미롭지 못할 것입니다. 나는 차라리 훌륭한 소설을 읽겠습니다."라고 언급한다.

응답자들이 성찰성과 관련된 관심을 일률적으로 공유하고 있지는 않지만 이 주제는 인류학 내에서 여전히 상당한 주목의 초점이 되고 있다.[47]

4장에서 보게 되듯이 인식론적 경향 때문에 평가위원들이 분과에 특정한 평가 기준을 채용한다면 성공적인 학제적 평가는 위험에 빠질 것이다. 한 인류학자가 구 소련에서 여론의 변화를 연구하겠다는 지원서에 대해 한 비판이 하나의 예를 제공해 준다.

그는 다른 사회과학자들이 수집한 조사 자료를 사용하기 위해 영국의 대학으로 날아갈 계획인 비인류학자 지원자가, 놀랄 만큼 맥락적 지식을 갖추지 못하고 있다고 보았다. 이것은 그로 하여금 인류학에는 공통적이지만 다른 분과에는 적용되지 않을지 모를 일련의 평가 기준을 동원하도록 이끌었다.

[이들 비인류학자들은] 영어 이외에 어떤 다른 언어도 말하거나 읽지 않은 사람들이며 내가 알기론 [동유럽에] 한번도 가 본 적이 없거나 가 봤더라도 아마 고급 호텔에서 며칠 묵은 게 고작일 겁니다. 그들은 과테말라에 대해서도 그만큼 쉽게 연구 제안을 할 수 있겠죠. 그것은 인류학자들을 적어도 이 중 몇몇과 구분시켜 주는 논점입니다. 이런 식의 지원서를 검토한 후 그걸 좋아하는 인류학자를 찾기란 결코 쉽지 않습니다……. 나는 [그 지원서가] 어느 것보다도 더 잘못된 것이라 봅니다. 나라면 그걸 지원하는 데 기금을 사용하고 싶지 않습니다.

이 평가위원의 언급은 한 분과학문에 특정한 선호와 평가 기준이 다른 분야에서는 쉽게 기본적인 표준으로 보일 수 있음을 시사한다. 그 상황에 대한 한 인류학자의 요약 또한 분과학문의 경계 작업이 분야의 정체성 구축에 기여하는 방법을 보여 준다.

일부 매우 영향력 있는 사람들도 포함하여 인류학자들 중에는 확실히 수를 가지고 작업하는 사람들을 수상쩍게 보고 경멸하는 편인 사람들이 많이 있습니다……. 과학에 대한 내 자신의 입장은 인류학의 몇몇 부문에서는 희망 없는 실증주의로 간주됩니다. 경제학자 모두 또는 인구학자 중 99%에게는 내가 일종의 고약한 포스트모더니스트로 보일 겁니다……. 내가 가장 혐오스럽고 가장 논란을 불러일으킨다고 보는 것은 적어도 일부 구성원들이, 자신들이 하는 일은 어쨌든 정치적으로 계몽된 것이고 다른 사람들이 하는 일은 식민주의, 제국주의, 인종주의

등등의 이해관계에 봉사하는 것이라고 [말하는 것이고]······ [그들이] 그것을 인식론적 쟁점에도 연결시키며······ 심지어 극단적으로 양적인 학제적 연구를 악당들과 [연결시킨다는] 것입니다. 이처럼 정치적으로 고매한 척하는 태도는 심지어 일종의 반과학주의보다 더 나를 불편하게 만듭니다.

자신의 경계를 보호하려는 인류학의 노력은 평가위원들이 인류학의 대상을 문화연구의 대상과 구분하는 방식에서도 드러난다. 한 인류학자는 다음과 같이 설명한다.

"나는 인류학이 정말로 불분명한 방법fuzzy method을 가진 학문으로 묘사되는 것을 여러 번 들은 바 있습니다. 그것은 인류학적 방법이 무엇인가에 대한 매우 해묵은 오해이지만 내가 보기에 일종의 저널리즘인 문화연구 인류학의 묘사로는 적합하다고 생각합니다."

이 평가위원은 인류학과 문화연구 사이의 경계가 불분명한 것을 한탄하며 클리포드와 마커스의 주장에 비판적이다.

"내가 보기에 그들의 주장은 특정 맥락에 대한 몰입 또는 집중 연구를 통해 다른 문화적 형태의 내부로 들어가는 것이 가능하다는 신념을 모두 포기하도록 합니다. 일단 그걸 포기한다면 밀도 있는 장기적 연구를 할 아무런 이유가 없죠."

다른 패널 구성원과 '불일치'를 촉진시킨 이들 관점은 자기 분야의 가장 본질적인 경계에 대한 이 인류학자의 이해를 반영한다. 그는 다음과 같이 말한다.

궁극적으로 나는 오히려 전통주의자입니다. 한 분과학문으로서 인류학은 말하자면 언론인의 작업이나 다른 누군가가 하는 것과 구분되는, 정말 유일한 특성을 지니고 있다고 믿고 있기 때문입니다. 그것은 대면적 현장 연구나 사람들의 신뢰를 얻는 것, 실제 개인적 상호작용을 통해 사회세계에 들어가는 것이 지닌 비판적 가치입니다. 그래서 나는 두 지역 이상, 어쩌면 세 지역을 포괄하는 인류학 프로젝트를 볼 때마다 그 사람이 그걸 하는 것은 불가능하다고 생각하게 됩니다.

문화연구에 종사하는 여러 평가위원들은 이런 '전통주의적' 입장이, 인류학이 근자에 다지역 연구를 포용한 것과 배치되는 것으로 보아 거부한다.[48] 한 사회학자는 이 인류학자가 ─ 심의 중 그는 다지역 연구를 '가벼운 인류학'이라 부르며 '한 마을이나 한 가족 속에서 12달 동안 머무르지 않는 사람들'을 비판했다 ─ '인류학을 1985년 이전으로 되돌려 놓고 싶어 하는 매우 반동적인 문지기처럼 보인다'고 묘사했다.

"내가 그저 자동 민속지학auto-ethnography을 하는 사람을 적극 옹호해서가 아니라…… 나는 인류학이 전진할 수 있다고 생각합니다."

이들 언급은 현재 벌어지고 있는, 인류학의 좀 더 광범위하고 좀 더 기본적인 논점에 대한 논쟁을 엿볼 수 있게 해 준다. 그것은 방법을 조합하는 기술(3각 측량)이 전통적인 현장 연구만큼이나 바람직한 방법인가에 대한 논쟁이다. 이것은 상당히 저의가 깔린 질문인데 확장된 민속지학적 현장 연구야말로 인류학이 질적 사회학과 자신을 구분하는 가장 중심적인 방법 중 하나이기 때문이다.

방법론적 이슈나 성찰성의 질문을 둘러싼 인류학 내부의 논쟁에는 현재 몇몇 사람들이 떠오르는 학과로 보는 학과들(특히 프린스턴 대학과 뉴욕대학의 학과들)뿐 아니라 역사적으로 대학원 교육에 가장 중심적으로 참여해 왔던 4개의 학과들(컬럼비아대학, 시카고대학, 버클리 소재 캘리포니아대학, 미시간대학의 학과들)이 모두 참여하고 있다. 이들 논쟁은 인류학자와 인류학 훈련을 받는 사람들이 이론을 다루고 연구의 틀을 마련하는 데 당연히 영향을 미친다. 그 결과 그것들은 연구 지원서와 다른 분과학문의 학자들이 그들 지원서에 어떻게 반응할지에 대해서도 영향을 미친다. 한 역사학자는 다음과 같이 지적한다.

> 컬럼비아대학의 인류학은(그리고 우리는 [그들이 제출한 지원서를] 많이 보는 편인데) 전문용어를 많이 쓰는 편입니다……. 많은 사례에서 역사적 방법론의 측면은 비교적 취약하고요. 나는 컬럼비아 인류학에 매번 낮은 점수만 주고 싶지는 않아 이 [지원서에] [다른 데에서와] 비해 실제로 더 높은 점수를 주었습니다. 그러나 토론을 하다 보니 다른 사람들은 그 [지원서가] 실제로 그 사람이 하고자 한다고 진술한 것에 부합하지 않는다고 말하더군요.

이론에 대한 인류학자들의 관계 때문에 평가위원들은 인류학 지원서를 특히 성가신 것으로 볼 수 있다. 이를테면 한 정치학자는 다음과 같이 진술한다.

> 나는 결국 인류학 분야 지원서를 많이 보게 됐습니다. 그러나

내가 보기에 그중 다수는 언어 사용이 명확하지 않고 전문용어를 과용한 것들이었습니다. 내 말은 그것들이 지닌 중요성을 파악하느라 애를 많이 써야 했다는 말입니다. 그리고 때로는 그것이 그들에게 유리하게 작용했다는 말도 해야겠습니다. 한 지원서가 기억나는데, 그것은 쓰레기에 가까웠고 탈락될 것이었죠. 내가 준 점수를 보신다면 아시겠지만 나는 2점을 주었죠. 이 지원서를 읽었던 기억이 나는데 말장난을 하자는 게 아니라, 이것은 똥덩어리거나 그냥 쓰레기거나…… 아니면 정말로 뛰, 어, 난, 것이겠죠. 그리고 지원서를 다듬는 데 사용한 용어의 면에서 그것은 매우 자기준거적인 것이었습니다. 그러나 나는 이것이 그냥 내가 이해하지 못하는 것들 중 하나가 아닐까 생각했고 내가 지나치게 편견에 차 있는 것은 아닌지 염려되어 그것에 2점을 주었습니다……. 다른 인류학자가 그것에 5점을 주고 나를 쳐다보더니 "여기에서 무엇을 보았습니까?"라고 물었습니다. 그래서 나는 "모르겠습니다."라고 대답했습니다. [편견을 피하기 위해] 나는 뒤로 물러나고 싶었죠. 그들은 "그래요. 다시는 그러지 마십시오."라고 이야기하더군요.

이 응답자의 언급은 그의 분야와 인류학 사이에 존재하는 중요한 방법론적 차이를 보여 준다. 한 인류학자는 패널에 함께 있는 정치학자와 느꼈던 거리를 인정하면서 이들 차이를 확인한다.

"맞아요. 다양한 점에서 그것은 패널 구성원들을 나누는 주요 요소 중 하나이죠. 인류학의 방법에 대해 무례한 말을 한 사람은 정치학자였죠."

인류학에서 수월성이라는 논쟁적 관념은 포스트구조주의의 영향을 반영한다. 그것은 특히 수월성이 평가되는 대상에 있느냐 아니면 평가하는 사람의 눈에 달린 것이냐를 둘러싼 논쟁에서 나타난다. 한 명문대학에서 가르치는 인류학자는 인류학의 다층적 수월성 개념을 다음과 같이 정리한다.

누구나 합의를 이루는 장소가 [있죠]. 즉 당신이 어느 분야 사람이든 누구나 인정할 수 있는 수월성이 있는 곳 말입니다. 반면 주관적인 평가자 집단 내에서의 협상으로 수월성이 결정되는 사례가 있습니다. 그러나 다음으로 역시 또 다른 사례가 있는데, 거기서는 개인 평가자와 저술가 사이에 상호주관적이라고 생각하고 싶을 만한 것이 존재합니다. 그런 식의 협동적 인식에서 그것은 저자—독자 관계에 가깝습니다……. 객관적인 질의 기준이 존재한다고 말하고 싶지는 않군요. 하지만 분야가 무엇이든 훌륭한 지원서가 상당 정도 다룰 수 있는 수월성의 관습은 분명 존재합니다.

학문적 수월성을 믿느냐는 물음에 그녀는 다음과 같이 대답한다. "철학적 · 지적으로는 아마 아니라고 대답해야 할 것 같네요. 그러나 무언가 느낌으로는 아마도 그럴 것 같아요……. 나는 막 포스트구조주의류의 정치철학을 읽었는데 그래서 나는…… 당신이 아니라고 해도, 수월성은 구성되는 것이라는 것을 압니다. 하지만 아시다시피 구성되었든 아니든 그것은 여전히, 그것은 우리 모두가 나름대로 길들여져 있는 규율discipline입니다. 그래서 그것은 마치 무언가 실제적인 것처럼 작동하죠."

그러나 다른 인류학자에게, 심사 회의 이전에 평가위원 각각의 독립적 순위매기기로부터 출현하는 합의는, 질이 지원서에 내재적이라는 점을 확인시켜 준다. 피면접자 중 한 사람은 다음과 같이 말한다.

> 하나의 표가 준비되는데 그것은 [지원서들을] 총점 [즉 각 평가위원들이 부여한 점수의 총합]에 따라 순위를 매겨 놓은 것입니다. 거기에 상당한 일관성, 점수의 동질성이 있다는 점은 주목할 만합니다. 그래서 회의를 할 때 은연중에 '크림은 위로 떠오른다'는 면에서 이것들은 실제적으로 만점을 받은 것들이기 때문에 사실상 별로 논의할 필요가 없다는 느낌을 갖게 되죠.

앞으로 보게 되듯이, 정치학이나 경제학에서는 수월성을 구성된 개념으로 보는, 좀 더 상대주의적인 접근이 별 힘을 갖지 못하고 있다. 이들 분과학문에서는 매우 상이한 평가문화가 지배한다.

⫶ 정치학 : 대립을 초래하는 합리적 선택

인구학적 관점에서 볼 때(그림 3_1을 보라) 인류학보다는 사정이 낫지만 정치학도 인류학처럼 지난 30여 년에 걸쳐 분리되어 왔다. 주로 합리적 선택이론이 힘을 얻고 그에 발맞춰 형식이론과 방법론이 헤게모니를 장악한 결과였다.[49] 다소 단순화시키자면 합리적 선택 패러다임은 효용 극대화가 인간행위의 유일하고 보편적인 동기라고 가정하며 모든 사회구조와 과정은 개인 선택의 집합으로 설명될 수 있다고 주장한다.

그것은 특히 집단 의사결정과 제도적 제약의 처리에 관심을 지니고 있다. 분과학문의 주석가들은, 예를 들어 합리적 선택이론이 양적 방법과 질적 방법을 사용하는 연구자들 사이의 대립과 같은, 다른 대립을 어떻게 증폭시켰는가를 지적하면서 그것의 상승이 지닌 분리적 효과를 길게 논의했다.[50]

2001년에 미국정치학회(APSA) 내부에서 '페레스트로이카 운동'으로 명명된 중요한 하나의 대항 헤게모니적 대응이 공개적으로 출현했다.[51] 이 압력집단(2003년에 그 이메일 목록은 APSA 회원의 대략 5%를 차지했다)은 일차적으로 세 가지 변화를 추구했다. 정치학의 가장 권위 있는 학회지인 미국정치학회보American Political Science Review에서의 양적 연구와 질적 연구 사이의 균형, APSA이사회 선발에서의 좀 더 민주적인 절차(APSA 지도자들은 경쟁선거를 통해 선출되지 않는다)와, 더 많은 방법론적 다원주의가 그것이다. 여기서 방법론적 다원주의는 질적 작업과 문제지향적(방법론 지향적인 것에 대립되는) 접근법, 일반화된 이론의 생산과 대비되는 지역 전문성area expertise에 대한 분과의 더 많은 지원을 포함한다.[52]

정치학에 대한 이안 샤피로Ian Shapiro, 로저스 스미스Rogers Smith와 타렉 마수드Tarek Masoud의 분석은 그 내부에서 비슷한 길항점拮抗點을 찾아낸다. 그들은 문제지향적 대 방법지향적 연구의 분리와 합리적 선택을 둘러싼 논쟁, 그리고 방법론적 다원주의를 추출했다.[53] 한 평가위원은 합의의 정도가 낮은 것이 패널의 작업에 어떤 영향을 미치는지 설명한다.

"합의의 결여는 중요한 질문이 무엇인지와 연관되죠. 몇몇 사람들은 그저 방법만 보고 그것이 잘 되었는지를 볼 것이며, 다른 사람들은 아마 질문의 중요성과 그 다음 방법을 본 후 이것이 잘 되었는지 [아닌지를] 볼 겁니다." (강조는 저자)

정치학자인 이 평가위원은 수학과 형식화가 '훌륭한 방법'을 정의하게 되었다고 지적한다.

"누군가가 정말로 훌륭한 질문을 지녔지만─애덤 셰보르스키 Adam Przeworski가 그 예인데─다른 방법과 형식화를 사용한다면 중요한 무언가를 형식화하는 한 나는 좋다고 봅니다. 그러나 그런 식으로 반응하는 사람이 그리 많지는 않은 것 같습니다."

험담조로 그녀는 다음과 같이 결론짓는다.

"학자들은 고약한 무리인 것 같아요. 우리는 논쟁이 업인 사람들이죠. 고약하다는 것은 아시다시피 사람들이 항상…… 방법의 문제에 대해 주절거리고 누가 훌륭하고 누가 나쁜지에 대해 뒷말을 한다는 뜻입니다."

정치학 내부의 분리는 합리적 선택이론의 옹호자들에게 유리하게 작용했다. 오늘날 정치학자의 다수는 경제학의 인식론적 동질성을 '진보'의 모델로 지적한다. 그러한 지적 합의가 분과학문의 진화와 지위를 가리키는 것이라는 주장에 호소하여 합리적 선택이론의 지지자들은 정치학에서 그들 패러다임의 지배력을 확장할 수 있었다.[54] 실제로 한 경제학자는 자신의 분야와 정치학 사이의 유사성의 증가를 행복하게 지적하면서 다음과 같이 단언한다.

"정치학이야말로 경제학이라는 암이 가장 널리 퍼진 분야죠. 그래서 우리 분야가 어떤 의미에서 정치학에 침투했고 그 분야에 대한 인식이 어느 정도 경제학과 유사하게 형성되었는데 이는 문학과 인류학, 사회학에는 해당되지 않는 것입니다."

자신의 패널에 들어 있던 정치학자들에 대해 그는 "나는 심의 내내 그들의 머릿속에서 나의 것과 비슷한 톱니들이 돌아가고 있는 것을 볼 수 있었죠."라고 말한다.

면접을 하는 중에 정치학자들은 합리적 선택이 그들 분야와 평가에 미친 영향에 대해 명시적으로 언급했다. 응답자들에 따르면 합리적 선택 접근법이 헤게모니를 잡으면서 정치학에 종사하는 사람들 모두가 수월성의 표준을 재정의하게 되었고, 그 결과 학자들이 자신들의 목표와 지적 궤적을 정의하는 데 영향을 미치게 되었다. 예를 들어 한 평가위원이 이제 "당신이 양적으로 얼마나 정교해졌는가에 달려 있게 되었습니다."라고 진술하는 한편 상급의 비교론자는 좀 더 양적으로 정교한 작업, 특히 시뮬레이션을 생산하고 싶으며 그 이유는 이것이야말로 오늘날 정치학에서 각광을 받는 것이기 때문이라고 설명한다.

"나는 엄청난 창조적 도약의 가능성이 존재한다고 봅니다. 그것이 그냥 내가 가지고 있는 직감입니다."

이 혁명에 의해 완전히 바뀌지 않은 정치학자조차 간헐적으로 그 도구를 사용한다. 그리고 몇몇 사람들은 선택적 접근법을 채용하여 다른 패러다임 및 그에 적합한 방법론과 함께 합리적 선택 모델을 사용한다. 합리적 선택 패러다임을 거부하는 사람들은 일부 조직에서 제공하는 기금에 지원할 때 불이익을 받는다고 지적하는 사람도 있다. 다수의 정치학자는 국립과학재단에서의 정치학 프로그램과 같은 특정 기금원이 합리적 선택 지원서를 더욱 우대하는 반면 내가 연구한 SSRC의 국제 학위논문 현장 연구 경연과 같은 곳은 질적 연구에 좀 더 개방적이라고 믿는다. 요약하자면 상이한 기금 지원기관들은 기금을 제공할 때 서로 다른 표준과 강조점을 사용하는 것으로 인식되고 있다는 것이다.

정치학이 합리적 선택이론을 강조하는 것은 정치학 외부의 학자들에게도 문제를 제기한다. 내가 면접한 평가자들 중에는 특히 인류학자들이 그런 사례이다. 한 사람이 광범위하게 공유되고 있는 관점에 대해 다음과 같이 요약해 주었다.

"인류학자들은 [합리적 선택]이 인간행위에 대한 전혀 엉터리 이론이라고 봅니다. 아시다시피 행동이 단순한 합리적 계산(그 계산이 어떻게 이루어지든)으로 만들어지지는 않습니다. 그리고 설사 그렇게 만들어진다 하더라도 그에 포함된 변수들, 이를테면 모델 속에서 목표가 무엇인가를 결정하는 것은 전적으로 모델 자체를 넘어서 [있죠]. 그래서 이와 같은 온갖 이유들 때문에 나는 그것이 아주 가망 없는 이론이라고 보는 편입니다."

합리적 선택 패러다임의 상승은 분명 그 자체로 중요하다. 하지만 그것은 또한 과학의 의미에 관한 정치학 내에서의 좀 더 광범위한 질문과 연결되어 있다. 1994년에 출판된 《사회탐구의 틀*Designing Social Inquiry*》이라는 영향력 있는 책에서 게리 킹*Gary King*, 로버트 커헤인*Robert Keohane*과 시드니 버바*Sidney Verba*는 양적 연구가 생산할 수 있는 것에 비견될 만한 기술적이거나 인과적 추론(또는 관찰할 수 없는 것에 대한 예측)을 생산하는 질적 연구를 소개한 바 있다.[55]

이 책은 질적 연구자 사이에서 강한 반향을 낳았는데, 이들은 과학의 특징이 방법론적 엄밀함에 있음을 보여 주려 했던 학자들이었다.[56] 《사회탐구의 틀》은 정치학에 대해 클리포드와 마커스의 《쓰기 문화》가 인류학에 대해 했던 역할과 비견될 만한 상징적 역할을 했다. 한 정치경제학자는 그것을 다음과 같이 주장한다.

"정말로 해석적인 사람들조차 좀 더 과학처럼 보이는 틀이나 장르에 맞춰 쓰는 것에 일종의 집착을 보입니다. 사례 선택 같은 것에 많은 주의를 기울이는데…… 그것은 실상 질적 연구 방법이 양적 방법만큼 엄밀하다는 것을 보여 주기 위해서입니다."[57]

이 평가위원은 정치학의 주된 논쟁이 '정치에 관해 일반화될 수 있는 이론이나 정치의 보편적 법칙이나 보편이론에 기여할 수 있는가, 그래서 누군가가 이 사람은 이론적 기여를 하고 있기 때문에 지원받아야만 한다고 주장하게 되는가'의 여부와 관련된다고 믿는다. 그러나 다른 사람들은 합리적 선택이론을 둘러싼 갈등은 퇴조하고 있거나 갈등이 과장된 것이었다고 믿는다.

정치학을 특징짓는 대립에도 불구하고 내가 면접했던 대부분의 정치학자들은 과학의 진보를 믿는다고 말한다('우리는 서로의 어깨 위에 서 있죠. 그것은 집합적 과업입니다.'). 그들은 또한 질이 지원서 자체에 내재해 있지 평가자의 해석의 결과가 아니라는 데 동의하는 편이다. 한 정치학자는 수월성이란 분과의 기준을 성공적으로 충족시키는 것이라고 정의한다. 그의 말을 들어 보자.

"나는 비교적 잘 이해되고 있고 상당히 명백한 과학적 규범이 존재한다고 믿습니다. 이에 대한 나의 관점은 라카토스 식[Lakatosian]이라 할 수 있을 것입니다……. 우리가 서로 싸울 수 있는 특정 규범들이 있죠. 내가 보기에 그 싸움은 상당히 좁은 범례들[parameters] 내에서 벌어집니다."

　이 학자는 어떤 종류의 지식에는 상대주의가 적용되지만 다른 종류의 지식에는 그렇지 않다고 믿는다. 그가 보기에는 상대주의의 극단과 확실성의 극단이 있으며 윤리적 문제에 봉착할 때는 세계에 대한 해석이 중요하다. 그러나 "우리가 예컨대 열역학이나 수학을 다룰 때는 그것이 잘 작동하지 않는다고 생각합니다……. 아시다시피 우리가 하는 수학은 상대적이지 않으며 증명이 존재하니까요." 라고 언급한다.

　다른 정치학자는 진리에 대한 주장이 그저 경쟁하는 서사일 뿐이라는 관점을 '어리석은 것'으로 치부한다. 그런 관점을 채용한 사람들에 대해 그는 다음과 같이 이야기한다.

　"나는 그들이 학문적 수월성을 믿지만 그것을 다르게 정의한다고 봅니다. 그들은 지식에 대한 독창적 기여가 아니라 오히려 지적 숙련도와 주장에 감춰진 의미를 발견하는 능력으로 정의합니다. 나는 그들이 학문적 수월성에 대해 매우 명확한 관념을 지니고 있으며 그것들은 그저 다른 것이라고 생각합니다."

　학문적 수월성을 믿느냐는 질문을 받았을 때 다른 정치학자—대규모 중서부 대학에서 가르치는 유럽주의자—는 다음과 같이 응답한다.

　"내 말은 그것이 신이나 그 비슷한 류는 아니잖아요. 나는 탁월한 것을 읽을 때와 그렇지 않을 때를 압니다. 그에 대해 합의가 존재하는지는 모르겠습니다. 내 말은 누군가 무언가에 대해 나를 확신시키거나 그렇지 않거나 하다는 것입니다. 그들이 증거를 갖고 있거나 갖고 있지 않거나 하다는 것이죠. 그들이 증거를 갖고 있다면 그것은 잘된 것이죠."

⠿ 경제학 : 수학적 형식주의에 의해 통합된 학문

분과학문의 합의 수준과 관련하여 경제학과 경쟁할 수 있는 것은 역사학뿐이다. 하지만 연구를 할 때 장인정신이 중요하다는 공통의 감각이 통합의 기초인 역사학과 달리 경제학자의 통합성은 인지적 통합에 기반을 두고 있다. 이는 수학적 경제학이 다른 접근법(이를테면 제도학파, 마르크스주의, 반수학적 제도학파)에 승리를 거둔 1960년대에 주로 성취된 것이다.[58] 이 수학적 경제학이 각광을 받으면서 주요 대학 모두의 핵심 과정이 동질화되었고 이는 그것의 지위를 더욱 강화시켰다.

물론 분야에 따라 상당한 다양성이 존재한다. 하버드대학 경제학자인 엘해넌 헬프먼Elhanan Helpman에 따르면 '노동경제학을 지배하는 경험적 방법론은 산업 조직에서 지배적인 경험적 방법론과 매우 다르다. 행태주의적 경제학은 국제무역에서보다 재정에서 훨씬 더 큰 역할을 수행하며 엄밀성의 정도도 분야에 따라 다르다. 일부 못마땅하게 여기는 학자들도 있지만 이들 유형의 분리는 용인되고 있다.'[59]

분과학문의 동의는 국제적 수준으로도 확대되고 있다. 수학적 형식주의의 사용이 미국에서 실행되고 있는 경제학 분야의 지적 합병을 촉진시키고 있는 것이다.[60] 경제학자들 사이에서 높은 수준의 전문적 합의가 박사학위의 강력한 생산과 함께 일어났다는 점은 특기할 만하다.

1975년에서 1985년 사이에 약간 감소하기는 했지만 경제학에서 수여된 박사학위자의 수는 지난 20여 년 동안 안정적으로, 그리고 지속적으로 증가해 2005년에는 천 명 이상에 이르렀다. 모든 분과학문에서 수여된 박사의 총수 중 경제학에서 수여된 학위의 비율은 상당히 안정적이다. 대조적으로 영문학과 역사학, 정치학은 지난 30여 년 동안 그 상대적 비중이 1% 포인트 이상 하락했는데 이는 주로 과학과 공학박사 학위의 수가 증가한 것 때문이다.[61]

아마도 그들 분과의 인식론적 통합성 덕분에 경제학자들은 수월성이 구성된 것이라는 점에 관심을 덜 갖고 있는(심지어 모르고 있는) 것 같다. 평가위원들은 전형적인 인문과학자나 좀 더 인문과학적인 사회과학자들에 비해 경제학자들이 지원서의 질에 대해 훨씬 쉽게 합의한다고 본다. 그들에 따르면 경제학자들은 마치 지원서들 사이에 명확한 선을 그을 수 있는 것처럼 행동한다. 한 역사학자가 말하듯이 그들은 모두 '이것은 A이고 이것은 A⁻이다'라는 데 동의한다.

다른 사람은 역사학이 '주관적'이라고 하면서 경제학과 구분한다. 경제학에서는 '합격 또는 불합격'이라는 것이다. 한 경제학자는 이들 관점에 찬동하면서 다음과 같이 말한다.

"나는 경제학에서 무엇이 훌륭한 연구이고 그렇지 않은 연구인지에 대해 상당히 통합된 관점을 지니고 있는 것이 행운이라고 생각합니다."

한 프로그램 관리자는 평가에 대한 이런 접근법이 좀 더 동질적인 분과문화에서 연유하는 것으로 본다.

"분과 내에서 순수한 내부자의 담론을 습득하면 나름대로 훈련이 끝나는 것 같더군요. 경제학 내에는 매우 강한 인식론적 헤게모니가 존재합니다."

경제학의 평가 기준 역시 평가위원들이 놀랄 만큼 다른 분과학문의 기준과 다르다. 역사학자들은 경쟁하는 기준을 인정하고 페미니스트 역사학자 조앤 스코트^{Joan Scott}처럼 자주 '누구의 기준이 분과학문의 기준을 결정하는가'라고 묻는다.⁶² 이와 반대로 경제학자들은, 평가란 승자와 패자를 나누는 비교적 간단한 일이라고 생각하는 것 같다. 대부분의 다른 패널 구성원들과 비교해 볼 때 그들은 전통적인 학자의 표지, 즉 맥락적 지식, 언어적 능력 등에 훨씬 관심을 적게 갖고 있는 것처럼 보인다. 이를테면 한 패널에서 그 경제학자는 그리스를 포함해 3개국을 연구할 계획인 지원자가 그리스어에 익숙하지 않다는 이유로 기금을 받지 못하게 된 것을 이해하지 못했다. 그는 이 거부를 주의를 딴 데로 돌리는 행위^{red herring}로 보았다.

한편 비경제학자들은 경제학 분야 지원자가 지원서에서 세운 가정에 매우 비판적이다. 한 인류학자는 다음과 같이 언급한다.

"그들(경제학 분야 지원자)은 이론적 관점으로 정의된 자신들만의 세계에 살고 있는 것 같습니다. 그리고 그것을 설명할 용의도 없고 조금이라도 다른 사고에 대해서는 관심도 없죠."

마찬가지로 한 사회학자는 좀 더 해석적인 지원서에 대한 경제학자의 비판적 태도에 대해 다음과 같이 지적한다.

"그는 위원회의 대부분 사람들이 별로 신경을 쓰지 않는 비교적 실증주의적인 조직 출신이었죠. 그래서 그는 모든 역사학 지원서에 대해 비판적인 편이었습니다. 반면 내가 보기에 나머지 사람들은 상당히 열려 있었고 언제든 그들의 마음을 바꿀 용의를 지니고 있었습니다."

그들 분과학문의 실증주의적 전통에 발맞춰 내가 면접했던 경제학자들은 수월성이 평가 대상 속에, 즉 지원서와 프로젝트 자체 내에 내재하며 평가위원들이 도달한, 타협된 학제적 동의로부터 나오는 것이 아니라고 믿는 것 같았다. 최상의 것과 나머지를 구분하는 명확한 선에 대해 경제학자들이 지니고 있는 감각은 지식의 가치에 대한 좀 더 객관주의적인 관점과도 연관되어 있다. 면접 막바지에 한 경제학자는 학문적 수월성에 대한 신념을 다음과 같은 말로 재확인한다.

"나는 가치 있는 아이디어가 존재하며 그것들을 발견하는 것이 어떤 식으로든 수월성의 표지임을 분명히 믿습니다……. 나는 확실히 저기 어딘가에 탐구해야 할 무언가가 존재하며 그것을 발견하는 사람이 있다고 생각합니다. 나는 그것이 수월성의 정의라고 봅니다. 나는 우리가 이제 우리의 세계관을 진정으로 변화시킨, 과거에 발전된 특정의 주요한 아이디어들을 인식하고 있다고 생각합니다."

결 론

미국의 고등교육은 평가문화, 지적 전통, 전문용어가 현저하게 다른 분과학문들을 함께 모아 놓는다. 분과학문의 규범은 몇몇 분야에서 더 강력한데 이는 미국의 학계 또한 다차원적이고, 분과학문에 의해 항상 한정되지 않는 네트워크와 문헌들이 그것을 가로지르고 있기 때문이다. 미국 정치학의 현 상황이 적확한 예이다. 그리고 비록 임용과 승진 결정은 분과학문의 문화 내에서 이루어지지만 다학제적 패널에 의해 이루어지는 기금 지원 결정은 그렇지 않다.

거기에서는 인식론적인 대립과 여타의 대립을 넘어 공통의 평가를 만들어 내야 한다. 이 맥락이 학자들의 공유되어 당연시된 시각

뿐 아니라 차이를 (가장 일반적인 수준에서 이 차이는 지식의 생산에서 주관성의 적절한 장소와 관련된 인문과학자와 사회과학자 사이의 대립으로부터, 개별 분과학문 내의, 그리고 분과학문 사이의 이론, 방법론, 평가 기준을 둘러싼 대립에까지 걸칠 수 있다.) 드러낸다. 자기 분과학문이 직면한 난관에 대한 평가위원들의 이해와 다른 분야에서 중시하는 것에 대한 그들의 기대가 지원서에 대한 옹호나 반대에 영향을 미친다. 인류학자가 정치학자에 비해 민속지학적 연구에 더 많은 기대를 한다는 점이 이를 예시한다.

내 연구로부터 보건대 평가위원 중 수월성의 정의에 대해 가장 합의를 잘 이루는 사람들은 역사학과 경제학 분야에서 온 사람들인 것 같다. 역사학에는 경험적 연구를 하는 데 있어서 훌륭한 장인적 기술이라는 공유된 정의에 기반을 둔 광범위한 합의가 있다. 경제학에서는 방법론적 도구를 둘러싼 인지적 통합이 합의를 만들어 낸다. 경제학자들은 질 높은 지원서를 명확하게 구분할 수 있다고 믿으며, 수월성을 확인하는 데 있어서 상호주관성의 역할을 폄하하는 것처럼 보이지만('아마도' 형식화의 역할 때문에), 역사학자들은 수월성을 결정할 때 회색지대가 존재하며 협상과 논쟁이 중요하다는 점을 인정한다.

포스트구조주의의 영향을 받아 역사학자들은 영문학 동료처럼 경제학자들에 비해 '누구의 기준이 분과학문의 기준으로 보편화되는가'라는 질문을 더 던지는 편이다. 영문학과 마찬가지로 역사학은 평가의 기준으로서 이론과 정치의 역할을 둘러싸고 분열되어 있다.

대조적으로 경제학은 정치의 영향을 거의 받지 않는 것으로 간주된다. 그래서 두 분과학문 모두 상당히 합의적이지만 역사학은 경제학에 비해 내적으로 좀 더 분할되어 있다. 이것은 역사학이 경제학보다 국가의 공간적 경계에 의해 더 많이 정의되며 경제학은 인지적인 면에서 세계적으로 좀 더 통합되어 있다는 사실에 의해 부분적으로 설명된다. 게다가 경제학자들은 역사학자들에 비해 자신들의 합의적 상태에 더 자족하는데, 혹자에 따르면 이는 분과학문의 성숙성을 보여 주는 명확한 지표이다.[63] 어쩌면 역사학자들과 궤를 같이할지도 모를 대안적 관점은 이데올로기적·방법론적 다원주의를 관용하는 능력이야말로 그 분야가 성숙되었다는 신호라고 정의할 것이다.

고려된 6개 분야 중 영문학은 인구학적·지적인 면에서 모두 가장 심각한 분과학문의 위기를 겪고 있다. 이 분과에서 나온 여러 평가위원들은 학문적 수월성의 개념 자체에 의문을 제기한다. 평가위원들은 회의주의와 상대주의의 지배뿐 아니라 무엇이 수월성을 정의하는가에 대한(특히 무엇이 독창성과 중요성을 정의하는가에 대한) 분과학문의 합의 수준이 낮다는 점을 지적한다.

수월성을 측정할 기준이 넘쳐나는데 그중에는 실질적 주제들을 연결하는 데 도움을 줄 이론과 저자들을 통하는 것도 있다. 평가위원들은 정독의 중요성이 약화되고 문화연구가 점차 두드러지고 있으며, 영문학자들이 역사학자와 문화 전문가로부터 주제와 방법론을 더 많이 빌리게 되면서 영문학이 탈전문화되고 진정한 분과학문적 전문성이 쇠퇴하게 되었다고 우려한다.

이런 맥락 속에서 수월성은 종종 평가되는 대상의 내재적 속성이라기보다 보는 사람(또는 스탠리 피시가 기술한 것과 같은 해석 공동체)의 눈에 달린 것으로 간주된다.[64] 영문학의 학제적 성격이 강화되면서 확실히 문학연구자는 그 분야의 하위분과에서 나온 지원서가 사용한 방법론을 쉽게 받아들이게 되었다. 역사학에서도 마찬가지이다.

다른 분야에서 문화 분석의 유행에 위협받아 인류학은 점차 내부 지향적이 되고, 가치 있는 문화 분석과 기준을 충족시키지 못하는 것을 구분하려는 과정에서 분과학문의 경계 작업에 몰두하게 되었다. 이런 맥락에서는 인식론적 입장, 정치, 방법론이 특히 중요하다. 영문학과 역사학에서처럼 이론은 분과학문의 합의를 제한함으로써 논란을 불러일으킬 수 있다. 게다가 영문학처럼 인류학은 자기반성적 분과학문이어서 수월성의 구성된 성질에 대해 더 크게 인식한다.

정치학은 경제학이 보여 주는 합의의 수준에 도달하고자 열망하지만 합리적 선택이론의 새로운 헤게모니가 정치학을 내적으로 분리시켰다. 이런 분리는 질적 연구에 비해 양적 연구를 특권화하는 것과 관련된 내적 갈등에서 잘 드러난다. 이와 반대로 철학은 명백히 내부지향적이다. 많은 철학자들은 철학 분야에서 나온 연구를 평가할 자격을 갖춘 사람은 자기들뿐이라고 믿는다. 이는 부분적으로 분과학문 특유의 독특하고 전통적인 틀을 사용해야 중요성과 독창성을 측정할 수 있다고 믿기 때문이다. 외견상 보이는 철학의 엘리트주의적 입장은 다른 평가위원들이 철학은 너무 자율적이고 점점 더 중요하지 않으며 낡은 것으로 보도록 만드는데 기여했다. 그래서 일부 프로그램 관리자와 다수의 평가위원들은 철학을 난감한 분과로 정의한다.

이처럼 분과학문의 평가문화가 다양하고 그와 연관된 갈등의 소지도 다분한 상황에서 평가위원들은 어떻게 합의에 도달해 수상자를 선정하는 것일까? 2장에서 배웠듯이 동료평가 패널의 기술은 학자들을 한방에 모아 놓음으로써 차이를 제한하고 연결할 맥락을 만들어 낸다. 평가위원들은 평가의 규칙과 요구, 그리고 한정된 시간 안에 기금 지원 결정을 내려야 한다는 제약으로부터 합의에 도달하도록 압력을 받는다. 프로그램 관리자가 권장하는 다원주의의 문화도 마찬가지 역할을 한다. 비록 학자들이 독불장군들contrarians이지만 이 문화가 학문적 수월성에 함께 몰두하도록 조장함으로써 분과학문의 차이를 중화시키는 데 도움을 준다.

4장에서 보게 되듯이 다학제적 동료평가 패널의 구성원들은 일련의 관습적 규칙을 따른다. 그중 중요한 것은 인지적 맥락화인데, 이는 평가위원들이 평가 중인 지원서의 분야나 분과학문에 가장 적합한 평가 기준을 사용할 것을 요구한다. 달리 말하면 그들은 상이한 분과학문에는 서로 다른 기준이 적용되어야 함을 인식하고 있다. 평가위원들은 또 서로의 전문성을 경청하고 존중하는 것이 중요하다는 점을 배운다. 한 지리학자가 지적하듯이 여러 난점에도 불구하고 학제적 연구를 평가하는 행위는 그 자체로도 즐겁고 독특한 보상을 주기도 한다.

이 지원서 모두를 읽는 것은 엄청난 일이지만 그 분야의 전문가들이 사람들의 학식에 대해 인정하는 것을 듣는 것은 매우 즐거웠죠……. 그 분야에서 온 사람들이 그 주제와 그 지원서에 대해 갖는 관점을 듣는 것은 즐거운 일이었습니다. 나에게 그것은 하나의 과정, 내 분야가 아닌 분야에 대한 강연을 듣기 위해 앉

교수는
무엇으로 판단하는가

아서…… 그 분야의 상상력과 지평이 그 실행자를 통해 드러나는 것을 [보는] 것이었습니다.

홉스의 표현을 빌리자면 학자들이 서로에 대해 늑대인, 가설화된 (부르디외적) 세계로부터 평가위원들이 어떻게 즐거움과 숙고, 존중의 세계로 옮아가는가가 이제 우리가 다룰 주제이다. 앞으로 보게 되듯이 기금 지원 동료평가의 블랙박스가 지닌 핵심 특징은 동료의식이다. 하지만 그것은 또한 다차원적 공간으로서, 그 안에서는 공유된 수월성의 정의를 만들어 나가면서 근육이 불끈거리고 네트워크가 경쟁하기도 한다.

실용적 공정성 :
심의의 관습적 규칙들

나의 관심은 평가위원들이 자신들의 행동과 자신들이 활동하는 환경을 이해하는 데 사용하는 틀이나 의미체계−경기의 규칙들−이다. 내가 면접한 학자들은 "이 절차가 잘 운용된다."고 거의 만장일치의 믿음을 지니고 있지만, 그것이 어떻게 작용하는지에 대해 항상 확신하고 있는 것은 아니다. 한 패널 의장은 "모두가 합의한 후보가 상당한 수준에서 '동의되었습니다.' 나는 이 절차가 매우 잘 돌아간다고 봅니다."라고 결론지으면서도 "그것이 무엇인지 알기란 꽤 어렵죠."라고 덧붙인다. 그래서 이 장에서는 집단 평가의 복잡한 메커니즘을 명확히 밝히려고 한다.

그것은 매우 실용적입니다. 12명의 상당히 똑똑한 사람들을 [어떤 도시의] 창 하나 없는 방에 이틀 동안 밀어 넣고 맨 정신으로 남아 있기를 기대하죠. 그들은 꽤 전문가여서 최선을 다합니다. 그들은 아주 다른 취향을 지니고 있어 갈등의 소지가 매우 많습니다. 그들은 차가운 머리를 유지하며 분과학문의 큰 차이를 넘어 무엇이 훌륭한 지원서를 구성하는가에 대해 합의하는 이 영웅적 노력을 해야만 합니다. 우리는 그에 대해 아주 많은 시간을 쏟아부었고…… 동시에 이 지원서에 집중하는 사람들도 아주 많습니다……. 올해는 특히 움직임이 많았습니다. [모임 이전에] 비교적 높은 순위를 차지했지만 약점이 논의되면서 옹호했던 사람이 [기금 지원을 하지 않기로] 결정하게 되는 사례가 많았죠. 반대로 상당히 낮은 [순위의] 것이 논의하면 할수록 재고의 필요가 있다, 미래가 있어 보인다는 생각을 하게 만들기도 했고요……. 크림이 위로 솟아오른다고 말하는 것, 우리가 정확히 제대로 된 것을 뽑았다고 얘기하는 것은 일종의 자찬입니다. 나는 그런 일이 벌어졌다고 보지는 않습니다. 하지만 나는 평균적으로 보았을 때 우리가 더 나은 지원서들을 선택했다고 생각합니다.

— 경제학자

학문적 수월성요? 보면 압니다……. 그렇지 않다면 내가 하는 선택과 충고는 모두 정직한 것이 아니겠죠. 심지어 나는 내 자신의 판단에 큰 자부심을 지니고 있고 모순은 나에게 별 영향을 미치지 않는다는 이야기까지 할 수 있습니다……. 모든 것은 어떤 면에서 상대적이지만 나는 진정한 질이 있고 내가 그것을 발견하고 있으며 그것은 상당히 연관되어 있다고 믿습니다……. 위로 솟아오르는 것은 크림이지만 그렇다고 모든 크림이 솟아오른다고 보지는 않습니다. 예를 들어 나는 갖가지 이유로 가장 좋은 대학원에 가지 못한 사람들에게 일어난 일을 우려합니다. 내가 보기에 우리는 언제나 상당한 수준의 합의를 이루는 것 같습니다……. 사람들은 너무 강한 주변적 의견을 억압하거나 어쩌면 절차가 진행되도록 하기 위해 간략하게, 그리고 부드럽게 그것을 표현할 겁니다.

— 역사학자

내가 만났던 평가위원들은 거의 예외 없이 심의가 공정했으며 그들의 패널이 우수한 지원서를 찾아낼 수 있다고 보았다.[1] 앞에서 인용했던 경제학자처럼 평가자들은 그들의 패널이 완벽한 작업을 했다고 믿지는 않지만 '평균적으로' 가장 나은 지원서를 찾아냈다고 주장한다. 그들은 업적주의에 따라 선정이 이루어지며 대체로 구속 없는 시장기제가 경연의 결과를 결정한다는 데 동의한다.

혹자는 절차 중 작용하는 '우연과 정열의 역할'을 지적함으로써 그들의 관점을 가다듬었고, '실수가 있었다는 것'을 인정하는 사람도 있다. 하지만 전체적으로 그들은 패널이 질 높은 지원서를 찾아내는 데 성공하며 동료평가가 품질 유지를 위한 기제로서 '작동한다는 데' 자신감을 가지고 있다. 한 예술사 학자는 다음과 같이 주장한다.

"나는 전반적으로 우리가 개별적으로는 몰라도 집합적으로 '크림'이라고 간주될 수 있을 질 높은 연구를 찾아내는 데 상당히 성공했다고 봐요."

이런 믿음은 '학문적 수월성의 문화'에 대한 그들의 광범위한 투자와 공명하는 것인데 이 문화는 평가위원들이 평가 결과를 편파성cronyism의 표현으로 특정하는 것을 배제한다. 실상 자신의 이해관계에 매몰되지 않는 전통은 평가위원들이 패널 참여(그들 중 한 사람이 주장하듯이 '성직자처럼 판결 내리기')가 즐거웠다고 말하는 이유 중 하나이다.

한 역사학자는 한 패널에서의 경험을 가리키며 "사람들이 자신의 이해관계 밖으로, 그리고 자신의 이익집단 바깥으로 나가 무언가를 다른 관점에서 바라보는 것을 보며 나는 정말 감동받았죠." 하고 말한다. 집단 심의가 종료된 후 참여자들은 자기들이 훌륭한 연구를 함께 감식해 합의된 평가 결과를 내놓았다는 만족감을 자주 느끼곤 한다.

실상 그처럼 진심 어린 학문적 삶의 개인적 국면은 평가자로서의 경험에 대한 평가위원들의 말에서 두드러지게 나타난다. 그들은 영민한 정신이 작동하는 것을 보고 완벽하게 작성된 지원서를 읽는 것 모두를 깊이 즐긴다. 2장에서 시사되었듯이 그들이 학문적 삶의 독특한 즐거움과 덕에 깊이 매혹되어 있다는 것은 패널 구성원으로서의 책임감에 대한 그들의 사고방식을 결정하는 하나의 요소로서 큰 중요성을 지니고 있다.

여기서 요점은 학문적 수월성과 기금 지원 절차의 공정성에 대한 평가위원들의 믿음이 '자연스럽게' 생기는 것은 아닐지라도, 그렇다고 허위의식의 표현이나 자기이해의 그럴싸한 포장으로 보이지도 않는다는 것이다.[2] 사회적 행위자들이 모두 그렇듯이 이 학자들도 그들 행위에 의미를 부여하기 위해 다양한, 때로는 일관되지 않거나 모순적인 틀에 의존한다.

이 장에서 나는 평가위원들이 자신들의 선택을 공정하고 정당한 것으로 이해하도록 이끄는 사회적 조건을 탐구한다. 이것은 동료평가 절차 자체가 공정한 것인가와는 큰 차이가 있는데 이 문제와 관련해서는 이미 많은 문헌들이 나와 있다.[3] 전형적으로 그런 연구들은 과학제도의 가치와 규범에 초점을 맞추는데, 그 가치와 규범들은 누구도 순수하게 주관적인 사회적 요인들 때문에 과학적 논의로부터 배제되지 않도록 보장함으로써 평가의 공정성을 뒷받침한다.[4]

이와 반대로 나의 관심은 평가위원들이 자신들의 행동과 자신들이 활동하는 환경을 이해하는 데 사용하는 틀이나 의미체계—경기의 규칙들—이다.[5] 내가 면접한 학자들은 '이 절차가 잘 운용된다'는, 거의 만장일치의 믿음을 지니고 있지만 그것이 어떻게 작용하는지에 대해 항상 확신하고 있는 것은 아니다. 이를테면 한 패널 의장은 "모두가 합의한 후보가 상당한 수준에서 [동의되었습니다.]"라고 강조하면서 "나는 이 절차가 매우 잘 돌아간다고 봅니다."라고 결론짓지만 "그것이 무엇인지 알기란 꽤 어렵죠."라고 덧붙인다.

이 장에서는 집단평가의 복잡한 메커니즘을 명확히 밝히려고 한다.

관습적 규범을 통한 정당성과 신뢰의 생산

사회학 분야의 비조 중 두 사람인 막스 베버와 에밀 뒤르켐은 모두 신뢰의 생산에 대해 쓴 바 있다. 베버는 다양한 정당성의 유형을 찾아내고 합리적·법적 정당성이 몰개인적이고 추상적이며 일관성 있는 규칙의 사용에 대한 신뢰를 요구한다고 시사했다.[6] 이것은 다음으로 개인적 이해관계를 배제할 것을 요구한다. 뒤르켐은 종교적 감정의 생산과 사람들이 성스러운 것에 몰두하도록 만드는 메커니즘에 대한 글에서, 성스러운 것은 규범지향적 절차인 의례를 사용한다는 점에서 세속적인 영역과 구분되는 특징을 지니고 있다고 주장했다.[7] 베버와 뒤르켐의 통찰력은 패널 구성원들의 행위에 직접적인 적합성을 지니고 있다.

기금 지원조직은 평가자들에게 형식적 규칙을 제시한다. 평가위원들은 이 제도적 명령에 따라 지원서에 불리하거나 유리한 특정 기준—어떤 지원서가 과도하게 또는 불충분하게 인문학적·비교적·정책지향적 등—을 동원한다. 실제로 평가자들은 때로 그들 주장을 뒷받침하거나 의견 불일치를 해소하기 위해 특정 지침을 참조한다.

그러나 2장에서 지적했듯이 프로그램 관리자는 평가위원들에게 완전한 자율권sovereignty을 주며, 규정을 강요하는 사례는 거의 없다. 한 사회학자는 경연의 구체적 초점과 일치하지 않는 지원서 중 하나가 모두에게 탁월하다는 평가를 받고 기금을 지원받은 사례를 언급한다. 다른 사회학자는 형식적 지침의 영향력을 평가절하하면서 "대부분 그걸 그리 세심하게 읽지 않을걸요."라고 지적한다.

이 장의 뒤에서 좀 더 자세히 설명하겠지만 평가위원들이 세심한 주의를 기울이는 것이자, 심의 결과에 대해 큰 정당성을 부여하도록 이끄는 규칙들은 비공식적인 것이다. 나는 이들 규칙을 '관습적customary' 규칙이라고 부른다. 그것들은 공식적으로 서술되어 있다기보다 평가위원들이 집단작업 중에 만들고 학습하는 것이기 때문이다.[8] 이들 규칙 중 몇 개는 절차를 표준화하는 것과 관련되어 있고 그것들은 개인적 이해관계를 배제하도록 부추긴다(예컨대 자기 제자와 관련된 결정에서는 빠지는 규범).

전문성의 존중과 같은 다른 규칙들은 의례로 작용하고 그래서 '성스러운 것(수월성)'을 '불순한 것(자기이해, 괴팍한 선호, 협소함, 분과학문적 편협성 등)'으로부터 가려내기 위해 사용된다. 패널 참여 경험이 어땠느냐는 질문에 답하며 어느 평가위원은 다음과 같이 설명한다.

"나는 그것이 거의 성스러운 가치, 즉 제도와 개인, 네트워크 등을 초월하는 가치와 관련되어 있다고 생각합니다. 당신은 개인적 이해관계와 관점을 초월한 것을 성취하려고 합니다."

일반적인 의미에서 심의를 지도하는 비공식적 규칙은 모두 평가위원들에게 매우 친숙한 것들이다. 학자로서 일하다 보면 패널 구성원들은 판단을 내리는 데 익숙해진다. 그들은 학생들과 동료들의 성과와 출판을 위한 초고, 정교수 승진에 대한 평가를 한다. 기금과 장학금 패널에서 하는 평가와 학과에서 하는 평가를 구분짓는 것은 맥락이다. 2장에서 보았듯이 평가위원들은 서로 간에 지속적인 관계를 맺지 않으며 새로 임용된 동료나 학과에 입학한 대학원생과 달리 수혜자와 삶을 공유해야 하는 것도 아니다.

결과가 어떻게 되든 나와 별로 관련이 없고 시간도 부족하다 보니 그들은 (때에 따라) 채용심의위원회에서 활동할 때만큼 후보자의 개인 정보를 모으고자 인맥을 동원하지 않을 것이다.[9] 동시에 절차의 정당성을 위해 보편주의가 중요하므로 평가위원들은 개인적 인맥과 괴팍한 선호가 기금 지원 결정에 영향을 미치지 않도록 열심히 노력할 것이 전제된다. 그러나 이들 규칙이 항상 준수되는 것은 아니다. 그것은 평가위원들이 성공적인 패널의 행위양식을 상정할 때 염두에 두는 하나의 이상일 뿐이다. 이를테면 평가위원들은 방법론적 다원주의의 이상을 지니고 있지만 실제로 평가를 할 때는 분과학문적 평가문화를 고수한다.

이 장에서는 평가위원들이 학문적 수월성의 기준을 어떻게 찾아내고 그에 동의하는가를 면밀하게 살펴본다. 분석 결과 수월성에 대한 판단은 엄밀한 인지적 작업이라기보다 매우 상호작용적이고 정서적인 작업임이 드러났다.

⋮ 훌륭한 평가위원을 만드는 것

패널의 정당성은 주로 몰개인적 규칙(베버가 '합리적-법적' 기반으로 부른 것)에 의존한다.[10] 하지만 전통적 권위, 즉 복종이 권위적 지위를 차지한 개인에 기인한 권위의 요소들 역시 존재한다. 평가위원의 권위는 공식적인 기술적 훈련(박사학위 소지와 같은)과 평판에 의해 결정되며 따라서 그 사람에게 직접 연관되어 있다. 마찬가지로 평가위원 모두는 원칙적으로 똑같은 정당성을 지니고 있지만 패널 내에서 그들의 개인적 신뢰성과 상대적 권위는 그들의 행위에 의해 상당 부분 결정된다.

이 점을 염두에 두고 나는 평가위원들과 프로그램 관리자, 패널 의장에게 그들이 보기에 '좋은' 또는 '나쁜' 평가위원을 만드는 것

교수는
무엇으로 판단하는가

이 무엇인지 물어보았다. 또 나는 그들이 참여했던 패널에서 가장 좋은 인상을 준 사람과 나쁜 인상을 준 사람에 대해 물었으며, 그들이 스스로를 다른 평가위원과 얼마나 유사하게, 또는 다르게 인지하는지 물었다.[11]

피면접자들은 자주 열정을 가지고 '좋은' 동료를 묘사했으며 이미 업무 부담이 적지 않음에도 기금 지원 패널에서 활동하는 동기는 순수한 즐거움과 지적 향유를 위해서라는 점을 확인시켜 주었다. 응답자들이 패널에서의 경험을 이야기하는 것을 듣다 보면 영민한 동료들과 상호작용함으로써 새로운 지식의 영역을 발견하는 데 대한 경이를 생생하게 느낄 수 있다.

동시에 그들은 동료들의 사회관계 기술interpersonal skill과 근본적인 성격 특성을 많이 강조한다. 특히 프로그램 관리자들은 한결같이 '동료관계'의 중요성을 강조하며 품위 있거나personable 비슷한 마음을 가진 참여자를 선택하는 데 특별한 주의를 기울인다고 인정한다. '좋은 평가위원'이 되기 위해 필요한 다음의 속성이나 행위의 목록이 시사하듯이 평가위원의 질은 인지적 용어뿐 아니라 도덕적·정서적 특성에 덧붙여 '자기연출presentation of self'이라는 용어로도 정의된다.[12]

완벽히 준비되고 지원서를 논의할 태세가 되었음을 보여 주기

좋은 평가위원이 되려면 강한 책임감과 노동윤리를 보여 주어야 한다. 한 정치학자는 자기 패널에서 최고의 평가자로 어느 역사학자를 꼽는다.

"그는 지원서에 대해 시종일관 매우 사려 깊은 의견을 내놓았어요. 그는 명확하게 지원서 자체에 몰두했죠. 그는 겉만 그럴듯한 것 따위에 현혹되지 않았어요."

한 사회학자는 가장 준비를 많이 하고 정보가 많은 동료 평가위원의 견해에 큰 비중을 부여했음을 명시적으로 진술한다. 준비성과 세부 사항의 통제는 신뢰성을 증진시키는데, 그것들은 다른 평가자들을 설득하려 할 때 평가위원의 순발력을 향상시키기 때문이다.

지적인 폭과 전문성 보여 주기

좋은 평가위원은 자기 영역의 많은 문헌에 해박하며 자기 분야를 넘어 여러 영역에 대해서도 어느 정도의 지식을 가지고 있고 이들 영역 모두에서 나온 지원서의 강점과 약점을 재빨리 평가할 수 있다. 한 평가위원은 두 명의 두드러진 동료를 회상한다.

"나는 그녀[건축사 학자]가 지닌 지식의 양에 정말 깊은 인상을 받았습니다. 그녀는 자기 전문 분야에 대해 완벽한 설득력을 지니고 있었죠. 나는 미국사 학자의 지식 범위에 대해 어쩌면 훨씬 더 깊은 인상을 받았던 것 같습니다……. [그는] 다양한 과목을 가르치는 과정에서 x, y, z의 전문가가 되었음을 계속 이야기했는데 그 범위가 엄청나게 커 보였습니다. 그는 매우 광범위한 독서를 하고 읽은 것 모두를 간직하는 사람들 중 한 명이었으며, 그 덕분에 나는 대단히 즐거웠죠. 그는 매우 도움되는 사람이었습니다."

간결하게 하기

평가위원의 작업은 빠른 속도로 진행된다. 지극히 한정된 시간 동안 많은 것을 해야 하는 평가의 속성 때문이다. 구성원들은 너무 많이 또는 너무 천천히 이야기하거나, 불필요한 언급을 하거나 너무 세밀한 정보를 제공함으로써 모두의 시간을 낭비하지 말아야 한다. 한 인문과학자는 패널의 한 구성원 때문에 늘어졌던 기억을 토로한다.

"그는 적합하지 않은 일화적 이야기를 하면서 자꾸 핵심을 벗어났는데 우리에게는 해야 할 일[처리해야 할 지원서 더미]이 있었죠."

한 역사학자는 최악의 평가위원으로 어느 인류학자를 지목했다.

"그는 읽지도 않은 지원서에 내해 너무 많은 말을 하고 모든 것에 대해 자기 의견을 내세웠죠."

한 정치학자도 이 동일한 평가위원에게 유사한 비난을 가했다.

"이 친구는 그저 너무 자기중심적이더군요. 나는 막바지에 [의장이] '이제 넘어갑시다.'라고 계속 말하는데도 그가 이들 지원서에 관해 계속 유명한 사람의 이름을 친구처럼 주워섬길 때 마침내 인내심의 한계에 다다랐습니다."

간결하지 못한 평가위원은 신뢰성을 잃는다. '영민한 것'은 또한 집단 속에서 자기 시간을 얼마나 효율적으로 사용할지를 아는 것이다.

분과학문의 경계를 넘어 이야기하기

자기 분야 바깥의 사람들에게 자신의 관점을 정리해 줄 수 있는 능력은 중요하다. 한 영문학 교수는 이것을 '영민함'과 등치시켰다. 그녀가 보기에는 동료 평가위원 모두가 이런 특성을 보여 주었다.

"패널에 참여했던 사람들은 모두 이런저런 시점에서 나에게 지원서에 대해 무언가 새롭고, 단지 개인의 견해만은 아닌 것을 가르쳐 주고 조언해 주었습니다. 마치 교실에 앉아 역사나 음악 등등에 대해 중요한 것을 배우고 있는 것 같았습니다."

물론 비전문가에게 접근할 수 있는 능력은 단일 분과학문의 패널보다 다학제적 패널에서 더 가치 있는 자산이다.

다른 사람의 전문성과 감정 존중하기

타인의 관점을 인정하는 것은 다른 사람의 평가를 귀담아듣고 그것을 기꺼이 수용하려는 태도로 연결된다. 한 역사학자는 패널 구성원들 사이에서 존중이 중요하다는 것을, 두 여성 동료 평가위원들에게 가장 친밀감을 느낀 이유를 들어 요약한다.

패널에서 다른 사람과 항상 공손하게 상호작용하는 것이 참 좋더군요. 그들의 인간관계 테크닉은 정말 편안했습니다……. 나는 내가 원한 것을 이야기할 수 있고 그것이 존중받으리라는 느낌을 받았습니다. 그들은 지원서를 매우 세심하게 읽은 것 같았습니다. 실제로야 어떻든 다른 사람은 그들만큼 세밀하게 읽지 않았을 것이라는 생각도 들었습니다. 그러나 그에 덧붙여, 그 여성들은 일종의 지적 존중심을 보여 주었던 것 같습니다.

반대로 다른 평가위원에 대한 가장 부정적인 언급은, 타인과 상호작용하고 견해의 차이를 다루며 공통의 목표에 기여하는 방식과 연관되는 사례가 많다. 패널의 특성상 견해의 차이를 표현하는 것은 당연하지만, 대놓고 대립각을 세우지는 말아야 한다고 생각한다. 실제로 한 인문과학자는 동료 평가위원을 다음과 같이 묘사한다.

"[그는] 별 쓸데없이 사뭇 논쟁적이고 대립각을 세우는 것 같았죠. [그는] 아무것에나 경멸감을 표현하면서 단언을 하더군요."

이 인문과학자의 다른 평가위원에 대한 기억은 다음과 같다.

"그는 다소 기분 나쁜, 어떤 별난 불손함을 지니고 있었습니다……. 그는 민감하고 아슬아슬한, 기괴한 농담을 많이 했죠."

인간관계에 대한 감수성을 중요하게 여기는 것은 의심할 바 없이 시대상황을 반영하는 것이다. 그것은 특정한 사람들constituencies(성, 젠더, 인종, 민족, 종교, 계급 또는 국적 등으로 정의되는)에게 공격이 될 언급을 삼가는 것과 아울러 갈등의 회피가 가장 안전한 전략인, 불확실한 상황 속에서 더 중요하다. 오늘날에 비해 고등교육기관이 좀 더 동질적이거나 '배타적이었던clubby' 한 세대 전이었다면 좀 더 공격적인 남성적 스타일이 더 많이 용인되었을 것이다.[13]

준비성, 전문성, 간결함, 지적 깊이와 다학제적 폭, 존중, 타인에 대한 감수성 등의 특성과 기술은 모두 좋은 평가위원을 정의하는 등식 속에 삽입되어 한 개인의 신뢰성을 수립한다. 자기 패널의 의장이 최고였다고 생각하는 한 사회학자는 그가 보여 주었던 특성들을 검토하면서 평가위원에 이상적인 인성을 다음과 같이 포착한다.

"[그는] [그 분야에 대해] 매우 훌륭한 감을 지녔으며 부드럽고 상냥하며 매력적이고 매우 현실감을 지니고 있습니다. 그리고 문헌에 해박하고 박식합니다……. 그는 경청했고 활발했으며, 효율적이었고, 의장에게 요구되는 모든 것을 갖춘 사람이었죠."

하지만 이런 묘사는 동료평가에 대한 대다수 문헌에 제시된 것과 크게 어긋난다. 대부분의 연구들은 인지적 요소와 권력의 행사만을 강조하며 정서와 개인 간 귀띔하기(이를테면 누군가의 도덕성에 대한)의 역할을 평가절하한다.[14]

평가위원들이 추출한 속성과 행위 그리고 연구자들이 초점을 맞추는 것들 사이의 불일치를 보면 전형적인 접근에서처럼 인지와 최종 결과에 초점을 맞춰 평가를 보기보다 정서적 과정으로 보는 것이 중요하다는 암시를 받게 된다. 이들 속성은 또한 평가위원의 신뢰성이 그 사람과 그의 분과학문, 그리고 제도 모두에 내재해 있는 것 같다는 시사를 준다.

⋮ 심의의 핵심 규칙들

패널 심의는 몇몇 이론가들이 숙의민주주의deliberative democracy에 대해 처방하는 것과 유사한 원칙을 따른다.[15] 숙의민주주의에서처럼 상호성의 표준이 적용되며, 합의에 기초하여 결정하고 공동선을 실현하려는 전반적 지향도 숙의민주주의의 지향과 같다. 게다가 평가위원들은 서로를 이성의 힘으로 설득할 책임이 있다.

패널이 특정한, 정보에 근거한 결정을 내려야 하므로, 참여자 모두 어떤 저항도 받지 않은 채 완전히 자유롭게 자신의 견해를 표현하며 완전하고 동등한 목소리를 낼 기회를 제공받아야 한다. 이 완전하고 동등하며 자유로운 의견 교환이 지속될 때에야 비로소 회의는 숙의적이다. 비록 패널의 활동은 익명성을 보장하지만in secrecy 평가자들은 기금 지원조직뿐 아니라 더 광범위한 학문공동체에 대해서도 책임을 져야 한다.

그런데 이 이상적 평등의 조건에는 한계가 있다. 패널 구성원들은 나이와 인종, 젠더의 면에서 다양하며 또 불균등한 위신을 지닌 제도를 대표한다(이 특징들에 대해서는 뒤에서 더 자세히 논의할 것이다). 좀 더 중요한 것은 각 평가위원들이 지원서가 포괄하는 주제의 특정 하위분야의 전문가이기도 하다는 점이다.[16] 그 결과 논의 주제에 따라 그들의 견해에 부여되는 비중 역시 달라지게 된다.

전문성의 존중과 분과학문의 경계 준수

지원서 중 다수는 여러 개의 프레임을 적용할 수 있는 것들이다. 잘 작성된 지원서인가 아니면 겉만 그럴듯한 것인가? 폭넓고 대담한 지원서인가 아니면 딜레탕트적인 것인가? 시사적인 지원서인가 아니면 트렌드를 좇는 것인가? 공들여 초점을 잡은 지원서인가 아니면 실망스러울 만큼 모호한 것인가?

평가위원들은 해석의 틀을 형성한 후 자신의 틀이 가장 적합하다고 서로를 설득한다. '전문성의 존중'이 나오는 것은 이런 맥락에서

인데 그것은 동료평가의 공정성에 대한 집합적 믿음을 유지하는 데 기반이 되는 규칙이다. 평가위원들이 지원서에 대한 자신의 입장을 옹호하려 할 때 그들은 과거 연구나 교육에 기초하여 그것을 평가할 정당한 자격이 있음을 주장하는 데 힘을 쏟는다. 말하자면 그들은 자기의 영역을 표시한다.[17] 또 능력을 보여 주는 과거의 증거를 제시하거나 침묵을 지키는 사례도 있다.

한 역사학자는 평가위원들이 공개적으로 권위를 주장하는 방식을 설명하면서 자신을 예로 들었다. 미국에서의 모더니티와 미디어에 대한 한 지원서를 논의하는 중에, 그는 그 지원서가 다루고 있는 시기에 대해 연구한 적이 있어 그것의 기여를 아주 적합하게 평가할 수 있다는 말을 했다. "내 말은 전문가의 충고였고 그녀가 [기금을] 받은 것은 내가 전문가였기 때문이라 생각합니다."라고 그는 결론 지었다.

평가위원들은 다른 사람들의 전문성을 존중해 준다. 잘 알지 못하는 주제에 대해 어쨌든 입장을 취해야 하는 상황이기 때문이다. 한 인류학자는 말한다.

"내가 철학 분야의 지원서들을 평가할 능력이 있는 사람이라고 생각해 본 적은 한번도 없습니다. 이것이 좋거나 좋지 않다고 말하기 위해 [이걸 이야기하는 것은 아닙니다]. 그저 나는 그것들이 무엇을 다루는지 알지 못할 뿐입니다. 이런 경우에 나는 그 분야에 대해 일정한 전문성을 지닌 사람을 항상 존중합니다."

전문가의 견해를 듣는 것은 평가위원들이 넓은 범위의, 친숙하지 않은 주제들을 다루는 지원서들을 비교할 때도 필수적이다. 자신이 '전혀 교육을 받지 못한 분야의 몇몇 지원서에 대해 높은 점수를 주는 경향이 있는' 한 영문학 교수는 그 분야에 대해 좀 더 학식이 있는 평가위원의 영향을 받아 이를 바로잡는다. 그에게는 제안된 연구가 단지 '흥미로운' 것이었지만 이렇게 고백한다.

"다른 평가위원은 즉각, '아시다시피 이것은 독창적인 연구가 아닙니다'라고 말할 수 있죠. 하지만 내게는 그걸 사전에 알 방법이 없답니다."

마찬가지로 어떤 역사학자는 한 지원서가, '당신도 분명히 알고 있을 수많은 저작이 있다고 누군가 이야기해 줄 때까지는 괜찮아 보였다'고 지적한다. 덧붙여서 그는 특히 '대단히 전문적이고 세심하며 내가 아주 존경하는 사람'인 누군가의 견해를 경청할 때는 그걸 존중하는 것이 사려 깊은 것이라고 말한다.

"[만일 이 전문가가] 이것은 정말 한마디로 진부한 지원서입니다, 라고 말하면 나는 그것이 참말인가 보다, 할 수밖에 없습니다."

가장 통상적인 존중의 형태는 내가 '분과학문적 주권의 존중'이라고 부르는 것을 포함한다. 평가위원들의 견해는 일반적으로 지원서가 '그들의' 분야와 얼마나 밀접하게 겹치는가에 따라 그 비중이 달라진다. 다른 역사가는 이런 분과학문적 존중의 문화에 대해 다음과 같이 언급한다.

두어 개의 지원서에 대해 나는 충분히 설명되지 않은 연구 전략을 '상술詳述'해야 했죠. [역사에 대한 나의 전문성]은 전반적으로 큰 비중을 지녔답니다. 때로 나는 역사가로서 나의 반응을 너무 존중해 주어서 거의 불편함까지 느꼈습니다……. 특히 역사적 문제에 내가 반응하는 방식에 대해 큰 신뢰성이 부여되었죠. 나도 물론 다른 분야의 사람들에게 존중으로 보답했고요.

이처럼 전문성을 인정하고 존중하려는 태도는 필연적으로 약점을 지닐 수 있다. 한 지원서가 '딜레탕트적'이라고 낙인찍히는 것을 막아 보려 했던 시험적 (그리고 실패한) 시도에 대한 한 영문학 교수의 술회는 존중이 논의를 장려하기보다 제한할 수 있다는 것을 예시한다.

나는 20세기에 대해 연구를 하지만 전후, 포스트모던 문학(지원자의 분야)에 대한 전문가는 아닙니다. 하지만 나는 내가 충분히 안다고 생각합니다. 내가 보기에 [그 지원서는] 딜레탕트적이지 않았습니다. 그래서 나는 많은 사람들이 그렇게 보는 것이 흥미로웠고 그 견해를 존중할 용의가 있었죠. 나는 그것을 단지 명확히 하기 위해서라도 좀 더 강하게 지지했어야 했어요. 왜 이 영역에서 그것은 딜레탕트적인가? 이 중 얼마나 많은 부분이 정말 분과학문적 위협인가? 당신은 이 사람을 위해 싸워 줄 용의가 있는가? 그 분야에 대해 내가 조금만 더 안다고 생각했다면 그랬겠죠……. 내가 보기에 그들은 그 속에 너무 많은 이론이 들어 있어 유명인사의 이름 빌리기 식의 요소가 있다고 생각한 것 같습니다. 하지만 내가 보기에 그중 많은 부분은 기존 연구 비판을, 말하자면 요령 없이 한 것이었죠……. 나는 그저 반박하기에 충분할 만큼 알지 못했을 뿐입니다. 만일 좀 더 열정적인 다른 목소리가 하나만 있었더라도 나는 반박했을 것이고 할 수 있었을 겁니다.

협력관계의 유지

전문성 존중의 규칙과 분과학문적 주권의 존경은 함께 결합하여 세 번째의 중요한 관습적 규칙인 동료관계로 이끈다. 평가위원들은 서로에 대해 일관되게 존중하는 어조를 사용해야 한다. 그것이 단지 학문세계가 재산을 가진 고귀한 사람들의 선택된 영역이었던 '흘러간 시대'에 동조하기 위해서만은 아니다. 협력관계는 패널 논의와 그 결과에 대해 구체적인 영향을 미친다. 그것은 평가위원들이 서로 섞이고 싶어 하지 않을 때에도 심의의 축이 계속 움직이도록 해 주는 윤활유이다.

때로 평가위원들이 지원서를 비교할 때 격렬한 논쟁을 펼치지 못하도록 제한하기도 하지만 협력관계는 '잘 돌아가는' 패널의 지표로서 간주된다. 평가위원들이 서로를 경청하고 서로에 의해 영향을 받을 때 그 패널은 '훌륭한' 패널로 묘사된다. 이런 종류의 상호존중은 의사결정을 가로막을 수 있는 마찰과 갈등이 발생할 가능성을 줄이고 우호적인 분위기를 만드는 데 도움을 준다. 실제로 많은 평가위원들이 자신들의 학과에서 관례적이었던 갈등의 수준에 비해 패널이 매우 우호적이라는 점에 놀랐다고 말한다. 여성학 패널에 있었던 한 사람은 "나는 우리 모두가 서로의 견해에 대해 경청했다고 생각합니다."라고 말하면서 "[나는] 내 분야의 무언가에 대해 이야기할 때 존중받고 있다고 느꼈어요."라고 덧붙인다.

⦂동맹, 전략적 투표, 그리고 거래

심의 과정이 공정하다는 평가위원들의 인정 이면에는 두 번째 믿음이 깔려 있다. 즉 일관성 있고 보편주의적인 평가 기준이 적용된다는 것인데, 이는 비본질적인 차이를 상관하지 않고 모든 지원서가 기금을 지원받을 동등한 기회를 지닌다는 것을 의미한다.[18] 이런 믿음은 평가위원들이 동맹의 형성, 전략적 투표, 거래horse trading에 대해 생각하는 방식을 구속한다. 비록 이들 행위로 인해 심의가 왜곡될 우려도 없지 않지만, 평가위원들은 보편주의와 크림이 '자연스럽게' 떠오르는 것과 그것들이 양립 가능하다고 본다.

동 맹

많은 피면접자들은 상이한 시간대에 상이한 평가위원들과 제휴를 맺고 다른 사람들도 같은 일을 하는 것을 알아챘다고 보고한다. 그들은 동료 평가위원들 사이에서 강한 동맹을 목격하지는 못했는데 아마도 이는 응답자들이 사례에 따라 다르게 행위하는 독립적 행위자들 사이의 상호작용을 패널의 정당한 상호작용 방식으로 보기때문일 것이다. 하지만 더 파고 들어가 보면 대다수의 평가위원들이 분명한 개인적·지적, 또는 이론적 친화력을 드러낸다. 이를테면어느 역사학자는 한 영문학 교수가 가깝게 느껴졌다고 고백한다.

그녀가 분명 엄청난 비판적 문학이론의 배경을 지니고 있었기 때문입니다. 그래서 그녀와 나는 오랫동안 어느 정도 유사한 저작들을 읽어 왔고 그것들 안에서 우리는 공감했었죠. [그녀는] 또한 사회적 중요성, 타자의 목소리에 관심이 많고 지원서를 평가할 때 독창성을 중시합니다……. [이 점은 중요한데] 왜냐하면 교양교육을 믿고 교육이 시민의 형성에 역할을 한다고 믿는 사람이라면 적어도 시민권을 구성하는 복수의 요소들에 대해 주의를 기울여야 한다고 보기 때문입니다.

이처럼 선택적인, 개인적이자 지적인 친화력은 평가를 오염시키는 부당한 요소로 간주되지 않는다.[19] 평가위원들의 관점에서 그들의 과업은 그들이 구사할 수 있는 꽤 다양한 지적 도구를 사용하여 지원서를 평가하는 것이다. 대개 이것들은 최소한 동료 평가위원 중의 일부와 공유하고 있는 것들이다. 그래서 특수주의(배타주의)는 어느 정도 불가피하다. 문화적 생산물로서 지원서에 부여된 가치는 주로 그것이 평가의 맥락 속에 박혀 있다는 사실에 의존한다. 말하자면 가치는 고려 대상이 된 다른 지원서와 비교하여, 그리고 평가자들 사이의 개인적 친밀성과 차이에 의해 정의된다.[20]

전략적 투표와 거래

평가위원들은 전체적으로 지원서 뭉치를 해석할 때 보편주의를 중요하게 여긴다. 하지만 동맹과 유사하게 전략적 투표와 거래 역시 심의 과정 중 피할 수 없는 것은 아니라 할지라도 적어도 매우 일상적인 것이다. 전략적 투표는 다른 지원서가 이길 여지를 높이기 위해 일부 지원서에 대해, 다른 경우라면 정당화될 수 없을 낮은 점수를 부여하는 관행(low-balling; 고의로 낮은 점수 주기)을 이른다. 그것은 또한 평범하거나 논쟁적인 지원서의 기금 수혜 기회를 늘리기 위해 순위를 올리는 것을 의미하기도 한다.

거래는 보답을 기대하며 다른 평가위원의 목표가 실현될 수 있도록 해 주는 것을 의미한다. 혹자는 이것이 업적주의적인 것이 아니라고 주장한다. 거래되는 것이 항상 동등한 가치를 지닌 것은 아니며 그것들 중 하나는 내적 힘이 아니라 '정치' 때문에 '이기는' 것일 수 있기 때문이다.

하지만 많은 평가위원들은 전략적 투표를 정상적인 것으로 인정한다. 그래서 그들은 다른 평가자의 표를 예상하며 자신들의 표를 명시적으로 조정한다는 사실을 인정하기도 한다. 이를테면 한 영문학 교수는 어느 페미니스트 이론가의 지원서에 높은 점수를 준 것을 다음과 같이 회상한다.

부분적으로는, 다른 평가위원들이 그녀의 스타일 때문에 다소 머뭇거리고, 나는 강하게 그녀 편을 들고 싶을 것을 알고 있었기 때문입니다……. 나는 그녀의 다른 저작을 읽으며 정말로 찬탄을 금치 못했어요. 그녀는 내가 열망했던 것을 아주 근사하게 이루어 낸 사람입니다. 그녀의 스타일은 매우 구어체적이고 틀에 박혀 있어 어느 모로 보나 표준적인 학문적 글은 전혀 아니었죠……. 나는 그저 그녀의 스타일이 사람들을 불편하게 만들어, 그것을 넘어 그녀가 하고 있는 연구의 가치를 알지 못하도록 만든다고 생각했습니다. 또 다른 이유는 그녀가 정신분석학을 매우 진지하게 받아들였다는 것인데, 정신분석학은 문학비평가들 중 소수의 사람들만 좋아하는 것이죠. 아마 몇몇 사람들은 그 때문에 고개를 돌리게 되었을 겁니다.

이 교수는 그녀의 투표를 전략적 용어로 묘사했지만 평가위원들이 어떤 지원서가 충분한 질을 갖추고 있다고 믿을 때 높은 점수를 매기는 것은 전적으로 정당한 것이다. 투표란 결국 어떤 지원서가 기금을 받는 것을 지원하거나 가로막으려는 것이다. 그것이 주로 다른 지원서의 기금 수혜를 용이하게 하거나 가로막으려는 욕망 또는 다른 평가위원들에게 영향을 주려는 욕망에서 발로한 것일 때 전략적인 것이다. 전략적 투표의 반대는 평가의 맥락이 아니라 지원서 자체만을 고려하는 것이다. 몇몇 평가위원들은 이 목표를 추구하는 데 긍지를 갖지만 평가의 맥락으로부터 지원서를 추상화하는 것은 사회적으로 비정상적인 것으로서 쉽게 이루어지지도, 자주 이루어지지도 않는다.

어떤 지원서에 전략적으로 높은 순위를 부여하는 것(high-balling; 고의로 높은 점수 주기)이 용인되는 것으로 간주되는 반면 고의로 낮은 점수 주기는 그렇지 않다. 그것은 더 나은 지원서를 부당하게 불리하도록 만들기 때문이다. 실상 고의로 낮은 점수 주기는 평가위원들이 정당하지 않다고 생각하는 유일한 전략적 투표의 유형이다. 한 역사학자는 한 철학자가 고의적으로 낮은 순위를 주었다고 의심하면서 이 문제를 다음과 같이 설명한다.

나는 [이 사람이 부여하는] 순위에 좀 관심을 가지게 되었죠. 그가 '3점'을 많이 주었기 때문에요. '3점'이 문제가 되는 것은 그것이 지원서의 기회를 거의 봉쇄하기 때문입니다. 우리가 받았던 지시사항을 읽으면서 나는 모든 지원서가 이미 사전 선별을 거쳤고 50에서 60% 사이는 이미 탈락되었으며 이것은 그야말로 크림 중의 크림이라는 것을 알았습니다……. 의도적이었는지는 모르겠어요. 하지만 결과적으로 3점은 지원서의 기회를 봉쇄하는 것이었죠. 어느 시점에서 나는 '이건 정치적[즉, 전략적] 평가잖아!'라고 느끼기 시작했던 것 같습니다.

전략적 투표와 거래는 패널 심의의 막바지, 평가위원들이 마지막 남은 장학금을 분배할 때, 각기 결함이 있지만 그 결함이 서로 다른 지원서들 사이에서 선택을 할 때 특히 중요하며 그래서 쉽게 공감이 이루어지지 않는다. 지금이 11시간째라는 맥락은 평가위원들이 초반이라면 불필요했거나 생각하지 않았을 계산이나 보답을 하도록 강요한다. (지원서 평가에서 시점의 중요성에 대해서는 이 장의 뒤에서 길게 논의할 것이다.) 한 역사학자는 다음과 같이 설명한다.

"내가 타협을 하면서도 솔직히 거기에 신경 쓰지 않는 이유들 중 하나는 [막바지에는] 당신이 이 모든 [거래를] 넘나들고 최소한 당신 [스스로의] 판단이 완벽하지 않다는 점을 깨닫게 되기 때문입니다."

한 영문학 교수는 심의의 막바지에 내렸던 결정에 대해 다음과 같이 회상한다.

회의가 2/3가량 진행되었을 때 나는 하나의 지원서를 옹호하기로 결정했는데 그 지원서는 [응용 지식의] 이들 논점을 다룬 것입니다. 나는 이 하나를 얻으려면 무엇을 잃어야 할지 알 필요가 있었죠⋯⋯. 이들 위원회의 절차는 협상과 관련된 것이라고 생각합니다. 그리고 회의 막바지에 나는 우리가 이들 지원서를 범주로 생각할 필요가 있을 것이라고 보았습니다⋯⋯. 다시 말하자면 이 특정 범주에 속한 이들 지원서 중 내가 이길 수 있는 것은 어떤 것인지 알아내야 한다는 것입니다. 모두를 양보하고 싶어 하는 사람은 없죠. 누구나 지키고 싶은 무언가를 지니고 있습니다. 그래서 만일 내가 이 두 전선에서 이기고자 한다면 나는 가장 강한 것에 비중을 두고 다른 것들은 뭐, 굳이 따지자면, 잃어버려야 합니다.

여기에서 거래는 일단 모두가 합의한 지원서가 기금을 지원받은 후 일어나는 통상적인 질서의 한 줄기이다. 한 역사학자는 타협의 중요성 역시 강조하면서 아주 유사한 관점을 표명한 바 있다.

"내 마음에 들지 않았기에 그날 여러 번 반대했던 [지원서]가 있었습니다. 어느 시점에서 나는 나머지 네 사람이 그것을 좋아한다는 것을 깨달았죠. 그래서 나는 "어쩌면 내가 잘못 생각했을지도 모르겠습니다. 나는 여전히 그것을 좋아하지 않지만 내가 틀렸을 것 같네요. 그러니 그걸 목록에 올립시다."라고 말했죠. 그렇게 함으로써 내가 무언가 다른 것을 원할 때 정치적인 면에서 일정한 신뢰성을 주었을 것이라 생각합니다⋯⋯. 내가 선의를 보여 주었으니까요."

순위매기기의 메커니즘은, 많은 판단이 상대적이고 확정되지 않은 상황에서 평가위원들은 그들이 실제로 성취할 수 있는 것에 대해 전략적으로 사고하게 된다는 것이다. 이는 다른 역사학자의 언급에서 드러나는데 그는 자신이 반대하는 프로젝트에 왜 신중하게 거부권을 행사하지 않았는지에 대해 다음과 같이 설명한다.

나는 '무언가를 얻으면 무언가를 잃게 마련'이라는 생각을 했습니다…… 내가 거부권을 행사하지 않았던 이유 중 하나는 모두가 장학금을 받을 수는 없으며 기금을 지원받을 다른 기회도 있을 것이라는 점을 우리가 확신하고 있었기 때문입니다. 우리는 내가 지지했고, 그래서 결국 대기 명단에 올라갔던 사람이 결코 기금을 지원받지 못하리라는 점을 잘 알고 있었습니다. 그리고 그런 거래는 궁극적으로 그것이 받아들일 만한 것처럼 보이도록 만들었습니다.

결국 평가위원들은 평가에 대한 실용적 이해를 지지하는 것 같다. 그것은 지원서의 내재적 질만을 고려하기 위해 일관성 있는 기준을 사용하고 지원서의 맥락을 무시한다는 원칙과 배치되는 것이다. 평가위원들은, 학문적 질이란 평가되는 지원서 전체 집단 속에서 상대적으로 정의되는 것이라는 점을 민감하게 인지하고 있는 것처럼 보인다. 어떤 것이 준거점으로 사용되느냐는 심의가 진행되는 중에 변화를 겪는다. 어느 분과학문에서나 평가의 예술에서는 맥락적 순위매기기가 중심을 차지하고 있다.

⁝ 개인적 이해관계와 인맥 배제하기

심의 결과에 개인적 이해관계와 사적인 연줄이 영향을 미치는 것은 패널 심의에서 전적으로 부당한 일로 간주된다. 이는 합리적 정당성의 생산에 대한 베버의 관점과도 일치하는데, 거기에서는 몰개인적이고 일관된 규칙의 적용이 요구된다. 한 패널 의장에게 패널 구성원 중 한 명이 "이 사람은 내 친한 동료의 제자여서 기금을 지원받았으면 좋겠어요."라는 말을 할 때 평가위원들이 어떻게 반응할 것인가를 물어보았다.

그건 전혀 고려사항이 아니며 고려사항이 될 수도 없습니다. 아마 패널이 [한 평가위원의] 제자를 상당히 단호하게 떨어뜨린 것을 보았을 겁니다. 그 평가위원은 그 지원자가 지난 25년간 가르쳤던 제자들 중 가장 뛰어난 사람이라고 이야기했죠……. 아무도 그에 대해 고려하지 않았습니다. 다른 사람들이 회의에 가져온 다른 유형의 편견들도 있었지만 그것들은 잘 위장된 편이었죠……. 나는 동료들로부터 "저런, 당신은 방금 시카고 인류학자에게 기금을 주었습니다. 그건 당신 패널이 시카고 인류학자들로 꽉 차 있기 때문입니다."[와 같은] 비판을 들었습니다……. 내가 할 수 있는 이야기는, 내 경험에 비춰 보건대 실상은 그 반대로 보인다는 것입니다. 중동 전문가가 많을수록 중동 관련 지원서는 더 적게 통과될 겁니다. 사람들은 자기 분과학문에 대해서는 정말로 엄격한 편이며 때로는 너무 엄격해 그들을 좀 부드럽게 만들어 찬성을 하도록 만들 방법을 생각해야 할 정도입니다.

어쩌면 좀 변덕스러운 입장을 취해 이 패널 의장은 또 기금 지원 프로그램이 아이비리그 대학 출신 평가위원의 존재를 최소화하려 한다고 지적한다. 그 대학들 출신의 대학원생이 다수 지원하기 때문이다.

[우리는] 문지기가 아닌 사람을 찾습니다……. 공식적인 정책이 어떤지는 확신할 수 없지만 당신도 하버드, 예일, 프린스턴, 시카고 출신이 없다는 것을 알아챘을 겁니다……. 그리고 우리는 확실히 지역 연구 유형의 지원서를 다수 [배출하는] 제도들 출신의 사람은 포함시키지 않습니다. 미시간대학 출신도, 버클리대학 출신도 없죠. 우리가 네트워크에 연결되어 있지 않은 사람들을 구한다는 것은 거의 불문율입니다. 우리는 누가 그걸 했고, 그의 출신이 어디인지가 아니라 지적 성과에 기반을 두고 지원서를 결정할 사람을 찾습니다.

그래서 뒤르켐을 따라 개인적 이해관계는 학문적 수월성이라는 신성성에 거슬러 병립되는 '불순한 것'으로 이해될 수 있다. 그런데 여기서 학문적 수월성은 부패가 존재하지 않는다는 것을 보증하기 위해 패널이 따르는 의례를 통해서 정의된다. 기금 지원기구들의 공식 규칙은 친한 동료와 친구, 직접 지도를 받은 사람의 작업을 논의할 때 기권할 의무를 명확히 정해 놓고 있다. 비록 그렇게 하도록 명시적으로 요구하지는 않지만 몇몇 평가위원들은 간접적 또는 비공식적 인맥을 자발적으로 밝히기도 한다('이 학생의 지도교수는 내 친한 동료입니다.' 또는 '나는 이 지원자의 지도교수를 매우 잘 알고 있고 그녀의 추천서를 신뢰합니다.').

이런 식의 드러냄이 체계적으로 이루어지는 것은 아닌데 이는 아마도 그런 연줄이 희소한 게 아니기 때문일 것이다. 미국 학계의 전문화 정도를 볼 때 평가위원들은 자신의 분야와 밀접하게 겹치는 대다수 학자를 개인적으로 알거나 평판을 들어 보았을 것이다. 특히 대다수 평가자들처럼 연구 분야에서 매우 활동적인 사람일 경우는 더욱 그렇다.

하지만 평가위원들이 개인적 관계를 통한 '오염 효과' 제한의 중요성에 대해 인식하고 있다 보니 비공식적 연줄을 드러내는 것이 관습적 규칙이 될 만큼 통상적인 것이 되었다. 가장 선호했던 지원서를 기술해 달라는 요청에 대한 한 역사학자의 대답이 예시적이다.

"그건 좀 어려운 질문이군요. 정직하게 털어놓고 이야기하자면 내가 가장 좋아했던 것은 나를 길게 인용했던 학생이 쓴 것입니다. 나는 그 지원서의 심의를 고사하고 논의에 참여하지 않았습니다. 그녀가 문자 그대로 제 제자는 아니었습니다. 나와 몇 가지 독립 연구를 하기는 했죠."

한 사회학자 역시 그녀가 탐탁지 않게 여기는 이전 동료의 연구를 논의할 때 침묵을 지키는 것을 선택했다.

이 두 학자는 패널이 내린 결정이 각각 자신들의 관점에 찬동하는 방향으로 이루어져 만족스러워했다. 대조적으로 내가 면접했던, 그리고 지원자를 위해 추천서를 써 주었던 평가위원 모두는(그래서 그들은 심의 참여를 고사했다) 이들 지원서가 기금 지원을 받지 못하게 되자 화를 냈다. 그들은 그런 결정을 보고 황당한 기분을 느꼈다고 말했다. 동료평가자들이 자신들에게 신뢰할 수 없다는 표를 던진 것 같았기 때문이다. 그들은 다른 평가위원들에게 심의에 대해 설명해 달라고 하기를 망설였고 다른 평가위원들 또한 먼저 나서서 그런 정보를 주지 않았다. 흥미롭게도 '모욕당한slighted' 측은 보편주의를 중시함에도 불구하고 그런 비밀유지 원칙을 '위반해 줄' 것을 기대했던 것처럼 보이고, 자세한 사항을 듣지 못했을 때 실망했다.

학자적 전문성은 그 지식을 생산한 사람들의 사회적 네트워크에 겹쳐지는 것이기 때문에 평가 과정에서 고객–후원자 관계를 포함해 인간관계의 영향을 제거하기란 불가능하다. 그럼에도 평가위원들은 마치 이들 영향을 받지 않는 사람들인 것처럼 논의가 진행된다. 그들의 개별적 선호는 현실세계를 고려하는 것에 의해 도입되는 특수주의적 측면에도 불구하고 보편주의적 용어로 해석된다.

지원서의 평가는 적어도 부분적으로 평가위원들이 중요한 주제라고 믿는 것, 특정 분야의 적합한 방향에 대한 그들의 개인적 관점과 연결되어 있는 판단에 의해 영향을 받는다. 그것들은 또한 다소간 신뢰받는 추천서에 의해 형성되는데 그 신뢰의 수준은 네트워크 연결을 반영한다.[21] 게다가 이제 보게 되듯이 일부 평가위원들은 괴팍스러운 선호를 평가의 용인할 수 있는 구성요소로 본다.

⦙ 괴팍스러운 취향과 자기 재생산을 넘어

베버는 합리적 정당성이 몰개인적이고 일관성 있는 규칙의 적용에서 온다고 상기시킨다. 그래서 괴팍스러운 취향을 배제하려 함으로써 패널 구성원들은 심의의 공정성에 대한 집합적 믿음을 유지하는 데 도움을 준다. 한 영문학 교수는 개인적 선호와 능력 기준을 구분하며 양자가 갈등을 빚을 때는 후자를 따라야 한다고 주장한다. '온통 개판인 지원서'를 가리키면서 그는 다음과 같이 지적한다.

그 예술사 학자와 나는 둘 다 그것이 지닌 일종의 활력effervescence
을 좋아했고 어쩌면 기금을 줄 만하다고 생각했지만 다른 사람
들은 너무 혼란스럽기만 하다고 본 것 같습니다. 나는 이런 상황
을 보면서 두 종류의 기준을 사용할 필요가 있다는 것을 알았습
니다. 하나는…… 당신의 취향과 무관하게 당신이 할 수 있는 한
최대한 중립적인 방식으로 최선의 전문가적 판단을 내리는 것
입니다. 그리고 다른 하나는 다른 사람과 서로 충돌하지 않는 한
당신의 취향을 허용하는 것입니다. 나는 다른 사람의 주장이 건
전하게 보인다면 항상 개인적인 것을 포기해야 하지만 다른 하
나는 포기하지 않아야 한다고 생각합니다.

이 학자는 절차의 정당성을 보호하려고 개인적 선호를 좀 더 중립
적인 기준에 종속시켰지만 평가에서 개인적 주관성의 역할 또한 인
정한다. 유사하게 한 정치학자는 주제의 선택에 대한 평가와 지원
서의 질에 대한 평가 사이에 명확한 구분을 수립하며 전자는 '객관
적'이지 않은 반면 후자는 '학문적 수월성의 정전을 따르는' 것이라
고 한다. 또 다른 평가위원은 동료의 평가를 각하하면서 다음과 같
이 지적한다.

"그는 매우 독특한 이유로 몇몇 지원서를 높이 평가한 것 같은데
그것들은 다른 기준이라기보다 개인적 취향에 가까운 것 같더군요."

괴팍한 취향의 영향력에 대한 평가위원들의 우려는 가능한 한 가
장 보편주의적인 기준을 겨냥하려는 욕망과 연결되어 있다. 한 중
국사 학자는 좋은 평가위원이 되기 위해 열심히 노력한 이유를 진술
하면서 이 점을 지적한다.

혹자는 그냥 "글쎄, 이런 종류는 별로 좋아하지 않아. 저런 종류도 별로 좋아하지 않아."라고 이야기합니다……. 전문직은 단지 일련의 규약과 기준일 뿐입니다. 그래서 만약 모든 것이 완전히 자의적으로 진행되고 그저 당신의 변덕에 따른다면 전문직이란 존재할 수 없겠죠. 거기에 더해 나는 그저 여기 우리에게 지원서를 제출한 사람들이 그들이 추구하는 바를 이해할 수 있어야 한다고 생각합니다.

비슷하게 한 경제학자는 '주관성'을 배제하고 가능한 한 자주 '객관적' 평가를 하려는 시도를 높이 평가한다. 그는 다른 평가위원을 칭찬하는데 그 이유는 "그가 마음속에 전체의 상을 가지고 있기 때문입니다. 내 말은 그가 지원서를 모두 보았고 일관성을 지키려 하고 있다는 뜻입니다."라고 말한다. 한 예술사 학자는 평가에서 괴팍스러운 취향을 사용하는 것에 대해 훨씬 더 분명한 반대를 한다.

모두가 자신의 짐을 가지고 오죠. 어떤 사람은 이야기하기를 "음, 나는 이것이 기금을 지원받아야 한다고 생각해요. 그것이 나에게 흥미 있기 때문이고 내 연구와 연관되어 있기 때문이며 출판되었으면 좋겠다고 생각하는 것이기 때문이고, 내가 [연구하고 있는] 시기의 직전 시기를 다루고 있기 때문이며…… 그것이 많은 것을 말하고 있으니까요." 우리는 어느 정도 열려 있어야 하며 그렇게 개인적이 되어서는 안 됩니다. 그래서 나는 사람들이 얼마나 개인적이 되는가를 보며 종종 충격을 받았습니다.

하지만 이들 평가위원의 관심은 다소 예외적이다. 대부분의 평가자들은 자신들의 괴팍한 선호와 취향을 매끈하게 접어 공식적 평가 기준에 맞춤으로써 절차의 정당성을 뒷받침한다. 그래서 예컨대 그들은 독창성을 그들 자신의 작업이 보여 주는 독창성의 유형과 일치하도록 정의하는 편이다.[22] 한 피면접자가 인정하듯이 평가자는 그들 자신의 관심에 맞는 것을 좋아하는 편이다.

"나는 음식에 대한 이 지원서에서 학자적 수월성과 열기를 보았습니다. 아마도 내 자신의 삶, 내 자신의 관심, 내가 누구인가와 공명하는 것을 보았기 때문이겠죠. 그런데 다른 사람은 분명 그렇지 않더군요. 그리고 그것은 언제나 문제입니다. 수월성이 어떤 면에서…… 당신과 가장 닮게 보이는 것이라는 점은."

면접을 하는 동안 평가위원들의 괴팍한 이해관심이 그들의 표를 결정짓는 것을 보여 주는 많은 예가 나타났다. 모던댄스를 좋아하는 한 평가위원은 "댄스를 다룬 것이 [나는 정말 좋았어요]. 나는 열광적인 댄스 팬입니다……. 댄스와 댄스의 역사, 특히 통속무용 vernacular dance을 연구하는 것과 관련해서요. 그래서 나는 그것이 정말로 흥미롭고 매우 좋다고 생각했습니다."라고 (전혀 망설이지 않고) 고백한다.

마찬가지로 한 인류학자는 지저귀는 새를 다룬 지원서를 지지한 것을 설명하면서, 그녀가 투산Tucson에서 막 돌아왔는데 거기서 그녀는 지저귀는 새에 큰 매력을 느꼈다는 점을 지적한다. 한 영문학자는 육체를 다룬 지원서를 지지하면서 그녀의 관심을 그녀가 고교 시절 촉망받는 테니스 선수였다는 사실과 연결짓는다. 문화 간 비교연구를 하고 있는 한 역사학자는 유사한 강조점을 지닌 지원서를 선호한다고 명시적으로 진술한다. 비서구사회에 대한 연구를 하고 있는 또 다른 역사학자는 서구를 넘어서는 것처럼 보이는 지원서에 부가점을 준다. 한편 또 다른 평가위원은 비아그라를 다룬 지원서에 대한 반대를 자신이 레즈비언이라는 사실과 연결시킨다.

"정말 솔직히 말하겠어요. 예, 내가 살아가고 실천하는 방식과 관련해서요……. 나는 비아그라에 대해 듣는 것이 너무 지겨워요……. 우리나라에서 그저 남성에 대한 이 과도한 초점, 반면 아시다시피 여성에게 피임은 큰 문제이죠. 그래서 나는 그것이 내 심사가 뒤틀리게 만들었다고 생각해요."[23]

외견상 '당신과 가장 비슷하게 보이는 것'과 '수월성'을 동일시하는 것은 거의 반사적reflexive으로 일어나는 것이어서 몇몇 사람들은 알아차리지도 못하는 것 같다.

자기이해관계로 선호를 유형화하는 경향은, 부분적으로 개인의 취향을 완전히 배제할 평가체계를 생각하는 것이 (불가능하지는 않더라도) 어렵기 때문에 발생할 수 있다. 평가위원들은 '흥미 있는' 지원서를 정의하는 것이 무엇인지에 대해, 개인적으로 그들을 사로잡고 있는 문제와 무관하게 추상적으로 서술할 수 없다. 그들은 자신들이 해야 할 작업을 하려면 어떤 것이 매력적인 문제인지에 대한 그들 자신의 개인적 이해를 사용하는 것 외에 대안이 없는 것처럼 처신한다. 결국 그들의 판단능력과 분리될 수 없는 감식안과 전문성이야말로 그들이 심의를 맡도록 초청된 이유이다.[24] 그리고 실제로 심의에는 엄청난 불확실성과 예측불가능성이 포함되어 있다. 이것이 훌륭한 판단력을 인정받는 전문가가 필요한 이유이다. 그들의 전문성은 임기응변의 상황에서 창조성을 보여 주도록 한다.[25]

몇몇 분과학문과 일부 학자들은 3장에서 보았듯이 개인의 괴팍성을 받아들이는 데 좀 더 열려 있다.[26] 이를테면 페미니스트 입장의 이론은 개인의 정체성이 학자의 연구의 모든 국면에 영향을 미친다는 것에 근거하여 반객관주의적인 인식론적 입장을 취한다.[27] 그러나 지적 입장과 무관하게 많은 평가위원들은 '내가 하려고 하는 것과 매우 밀접한 것'을 추구한다는 이유로 어떤 지원서에 보상을 주는 것의 위험성을 잘 알고 있다. 한 인류학자는 개인적 이해관심의 흡력에 굴복하는 것에 대한 이러한 관습적 주의를 다음과 같이 요약한다.

인류학자로서 내가 가장 먼저 배운 교훈 중 하나는 세상에는 많은 상이한 존재 방식이 있다는 것입니다. 그래서 지원서 저술에서 문화적 상대주의를 적용할 수 있다면 당신은 괜찮습니다. 그러나 당신은 스스로의 이해관계, 스스로의 입장 등에서 결코 완전히 도망치지 못하며 그것은 어떤 영향을 미칠 수밖에 없습니다. 나는 그것이 반드시 나쁜 일인지는 모르겠습니다. 학문분과, 전문성의 영역, 출신학교의 종류, 그리고 명백한 것으로 인종, 종족, 젠더 등 모든 면에서 충분히 균형 잡힌 패널이 구성되었다면요. 그래서 나는 패널을 만들 때 그것들 모두가 개입되도록 하는 것이 중요하다고 생각합니다. 당신은 그것들의 영향력을 제거할 수 없을 테니까요.

: 방법론적 다원주의 권장하기

우리가 보았듯이 응답자들은 훌륭한 평가위원의 질을 정의하면서 동료의 전문성과 감정을 존중하는 것에 우선을 두었다. 그들은 분과학문의 주권 역시 매우 중요하게 보았다. 이들 요건들은 평가를 할 때 차이에 대해 넓은 마음으로 관용하는 것의 가치를 보여 준다. 패널은 방법론적 전통이나 분과적 전통에 도전하는 포럼이 아니다.

경기의 규칙은 방법론적 평등성이 원칙의 문제로서 인정될 것을 요구한다. 그래서 평가위원들은 무엇보다 지원자의 분과학문에 지배적인 인식론적·방법론적 표준에 따라 지원서를 평가하려고 한다. 이 원칙이 '인지적 맥락화'이다.[28] 한 평가자는 자기 패널의 메커니즘을 기술하면서 이 원칙을 다음과 같이 요약한다.

대규모 데이터를 가지고 양적 연구를 하는 사람들 사이에는 차이가 [존재합니다]. 다음으로 내가 보기에 매우 극단적인 정반대 부류의 사람들이 있는데 그들은 인류학에서 공동체 수준의 연구를 하는 사람들입니다. 그토록 상이한 방법론이 존재하므로 양자 모두에 적용될, 일반화할 수 있는 표준이 존재한다고 이야기하기는 어렵죠. 다행히 우리는 모두 지원서를 그 자체의 용어로 이해하려고 하고, 이해할 수 있다고 생각합니다. 좀 더 일반적인 표준을 부과하려 하지 않고요. 그것은 극도로 어려울 테니까요……. 나는 정치학의 후보자가 내 느낌으로는 과도하게 도구적이거나 도식적으로 자기의 연구를 이해한다고 해서 비난하지 않을 것입니다. 그들은 그렇게 해야 하니까요. 그들은 일종의 과학주의를 가져야 합니다.

'인지적 맥락화'에 우선을 두는 것은 괴팍한 취향에 대한 평형추로 작용하며 평가위원들이 지원자의 분야에 독특한 렌즈를 통해 지원서를 평가하도록 부추긴다. 한 정치학자는 패널의 다른 구성원들이 그의 평가 기준을 어떻게 오해했는지를 설명하면서 이 점을 분명히 한다.

> 나는 실증주의자라는 비난을 받았죠. 아무도 그렇게 말한 적은 없습니다. 그건 분명 누군가를 공산주의자로 부르는 것과 마찬가지니까요. 그러나 내가 나의 분과학문이 지닌 편견을 다른 분과학문에 부적절하게 부과했다는 느낌은 존재했습니다. 그래서 나는 반박했죠. 내 대답은 이랬습니다. "아뇨, 나는 실제로 [지원자]를 그녀 자신의 표준에 맞춰 평가했고 이 점과 관련해 헤게모니를 장악하려고 하지 않았습니다."

'인지적 맥락화'는 특정한 방법론적 다원주의, 즉 상이한 방법은 상이한 목적에 기여한다는 점을 이해할 능력을 전제한다. 평가위원들은 자신의 이해관계와 맞지 않는 것처럼 보일지라도 이러한 이해에 기반을 두고 행동한다. 이를테면 해석학적으로 기울어져 있는 한 역사학자는 자기 패널에 함께 있던 정치학자를 '심지어 좋아했다'고까지 말하면서 다음과 같이 주장한다.
"위원회에는 항상 상당히 완고하고 경험주의자이며, 과학주의적인 사회과학자, 자기의 깃발을 높이 올리고 그가 의존하고 있는 표준이 왜 현재와 같이 되었는지를 설명할 수 있는 사람이 필요합니다."

방법론적 다원주의는 나아가 보편주의를 낳으며 그래서 집합적 평가의 정당성을 강화시킨다.[29] 그러나 중요한 것은 그러한 방법론적 다원주의가 분과학문을 통틀어 일관된 기준을 사용하는 것을 선호하지 않는다는 점이다. 대신 서로 다른 지원서들은 평가자들이 서로 다른 표준을 사용하도록 준비시킨다. 이 복잡하고 직선적이지 않은 방법은 평가의 실용적 성격을 가리키는데, 그것은 좀 더 엄격한 인지적 통합성이 아니라 문제 해결과 최소한의 필요조건을 충족시키는 것^{satisficing}('가능한 최선의' 결과에 만족하는)에 의해 추동된다.

평가자들은 가장 인상적이지 못했던 평가위원을 묘사할 때 자주 방법론적 다원주의의 결여를 언급한다. 한 지리학자는 의미에 초점을 맞춘 지원서 평가에 가장 적합한 도구의 사용을 거부했던 한 정치학자 때문에 겪었던 좌절감을 생생하게 표현한다.

"이 [지원서]는 전체 인구에서 얼마나 많은 사람들이 실제로 아픈가가 아니라 얼마나 많은 사람들이 아프다고 이야기하느냐에 대한 것이었습니다. 즉 그것은 담론에 대한 것이었죠. 따라서 그것은 숫자를 기입하는 깔끔한 방법과 어울리지 않을 겁니다. 그것은 사람들이 저항을 조직하기 위해 쟁점을 이용하는 방법에 대한 것이었는데 그는 그걸 들으려 하거나 즐기려 하지 않았습니다. 그것이 나를 미치게 만들었죠."

이와 비슷하게 한 역사학자는 분과학문적 유연성의 결여와 관련해 다른 역사학자를 비판한다.

"그녀는 말하자면 단 하나의 표준을 갖고 있습니다……. 내 말은 그녀가 어느 것에나 적용된다고 생각하는 이 하나의 사소한 검증 도구를 항상 갖고 있다는 것입니다. 내가 보기에 그것은 가장 생산적인 방법은 아닌 것 같았습니다."

다른 사람들은 가장 높이 평가하는 사람들을 묘사할 때 다원주의를 강조한다. 창조성과 '견고한' 연구도 높이 평가했던 한 역사학자는 다음과 같이 말한다.

"질을 판단하려고 할 때…… 나는 결정을 내리고 싶어요……. 알다시피 최대한 다양화된 에코시스템을 [허용하는 것], 연구를 하는 가장 [상이한] 모델들이 가능하도록 하는 것으로요."

정치학자인 다른 평가위원은 스스로는 그 패러다임에 대해 매우 비판적임에도 불구하고 합리적 선택의 영감을 받은 지원서를 지지했다.

> 나는 그저 대단히 세속적인 사람이기 때문에 [지원서를] 그들 자신의 용어 그대로 평가합니다……. 이 친구는 분명 매우 영민한 사람이고 그가 이걸 하고 싶어 한다면 그렇게 하도록 해 주어야죠. 그는 자신이 하려고 하는 것을 잘 알고 있으며 적어도 정치학의 자기 분파에서 연구하고 있는 사람들에게 영향력 있는 것처럼 보이므로 지원을 받아야 합니다. 방법론적으로 동의하지 않는다 해서 이 지원서를 선정하고 지원하지 않는다면 사실상 미친 짓, 심지어는 비윤리적인 짓으로까지 생각되었습니다.

마지막으로, 패널에서 2년 동안 있었던 경험을 비교하면서 다른 역사학자가 2차연도의 동료들이 '여러 전통 속에서도 저마다 훌륭한 연구인 것에 대해 높이 평가해 주는 관용성'을 보여 주었다고 칭찬한다. 그 집단은 "당신의 경우와 매우 다른 전통 속에 있는 것, 말하자면 그 스스로의 용어로 훌륭한 연구인 것에 일종의 상상력 넘친 투사를 함으로써 포용했습니다. 그리고 내가 보기에 정도는 다르지만 모두가 성심을 다해 그렇게 하고 있었습니다."라고 말한다.

이들 인용문은 기금 지원 패널의 원만한 진행에 방법론적 다원주의가 얼마나 중요한가를 명확히 예시한다.

⋮ 분과학문의 편견 제쳐 두기

방법론적 다원주의, 분과학문의 주권, 다른 사람의 전문성과 감정에 대한 존중 등의 관습적 규칙들은 평가위원들이 자신들의 분과학문적 편견에 제동을 걸도록 유도한다. 어떤 패널의 의장이었던 한 역사학자는 분과학문의 편견을 관리하려는 노력을 이런 방식으로 기술한다.

"나는 사람들이 다른 분과학문에 대해 예의 바르게 해야 한다고 생각합니다……. 당신은 다른 사람들이 공격받았다고 느낄 말을 하지 않을 겁니다. 그렇게 해서 얻을 이익이 없기 때문이죠. 그리고 위원회에 참여한 대부분의 사람들은 거의 모든 전통, 거의 모든 장르에 걸쳐 그저 그런 실행가와 탁월한 실행가가 병존하고 있다는 점을 깨닫고 있는 지성인들입니다."

한 사회학자는 논의를 특징짓는 '주고받기'를 요약하면서 다른 분과학문과 학자의 유형에 대한 가깝고 먼 느낌이 세심하게 억제되었음을 지적한다.

> 정체성에 대한 지원서가 있다고 해 보죠. 나는 낮은 점수를 주었습니다. 내가 세운 기준을 충족시키지 못했으니까요. 그런데 누군가 다른 사람이 그에 대해 높은 점수를 주었습니다……. 이들 모임에서의 전형적 패턴은 낮은 점수를 준 사람이 더 높은 점수를 준 사람의 이야기를 경청하는 것입니다. 특히 더 높은 점수를 준 사람이 일정한 전문성을 지닌 영역일 경우에 말이죠……. 그래서 일종의 '주고받기'와 타협이 존재하는데 그것은 상당히 괜찮더군요.

이 사회학자는 스스로의 분과학문적 편견을 어떻게 관리했는지 자세히 이야기한다.

> 이들 지원서의 점수를 매기면서 나는 혹시 다른 사회과학 분야에서 나온 [지원서들]에 비해 인류학과 역사학 지원서에 더 낮은 점수를 주지 않았는지 의구심이 들기 시작하더군요. 부분적으로 내가 중요하다고 생각하는 기준이 분과학문에 특정한 것이기 때문에요……. 극단적이지는 않았지만 그런 경향이 있더군요. 당신은 [내가 부여한] 점수의 혼란에서 그것을 볼 수 있을 겁니다. 그래서 우리가 만났을 때 나는 바로 자백했습니다. 나는 "아시다시피 나는 인류학과 역사학에 낮은 점수를 주는 식으로 편견을 가졌던 것 같습니다."라고 말했죠……. 이 특정 패널

은 어떤 이유에서든 어쩌면 그저 운이 좋은 것일 수도 있지만 매우 관대한 마음을 가지고 있고 우리 모두가 저마다 독특한 분과학문적 절차를 가지고 있을 가능성을 인정하는 것 같습니다.

한 역사학자는 '나와 멀리 떨어져 있는 분과학문에 의심의 혜택benefit of the doubt을 주고' '내 자신의 분과학문에서 나온 것에는 다소 박하게' 함으로써 자신의 편견을 보완하고자 한다.

"나는 그저 미국사를 하는 사람들에게 항상 편향되지 않고 싶었기 때문에 점수를 좀 더 주거나 빼고, 좀 더 쉽게 또는 엄격하게 심의했습니다."

학자들이 자발적으로 최고의 표준을 지키도록 요구하는, 이처럼 존경할 만한 태도는 절차가 공정하다는 집합적 믿음에 핵심적이다.[30]

하지만 자기 분야에서 나온 지원서에 '좀 더 가혹'하려는 경향에는 상당한 편차가 있다. 앞에서 인용했던 역사학자는 자기 분야로 '치우치지' 않는 것이 '자신이 향유할 수 있는 사치'라는 점을 인정한다. 기금 지원 경연에서 역사학은 '매우 잘나가고 있기' 때문이다.

자신의 분과학문이 기금을 훨씬 덜 받는 ─ 부분적으로는 이들이 지원자를 훨씬 적게 배출하는 소규모 분야이기 때문에 ─ 철학자들, 고전학자들, 예술사 학자들은 좀 덜 관대하다고 느낄지 모른다. 동료 평가위원들로부터 수혜자 목록에서 자기 분과가 대변되는 것에 매우 신경을 썼다고 묘사되었던 2명의 철학자가 있었다. 다른 분과학문에 대한 관대함과 희소성 사이의 상반된 관계는 서로 다른 분과

학문의 구성원들이 얼마만큼 이해관계를 넘어선 행위를 하게 되는 가에 영향을 미치는 것 같다.[31]

몇몇 평가위원들은 자신의 분과학문을 선호하는 것이 그 분야에 대해 훨씬 많이 알게 되고 그래서 의견 형성을 더 잘 할 수 있게 된, 의도치 않은 자연스러운 결과라는 점을 지적한다. 하지만 한 음악학자는 "사람들은 자기 [자신의] 분과학문에 대해서는 정말 엄격한 편이었어요."라고 지적한, 앞에서 인용했던 패널 의장의 말에 동조하면서, 그녀의 패널에서는 "사람들이 자기 분야에서 나온 연구에 대해 특히 비판적인 시각을 보여 주었죠. 그들이 그 분야를 알고 있고 그것이 주장하는 바를 비전문가보다 좀 더 효과적으로 평가할 수 있었으니까요."라고 회상한다.

동기가 무엇이든 자기 분과학문을 선호하는 것은 심각한 부정적 결과를 낳을 수 있다. 평가위원들은 자기 분야를 천거했다가 본의 아니게 신뢰성을 잃는 사례가 많다.

한 프랑스사 학자는 가장 싫어했던 평가위원에 대해 그가 "자기 분야를 지원하는 데 많은 관심을 지니고 있었고 다른 분야에는 그만큼 열려 있지 않았죠. 그녀 스스로 말했듯이 그녀는 연구 시기를 밀었어요. 말하자면 그녀는 중세를 다룬 것은 무엇이든 지지하고자 했죠."라고 묘사한다.

동료들의 견해를 좌우하고 지원서에 대한 지지를 확보할 수 있는 것은 그가 축적한 전반적 신뢰성의 양에 의존한다. 관습적 규칙을 모두 존중하는 것은 공정한 의사결정 조건을 증진시키는 것에 덧붙여 동료 평가위원들이 그를 더 신뢰하도록 만든다.

⫶ 정당성의 한계 : 규칙 위반하기

관습적 규칙들이 당연시된다는 점은 이들 규칙이 깨진다고 인식되거나 그것들이 토론의 대상이 될 때 잘 드러난다.[32] 연구 대상이 되었던 12개 중 3개 패널의 프로그램 관리자와 몇몇 평가위원들이 평가자들 사이의 관계를 복구해야 할 만큼 심각한 의견 차이를 경험했다.[33]

이들 패널의 구성원들은 그 경험이 '실망스럽고' '신경질 났다'고 회상했다. 또는 "패널이 이틀간의 교수 회의로 바뀌었는데 그건 내가 생각하던 재미가 아니었어요."라는 말도 했다. 평가자들은 동료 관계에 속하는 규칙을 존중할 필요, 일관된 기준의 사용, 심의에서 학문적 가십의 배제에 특히 민감하다.

갈등과 인간관계

어느 패널에서든 전문성에 대한 존중과 분과학문의 주권 존중 규칙의 위반이 가장 잦은 갈등의 원천이고 인간관계의 유지에 대한 가장 흔한 위협이다. 존중하지 않는 것은 학자들에게 매우 불편한 것일 수 있는데, 이는 그들의 자아정체성의 큰 부분이 품격 높은 전문가로서의 역할과 연결되어 있기 때문이다.

한 인류학자는 '논쟁적인' 동료 평가위원 한 명이 '내가 생각하기에 자기 분야 밖으로 나와 내 분야를 침범했을' 때 고의적으로 존중을 철회한 적이 있다고 인정한다. 갈등은 평가위원이 적합한 전문성을 지니고 있음에도 합리적인 기준을 지지하지 않는 것으로 보일 때에도 일어날 수 있다. 한 역사학자는 한 예술사 학자의 사례를 설명한다.

> 그녀는 나머지 사람들 앞에서 [지원서들 중 하나를] 지지하려 하다가 궁지에 빠졌죠. 이 지원서는 그저 그런, 별로 세심하게 만들어진 것이 아니었습니다. 그런데 그녀는 이 사람이 정말 좋은 사람이며 지원서가 완벽하게 만들어진 것은 아니지만 [우리가] 한번 더 생각해 보아야 한다고 주장하려 했어요……. 누구든 자신의 전문성은 포기할 수 있죠. 하지만 적어도 다른 두 사람을 확신시킬 수 있어야 합니다.

다른 평가위원은 편협한 전문성을 존중하기를 거부한다고 이야기한다('나는 흰색 실험 가운에 복종하지 않습니다.'). 한 전문가가 지원서의 전반적 질을 넘어 세부적인 고려사항에 너무 밀접하게 초점을 맞출 때 다른 평가위원들은 존중을 철회할 수 있다. 그 전문가의 견해가 모호한 것으로부터 중요한 것을 구분해 내는 것을 더 어렵게('더 쉽게'가 아니라) 만들기 때문이다.

존중의 규칙은 전문성을 주장하는 사람이 두 사람 이상일 경우에도 효력을 상실한다.[34] 6장에서 보게 되듯이 이러한 상황은 복수의 평가위원들이 정당하게 적합한 전문성 주장을 할 수 있는, 진정으로 학제적인 지원서의 평가를 난관에 빠트리기 십상이다.

앞에서 지적했듯이 다른 평가위원의 견해를 존중하는 것은 좋은 평가위원의 핵심적 자질이다. 존중하는 것은 인간관계라는 관습적 규칙을 뒷받침한다. 한 인류학자의 언급이 이 규칙의 위반이 초래할 수 있는 분노를 드러내 준다. 몇몇 지원서의 자격 유무를 둘러싼 갈등을 묘사하면서 그는 다음과 같이 설명한다.

나는 거의 처음부터 [다른 평가위원과] 의견이 달랐습니다……. 그와 관련하여 나에 대한 그의 반응이 매우 직설적이고 한마디로 대놓고 하는 방식이어서 다소 놀랐습니다. 그걸 공격적이라고 말하기는 다소 지나칠 수도 있지만 어쨌든 부적절하다고는 생각했죠. 그 일은 패널 모두가 아직 나름대로 서로에 대해 탐색하고 있는 매우 이른 시점에 일어났습니다. 그것은 나를 적잖이 불편하게 만들었습니다.

동료관계의 위반은 불편함을 초래하는 것에서 그치지 않는다. 그것들이 공공연한 갈등을 낳을 수도 있는 것이다. 자기 분야 지원서의 기금 지원과 관련해 다른 사람들을 확신시키지 못했던 한 평가위원에 대한 다음 묘사가 이를 보여 준다.

그 [논의를] 마친 후 쉴 때 그는 폭발했죠……. 그는 극도로 흥분했습니다. 그가 정상적인 흐름으로 되돌아온 것은 거의 회의 막바지에 이르러서였죠……. 되돌아보면 이것은 그의 최고 지원서였고 그래서 그는 이것과 관련해 걸린 것이 많았죠. 그는 위원회의 다른 구성원들과 전혀 화합할 수 없었습니다……. 그는 우리가 제시하는 비판을 듣지 않았는데 그 비판들은 매우 실질적이었고 상세한 것이었죠……. 거기에는 [그가 보기에] 우리가 그의 생각을 쫓아오지 못한다고 하는 일종의 선입견이 존재했습니다.

패널의 집합적 과업이 종료될 때까지 협조가 이루어지도록 하려면 그런 갈등을 매우 조심스럽게 다뤄야 한다. 이 목표를 위해 프로그램 관리자와 패널 의장, 몇몇 평가위원들은 '감정 작업emotion work'에 참여하여, (의도의) 좌절 이후에도 면목을 살릴 수 있도록 동료를 도와주어 그들을 집단 속에 재통합시킨다.

인간관계가 낮을 때 패널은 '나쁜' 또는 '오염된' 것으로 간주된다. 평가위원들 사이에 긴장이 깔린 상호작용은 지원서의 가치에 대한 합의에 도달할 집단의 능력을 훼손하기 때문이다. 자신의 패널이 잘 돌아가지 못했던 이유를 묘사하면서 한 역사학자는 다음과 같이 설명한다.

> [정상적으로는] 만약 사람들이 예외적인 점수를 받는다면 정말 결정적인 원칙과 관련된 것이 아닌 한 자신들의 견해를 밝힌 후 대개 물러섭니다. [그러나 이 사례에서는] 대다수의 사람들이 한 발짝도 물러서지 않았습니다……. 자신이 부정적 견해를 지닌 유일한 사람일 때 더 빨리 거기에서 빠져나오지 않는 것은 이상한 일입니다……. 그중 몇 가지는 전례가 있죠. 만약 처음 논의한 대여섯 개가 우연히 그 사람이 반대하는, 정말 원칙의 문제가 걸린 것이라면 그것은 당신이 다른 것에 대해 이야기하는 방식의 모델을 형성하게 되죠. 강한 방법론적 관점을 강요하거나 무엇이 질을 구성하는가에 대해 강한 관점을 지닌 사람들이 있습니다……. 그래서 그들은 서둘러 후퇴하지 않죠.

이런 맥락 속에서 열광을 약하게 표현하는 것은 반대를 의미할 수 있고 혹독한 비판들이 은유적으로 이루어진다. 눈살을 찌푸리거나 눈동자를 굴리며 한숨을 쉬거나 얼굴을 붉히거나 이를 악물고 이야기하는 것은 확실히 말로 하는 것보다 더 강한 힘을 지닐 수 있는 행위이다. 그리고 온전히 표현되지 않는 반대는 논란을 맥 빠지게 하는데, 그렇게 하면 논쟁이 이루어지기 어렵기 때문이다. 다행스럽게도 그런 행위는 예컨대 학과의 심의에서보다 2일 동안의 패널의 과정에서는 더 쉽게 통제될 수 있다. 학과의 심의는 정기적으로 일어나고 역사를 지니고 있으며, 과거의 갈등, 개인 간의 증오 같은 것들과 관련한 구전설화folk stories에 의해 틀이 형성될 수 있기 때문이다.

기금 지원 동료평가 패널은 어쩌면 여타 평가의 맥락에 비해 볼 때 평가자들이 최선의 행위를 하며 가장 관대한 편인 곳일 것이다. 그것은 부분적으로 거기서 내려진 결정이 자신들의 근무 조건이나 일상적 환경에 거의 영향을 미치지 않기 때문이다. 그래서 평가위원들은 종종 다른 대학에서 온 동료들이 자신의 직접 동료에 비해 좀 더 사교적으로 보이며 보다 친근하게 느껴진다는 말을 한다. 이는 연구기관에서 안식년을 보낸 학자들 사이에서도 쉽게 볼 수 있는 반응이다.

일관성 없는 기준

질적 지원서와 양적 지원서의 판단에서 일관성 있는 기준을 견지하는 것은 패널의 정당성을 유지하는 데 핵심적인 요소이다. 또한 그것은 많은 사회과학 분과학문에서 나타나는 두 유형의 방법론 사이에 긴장을 부여하고, 설명과 해석, 실증주의와 해석학으로 하여금 인문과학과 사회과학을 나누는 단층선이 되도록 역할한다. '지원서를 그 자신의 영역에서 판단하기 위해' 매우 많은 노력을 했다는 한 정치학자는 또한 다음과 같이 강조한다.

> 나는 러시아의 부패에 대한 형식적 모델을 구축하려는 사람이든 국제법적 지위의 변화가 [부패에 대한] 인식을 어떻게 [변형시키는가]를 연구하려는 사람이든 동일한 종류의 질문을 일관성 있게 던지려 했습니다. 첫 번째로 내가 찾은 것은 그 지원서에서 내세우고 있는 주장의 본질에 대한 비교적 명확한 연구 디자인입니다……. 나는 그들이 그려내고자 하는 정확한 연관성을 알고 싶었습니다. 나는 대안적 설명 중 어떤 것이 고려되었고 어떤 것이 이미 거부되었는지에 대해 알고 싶었습니다.

일관성은 심의의 역학 때문에 복잡해진다. 평가위원들은 서로 다른 시간에 서로 다른 지원서의 하위 뭉치들(공통 주제, 비슷한 상대적 순위, 가나다순에서의 인접성 등으로 정의되는)을 비교한다. 어느 하나의 지원서 뭉치가 공유하고 있는 특성들은 다양하며 상이한 평가 기준이 좀 더 두드러지게 만든다.

한 중국사 학자는 다음과 같이 지적한다.

> 때로 우리는 서로 매우 흡사한 지원서들을 보게 됩니다. 그때 나는 항상 되돌아가 내가 정말 최고라고 생각했던 것과 진정 최악이라고 생각했던 것을 살펴보고 그것들이 정말로 그렇게 차

이가 있는지 봅니다. 지원서나 논문 등등의 뭉치를 볼 때면 언제나 그렇죠. 당신의 기준은 작업 과정 중에도 지속적으로 일종의 진화를 합니다. 나는 기계적으로 분류하지 않습니다……. 전체 뭉치를 읽기 전에는 나는 심지어 정확히 어떤 기준을 사용하게 될지도 알지 못합니다.

일관성의 유지는 이전에 논의했던 인지적 맥락화의 명령과 종종 배치되기도 한다. 인지적 맥락화는 가장 적합한 분과학문적 기준의 적용을 요구하기 때문이다. 기준의 일관성이라는 과제를 회상하면서 한 사회학자는 다음과 같이 이야기한다.

우리는 서로 다른 분과학문을 다루면서 실제로 진행 중에 규칙을 만들어 가려 했죠. 우리는 사회학에서 민속지로 간주되는 것은 인류학에서 민속지로 간주되는 것과 다르다고 이야기했습니다. 일관성을 지키는 것은…… 참으로 어렵습니다. 아시다시피 모두가 서로 다른 일관성을 가지고 있고 우리 모두는 자신의 방식으로 일관성 있고자 하기 때문이죠.

'인지적 맥락화'를 존중하는 것은 상이한 지원서에 대해 서로 다른 평가 기준을 적용하는 것을 의미한다. 그러나 그 결과 생기는 비교불가능성은 동일한 표준(이를테면 허위 입증과 같은)이 모든 유형의 연구에 적용되어야 한다고 시사하는 사회과학적 인식론과 상당히 배치된다.[35]

일관된 기준의 적용은 내가 연구한 패널에서 나타났던 세 가지 심각한 갈등 중 하나를 낳았다. 한 학자가 몇몇 사람들은 방법론적으로 세련되지 못하다고 생각했지만 어쨌든 거대하고 매우 야심차게 보이기도 하는 한 지원서를 묘사한다. 그는 그 '싸움'이, 그 주제가 지원서의 다른 많은 결점을 넘어설 만큼 충분히 매력적인가로 옮아 갔다고 설명한다.

> 그것은 확실히 놀라운 아이디어였고 그걸 좋아했던 사람들, 적어도 그중 일부는 그 아이디어 때문에 흔들렸죠……. 그러나 우리가 지원서에 대해 즐겨 사용한 기준을 적용했다면 그것은 실패를 해도 아주 처참하게 실패했을 것입니다. 싸움은 이들 기준을 간과할 것이냐 아니냐에 대한 것이었는데 그 이유는 우리가 그 주제를 매우 좋아했기 때문입니다. 나는 이를테면 성격 같은 일련의 외적인 요소가 개입되고 있다는 생각을 떨칠 수 없었습니다. 또 정치적이거나 이데올로기적 [차원]도 존재했죠……. 이 지원자는…… 일종의 반세계화 좌파였고 검증에 대해서는 비교적 나이브한 사람이었습니다. 그는 그런 가정들이 참이라고 전제한 후 그것들 중 어느 것도 변호하려 하지 않고 그에 기반하여 지원서를 작성했죠……. 그의 지지자들은 "이것은 문화사이며 매우 흥미롭다. 그러니……."라고 말하겠죠. 그러나 지원서가 실제로 말하고 있는 것은 '나는 사회경제사를 하려 한다……. 그리고 그것이 미국의 헤게모니적 야망을 지원하는가를 검증하고자 한다'였습니다. 그래서 [그 경제학자는] 아주 적절하게도 "글쎄요, 나는 그가 그걸 연구하는 방법에 대해 잘 모르고 있는 것 같습니다."라고 말했죠……. [지원서는 종종] 이런

점에서 실패합니다……. 즉 그가 무언가를 하고자 한다고 이야기하고 당신은 그것을 액면 그대로 받아들이는 것입니다. 지지자들은 "글쎄요, 아닙니다. 그는 정말로 그걸 하려고 한 것이 아닙니다."라고 말하지만 내가 보기엔 당신들은 정말로 [그렇게 할] 수 없습니다.

비록 그 지원서가 기금을 지원받은 것은 아니지만 이 평가위원은 심의 중에 표준적 규칙이 적용되지 않았다는 점에 우려를 표명했다. 면접 막바지에 그는 결정 과정의 정당성에 문제가 있을 가능성을 시사했는데, 이는 패널 의장이 어떤 이유에서든 그 지원서가 기금을 제공받기를 원하는 것이 아닌가 의심이 들었기 때문이다.

상이한 패널에 있었던 다른 평가위원도 정당성에 대한 유사한 우려를 공유하고 있다. 그는 자신의 패널이 좀 더 인문주의적인 사회과학을 선호하는 쪽이었고 그 결과 다인과 모델multi-causal model을 쓴 지원서가 피해를 보았다고 느꼈다. 친숙한 언어 역시 혜택을 보았는데 이는 인류학이 정치학보다 기금 지원을 받을 가능성이 높았음을 의미한다. 여기서 다시 심의 과정의 정당성은 '인지적 맥락화'와 일관성 사이의 적절한 균형을 달성하고 또한 편견을 회피하는 것에 의존한다고 할 수 있다.

일관성 있는 기준을 사용하자고 가장 강력하게 주장했던 평가위원 중 두 사람은 매우 성공한 흑인 학자들이었다. 인종 때문에 그들이 경험했던 편견, 스테레오타입, 교수와 동료들의 저평가 등은 그들이 일관성 있는 기준의 적용에 대해 특히 민감해지도록 만든 것 같다.[36]

60대의 노장 학자 한 사람은 제안된 프로젝트가 이미 완성되었는지 아니면 후보자가 여러 장학금을 이미 받았는지와 같은 것들에 대한 고려가 몇몇 사례에서는 반대 근거로 제기되었지만 똑같이 문제있는 다른 사례에서는 그렇지 않았다는 것을 관찰한다. 그리고 실상 내가 패널을 관찰한 바로도 모든 기준이 한 지원서와 다른 것 사이에 똑같이 두드러지지는 않았던 것 같다.

기준의 두드러짐은 부분적으로 지원서가 평가자에게 무엇을 환기시키는가와, 그것이 그 이슈에 대해 그들 자신의 추가적 사고를 어떻게 유형화하도록 준비시키는가에 따라 달라진다.[37]

가십

몇몇 응답자들은 심의 중에 분과학문의 가십을 하거나 여타 무관한 요소들을 끼워 넣어서는 절대 안 된다고 생각한다. 이런 입장은 한 젊은 흑인 여성 평가위원의 예에서 잘 드러나는데 그녀는 평가위원이 서류에 있는 증거만 고려해야 한다고 강경하게 주장한다.

그녀는 패널 구성원 모두에게 '자기 앞에 있는 자료에만 근거를 두고 그걸 넘어서는 것은 배제한 채 결정을 내리도록' 분명하게 촉구해야 한다고 권고한다. 그녀는 생산력 높고 저명한 어느 학자가 사전 선별에서 비교적 낮은 순위를 받은 것에 대해 실망을 표시한다. 그녀는 이 순위가 평가위원인 자신은 알지 못하는, 지원자의 평판에 대한 광범위하게 공유된 부정적 관점에 기인한다고 본다. 그녀는 다른 평가위원들이 지원서를 더 살펴보려 하지 않고 그것에 기금을 주지 말아야 한다고 당연하게 여기는 것처럼 보이는 데서 혼란을 느꼈다. 이 일화를 회상하면서 그녀는 패널 심의의 맥락에서 인간관계의 규범이 '무엇을 말할 것인가를 어떻게 제한'하는지 기술한다.

> 내가 할 수 없었던 한 가지는 내가 하고 싶었던 것…… [즉] [그들에게] 도전하는 것이었죠……. 그러나 이 네 사람을 처음 만나자마자 나는 그들의 통합성에 대해 질문을 던지고 싶지 않아졌습니다. 그래서 나는 표준적인 종류의 근거에 기반을 두고 다소간 매끄럽다고 생각되는 [것을 뽑았어요.] 어쩌면 내가 속아 넘어갔는지도 모르며 당신들도 모두 그가 강요하려고 하는 이 황당한 상황을 겪어 봤는지 모르지만 나는 이것이 매우 흥미로운 주제라고 보았습니다. 그들도 그것을 인정했지만 그저 "그건 관행cliche이죠."라고 말하더군요.

한 평가위원이 그 지원자가 출판사에서 많은 선금을 받았다고 암시한 것을 가리키며 그녀는 덧붙인다.

> 그런 식으로 주석을 다는 것innuendo은 불공정하다고 생각되었어요. 그들은 그 지원서와 일종의 '막 뒤에서 벌어지고 있는' 일 등에 대해 알고 있지만 심지어 [그 지원서를] 논의해 보려고도 하지 않았죠. 우리는 그걸 논의해 보지도 않았고 나도 우기지 않았습니다. 무엇보다 나는 "보세요. 여기서 나는 [지원자의 분야에 있는] 유일한 사람이고 이것이 모두의 영역을 침범하는 것이기는 하지만 당신들은 이것에 대해 적어도 5분만이라도 이야기

해야만 되는 것 아닌가요."라는 말을 하고 싶지 않았어요.

그렇지만 이 학자는 경연의 전반적 결과에 대해서는 만족한다. 그녀는 실용적으로 '완전한 것은 없으며' '사람들은 규칙을 변형시킬 길을 찾아낼 것이고, 정말 도움이 될 유일한 것은 사람들이 높은 수준의 통합성과 공정성에 대한 감각을 갖도록 노력하는 것뿐'이라고 결론짓는다.

⦙ 패널 결과에 대한 외부의 영향

지원서의 내용과 직접 연관되지 않는 다양한 여타 요인들이 기금 지원 결정에 영향을 미칠 수 있다. 이들 외부적 요인은 크게 보아 다음과 같은 범주로 나눠질 수 있다. 불균등한 개인적 영향력과 패널 구성원 사이의 권력 동학(인종적 정체성, 연공서열, 젠더의 효과 포함), 기존의 네트워크와 평판, 우연, 평가위원들이 패널의 개별 구성원에게 부여하는 신뢰성과 함께 이 모두가 패널 결정의 공정성과 정당성에 영향을 미칠 힘을 지니고 있다.

불균등한 개인적 영향력과 권력 메커니즘의 효과

인종, 연공서열, 젠더(이들에 대해서는 뒤에 논의될 것이다)의 영향력을 넘어 권위의 수준에 대한 개별 평가위원들의 인식도 결과에 영향을 미칠 수 있다. 심의를 하는 중에 집단 내에서 위계질서가 출현한다. 이 위계는 암묵적인 것이지만 구체적으로 나타난다.

평가위원들은 다른 사람들보다 몇몇 구성원들의 말을 더 자주 경청하며 특정 구성원들의 견해에 의해 더 많이 좌우된다. 존중에 대한 기대를 둘러싼 갈등의 다수는 위계상에서의 지위에 대한 모욕이나 도전을 인식함으로써 촉발된다. 패널의 메커니즘을 평가하는 방법으로 한 역사학자가 제기한 질문이 개인적 영향력이 집단평가를 결정지을 수 있는 여러 방법을 포착하고 있다.

'누군가가 [심의를] 지배하였는가? 모두가 [스스로를] 표현할 기회를 가졌는가? 실제로 경청될 기회를 갖지 못한 학문적 관점이 존재했는가? 사람들이 스스로의 학문 분야나 표준, 또는 가치가 직·간접적으로 도전받았다고 느낄 때가 존재했는가?'

이들 질문이 시사하듯이 패널 구성원들 사이에 개재하는 영향력의 차이, 그리고 이 차이와 연관된 권력 메커니즘은 어떤 지원서가 온전한 공청의 기회를 부여받는가의 여부에 영향을 미칠 수 있다.

패널은 학자들에게 동료들과 비교해 스스로를 측정할 맥락을 제공해 준다. 그래서 어떤 개인이 패널에서 얻은 성과는—예컨대 그녀가 특정 지원서를 얼마나 성공적으로 선발할 수 있는가로 측정되는—각 평가자의 자기정체성에 중요하다.[38] 따라서 회의가 어땠느냐고 물었을 때 많은 평가위원들이 그들이 다른 사람들에게 얼마나 영향을 미쳤다고 믿으며 또 다른 사람들에 의해 얼마나 영향을 받았는지 자발적으로 논의하는 것은 놀라운 일이 아니다.

마찬가지로 다른 평가위원들에 대한 견해를 물었을 때 피면접자들은 종종 영향력의 정도를 비교한다. 이를테면 한 여성은 일관되지 않은 판단을 내린 것으로 생각했던 동료 평가위원에 대해 "그는 다른 누구도 받아들이지 않을 주장을 빈번하게 했는데 그것은 거의 매번 부적절하게 보였다.”고 기술한다.

영향력의 주된 결정요소 중 하나는 소속 제도이다. 아이비리그 사람들은 때로 누가 누구와 어디에서 연구했는가와 관련된 기준들을 선호하는 것으로 인식된다. 그리고 몇몇 아이비리그 교수들은 스스로 논란의 여지가 없는 권위자로 자부하며 다른 사람들도 그렇게 인정해 준다. 남부지역 대학에서 온 한 패널 구성원은 아이비리그 학교에서 온 동료 평가위원이 무언가 '봐주는 듯한^{patronizing}' 어조를 취한 것을 회상한다. 그가 평가했던 지원서는 두 사람 다 판단할 능력을 갖추고 있는 지원서였는데도 말이다. 남부지역 사람이 이런 어조에 놀랐던 것은 지원서의 주제와 관련해 자신이 동료 평가위원보다 더 상세한 경험적 지식을 가지고 있었기 때문이다. 그렇지만 이 평가위원에게 도전하기보다 그는 그냥 아이비리그 사람들은 '권위적인 데 익숙하다'고 결론지었다.

위계에 영향을 미치는 두 번째 요인은 성격이다. 한 패널에서 어느 인류학자가 심의 결과에 특히 강한 효과를 미친 사람으로 평가되었다. 한 사회학자는 이 평가위원의 영향력에 대해 '인류학 내에는 수많은 상이한 접근법이 존재하며' '불가피하게 이런 일은 종종 매우 특정한 의제를 가진 강한 인물에게 귀결된다'고 지적함으로써 설명한다.

같은 인류학자에 대해 한 역사학자는 “권력 메커니즘의 면에서 보자면 그는 대단한 힘을 지녔어요……. 어떤 것을 좋아하지 않을 때 그는 그저 단순히 '글쎄요, 그건 이미 다 된 건데요.'라고 말하며 관련 문헌 목록을 나열했고 모두가 조용해졌죠. 그래서 그는 매우 강력한 영향력을 지녔죠."라고 이야기한다.

공격성, 완고함, 결단력이 강력한 조합을 이룰 수 있는데 이는 그 평가위원이 얼마나 지식이 많고 잘 준비되었느냐, 와는 별로 상관이 없다. "몇몇 사례에서 [기금 지원은] 정말로 한 평가위원의 강력한 주장에 의존합니다. 만약 그 사람이 강력히 주장하지 않았다면 [그 지원서는] 기금을 지원받았을 겁니다."라고 한 사회학자는 증언한다.

몇몇 평가위원들은 패널 구성원 모두가 자문 역할을 맡는다고 하면서 권력 메커니즘을 평가절하한다. 한 경제학자는 "나는 그것이 검투사의 전투라고 느낀 적이 없습니다. 나는 내 지원서를 위해 목숨 바쳐 싸우기 위해 거기 가지 않았어요……. 나는 내가 알고 있는 바와 가장 가까운 자료에 대해 기여를 하려고 거기에 갔죠."라고 말한다. 그는 "그건 유권자들을 위해 떡고물을 가져[와야 하는 곳인] 국회Capitol Hill와는 다르죠."라고 덧붙인다.

하지만 입장을 취하는 것posturing이 위계를 가시화시키는 유용한 방법이라고 보는 사람들도 있다. 다른 사람들이 좋아하는 것인 줄 알면서도 지원서를 많이 떨어뜨리는 평가위원들은 때로 패널의 위계 속에서 자신들의 지위를 과시하고 공개적으로 주장하기 위해 그렇게 하는 것이다. 혹자는 이런 행위가 전적으로 부적절하다고 보지만 한 정치학자는 다른 평가위원들이 종종 '이들 일을 둘러싸고 진행되는 게임에 흥미를 느낀다'는 것을 인정한다. 마치 강팀끼리 벌이는 치열한 시합power matches을 보며 누가 점수를 딸지 지켜보는 것과 같다는 것이다.

물론 인종 정체성, 연공서열, 젠더와 같은 특성은 성격과 동기에 무관하게 영향력의 축적을 용이하게 만들거나 가로막는 데 강한 기여를 한다. 사회심리학자들은 사람들이 상이한 젠더와 인종 정체성을 지닌 구성원들이 집단에 어떤 종류의 성과와 기여를 할지에 대해 명확한 기대를 지닌다는 것을 보여 주었다. 흑인과 여성들에 대한 낮은 기대는 전형적이다.[39] 이것은 확실히 학자들이 패널에 참여하는 경험에 접근하는 데 영향을 미칠 수 있다.

나는 평가위원의 인종 정체성이 심의에 대한 그들의 영향력에 직접 영향을 미치는 특정 사례를 전혀 찾지 못했다. 그 주제와 관련된 자료의 부재는 내가 연구한 패널에 참여한 유색인종이 매우 적다는 점을 고려해 볼 때 별로 놀라운 일이 아니다. 게다가 그들 평가위원들은 백인 면접자에게 패널에서의 스테레오타입의 경험을 이야기하기를 꺼렸을지도 모른다. 특히 대다수의 응답자들이 그랬듯이 그들이 나의 학문적 관심사가 비교에 기반을 둔 반인종주의 연구라는 점을 몰랐기 때문에 더욱 그랬을 것이다.

평가위원들이 연공서열상에서의 낮은 위치 때문에 경험했을 주 변화와 관련해서도 동일한 이야기를 할 수 있다. 하지만 사회심리학 문헌은 인종과 연공서열이 평가위원들이 행사하는 영향력의 양과 그들이 낮은 기대의 대상이 되는 정도에 영향을 미칠 것이라고 기대할 훌륭한 근거를 제공해 준다.[40]

대조적으로 평가위원의 영향력 수준과 관련해 젠더의 효과에 대해서는 일부 피면접자들이 이야기한 바 있다. 경험이 많지 않은 평가위원인 한 여성 학자는 좀 더 경험 많은 패널 구성원인 다른 사람으로부터 받은 충고를 이야기한다.

그녀는 후에 이들 모임에서 젠더 메커니즘 때문에 어려워질 지도 모른다는 말을 해 주었어요. 그녀는 "논점 자체에 집중하기보다 거의 전쟁을 하는 것과 유사한 방식으로 언어를 사용하는 방법을 배워야 합니다. 지원서에 대한 구체적 이야기와는 전혀 관계없는 공격의 각본이 있는데 그것이 당신 자신을 드러낼 방법입니다."라고 말했죠. 그녀는 내가 너무 부드러웠다고 이야기했어요……. 궁극적으로 그것에 대한 나의 생각은…… 이 전체 위원회 회의가 수행되고 있기는 한가, 하는 의구심이었습니다. 자신의 주장이 받아들여지도록 하려면 좀 더 공격적으로 활동하기를 배워야 합니다. 이는 실제로 자신이 말하는 내용과는 전혀 관련이 없고 자신이 그것을 '어떻게' 이야기하느냐와 관련이 있죠……. [다른 여성도] 같은 말을 하더군요. 그녀는 "당신은 웅변적이고 극적인 방식의 [스타일]로 이야기해야 해요." …… 그녀는 "당신이 그런 면에서 너무 부드럽고 외교적이더군요."라는 말을 해 주었죠.

다른 응답자 역시 평가위원들 사이의 상호작용과 자기현시self-presentation의 젠더화된 유형을 지적했다. 이를테면 한 여성은 다른 평가위원에 대해 "그는 매우 똑똑하며 일할 준비가 되어 있었는데 그것은 아시다시피 많은 남성들이 하는 방식이었죠. 맹세하건대 그들은 학계에서 그렇게 하도록 길러진 것 같아요……. 남성호르몬을 완화시키기 위해 내년에는 더 많은 여성을 넣을 필요가 있습니다. 솔직히 작년에는 [이렇지] 않았었죠."라고 말한다.

다른 여성 평가위원들에 대해 그녀는 이렇게 지적한다.

"우리는 적절히 존중하는 편이었고 어쩌면 우리가 하고 싶었던 만큼 보다 덜 공격적이었던 편이었어요. 내가…… 적극적인 남성과 함께 하는 상황일 때 나는 그저 아무것도 이야기하고 싶지 않아요. 그것은 '나는 이 게임을 하고 싶지 않아'라는 것과 비슷하죠. 나는 활동하기를 원하지 않으며 그저 내 일을 하기를 원하고, 할 수 있는 한 최선의 작업을 하려고 해요."

개인적 영향력을 결정하는 마지막 요인은 어떤 평가위원이 비슷한 표준을 가졌다고 다른 사람들이 봐주는가의 여부이다. 이것은 한 역사학 교수가 시사한 것인데 한 동료 평가위원에 대한 자신의 높은 평가가 공유된 이론적 틀에 기반을 둔 것이었음을 설명한다.

그녀와 내가 동의하고 우리가 함께 동의하지 않았던 몇몇 사례들이 있었습니다. 전체 패널에 대해 아주 편안해했고 잘 적응하고 있었음에도 나는 그것이 기분 좋았었죠. 나는 우리가 서로를 아주 잘 이해한다고 느꼈습니다……. 그녀와 나는 포스트구조주의의 지적 배경을 공유했고 어쩌면 그 이유 때문에 우리는 그들 지원서를 같이 좋아했는데 그 지원서들은 이전에 이항대립적 틀로 사고되었던 문제들을 주제로 삼아 그에 대해 무언가 독창적인 작업을 한 것들이었습니다……. 그녀는 자기 분야에서 바로 도출한 것이 아닌, 매우 광범위한 용어를 [사용하여] 문제를 유형화하는 편이었습니다. 내 말은 그녀가 철학과 온갖 종류의 틀을 위해 인문과학으로 손을 뻗쳤고 그것이 나에게 친숙했다는 것입니다. 그래서 나는 그녀가 지닌 지식의 기초와 사물에 대한 그녀의 접근법을 높이 평가했습니다. 몇 가지 점에서 그것은 대화가 훨씬 잘 진행되도록 만들었는데 그건 내가 그녀의 지적 배경을 알고 있었기 때문이죠……. 그녀가 어떤 지원서에 높은 점수를 준 것을 보고 나는 왜 그것이 정말 좋다고 생각했는지 잠시 시간을 들여 설명할 용기를 얻었습니다.

동료 평가위원이 특정 지원서를 높이 평가한 것으로부터 "나는 왜 그것이 정말 좋다고 생각했는지 잠시 시간을 들여 설명할 용기를 얻었습니다."라고 이 평가위원이 인정한 것을 두고 외부 사람들은 공정성의 규범을 위반하는 개인적 영향력의 사례로 해석할지 모른다. 하지만 평가자들이 동료 평가위원에게 부여하고 싶어 하는 정신의 질과 영향력 수준을 결정하는 데 지적 유사성을 기준으로 사용하는 것은 정당한 일이다.

기존 네트워크와 평판의 효과

패널 심의가 평가위원들 사이의 개인적 관계와 심의 전에 그들이 서로에 대해 지니고 있던 정보의 양에 의해 영향을 받으리라는 점은 직관적으로 이해될 수 있는 것처럼 보인다. 실제로 방금 인용한 평가위원의 언급이 보여 주듯이 외부적인 연결은 평가위원들이 동료의 견해에 부여하는 비중에 영향을 미칠 수 있다.

하지만 내가 연구한 사례의 대부분에서 평가위원들은 아무런 공통된 개인적 끈을 갖고 있지 않았으며, 실제로 회의 전에 서로에 대해 최소한의 정보만 갖고 있거나 아무런 정보도 갖고 있지 않았다. (Society of Fellows의 평가위원들은 예외이다. 그들은 모두 한 제도에 소속된 사람들이다. 몇몇 다른 사례에서는 평가자들이 그 전 해에 함께 패널활동을 한 덕분에 서로에 대해 알고 있었다.) 미국 대학공동체의 규모와 다학제 경연의 프로그램 관리자가 명시적으로 다양성을 추구해 다양한 분과학문과 지역, 대학의 유형에 소속된 학자들로 패널을 구성한다는 점에서, 극소수 외에 모두가 기존의 커넥션을 지니고 있지 않다는 것은 놀라운 일이 아니다.

몇몇 평가자들은 만남 이전에 자기 분야 또는 밀접하게 연관된 분야 동료들의 평판이나 저술에 친숙했다. 몇몇 다른 사람들은 공동의 친구나 동료를 통해 간접적으로 연결되어 있었다. 간접적 관계는 대학이 많이 있는 거대 도시지역에 사는 사람들과 긴밀한 대학 간 네트워크를 유지하는 명문대학들에서 가리키는 사람들 사이에서 더 빈번했다. 한 사례에서는 두 명의 평가위원이 이전의 동료였고 서로를 매우 잘 알았다. 다른 사례에서는 두 명의 평가위원이 서로 겹치는 전문가 동아리에 포함되어 있었다. 역사학자인 한 평가위원이 설명하듯이 그런 친숙함은 환영할 만한 일일 수 있다.

내가 가장 가깝게 느꼈던 사람은 (꼭 교류를 가졌어야 했던 것은 아니지만) 전부터 알던 사람이었어요. 우리가 서로 친한 사이라고 하기는 그렇지만 우리는 가끔 저녁을 함께 했고 함께 몇몇 학회에 참석하기도 했죠. 그래서 나는 우리가 이들 논점을 비교적 쉽게 논의할 수 있을 것이라고 생각했습니다.

인터넷이 자료 수집을 쉽게 만들어 주었지만 회의 전에 시간을 들여 다른 사람들에 대해 정보를 수집하는 사람들은 거의 없다. 이를테면 한 역사학자는 다음과 같이 말한다.

"대부분의 경우에 나는 평판으로 이름을 알고 있습니다. 나는 작년 이전에는 그 인류학자와 일면식도 없지만 그의 저작에 대해서는 알고 있었죠. 나는 두 해 동안 그 경제학자를 알지 못했어도 굳이 찾아보지는 않았어요. 흥미롭게도 두 사람 다 같은 지역 사람이었습니다."

학문적 성취나 개인적 평판에 대한 정보가 빈약하다 보니 후보자들이 지원서에 대해 어떤 반대가 나올지 예상하며 그에 맞춰 찬반 주장을 준비할 때, 이전에 지니고 있던 분과학문의 차이에 대한 관념에 의존할 가능성이 커지게 된다. 예를 들어 앞에서 인용한 바 있는 영문학 교수는 정신분석학 지향의 지원서에 대한 변호의 틀을 만들면서 그 지원서에 대해 동료 평가위원들이 '타성적이고^{mannered}' 비학문적이며, 글쓰기 스타일이 '불편하다^{annoying}'는 등의 부정적 반응을 할 것으로 가정하고 준비하였는데, 이는 순전히 그들의 학문적 분과 특성에 의거한 것이었다.

타인에 대한 정보의 부족은 그들이 다른 분과학문의 결점이라고 생각하는 것을 비판하는 데 보수적이도록 만들 수 있다. 불확실성의 조건하에서는 어떤 지원서를, 나중에 예비후보(또는 탈락 후보)로 분류할 때 동지가 될지도 모를 사람을 격분시키지 않기 위해 차라리 더 사려 깊게 상대를 대하고 과도할 만큼 동료관계에 신경 쓰는 것이 더 안전할 것이다.

우 연

평가위원들은 심의가 정당하고 공정하다고 보지만 그들 또한 결과에 대한 우연성의 요소를 인정한다. 이를테면 한 영문학 교수의 이야기를 들어 보자.

"모든 패널은 그만의 진행 리듬을 지니게 되고 누가 패널의 구성원으로 선정되는가와 관련해 우연성이 존재하므로 다른 날이라면 결과는 매우 달라질 수 있죠……. 나는 이 사람들 모두가 다른 장학금에도 많이 지원했으면 해요. 서로 다른 사람들은 서로 다른 방식으로 궁합이 맞을 수 있으니까요."

그녀는 절차가 불공정하다고 이야기하지는 않지만 참여자들이 그것을 완벽히 통제한다고 보지도 않는다. 이 동일한 평가위원은 또 학문적 수월성의 판단이, 좌절감을 느낄 만큼 부정확한 과업일 수 있다고 지적한다.

나든 누구든 [수월성]을 정확히 측정할 능력을 지니고 있다고 별로 믿지 않아요. 모두 주관성이 포함된다는 [것 때문만으로] 어느 특정 사람이나 집단이 수월성으로 치는 것은 분야마다, 심지어 날짜나 시·분마다 달라질 [수 있죠]. 물론 지원서를 쓰는 것에는 명민함과 관련된 것이 많이 포함되지만 그것과 최종 결과의 수월성은 전혀 다른 것일 수 있습니다. 나는 그런 것들이 불편하더군요.

다른 평가위원 역시 패널의 한계를 쉽게 인정한다. 한 예술사 학자는 우리가 위원회의 구성을 예측할 수 없기 때문에 "어떤 것이 기금을 받게 하는 것은 엄청난 우연의 게임입니다. 누가 기금을 받고 누가 못 받을지는 정말 예측할 수 없다는 느낌입니다."라고 설명한다.

한 역사학자는 가장 뛰어난 지원서가 보상을 받지만 '실수도 있다'고 주장한다.

"잘못된 판단, 지배적인 성격이 있고 다른 지원서보다 뛰어난 어떤 지원서의 진정한 아름다움을 보지 못하는 사람들이 평가를 [하죠.] 결국 오류가 빚어집니다. 또 당신은 지원서를 읽는 와중에 여러 가지 일을 같이 처리해야 하기도 하죠."

한 영문학 교수는 이들 우연의 요소가 좀 더 혁신적인 지원서에 불리하게 작용한다고 본다.

이런 생각이 번갈아 듭니다. 그것들은 그냥 충분히 변덕스러우니까, 그것들은 그냥 충분히 이상하니까, 그리고 그것들은 그냥 충분히 과감해서 정말로 무언가 전혀 예기치 못했고 비일상적이며 도발적인 것이 될 것이니까 정말 포함되었으면 좋겠다고요. 그러나 그것들이야말로 다음과 같은 다른 변수들에 종속되는 것이죠. 즉 위원회 구성원들 사이의 상호작용은 어떠한가? 그 지원서는 가나다순의 어디쯤 있는가? 또는 [그것들이] 결정되는 [순서]의 면에서 위치는 어디인가? 그래서 그것은 결코 객관적 절차가 아니랍니다.

한 역사학자는 좀 더 창의적인 지원서를 논의할 때 운이 특히 중요하다고 본다. 그에 대해서는 통상적인 표준이 적용되지 않으며 집합적으로 위험을 감수해야 하기 때문이다.

"우리는 창의성과 한계를 돌파하는 것에 대해 이들 손댈 수 없는 요소들에 기초해 결정을 내려야 합니다. 그리고 그것들은 당신이 아마 알아챘을 테지만 더 힘들고 좀 더 직관적인 것이죠. 당신은 이 사람의 등급이 더 높다고 또는 그들의 추천서가 더 좋다고 말할 수 없습니다. 당신은 이들 기준을 사용할 수 없습니다."

지원서가 논의되는 순서와 시기도 중요하다. 막바지에 사람들이 더 지치고 집에 가고 싶어지면 당연히 고려 중인 각 지원서에 대해 타협하여 좀 더 빨리 판단하고자 하는 경향도 더 커진다. 게다가 좀 더 논쟁적인 지원서는 더 쉬운 사례들을 모두 다루고 난 후 막바지에 논의되는 편이다. 한 정치학자는 이 마지막 단계에서의 상황을 다음과 같이 묘사한다.

이것이 우리가 이야기할 마지막 지원서들 중 하나, 정말 마지막 중 하나입니다. 그 시점에서 우리는 이미 많은 기금을 주었다는 것을 알고 있고 또한 우리는 24번이나 25번을 논의하고 있어 앞으로 서너 개의 지원서만 더 처리하면 된다는 것을 알고 있죠. [몇몇 사람들은] 애매한 태도를 취하고 소수의 사람은 강력하게 밀어붙이고 있었죠. 이 시점에서는 전치displacement 효과란 전혀 없습니다. 당신이 만약 이 사람에게 기금을 주더라도 좀 더 [장점]을 지니고 있을지 모를 다른 누군가를 전치하게 되지는 않을 것이라는 점을 알고 있으니까요. 그래서 나는 그들이 그저 간단하게 "보세요. 아시다시피 토요일 4시 30분입니다. 지금은 막바지고요. 나는 지쳤습니다. 당신은 정열이 넘치는군요. 난 정말

상관하지 않습니다."라고 말할 것이라 생각합니다. 나는 [마지막 수상자는] 업적에 기반해 [결정된다고] 생각하지 않습니다.

시기와 순서는 결정적이다. 파일의 저 밑바닥에 더 자격 있는 다른 지원서가 없을 것이라는 점을 확실히 알지 못한 채 각각의 수상자가 결정되기 때문이다. 막바지에 재고를 하는 것은 언제나 가능하지만 그것은 특정 지원서의 세부적인 면에 대해 평가위원들의 주의를 다시 집중시키는 에너지 소모적 도전을 요구한다는 점에서 별로 일어날 법하지 않다. 한 인류학자의 언급을 살펴보자.

"만약 회의가 하루 더 진행되고 또 우리가 '수상자' 목록에서 사람들을 뽑아 마음을 바꾸도록 허용된다면 6개나 7개 또는 8개가 바뀔지도 모릅니다."

이틀 동안의 강도 높은 작업 후에 평가위원들이 지적으로 소진되었다는 것 역시 막바지에는 과업의 처리 방식에 영향을 미친다. 특히 함께 보낸 이틀 동안 평가위원들은 종종 공통의 유머 감각, 일종의 집단 문화를 발전시키는데, 그것은 심의의 진지함을 무너뜨릴 수 있다. 한 예술사 학자는 다음과 같이 관찰한다.

"피곤해질수록 어떤 주제들이 출현하면 사람들이 농담으로 일관해서, 막바지까지 이어지는 것 같더군요."[41]

흥미롭게도 시간의 압박 때문에(평가위원들은 비행기 시간을 예약해 놓았다) 내가 연구한 패널 중 하나는 가용한 장학금을 모두 분배하지 않았다. 이것은 속세를 벗어난 듯한 측면을 많이 지니고 있지만 학문적 수월성의 판단이 결국 현실세계의 제약에 의해 유형화되는 과정이라는 것을 강하게 상기시킨다.

⋮ 결 론

기금 지원 동료평가에 참여하는 학자들은 수월성을 추구하고 기린다고 주장한다. 그리고 실상 수월성은 항상은 아닐지라도 적어도 때로 학문적 기획을 함께 묶는 것이다. 이 목표의 추구에서 공정하다는 느낌은 동료평가의 기술과 여기에서 묘사된 관습적 규칙에 의해 유지된다. 때로 위반되었을 때 가장 완전하게 드러나는 규칙을 따르면서 부정을 막고, 그래서 최선의 지원서를 찾도록 하는 데 도움을 주는 것이다.

이 장은 관습적인(말하자면 널리 동의되고 있는) 초개인적 규칙에 초점을 맞췄다. 이들 규칙을 따르는 것은 적어도 그 내용(5장의 초점)만큼이나 주장의 성공 가능성ㅡ그것들이 어떻게 경청될 것인가ㅡ에 영향을 미친다. 내가 묘사한 세계는 서로 다른 평가 체제 출신의 엘리트들이 서로를 축복해 주는 곳이 아니고 기회 축적에 참여하려는 협소한 사회적 네트워크들이 서로의 노력을 경주하는 곳도 아니다.[42]

나는 그런 행위 논리가 학계에 존재한다는 것을 부정하지 않는다. 하지만 나의 분석은 거기에 그것만 있는 것은 아니며 그것이 거기에 존재하는 주요한 것도 아닐 수 있다는 것을 드러내 준다. 이들 규칙(이를테면 자기이해관계를 배제하기 규칙) 중 몇몇을 위반하는 것은 사물이 어떻게 존재하고 어떻게 되어야 하는가에 대한 평가위원의 감각을 공격하는 것이다. 다른 규칙들은 패널의 정서적 관리와 더 연관되어 있고 절차가 작동하는 것을 보장하고 평가위원의 자기개념이 훼손되지 않도록(분과학문의 주권을 존중하는 규칙이 하나의 예이다) 보장하는 방향을 취하고 있다. 이들 명령은 패널로부터 도출되는 전반적인 느낌에 영향을 미치고 동료 기금 평가의 기획을 좀 더 '신성하고' 정당한 것으로 만드는 정서적 에너지를 낳는 데 도움을 준다.[43]

관습적 규칙에 대한 이런 검토로부터 불완전하지만 만족스러운 체계의 그림이 나타난다. 전략적 투표, 거래, 자기이해관계, 괴팍하고 일관성 없는 기준은 모두 방정식의 불가피한 부분이다. 똑같이 중요한 것으로, 평가위원의 언급과 관찰은 평가 행위가 인지외적인 요인들에 의해 오염된 인지적 과정이라기보다 아주 상호작용적이고 정서적인 과업이라는 점을 일깨워 준다. 이를 좀 더 구체화시키면 다음과 같다.

- 평가의 맥락이 중요하다.[44] 지원서는 다른 지원서들과 비교하여 관계적으로 평가된다. 비교의 세계는 안정적이지 않으며 기준 역시 마찬가지이다.
- 평가위원들은 공정성에 대한 실용적 이해를 지지하는데 그것은 지원서의 내재적 질만 고려한다는 이상과는 배치된다. 많은 판단이 관계적이고 추측에 기초를 둔 것이기 때문에 평가위원들은 그들이 현실적으로 성취할 수 있는 것에 대해 전략적으로 사고해야 한다.
- 보스-추종자 관계clientelism를 포함하여 평가 과정에서 인간관계의 영향력을 완전히 배제할 수는 없다. 학자적 전문성이 지식을 생산하는 사람들의 사회적 네트워크, 이 경우에는 지원자와 평가자 모두를 포함하는 네트워크 위에 중첩되어 있기 때

문이다.

- 괴팍한 평가는 거의 불가피하다. 하지만 그것들은 대개 보편 주의적 용어로 제시되고 공식적 평가 기준 속으로 매끄럽게 삽입된다.
- 관습적 심의 규칙을 존중하는 것은 동료 평가위원과의 신뢰성 축적(자신의 라벨이 지원서에 '붙게' 만들려면 필요조건)과 심의를 가능하게 만드는 데 중요하다.

절차의 공정성에 대한 믿음이 학계 전체에 공유되어 있지 않다는 점을 기억할 필요가 있다. 패널에 초청받은 학자들은 동료평가가 '작동한다는' 관점을 강하게 내면화한 사람일 가능성이 높다. 게다가 성공적인 학자일수록 집단의 신성한 가치를 받아들이고 칭찬할 가능성이 높다고 추측하는 것이 합리적이다. 나아가 프로그램 관리자들이 패널 구성원을 충원할 때 위신을 고려한다는 점에서 평가위원들은 대개 매우 성공적인 사람들이다.

기금과 장학금에 한번도 지원해 본 적이 없거나 받아 본 적이 없는 사람들은 분배 체계가 특수주의적이고 정실^{cronyism}에 기울어 있다고 믿을 가능성이 높다. 그러나 그것의 정당성에 대한 믿음은 적어도 미국에서 기금 지원 동료평가의 일반적 절차를 활성화시키기에 충분할 만큼 강하다.

이 장에서 정리된 평가 과정은 다학제적 패널에 적용된다. 단일 분과의 패널은 상이한 규칙을 따른다.[45] 구성원 모두가 동일 학문 출신이고 최소한 평판에 의해 서로 잘 아는 사이라면, 예컨대 분과 학문의 주권이라는 규칙은 적용되지 않을 것이고 주제에 대해 발언

할 권리를 점유하기 위한 경쟁도 더 치열할 것이다. 게다가 지원서의 가치에 대해 평가위원들이 서로를 확신시켜야 한다는 사실은 확실히 과정의 정당성에 대한 그들의 믿음에 기여한다. 대조적으로 학술지 게재 논문 평가는 평가자의 사무실이나 집이라는 사적 공간에서 이루어지고 공개적으로 변호되지 않는다. 이는 더 큰 개인적 자의성의 여지를 남겨 놓을 것이다.

이 장에서의 분석은 평가위원의 분과학문과 제도적 소속에 따라 패널에서 그들이 어떻게 경청되는가, 즉 그들의 견해에 어느 정도의 비중이 부여되며 누가 의심의 혜택을 보는가, 그리고 누가 누구를 존중하는가에 미치는 효과를 평가절하했다. 또한 평가되는 지식이 얼마나 기술적^{technical}인가에 따라 동일한 규칙이 적용되는 정도를 충분히 강조하지 않았다. 이들 논점을 다루려면 위계에 대한 상세한 관찰 자료를 얻고 패널들 사이의 유사성보다는 차이에 관심을 기울일 필요가 있다. 하지만 나는 인간관계와 관습적 규칙의 존중이 지닌 중요성에 대한 명확한 증거를 제시했다. 앞으로의 연구는 다양한 분과학문 출신의 평가위원들이 어떤 규칙을 가장 충실하게 존중하는가, 또 여기에서 고려하지 못한 경연을 포함해 모든 패널에서 가장 존중되는 규칙은 무엇인가를 상세히 밝혀야 할 것이다.

수월성의 다양한 종류
인식하기

동료평가에 대한 문헌들은 다시 한 번 평가 기준의 비중에 초점을 맞추고, 평가자들이 수월성의 평가 기준에 부여하는 의미는 탐구하지 않는다. 여기서 나는 그 의미를 더 잘 이해하기 위해 심의가 끝난 후 인터뷰 과정에서 평가위원들이 한 응답을 분석한다. 나는 명확성과 '질'의 논의로부터 시작하는데, 후자는 장인정신, 깊이, 완전성 등으로 속기된다. 이어서 나는 보다 실질적인 기준인 독창성, 중요성, 방법론, 수행가능성에 눈을 돌린다.

문학연구자인 빌 리딩스Bill Readings는 《폐허 속의 대학The University in Ruins》에서, '수월성의 관념'이 학문적 맥락 속에서 보편적으로 환기되지만 그 의미에 대해서는 거의 합의가 존재하지 않는다고 지적한다. 하나의 용어로서 그것은 '오로지 무의미한, 또는 좀 더 정확히 말하면 지시 대상이 없는 독특한 이점'을 지닌다.[1]

평가위원들이 잘 알고 있듯이 수월성은 본질적으로 다형적인polymorphic 용어이다. 한 사회학자는 '수월성에 대한 상이한 표준, 서로 다른 종류의 수월성이 존재'하지만 그럼에도 '보면 알 거라는 데 상당한 자신감을 가지고 있다'고 서술한다. 이 장은 평가위원들이 쉽게 인식하기는 하지만 항상 명확하게 표현하지는articulate 못하는 이 '그것'이 무엇인지 낱낱이 살펴본다.

앞으로 보게 되듯이 평가자들이 평가의 기준에 부여하는 다양한 의미를 이해하는 것은 적어도 기준 자체를 밝히는 것만큼 중요하다. 덧붙여 기준에 부여된 비중―예컨대 사회적 중요성보다 지적 중요성을 선호하는 것―은 심의의 결과에 헤아릴 수 없는 영향을 미치고 분과학문군clusters 사이의 '지적 아비투스'의 차이와 관련이 있을 것이다.[2]

고전적 저작인 《대학혁명The Academic Revolution》에서 크리스토퍼 젱크스와 데이비드 리스먼David Riesman은, 현대 대학에서는 '지역주의, 분파주의, 종족적 편견과 선호, 계급 배경, 연령, 성, 심지어 직업적 계획에 대한 요구도 철저히 묵살된다'고 관찰했다.[3] 이것은 여전히 미국 고등교육기관의 공식 신조이다. 용인되는 유일한 분파주의는 '질 높은 학자'라는 것뿐이며 특수주의적 고려가 발판을 얻는 것은 이 맥락에서이다. 수월성이 어떻게 코드화되고 신호되며 인식되는지 세밀하게 살펴보는 것이 중요한 이유는 바로 이 때문이다.

이 장에서 나는 평가위원들이 수월성의 평가 기준에 부여하는 의미와 상대적 중요성을 분석하기 위해 '대본scripts' 개념에 의지한다. 사회학자 어빙 고프먼의 대본 개념을 빌리자면 우리는 개인들이 수월성의 표준을 새롭게 창안하는 것은 아니라고 가정할 수 있다. 그들은 자신들의 세계를 이해하기 위해 환경에 의지하고 공통의 관습을 사용한다.[4]

패널 구성원들이 평가의 세계에서 자신들의 역할을 어떻게 이해하게 되는지를 보여 주기 위해 나는 먼저 그들이 판단의 기반으로 삼는 증거, 즉 지원서, 지원자와 추천서를 논의할 것이다. 앞으로 보게 되듯이 이들 각 유형의 증거에는 서로 다른 비중이 부여된다. 예를 들어 지원서는 추천서보다 훨씬 더 중시된다. 다음으로 나는 평가위원들이, 기금 지원기관들이 그들에게 고려해 달라고 요청한 형식적 범주들을 어떻게 해석하느냐로 눈을 돌린다.

동료평가에 대한 문헌들은 다시 한 번 평가 기준의 비중에 초점을 맞추고, 평가자들이 수월성의 평가 기준에 부여하는 의미는 탐구하지 않는다.[5] 여기서 나는 그 의미를 더 잘 이해하기 위해 심의 후 면접 과정 동안 평가위원들이 한 응답을 분석한다. 나는 명확성과 '질'의 논의로부터 시작하는데, 후자는 장인정신, 깊이, 완전성 등으로 속기된다. 이어서 나는 보다 실질적인 기준인 독창성, 중요성(학문적·사회적·정치적), '방법론'(이론과 방법, 자료 사이의 접합과 이론의 적절한 사용 포함), 수행가능성(지원자의 준비 정도와 과거 업적, 연구 계획)에 눈을 돌린다.

마지막으로 나는 평가위원들이 중시하는, 대부분 지원서보다 지원자와 더 관련이 있는 좀 더 섬세한^{evanescent} 속성을 살펴본다. 이들 섬세한 속성에는 어떤 지원서와 지원자가 '흥분'을 불러일으키고 어떤 것이 '우아하고' '지성적'인지가 포함된다. 비공식적 표준에는 '문화자본'의 적절한 과시와 지원자의 도덕적 속성에 대한 지각, 특히 지적 몰입의 진정성과 연관된 지각도 포함된다.

노련한 평가자에게 이 장에서 다루는 지평은 친숙한 것이리라. 좀 더 젊은 학자나 아직도 장학금 획득의 매직을 찾고자 애쓰는 다른 사람들에게는 이런 논의가 무엇이 좋은 지원서를 정의하는가에 대한 (때로 놀라운) 지표를 제공해 줄 것이다.

우리는 방금 지적한 공식, 비공식 기준을 평가위원들이 얼마나 자주 언급하는가, 또한 어떤 기준에 가장 큰 비중을 두는가 뿐 아니라 특정 기준에 부여된 의미의 외연에 대해서도 볼 것이다. 예컨대 독창성과 관련해 평가위원들이 사용한 의미의 범위는 실증주의 전통에서 설정한 것보다 훨씬 넓다. 그리고 섬세한 속성과 관련해서는 평가위원들의 반 이상이 이들 기준에 상당한 중요성을 부여한다는 것을 알게 될 것이다. 나는 도덕적 고려와 계급의 신호들(이를테면 '우아함'과 '문화자본')이 비록 업적에 기초한 보상 체계와는 다소 어울리지 않는 것이지만 학계에서의 평가 과정에 내재되어 있는 것이라고 주장한다.

⋮ 지원서의 요소들

2장에서 보았듯이 사전 선별자와 평가위원들이 판단의 기초로 삼는 증거는 일반적으로, 연구 제안서와 연관된 정보(참고문헌과 시간계획을 포함한 프로젝트의 설명), 지원자에 대한 정보(이전 업적의 개요, 자기소개서, 이력서, 논문 실적과 포트폴리오, 성적증명서, 교육경력과 관심분야, 프로그램의 목표에 대한 몰입도의 진술), 지원 자료들(추천서)이며, 평가위원들에게는 사전 선별자가 첨부한 주석과 순위가 더해진다.

평가위원들은 지원서를 어떤 장르의 부분으로 이해한다. 말하자면 특정의 인식 가능한 특징을 지니고 있고 알려진 특정의 관습을 따르고 있는가 등과 같은 것인데, 그것들 모두는 평가자에게 비교의 기초와 논의를 위한 공통언어를 제공해 준다. 한 인류학자는 이 기존 장르의 요소를 암시하며 다음과 같이 말한다.

"첫 번째 문장은 무엇이 진행되는지 명확하게 밝혀야 [합니다]……. [우리는] 5분 동안 20쪽의 기금 신청 지원서를 읽거든요."

그리고 어느 영문학 교수는 '[그] 프로젝트의 중요성, [비록 그것이] 기원전 2세기의 그리스 동전에 대한 연구라 할지라도 프로젝트에 대한 특정 중요성이나 흥미를 전달하는 것, 왜 이것이 할 만한 가치가 있는 것인가, 그것이 우리가 화폐에 대해 생각하는 방식을 바꾸기 때문이거나 이 특정 시기 그리스 사회에 대해 무언가를 이야기해 주기 때문이거나 단지 새롭고 흥미로운 대상에 대해 무언가를 이야기해 주기 때문이거나' 등을 논의하는 관습을 강조한다. 그런 관습을 준수하지 않는 지원서들은 내적으로 어떤 흥미요소를 지니고 있더라도 결과는 불을 보듯 뻔하다.

하지만 몇몇 관습들은 또한 회의를 불러일으키기도 한다.

"한 번이라도 [지원서를] 써 본 사람이라면 당신이 확신하지 못하는 것에 대해서조차도 확신하는 것처럼 들리도록 [해야 한다는 것]

을 알고 있기 때문입니다."

따라서 평가위원들은 지원서 서술이 일정한 양의 '인상관리'나 '거짓말[bullshit]6'을 요구한다는 것을 이해한다. 확신을 주는 지원서가 곧 지원자가 실제로 실행했거나 할 예정인 것에 대해 알고 있다는 것을 확증해 주지는 않는다. 그러나 그런 한계는 참여자 모두가 제한된 통제권만 갖고 있는, 불완전하고 때로 불투명한 시스템에서는 불가피한 일로 해석된다.

앞으로 보게 되듯이 많은 평가위원들은 지원자의 지적 참여의 진정성이 지원서의 내용을 통해 꽃핀다고 믿으며, 사실 그들은 천박하고 형식적인 것처럼 보이는 지원서에 대해서는 이른바 '거짓말 벌칙'을 부과할지 모른다. 이것이 이미 상당히 진행된 프로젝트를 기술하는 지원서가 종종 기금 수혜자로 선택받는 이유이다. 비록 그런 결정이 기금 지원 프로그램의 명시적 목표(필드 연구를 지원하는 것과 같은)와 배치될 때에도 말이다.

이미 진행된 프로젝트는 평가자들에게 거의 '항상 더 나은' 것으로 생각된다. 그것들은 좀 더 구체적이고 완성되어 있으며 '우아하기' 때문이다. 여기서 '거짓말 벌칙'이 반드시 적용되지는 않는데, 한 평가자의 말에 따르면 '어느 시점에서 그 사람이 돈을 받는가가 무슨 차이가 있나요? 그것은 연구 수행에 대한 보상'이기 때문이다. 그래서 지원자들뿐 아니라 평가위원들은 게임의 규칙이 얼마간 유동적이고 모호하다는 것을 이해하는 것처럼 보인다.

(2장에서 기술된) 경연 지침은 대체로 평가자들로 하여금 지원자의 과거 이력보다는 지원서의 강점에 초점을 맞추도록 한다. 이것은 기금 지원기관들이 업적 중심 정신을 강조하는 것과 궤를 같이하는

것이다. 한 경제학자는 "그들 [지원서를] 준비하는 데 많은 시간을 들였는데 지원서보다 이력을 중시한다면 불공정하죠."라고 느낀다. 한 영문학 교수 또한 지원서에 초점을 맞추는 것을 옹호하는데 "[가장 뛰어난 이력을 지닌 사람이] 항상 가장 뛰어난 지원서를 꾸리는 것은 아니니까요."라는 이유를 제시한다.

경연이 대학원생 또는 중진교수 중 어느 쪽을 지원하느냐는 이력이나 가능한 미래의 궤적(약속 또는 투사된 이동성이라는 용어로 측정되는)에 얼마나 비중을 둘 것인가에 영향을 미친다. 어느 경우에든 기금 지원기구들은 업적을 측정할 때 지원자를 고려할 것을 요구한다. 평가위원에게 제기되는 표준 문항은 '이 사람이 제시된 프로젝트를 완성할 자질을 잘 갖추고 있는가?'이다. 지도교수나 여타 후원자들이 써 준 추천서가 이 질문에 대답을 해 주지만 그것들은 기술적 능력과 준비 정도를 훨씬 넘어서는 논점을 다룬다.

추천서는 문화자본과 우아함, 그리고 여타 계급에 기반을 둔 섬세한 속성을 알려 주지만 추천서의 영향력은 제한되어 있다. 놀라울 정도로 많은 수의 평가위원들이(71명 중 25명) 추천서에 거의 또는 전혀 주의를 기울이지 않는다고 고백한다. 그 주된 이유는 그것들이 거의 하나같이 형식적이거나 과장되어 있거나 정보가 빈약하기 때문이다.[7] 한 역사학자가 주장하듯이 '너무 과장이 많아서 때로는 그걸 어떻게 해석해야 할지 알기가 어렵다.'

이런 회의에 대항하여 평가위원들은 추천서의 가치를 평가할 독특한 틀을 발전시킨다. 즉 '프로젝트에 대한 흥분의 느낌을 전달하는' 추천서를 더 진지하게 고려하는데, 이런 느낌은 추천서를 쓴 사람이 그 연구에 스스로 몰입했을 때에만 비로소 자아낼 수 있는 것이다.

한 인류학자는 경멸적으로 이야기한다.

"그 밖에 다른 것들은 모두 '이 사람은 자기 분야에서 가장 뛰어난 사람이다.' 그리고 물론 '이것은 핵심적 연구로서 반드시 기금을 받아야 한다.' 등등의 형식을 취하고 있죠……. 그것들은 대량생산된 추천서입니다."

"아시다시피 모두가 '그 분야의 최고'였고 모두가 '가장 중요한 연구'를 하고 있는 사람이었습니다."

그와 비슷하게 한 철학자는 직관에 반하게 다음과 같이 선언한다.

"칭찬의 말이 많은 추천서일수록 그에 초점을 덜 두게 됩니다. 묘사가 많을수록 더 많은 주의를 기울이고요. 만약 그저 '대단한 연구이다'라고 쓰여 있다면 그냥 넘겨 버립니다. 그걸 알지 못하고서는 그것이 대단한지 이야기할 수 없죠. 그리고 그걸 아는 것은 그 자체가 찬양의 표시입니다……. 내 자신의 경험을 보건대 내가 찬양하는 사람들에게 나는 그들의 프로젝트에 대해 씁니다. 무언가를 던져 버릴 필요가 있을 때는 '대단하다! 놀랍다!'라고 쓰고요."

한 경제학자에게 '중요한 것은 특정성이다……. 그 학생이 무엇을 했고 특정한 기술이 연구주제에 어떤 영향을 미칠 것인지에 대한 특정성 말이다.'

그러나 만약 지원자가 믿음을 주지 못한다면 어떤 추천서도 균형을 뒤엎지 못할 것이다. 질이나 심지어 밴드왜건 효과에 더 종속되는 어떤 분야의 '뜨거움'에 대한 합의를 구축할 조건을 만드는 것은 강력한 추천서와 훌륭한 지원서의 조합이다.[8]

가장 중시되는 추천서는 두 가지 유형이다. 프로젝트의 중요성을 구체적으로 설명하는 것과 그것을 기존 문헌 속에 위치시키는 것은 한 역사학자가 표현하듯이 '만약 그것이 나와 같은 사람 즉 그 분야에 대해 문외한인 사람들이 왜 그에 관심을 가져야 하는지에 대해 정확하게 이해하려 할 때 매우매우 도움이 된다.'

한편 평가위원들이 개인적으로 또는 저술을 통해 알고 있는 사람이 쓴 추천서는 설득력이 매우 높을 수 있다(3장을 보라). 왜 그가 특히 한 동료의 견해에 가치를 부여하느냐에 대한 한 영문학자의 설명은 그런 추천서가 사람들의 판단에 영향을 미치는 방식을 예시한다.

> 다이앤 미들브룩Diane Middlebrook은 내가 아는 사람입니다. 직접 잘 아는 것은 아니지만 겹치는 친구들이 많죠. 나는 그녀의 연구를 읽었고 그녀가 쓴 다른 추천서들을 읽었습니다. 나는 [그것들과] 그녀의 지성을 신뢰합니다. 그녀는 후보자를 치켜세울 사람이 아니며 또 어떤 [갈등]이 있다고 후보자를 폄하할 사람도 아닙니다……. 그녀는 고결한 지성을 갖춘 사람이죠.[9]

마찬가지로 한 철학자는 노벨상 수상자인 경제학자 아마르티아 센Amartya Sen이 쓴 추천서에 큰 비중을 두었다고 말한다.

"그는 영민함의 판단 방법을 압니다. 주변에 영민한 사람들을 매우 많이 거느렸으니까요."

다른 노벨상 수상자인 경제학자 조지 애커로프George Akerloff에 대해서도 비슷한 이야기가 있었다. 지원자가 좀 더 이름 있는 대학에 있을수록 저명하고 발이 넓은 추천서 저자와 접촉할 수 있고, 이들 지

원자들은 추천서에 상당한 비중을 두는 평가자들 덕분에 이득을 볼 가능성이 높다.[10]

몇몇 평가위원들은 추천서가 특정 내용과 무관하게 중요한 '신호 signaling' 역할을 한다고 믿는다.[11] 유명한 후광 효과처럼 추천서는 실제로 연관성에 의해 위신이나 질의 척도를 전달한다.[12] 그에 대해 한 정치학자는 이렇게 진술한다.

"나는 그 추천자가 얼마나 뛰어난가에 대해 내가 아는 바에 근거를 두고 판단을 내리지만 그가 실제로 이야기하는 것에는 별로 주의를 기울이지 않습니다. 추천서 간에 구분을 하기란 매우 힘든 일이니까요."

추천서의 신호 효과는 매우 강력해 다른 요인들을 덮어 버릴 수도 있다. 한 철학자는 자기 학과의 한 대학원생에 대한 다음과 같은 경계의 말을 전한다.

"우리는 그의 박사 논문에 대한 추천서를 써야 했습니다. 그런데 내 글이 정말 좋았는지 그는 12번의 인터뷰를 했죠. 그러나 인터뷰 후에는 아무도 그를 거들떠보지 않더군요. 그 일 이후 나는 [그의 성취에 맞춰 추천서를 적절하게 쓰도록] 주의하고 있답니다."

한 정치학자는 '사물에 대한 명료한 감각을 갖고 싶기' 때문에 단지 지원서에 기초해서만 결정을 내린다고 말한다. 그녀는 자신의 평가를 수정할 때나 보조 증거로서 추천서를 사용한다. 다른 평가위원은 서류 전체를 다 읽을 때까지는 추천서 작성자의 이름을 읽지 않음으로써 공평한 경쟁의 장을 만들고자 한다.

교수는
무엇으로 판단하는가

⋮수월성을 인지하는 6가지 기준

2장에서는 기금 지원기관들이 수상자를 결정할 때 평가위원들에게 제시하는 공식 기준을 기술했다(특히 표 2_1을 보라). 3장에서는 분과학문에 따라 특유한 수월성의 구성 요소에 대한 일반적 분석을 제공했다. 여기서 나는 이들 분과학문을 인문과학과 사회과학이라는 표준적 범주들로 재분류하여 평가위원들이 평가 기준을 이해하고 사용하는 경향을 찾아낼 것이다. 그러나 나는 여전히 역사학을 인문과학과 사회과학 사이에 위치한 독자적인 범주로 취급할 것이다. 표 5_1은 이들 분과학문의 집합에 따라 공식적 기준 중 어느 것이 더 두드러지는지 (응답자가 각각을 사용하여 언급한 횟수로 정의되는) 보여 준다.

6개 기준이 모두 동일한 비중을 부여받지는 않는다. 예를 들어 독창성은 수행가능성보다 비중이 더 크다(표 5_1을 보라). 이를테면 엄밀성 대 혁신성처럼 각 기준에 어느 정도의 비중을 두어야 하는가를 둘러싸고 갈등이 빚어진다. 한 역사학자는 '멋진 아이디어'로 보인

표 5_1 분과학문의 집합에 따라 각 기준을 언급*한 평가위원의 수

기준	인문과학(N=22)	역사학(N=20)	사회과학(N=29)	합계(N=71)
명확성	15(68%)	16(80%)	12(41%)	43(61%)
질	9(41%)	8(40%)	15(52%)	32(45%)
독창성	18(82%)	19(95%)	26(90%)	63(89%)
중요성	19(86%)	19(95%)	27(93%)	65(92%)
방법론	9(41%)	11(55%)	21(72%)	41(58%)
수행가능성	10(45%)	11(55%)	15(52%)	36(51%)

* '언급'이란 인터뷰 중 그 기준이 적용된 것을 의미한다.

것을 다룬 지원서를 어떻게 지지하였는지 묘사한다.

"그에 대해 내가 느낀 매력은 아시다시피 나는 단지 책을 볼 수 있을 뿐이고 이것은 흥미진진한 아이디어를 지닌, 정말로 탁월하고 가독성이 높으며 교육에 유용한 책이라 생각했습니다……. [그것은] 좀 더 통상적인 [프로젝트], 잘 가다듬어지고 이론적으로 세련되었으며 경력관리에 치우친 [프로젝트]와 질적으로 다른 결과를 낳을 것 같았죠. 다시 말해 그것은 무언가 예외적인 것이었습니다."

방법론과 엄밀성을 훨씬 더 강조하는 한 경제학자는 이 지원서의 혁신적 성격에도 불구하고 그에 강하게 반대했다. 그래서 동일한 지원서에 대해 상이한 기준들이 적용된다. 게다가 지원서들은 동일한 이유로 수상을 하거나 탈락하지 않는다. 사회과학과 인문과학은 다면적인 학문세계를 구성한다. 거기에는 단일하고 통합된 분과적 위계가 존재하지 않는다. 학문의 상이한 부분들이 서로 다른 조명 아래에서 빛을 발한다. 분야를 넘나드는 다수의 학문적 접근법이 부분적으로 서로를 강화하지만 또한 때때로 서로를 지워 버리기도 한다.

한 인류학자는 주제의 광범위함에 대한 가치부여와 학자의 유형을 수월성의 상이한 표준과 직접 연결시킨다. 그녀는 학계에서의 페미니즘의 출현과 권력관계가 기준에 영향을 미치는 방식에 대한 인식으로까지 나아가 이 연결을 추적한다. "수월성에 대한 하나 이상의 이상적 모델이 [존재합니다]."라고 그녀는 단언한다. 이 관점은 명확성과 '질'에서 출발하여 주요 평가의 기준을 살펴보면서 이 장의 전반에서 확인될 것이다.

명확성과 '질'

ACLS와 WWNFF, SSRC만이 명확성을 평가의 공식 기준으로 특정하고 있다. 하지만 그것은 평가위원들이 알곡과 쭉정이를 가리는 방법을 묘사할 때 흔히 첫 번째로 언급하는 특성이기도 하다. 사회과학자보다는 역사학자와 인문과학자들이 명확성을 더 중요하게 여기지만, 집합적으로 보면 61%의 평가위원들이 수월성을 측정하는 가장 중요한 기준을 들어 달라고 했을 때 명확성을 언급했다. 그들이 정의한 명확성은 발광성luminescence, 투명성, 정확성, 분석적 명확성, 산뜻함crispness, 짜임새tightness 등으로 다양하다(표 5_1을 보라).

더 많은 평가자들이 명시적으로 그것을 언급하지 않는다는 사실은 그것이 수월성의 필수조건으로서 얼마나 당연시되고 있는가를 보여 준다. 특히 지원서와 관련하여 형식은 질료만큼 중요하다. 그것은 경주를 뛰기 위한 전제조건이다. 이는 부분적으로 평가위원들이 지원서 더미를 충분히 살펴볼 시간이 부족하기 때문이다.

한 음악학자는 평가위원들의 [보수가 매우 적습니다.]라고 지적한다.

"그들에게는 자료가 산더미만큼 제시되는데 그걸 힘들여 읽고 평가해야 합니다……. 그들이 기본적으로 하는 일은 정말 기금을 주고 싶은 것을 찾는다기보다 배제deselect하는 일입니다. 그래서 누군가 글을 잘못 썼거나 하품 나는 글을 썼다면 아마 발탁되기가 쉽지 않은 겁니다."

마찬가지로 한 정치학자는 "최상의 지원서는 내가 고생하지 않아도 되는 지원서죠."라고 말한다.

많은 평가위원들에게 명확한 글쓰기 스타일은 명확하고 정돈된 지성을 드러내는 것이다. "글의 질이 정신의 명확성에 대해 무언가를 이야기해 줍니다."라고 한 영문학 교수는 지적하면서, "나에게는 그것이 지원서가 완벽하게 정확한가보다 더 중요합니다."라고 덧붙인다. 다른 영문학 교수는 '복잡한 아이디어를 명확하게 다룰 수 있는 산문 스타일'이 날카로운 지성을 보여 주는 것이라 본다.

명확성은 또한 능력과 ('그것은 명확하게 서술되어 있어 그 사람이 자기가 이야기하는 것을 알고 있다는 느낌을 가지게 해 줍니다.') 지원자가 지원서에 얼마나 주의를 기울였는지를 보여 주는 것으로 간주된다. 이것은 발광성, 투명성, 정확성, 분석적 명확성, 그리고 '산뜻하고, 빈틈없이 짜이고 정비된 문장들'이 초고를 계속 반복해서 다듬을 때만 성취될 수 있는 것이기 때문이다. 그래서 한 영문학 교수에 따르면 명확한 지원서는 "그들이 좋은 책을 쓸 것이라는 믿음을 줍니다……. 만일 세심하게 쓴 것이 아니라면 사려 깊음…… 곧 사고의 깊이에 대해 우려가 들게 되죠."라고 정의된다.

'수월성'처럼 '질'은 평가위원들이 지속적으로 동원하는 모든 것을 포괄하는 지시어이다. 질은 응답자의 45%가 언급했는데 '장인정신', '깊이', '세부에 대한 주목', '건실함soundness' 등으로 드러난다. 다음으로 이것들은 '엄밀함'과 '견고함'에 연결되는데 이 모든 용어는 지원서를 만드는 데 최선의 노력을 투자한 지원자를 가리키기 위해 바꿔 쓸 수 있는 말처럼 사용된다.

장인정신은 한 사회학자가 찬양하는 속성이다. 그는 학문적 수월성을 믿느냐는 질문에 "수월성이 정직한 연구, 잘 정련된 연구, 학업을 장인적인 것으로 보는 것을 의미한다면 나는 그것을 믿습니다.”라고 대답한다. 자신의 대답을 보완하면서 그는 '자료에 충실한 작업'을 강조한다.

그는 수월성을 '우수한 질의 학업에 기반을 둔 연구를 [생산하는 것]'과 연관짓는다. 그것은 '윤리와 장인적 기술(강조는 저자)의 접목'이다. 마찬가지로, '완성된 생산물에 큰 관심을 가지는' 한 정치학자는 "통찰력이나 창의성 없는 장인은 아시다시피 훌륭한 대상을 생산하지 못합니다. 반드시 창의적이기도 해야 합니다.”라고 주의를 덧붙인다.

질의 또 다른 측면인 깊이는 특히 인문과학자들이 가장 역설하는 차원이다. 한 중국사 학자는 높은 질의 지원서가 이런 관심을 반영한다고 기술한다.

"이 속에는 많은 역사적 작업이 포함되어 있을 뿐만 아니라 깊이도 있습니다. 서술은 격조 높으며 권위 있게 씌어졌습니다. 당신은 이 사람이 지극한 경의를 지니고 몰두해 있으며 동시에 최상질의 연구를 할 수 있도록 일종의 거리를 지니고 있음을 느낍니다."

질에 대한 지배적 정의는 또한 때때로 세부에 대한 주목을 예찬하는 것을 포함한다. 그래서 한 사회학자는 완전성을 강조하며 그 자신의 연구가 특히 '엄밀한 역사적 분석'에 강한데 "그것은 2차 사료에만 매달리는 것이 아니라 1차 사료까지도 천착하는 것을 의미합니다.”라고 기술한다. 한 역사학자는 연구 선택에 대한 지원자의 철저한 숙고를 강조한다.

마지막으로 질을 정의하면서 많은 응답자들이 학자적·경험적 견실함을 강조한다. 인문과학자에게 학자적 견실함은 지원서의 세부 사항과 정확성에 의해 측정된다. 그래서 사실관계에 오류가 있는 지원서는 바로 탈락된다.

한 역사학자는 실패한 지원서를 환기하면서 그것이 "역사적 시대 착오, 단지 틀린 역사적 가정으로 가득 차 있으면서도 [지원자가] 나름대로 시류에 영합해 흥미를 유발하는 전문용어를 사용했습니다. 그것은 한마디로 부정직한 것이었죠."라고 진술한다.

경험적 견실함은 일화의 사용, 한 음악학자가 '분출하는 견해'라고 묘사한 것에 대립되어 정의된다. 그것은 또한 무의미한 증거의 짜깁기와 피상적인 '시류 영합'에 흔히 대조된다. 한 사회학자는 탈락자와 수상자를 이런 식으로 비교한다.

> 18세기 로마사에 대한 이 지원서는 매우 학문적이고 민족주의 관련 논쟁에서 절대적으로 첨단에 있습니다. 그것은 특정 연구의 면에서 경험적으로 건실합니다. 그리고 그것은 매우 세밀하고 세부 사항 속에 핵심도 포함되어 있는 것으로 보입니다……. [기금을 제공받지 못한] 몇몇 트렌디한 지원서들은 개념에 너무 관심이 많더군요……. 그것들은 실제 사물 자체가 아니라 우리가 어떤 사물을 어떻게 접근하는가와 더 관련이 있습니다.

한 정치학자도 동의하면서, 그녀가 좋아하는 학자는 "주장을 펼 때 많은 증거를 제시하는 것입니다……. 나는 비록 그것이 나의 연구처럼 상이한 형태를 취하고 있지만 애덤 셰보르스키의 연구를 좋아합니다. 나는 저자가 자신의 이야기를 정당화하는 데 정말 많은 곤란을 겪은 프로젝트를 좋아합니다. 사례 연구든 대규모의 양적 연구든 다 그것을 할 수 있습니다."라고 기술한다.

질 높은 연구를 생산하는 방법에 대해 대학원생을 교육하면서 그녀는 '변수들을 매우 비판적으로 바라보고', '수행가능성을 주의 깊게 살피고', '많은 증거'를 배치하며 연구 문제에 대해 많은 '서로 다른 종류의 렌즈'를 도입하도록 지도한다.

독창성, 중요성, 방법론, 수행가능성

프로젝트의 실질적 질을 정의하는 것을 논의하면서 3개 분과학문 집단 모두의 응답자들은 수월성의 공유된 '대본'에 의지하는 것 같다. 여기서 대본이란 정의와 결정 경로의 조합을 말하는 것인데, 독창성과 중요성이 중심 역할을 하며 방법론과 수행가능성 역시 중요하지만 덜 광범위한 동의를 얻고 있다.

인문과학자와 사회과학자, 역사학자가 이들 네 기준 중 어느 것에 얼마나 중요성을 부여하는지에 대해서는 아무런 명확한 유형의 차이가 존재하지 않는다. 표 5_1에서 보았듯이 독창성은 89%, 중요성은 92%, 방법론(이론과 자료, 방법 그리고 3개의 조합을 의미하는)은 58%, 수행가능성은 51%의 평가위원이 최소한 한 번은 언급했다.

독창성의 여러 형태

과학적 평가에서 독창성의 위치에 대한 고전적인 사회학적 문헌은 로버트 K. 머튼의 견해를 따라, 독창성을 과학적 지식을 풍부하게 하는 새로운 발견을 만드는 것으로 정의한다. 머튼은 '지식의 진보는 크든 작든 독창성을 통해서 이루어진다'고 단언했다.[13]

토머스 쿤Thomas Kuhn은 새로운 이론이 수용되는 방식의 독특성을 지적함으로써 독창성에 대한 이러한 이해를 확장시켰다. 과학 공동체가 일반적으로 패러다임 변환에 저항한다고 특징지으면서, 쿤은 '정상과학'의 이론을 확인하는 새로운 발견은 과학적 노력의 주된 버팀목이지만 비정상적 발견이나 합의에 도전하는 이론은 거의 환영받지 못하고 대개 무시된다고 주장했다.

많은 학자들이 이 문헌에 의지했고 다른 사람들은 동료평가 과정의 다양한 측면을 조사했다. 하지만 아직 독창성이 새로운 발견을 하는 것 또는 새로운 이론을 생산하는 것으로 구성된다는 특정한 가정에 의문을 제기한 사람은 아무도 없다. 이를테면 브루노 라투르와 다른 사람들이 그 문헌이 우선성 논쟁을 강조하는 것에 대해 비판한 바 있지만 학계가 독창성을 정의하고 평가하는 방식은 여전히 조사되지 않고 있다.[14]

비록 고전적인 독창성의 정의가 자연과학의 연구로부터 생겼고, 적어도 명시적으로는 광범위하게 적용되도록 의도된 것이 아니지만 그것은 종종 사회과학에도 적용된다. 이러한 정의가 사회과학이나 인문과학에서의 독창성에 대한 이해를 얼마나 규정하고 있는가는 여전히 열려진 문제이다.

다른 곳에서 나의 동료인 조슈아 게츠코Joshua Guetzkow, 그레고와르 말라르Gregoire Mallard와 나는 평가위원들이 독창성을 묘사하는 방식을 분석하여 그들의 묘사가 문헌에서 주장되는 것보다 훨씬 광범위한 정의를 지향하고 있음을 발견했다.[15] 우리는 평가위원들의 정의를 분류하기 위해 유형을 구성했다. 이들 독창성의 범주는 표 5_2에 나타나 있는데 새로운 접근법, 이론, 방법론 또는 자료의 사용을

교수는
무엇으로 판단하는가

표 5_2 독창성이 일반적이고 특수한 유형에 대한 언급 빈도

일반적 유형들(N=217)

구분	독창적 접근	빈도(%)	덜 연구된 영역	빈도(%)	독창적 주제	빈도(%)	독창적 이론	빈도(%)	독창적 방법론	빈도(%)	독창적 자료	빈도(%)	독창적 결과	빈도(%)
일반적이고 특수한 유형	새로운 접근	5 (7)	덜 연구된 지역	7 (54)	새로운 주제	9 (28)	새로운 이론	5 (13)	혁신적 방법 또는 연구설계	5 (19)	새로운 자료	15 (52)	새로운 통찰력	5 (56)
	새로운 질문	21 (31)	덜 연구된 시기	6 (46)	비정전적 주제	20 (63)	아이디어의 연결/재그리기	12 (30)	방법의 종합	10 (37)	복수의 자료원	10 (34)	새로운 발견	4 (44)
	새로운 관점	11 (16)			비관습적인 주제 선택	3 (9)	문헌의 종합	12 (30)	낡은 자료의 새로운 사용	7 (26)	비정전적 자료	4 (14)		
	오래된/유행하는 주제에 대한 새로운 접근	10 (15)					기준 이론의 새로운 적용	5 (13)	낡은 질문이나 논쟁의 해소	3 (11)				
	새로운 연결	8 (12)					재개념화	4 (10)	문제에 대한 혁신	2 (7)				
	새로운 논의	6 (9)					비관습적인 이론의 사용	2 (5)						
	문제에 대한 혁신	6 (9)												
	계	67(100)	계	13(100)	계	32(100)	계	40(100)	계	27(100)	계	29(100)	계	9(100)
	모든 유형에 대한 비율	31		6		15		18		12		13		4

출처 : Guetzkow, Lamont과 Mallard(2004)

포함한다(예를 들어 독창적 연구는 '신선한 시각을 도입하는 것' 또는 '새로운 정보원에 의지하는 것'으로 간주된다). 그리고 새로운 주제의 연구, 연구가 미흡하게 이루어진 영역에 대한 연구의 수행, 또는 새로운 발견의 생산(연구자가 '외견상 정전화된 저자들'을 모험적으로 탐구할 때와 같은)도 포함한다. 우리는 분과학문의 집합에 따라 차이가 있음을 발견했다.

인문과학자와 역사학자들은 사회과학자들과 다르게 독창성을 정의하는 편이다. 그들은 분명하게 접근법에서의 독창성을 우대하며 인문과학자들은 또한 사용된 자료에서의 독창성도 강조해 새로운 텍스트와 저자의 발굴을 특히 강조한다(표 5_3을 보라).

사회과학자들은 방법론에서의 독창성에 대해 가장 자주 언급하지만 그들 역시 좀 더 다양한 범위의 독창성 유형을 인정하는 것처

표 5_3 분과학문의 집합에 따라 독창성의 일반적 정의를 언급[*]한 빈도

독창성의 유형	인문과학		역사학		사회과학		계	
	빈도	%	빈도	%	빈도	%	빈도	%
접근법	29	33	26	43	12	18	67	31
자료	19	21	6	10	4	6	29	13
이론	16	18	11	18	13	19	40	18
주제	13	15	6	10	13	19	32	15
방법론	4	4	5	8	18	27	27	12
결과	3	3	4	7	2	3	9	4
덜 연구된 영역	5	6	3	5	5	7	13	6
모든 일반적 유형	89	100	61	100	67	100	217	100

출처 : Guetzkow, Lamont과 Mallard(2004)
* 하나의 '언급'이란 어떤 범주가 면접 중 적용된 것을 의미한다. 몇몇 항에서는 반올림 때문에 합이 100%가 아닌 것도 있다.

럼 보이며 독창적 접근법이나 이론의 사용 또는 독창적 주제의 연구를 강조한다. 전반적으로 이러한 다양성은 적어도 인문과학과 사회과학에서 좀 더 다차원적인 독창성의 정의가 필요함을 강하게 확인시켜 준다.

학문적 중요성과 정치적 또는 사회적 중요성

내가 연구한 5개 기금 지원기관 중 4개는 공식적인 선택의 기준으로 중요성을 특정하고 있다. 하지만 대부분의 기금 지원기구들은 이 용어의 정의 방법에서 다소의 모호성을 드러낸다. 여기서 패널 구성원들의 선도를 따라 나는 학문적(지적 또는 이론적) 중요성과 사회적 또는 정치적 중요성을 구분한다. 학문적 중요성은 어떤 프로젝트가 일반화될 수 있는 결과를 생산할 가능성, 또는 좁게 정의되거나 고도로 추상적인 주제를 다루는 것이 아니라 광범위한 이론적 질문이나 절차에 호소하는 것에 기초하여 결정된다.

사회적 또는 정치적 중요성을 지닌 프로젝트는 피지배 집단에게 목소리를 부여하거나 사회적으로 유용한 지식을 생산할 것으로 기대되는 프로젝트이다. 나아가 그런 구분은 연구 주제의 중요성과 연구 결과의 가능한 영향(학계 전체, 자신의 분과학문, 지식에 대한)의 중요성 사이의 구분뿐 아니라 연구의 사회적·정치적 영향까지 포함한다.

표 5_4는 심의 후 면접 중 지원서를 논의하면서 평가위원들이 이들 범주를 언급한 분포이다. 영향의 중요성은 주제의 중요성보다 좀 더 자주 언급되었다. 전체적으로 평가위원들은 연구의 사회적 또는 정치적 영향보다 프로젝트가 지식과 학계에 미칠 수 있는 영향

에 더 많은 관심을 지니고 있다.

그러나 분과학문에 따라 평가위원 사이에는 차이가 있다. 예상할 수 있듯이 인문과학자들은 주제의 지적 중요성에 가장 관심을 지니고 있는 반면 역사학자와 사회과학자들은 주제의 정치적·사회적 중요성에 좀 더 많은 관심을 지니고 있다.

3장에서 이미 언급했으며 다른 곳에서 상세히 설명했듯이 평가위원들은 지원서를 평가하고 논의하면서 4개의 상이한 인식론적 스타일 중 하나 또는 몇 개를 사용한다.[16] 이들 스타일들은('구성주의적', '종합적', '실증주의적', '공리주의적') 중시하는 방법론적 접근(요약하자면 환원주의reductivism 대 '이해')과 그것들이 '지식을 위한 지식'(종합적 스타일과 실증주의 스타일에서 중시하는)이냐 '사회변화를 위한 지

표 5_4 분과학문별 집합에 따라 평가위원들의 중요성 기준을 언급[*]한 횟수

구 분	인문과학		역사학		사회과학		계	
	빈도	%	빈도	%	빈도	%	빈도	%
주제의 중요성	16	73	16	80	17	85	49	69
지적	15	68[**]	10	50	9	31	34	48
정치적·사회적	10	45	13	65	17	59	40	56
영향의 중요성	16	73	18	90	24	83	58	82
학계에 대한	8	36	9	45	14	48	31	44
분야에 대한	8	36	8	40	6	21	22	31
지식에 대한	7	32	12	60	14	48	33	46
정치적	5	23	2	10	9	31	16	23
사회적	5	23	5	25	13	45	23	32
계	19	86[***]	19	95	27	93	65	91

  * 하나의 '언급'이란 어떤 범주가 면접 중 적용된 것을 의미한다.
 ** 평가의 기준으로 '지적 중요성'을 사용한 인문과학자 모두의 비율
*** 몇몇 평가위원들은 하나 이상의 중요성 유형을 언급했다.

식'(구성주의와 공리주의 스타일에서 중시하는)에 기초하느냐, 에서 다양
한 차이를 지니고 있다.

표 5_5에서 평가위원들이 면접 중에 가리킨 주요 스타일을 서술
하고 각 스타일에서 가치를 두고 중시하는 요소를 대비해 보았다.
표 5_6이 보여 주듯이 평가위원 중 3/4은 종합적 스타일을 선호하
는데 그것은 지원서의 평가 방법을 기술하면서 지식을 위한 지식을
중시한다. 이 스타일은 하나를 제외한 모든 경연에서 지배적이었
다. 전체적으로 인문과학자의 86%, 역사학자의 78%, 사회과학자
의 71%가 그것을 사용했다.

우리가 기대하듯이 다른 3가지 스타일의 사용을 보면 사회과학자
가 역사학자나 인문과학자보다 훨씬 더 실증주의 스타일을 선호하
고 사회과학자에 비해 상당히 더 많은 인문과학자와 역사학자가 구

표 5_5 평가위원들의 면접 답변에서 나타난 가장 중요한 인식론적 스타일

인식론적 스타일	긍정적 평가	
	이론적 스타일	방법론적 스타일
구성주의적	지원서가 연구에 적합한 개인적·정치적·사회적 요소를 제시할 때	지원서가 경험적 대상의 세부 사항과 복잡성에 대한 주의를 보여 줄 때
종합적	지원서가 연구를 위해 실질적으로 풍부한 정보와 이론적으로 풍부한 어젠다를 강조할 때	지원서가 경험적 대상의 세부 사항과 복잡성에 대한 주의를 보여 줄 때
실증주의적	지원서가 경험적 발견을 일반화하고 이론을 검증하며 이론적 난제를 해결하고자 할 때	지원서가 일련의 규정된 변수로 세계를 포괄하는 형식적 모델을 사용하여 대안적 가설을 검증하려 할 때
공리주의적	지원서가 경험적 발견을 일반화하고 이론을 검증하며 '실제 세계'의 문제와 연관된 난제를 해결하고자 할 때	지원서가 일련의 규정된 변수로 되어 있는 형식적 모델을 사용하여 대안적 가설을 검증하려 할 때

성주의 스타일을 사용한다.

여기서 가장 흥미로운 것은 이들 분포의 세부 사항이 아니라 무엇이 중요성을 구성하는가에 대한 패널 구성원의 이해가 지닌 다양성과 범위이다. 이처럼 다양한 이해가 어떻게 이들 평가위원들이 학문적·사회적 중요성과 관련한 구분을 하는 방법을 형성하는가?

《취향의 표준에 대하여》에서 철학자 데이비드 흄은 미의 감상이 '이상화된 반사실적 규정이나 거의 이상적인 비평가의 결합된 견해로 가장 잘 해석'되며 여기서 거의 이상적인 비평가란 '진정한 판관'이자 전문가라고 시사한다.[17] 마찬가지로 학문적 중요성은 특정 분야에서 지식의 현 상태와, 무엇을 해야 하는가에 대한 남다른 전문성을 지니고 있는 사람들만 판단할 수 있다. 그런 전문가의 한 사람은 이렇게 설명하고 있다.

"나는 내 분야에서 훨씬 더 단단한 기반을 지니고 있는데 그곳에서…… 나는 확고한^{silver} 판단 또는 좀 더 자신 있는 판단을 내릴 수 있고…… 연구 주제에 대해 아주 친숙합니다."

물론 어떤 주제에 대해 얼마나 더 많은 연구가 필요한가에 대해서는 종종 불일치가 존재한다. 한 정치학자가 이 문제를 다뤘다.

"[한 평가위원이] '복지 국가에 대한 연구가 너무 많아요.'라고 말하더군요. 솔직히 나는 그가 틀렸다고 생각합니다. 그녀가 살피는 특정 국가와 관련된 복지 국가에 대해서만 많은 자료가 존재하기 때문에요. 그 부분을 제외하더라도 [그 지원서는] '민주주의로의 전이' [문헌]과도 연결되어 있습니다……. 그것은 오늘날 정치학에서 두 개의 거대한, 어쩌면 가장 큰 문헌들에 대해 발언하고 있는 것입니다."

그래서 학문적 중요성의 결정은 전문성뿐 아니라 개인적 취향에도 의지할 수 있다. 한 영문학자가 자신의 지적 편향을 문학비평가인 친구의 편향과 대비하면서 이 사실을 확인시켜 준다.

"[내 친구는] 문화적 조류, 경향, 지성사知性史가 곧 행위가 벌어지는 곳이라 생각해요. 지난번 책에서 나는 단순한 단어와 문장에서 얼마나 대단일 일이 일어나고 있는가를 보여 주었는데 그런 종류의 작업에 대해 그는 단지 내키는 대로 하는 일종의 방종self-indulgence이라고 생각하더군요."

중요성의 결정은 또한 관점 즉 그가 중시하는 렌즈의 문제이기도 하다. 이것 역시 개인의 취향에 의해 영향을 받는다. 많은 사회과학자들에게 '일화적인 것을 넘어' '일반화하는 것'은 공유된 수월성 각본의 요소이다. 한 경제학자가 요령 있게 '이론적 기여'로 중요성을 평가하는데 여기서 이론적 기여란 일반화라는 용어로 정의된다.

그는 "기본 이론은 [어디에서나] 적용되어야 합니다."라고 말한다. 그는 프로젝트의 중요성을 평가할 때 다음과 같이 말한다.

표 5_6 분과학문의 집합에 따라 각각의 인식론적 스타일을 사용한 평가위원의 수

인식론적 스타일	분과학문의 집합						빈도	%
	인문과학		역사학		사회과학			
	빈도	%	빈도	%	빈도	%		
구성주의적	4	28	4	29	3	14	11	22
종합적	12	86	11	78	15	71	38	78
실증주의적	0	0	3	23	11	57	14	29
공리주의적	0	0	1	4	4	19	5	10
계	14		14		21		49	

참고 : 각 피면접자가 하나 이상의 스타일을 적용하기 때문에 합이 100%가 되지 않는다.

"[그 프로젝트가] 세밀한 질문을 [묻는가] 또는 그것이 정말 여러 나라와 여러 나라 속의 여러 지역을 포괄하는 질문인가? 만일 그것이 다른 나라에도 적합한 특정 측면을 보는 이슈라면 나는 그것이 광범위한 적합성을 지녔다고 정의하겠습니다."

하지만 한 정치학자는 일반화와 법칙 같은 진술에 대해 회의적이다.

"왜냐하면 당신은 그것을 할 수 없으니까요. 그리고 이제 실상 대부분의 사람들은 그들이 그것을 할 수 없다는 것을 이해하고 있지만 어쨌든 분과학문에서는 그것을 보상하고 있죠."

일반화에 대한 대안은 특정 연구의 이론적 함의를 논의함으로써 학문적 중요성을 보여 주는 것이다(종합적인 인식론적 스타일과 궤를 맞춰). 이것은 스스로를 '미시적 사회사학자'로 묘사하는 한 평가위원이 높이 평가하는 접근법이다. 그는 다음과 같이 설명한다.

"세밀한 연구를 하여 그것을 광범위한 비교의 틀에 넣음으로써 (정체성, 세계화, 불평등, 미학, 의미, 인종 또는 젠더와 같은) 광범위한 것들에 대한 그것의 중요성을 도출하는 것은 가능합니다."

이런 접근법은 다른 학자에게 관심을 끌지 못할 '협소한 지원서'와 대조된다. 한 정치학자는 프랑스사에서 '매우 협소한 시기의 연구에 대한 탁월한 지원서'를 거부하면서 '그 특정한 학자의 전문영역 외부에서 관심을 불러일으킬 지식'을 전혀 지니고 있지 않기 때문이라고 정당화한다. 이들 예 모두에서 평가위원들은 전문성에 근거한 취향의 선호를 표명한다.

사회적 또는 정치적으로 중요한 연구는 대개 도구적 지식을 생산하고 과소대변된 집단에게 '목소리를 부여하는' 것과 등치된다. 이런 접근법은 공리주의적이고 구성주의적인 인식론적 스타일에 조응한다. 도구적 지식에 대한 관심은 자신의 지적 영웅 중 한 사람으로 존 메이너드 케인스를 인용하며 다음과 같이 케인스를 설명한 한 평가위원에 의해 예시된다.

"그는 경제학에 대한 매우 발전된 이론적·추상적 사고를 결합한 사람들 중의 또 한 명이지만 결코 현실 세계에 대한 초점, 당대의 문제를 풀려면 [무엇을 해야 하는가]에 대한 관심을 잃고 표류하지는 않았습니다."

한 정치학자도 정책적 함의를 매우 진지하게 취급한다.

"왜냐하면 그것이 우리가 하는 일을 정당화할 수 있는 유일한 방법이니까요……. 나는 사람들의 삶을 더 낫게 만들고 싶어 합니다……. 그렇게 하지 않는 지식인은 거머리에 지나지 않는다고 생각하니까요."

그녀는 '권력이 배분되는 방식이나 사회문제의 해결과 관련해 실질적 의미를 지니는' 연구를 선호한다.[18]

'목소리를 부여하는' 관심을 예시하면서 한 문화연구학자는 중요성이 다음과 같은 것을 의미한다고 설명한다.

"좀 더 나르시시스트적인 또는 유아론적인 행위 또는…… 단순히 일종의 신사적 행위에 대비되어 잠재적인 사회적 중요성을 지니는 것…… 학문은 단지 취미생활이 주는 개인적 즐거움보다는 더 많은 영향을 지녀야 합니다……. 디아스포라의 상태에 있는 사람들의 작업, 단지 남성만 아니라 여성의 작업, 엘리트 음악에 더해 대중적인 민속의 숙어를 고려하는 것이 중요합니다."

1960년대와 1970년대에 프랑스 이론의 '침입'과 마르크스주의,

페미니즘, 그리고 포스트구조주의의 영향력 증대는 많은 인문과학 분과에서 '권력–문화 연계'가 지적 의제의 중심에 놓이도록 만들었다.[19] 이런 관점은 많은 평가위원이 사용하는 평가 각본에 스며들어 있는데 한 영문학 교수의 언급이 이를 예시한다.

"나는 문화연구가 문화적 현상이 권력 관계와 뒤섞이는 방식에 대한 적절한 성찰을 제공하지 않는다면 완성의 근처에조차 가지 못한 것이라고 생각합니다. …… 나는 젠더가 포함되지 않았다면, 인종 또는 민족적 정체성과 비슷한 종류의 다른 몇몇 요소들이 배제된다면 무언가가 빠졌다고 생각할 겁니다."

한 역사학자는 사회를 이해하는 데 그것이 얼마나 긴급하고 시의성이 있는가에 따라 프로젝트의 중요성을 평가한다. 그래서 인종주의의 연구에서 "만약 우리가 이것이 발생하고 보존되는 방법과 관련한 메커니즘을 이해할 수 있다면…… 그것은 귀중한 것이 될 겁니다."라고 말한다.

탈식민주의를 연구하는 한 마르크스주의 역사학자는 정치적 고려가 지원서의 평가에 영향을 미쳤다고 인정한다. 영국의 마르크스주의 역사학자 E. P. 톰슨에게 영감을 받은 이 평가위원은 '내가 직감적으로 별로 공감하지 못하는 특정 노선을 따르는 초국가적 포스트모던식의 유형들'에 대해 공감하지 않는다.

학문적 중요성에 비중을 두는 것과 달리 사회적 적합성을 염두에 두는 것은 몇몇 평가위원들에게 많은 우려를 불러일으킨다. 한 남아시아사 학자는 "나는 학자와 학문적 수월성을 단지 도구적으로 생각하는 것을 증오할 겁니다."라고 이야기한다. 지식의 효과가 직접적인 경우가 거의 없기 때문이다.

마찬가지로 한 영문학자는 지식을 위한 지식과 미를 위한 미를 옹호한다.

"나는 사회적 유용성의 관점에서 예술과 인문학을 정당화하는 것이 별로 마땅치 않습니다. 그것에 대해 이야기하려 하는 것은 조건부 항복capitulation일 뿐입니다."

다른 사람들은 도구적 지식 개념에 대해 비판적인데 그 이유는 그것이 '주관주의'로 빠진다고 보기 때문이다. 실제로 응답자의 45%는 지원서를 평가할 때 편견에 대한 우려를 표명했다. 하지만 다른 사람들은 과학적 장의 기능에 대한 부르디외의 분석에 호응해 그들이 신자유주의의 도구주의로 인식하는 것에 연구를 종속시키는 것을 거부한다. 그들은 정치적 또는 경제적 추구에 의해 추동된 행위 논리에 대항해 학계의 자율성을 옹호한다.[20]

사회적 중요성을 둘러싼 이러한 긴장은 한 지리학자와 인류학자 사이의 의견 차이에서 예시된다. 지리학자는 불평등 이슈에 영감을 받았다고 설명한다.

"나는 지위가 낮고, 피해를 입은 사람의 이슈에 대해 생각하기를 좋아하며 그들의 상황과 고통에 대한 일종의 의사소통 매체가 되고 또한 고유의indigenous 지식 개념에 대한 작업도 하고 싶어요……. 나는 이 지상에서 벌어지는 생생한 경험의 다양성에 대해 정치적으로 깊숙이 몰입해 있답니다."

그러나 인류학자는 이 평가위원이 정치적 고려에 너무 쉽게 휘둘린다고 비판한다.

"그가 읽고 옹호하는 환경문제를 다룬 지원서가 있었는데 그건 형편없는 지원서였고 모두가 그렇게 생각했죠. 그는 '글쎄요, 이건 중요한 환경문제입니다.'라고 말하더군요……. 그것이 중요한 문제일 수는 있죠. 그러나 그걸 어떻게 연구할지 알지 못한다면 그걸 해결하는 데도 결코 도움을 주지 못할 겁니다."

실증주의의 신조를 재확인하면서 한 경제학자는 훌륭한 학자란 옹호advocacy와는 양립할 수 없다고 믿는다.

"학자란 [증명될] 때까지는 아무것도 믿지 않는 사람으로 정의됩니다. 그것은 당신의 가설이 무엇이며, 기본 입장은 무엇인가라는 질문을 제기하는 것인데 이 기본 입장은 타고난 편견이나 정치적·이데올로기적 편견 또는 단순히 국가적 편견 같은 온갖 종류의 편견에 종속될 수 있습니다."

그러나 한 정치학자는 자신이 객관성에 대한 '유사 중립적pseudo-neutral' 입장이라고 부르는 이 경제학자의 입장을 비판한다.

"그의 정치학은 내 것과 다르며 그는 알다시피 '나는 관점이 없다. 사람들은 편견을 지니고 있거나 그렇지 않다'는 생각을 아주 분명하게 지니고 있습니다. 그러나 그는 좌파가 쓴 지원서를 읽을 때 [중립성] 카드를 꺼내 들 겁니다."

이 정치학자는 사회적 중요성이 평가의 적합한 기준인지에 대해 의문을 제기한다.

"나는 사회적으로 유용한 지원서를 한번도 본 적이 없어요……. 나는 누군가 르완다의 난민 수용소에 대해 연구하는 것이 더 중요하다고 생각하지 않습니다……. [또는] 프랑스의 모택동주의에 대해서도요. 왜냐하면 우리는 정말로 특정 경력의 경로에서 [스스로를] 정의하는 사회과학자이고 그것은 이론과 대학에서의 교육에 대한 것이 될 테니까요."

방법론과 이론의 적합한 사용

내가 연구한 5개 기금 지원기관 중 4개와 다른 기관들이 관심 있는 기준으로 방법론을 종종 언급한다. 여기서 다시 한 번 강조되는 방법론의 측면과 관련해 큰 변이와 모호성이 존재한다. 이를테면 SSRC 프로그램은 '방법론적 문제에 대한 민감성'과 '현장 연구에 대한 근거'를 지원서가 다뤄야 할 방법론의 요소로 지적한다.

익명의 사회과학기금은 지원서가 연구 목적에 적합한 방법론을 채용했는지 묻는다. 이런 변이를 고려해 나는 여기서 이론과 자료의 접합이라는, 질과 연관된 특정한 방법론의 측면에 초점을 맞춘다. 이것은 전체 응답자 중 대략 반 정도가 관심을 지닌 주제이지만 사회과학자 중에는 거의 4분의 3이 그것을 중요하다고 생각한다(인문과학자 중에는 반 이하였다). 그것은 또한 사회과학의 대학원 훈련에서 두드러지는 요소이기도 하다.

한 중국사 학자는 여러 증거의 유형을 조합하는 것이 견고한 지원서를 만드는 데 도움이 된다는 점을 설명하면서 이론과 자료의 정렬이 지닌 중요성에 대해 훌륭하게 묘사한다.

"표의 크기와 표의 힘은 항이 얼마나 [많고] 얼마나 적절하게 배치되어 있는가에 달렸습니다……. 항이 하나뿐인 표, 광범위한 일반화를 추구하면서 근거는 하나뿐이라면 안 되죠. 4개의 견고한 근거가 있다면, 음…… 견고한 것입니다."

가장 강력한 지원서에 대한 한 정치학자의 설명은 이론과 방법의 접합에 초점을 맞춘다.

"[지원자는] 이론을 설명하기 위한 사례의 사용 방법에 대해 명확한 감각을 지니고 있습니다. 그는 [인종 학살의] 몇몇 주요 이론을 검토함으로써 르완다의 사례가…… 직접적으로는 그것들을 확증하지 않는다는 점을 보여 주고 있습니다. 그리고 그것을 두 가지 논점을 제기할 근거로 사용합니다. 그것 중 하나는 [이것이] 분명한 수수께끼, [하나의] 분명한 질문이라는 점…… [두 번째는] 그것이 명백히 하나의 사례라는 점입니다. 그는 그것에 비교의 차원을 포함시켰는데 내가 보기에 그의 방식은 매우 고유하고 지역의 차이를 감안하는 방식입니다."

평가위원들은 연구 질문과 연구를 지도하는 이론, 제안된 방법, 질문에 대답하기 위해 동원된 증거가 완벽하게 접합된 지원서를 기술할 때 (미와 감식의 언어를 환기시키는) 시심詩心에 젖는다. 이것은 그 솜씨가 최선의 상태에 이르렀음을 발견한 때이다. 그래서 한 경제학자는 자신이 가장 선호하는 한 정치철학자가 쓴 지원서를 높이 평가하며 다음과 같이 기술한다.

"매우 추상적인 정치철학 문헌에서 출발해 수행 가능한 훌륭한 사회과학 지원서를 기획하고 나아가 실제로 [국제 자선 조직]의 작동 방식을 연구하는 데까지 나아가는 사람을 보기란 정말 드물죠."

지원자가 이처럼 이상적인 배열을 성취하는 방식을 평가하면서 몇몇 평가위원들은 지적 중요성의 평가에 반향하여 이론적 차원에 가장 관심을 기울인다. 그러나 여기서 주요 논점은 사례 선택을 위한 이론적 근거의 존재 또는 부재이다. 예컨대 어느 정치학자는 한 지원서를 다음과 같은 근거에서 비판한다.

"그녀가 왜 다른 장소가 아니라 굳이 그 장소를 택했는지 별로 분명하지 않았습니다. 논리가 맞지 않는 것처럼 보였죠. 그녀의 지원서를 읽으면 다른 정치학자들이 제기할 바로 그 비판들에 그녀가 제시하는 답변이 그리 설득력 있지 않다는 것을 알 수 있습니다……. 좀 더 일반화된 주장을 하고자 한다면 왜 사례 연구여야 하는지요?"

좀 더 귀납적인 쪽으로 기울어 있는 일부 평가자들은 이론과 자료 사이의 긴밀한 일치를 요구하지 않는데 이는 그들이 자료 수집 과정에서 이론적 기여가 이루어질 것으로 기대하기 때문이다. 한 사회학자는 "혹자는 연구 전에 가설을 원하며 혹자는 그런 가설들이 연구 후에 나와도 괜찮다고 생각합니다. 나는 [이 지원자가] 가설 없이 출발한다면 실제로는 좀 더 흥미로운 무언가를 얻을지도 모르겠다고 생각했습니다."라고 진술한다.[21]

한 경제학자는 반대의 견해를 표명한다.

"이 논쟁에서 사람들이 펼칠 일반적 주장은 '글쎄 이것은 흥미로운 아이디어이고 일종의 낚시 여행이며 이 사람은 일단 거기에 도달한다면 그것들을 밝혀낼 것이다'와 같은 것이겠죠……. 개인적으로 이것은 첫 단추를 잘못 꿴 것이어서, 나는 그 사람이 그걸 바로잡을 것이라고 믿지 않았습니다……. 도구를 가지고 있지 않더라도 멋있고 흥미로운 것을 쓸 수 있을지 모르지만 그것을 학문적 방식으로 수행하지는 못할 겁니다. 그것은 돈을 내던지는 것이죠."

이론과 자료의 적절한 접합에 대한 평가위원들의 논의는 이론의 처리 방식과, 어느 정도의 이론이 너무 많거나 너무 적은 것인지에 대한 상이한 지각을 드러내 준다. 이는 부분적으로 취향의 문제이며 분과학문의 다양한 감수성—다양한 지적 아비투스—에 대한 반응이다. 한 역사학자가 이론의 적합한 사용에 대해 한 말이 이를 예시해 준다.

"제대로 되면 그 자체로 아름답고 우아한 일종의 고급 이론이 있죠……. 지원서를 읽을 때 나는 정신을 선택하는 이론, 실용이론, 그리고 후보자가 나름대로 사려 깊게 반응하는 미학이 존재한다는 느낌을 원합니다."

사회학자 찰스 캐믹Charles Camic과 닐 그로스Neil Gross가 지적하듯이 이론은 또 다른 다형적 용어이다.[22] 이론에 부여된 의미는 사회과학과 인문과학에서, 그리고 각 분과학문의 집합 내부에서 광범위한 차이를 지니고 있다. 피면접자들 중 이론을 언급한 사람의 3분의 1이 이론과 자료, 방법의 접합을 가장 자주 언급하고, 그 뒤를 이어 성찰성(언급한 사람들 중 5분의 1가량)과 개념(열 사람 중 한 사람)을 포함해 학파와 반환원주의에 대한 언급이 나왔다. 나머지 15%는 다양한 하위 유형으로 나뉘어 있다. 분과학문의 집합 사이에 가장 눈에 띄는 강조점의 차이는 인문과학자들이 역사학자와 사회과학자보다 학파에 대한 언급을 더 많이 하는 편이며 사회과학자와 역사학자들은 인문과학자들보다 이론과 자료의 접합에 더 많은 관심을 지니고 있다는 점이다.

1970년대에 인문과학에 이론이 확산된 것은(3장을 보라) 이들 분과학문 출신의 평가위원들이 이론을 평가에 포함시키는 방식에 중요한 영향을 미쳤다. 한 음악학자는 지난 수십 년 사이에 '특히 문학 분과에서 나온 이론적 모델의 수입과 각색…… 푸코에서 보들리야르, 부르디외 그리고 앞으로 누구일지 모를 사람들…… 같은 포스트구조주의 학자들의 일단'이 있었다고 인정하며 또 인문과학에서 이론의 역할이 '예외적으로 중요하다'고 언명한다.

자기 포지셔닝을 가리키기 위해 '이론'이라는 용어를 동원한 한 역사학자는 좀 덜 열광적인 편이다. 그는 '경험적 연구에 대립되는 해석적 연구의 전통'에 몰두하는 사람들이 '도구로서의 이론이 아니라 적절한 인물 모두에 대한 충성의 진술로서의 이론에 대한 자세나 포지셔닝'에 '좀 더 취약한' 편이라고 기술한다.

"그것은 그저 '나는 이 친구 편이야.'와 '나는 이 친구의 친구야.'라고 말하는 것입니다."

인문과학자들은 특히 성찰성에 관심을 지니고 있는데 그것은 과거 인문과학자의 형태와 연관된 순진함과 대립되는 것이다. 한 평가위원에 따르면 성찰성은 '역사적 서사의 본질 자체에 대해, 역사를 이야기하는 것에 몰두할 때 나 자신의 관행에 대해 자기 의식적인 것'을 포함한다.

"왜냐하면 그런 종류의 학문적 관행들은 아시다시피 문화적 관행이고 그것들은 자연적인 것이 아니며 그들은 그들 자신의 문화를 가지고 있기 때문입니다……. 이론적으로 민감하다는 것에 포함된 것은 이것이 현재 진행 중인 자기비판의 형식이라는 것입니다."

여기에 그는 이론이 결여되어 정교하지 못한 지원서를 대립시킨다.

"그것은 그저 일종의 육감과 경험에 의한seat of the pants 기술적 학문입니다……. 그것은 연구를 조직하는 지도 원리가 무엇인지 정말 불분명합니다. 그것은 일종의 대중적 잡담이며…… 내가 보기에 영양가 없는 학문입니다."

그래서 몇몇 평가자들에게 이론의 적절한 사용은 관행적으로 기금을 주는 유형의 프로젝트는 아닌 어떤 지원서를 미는 데 중요한 역할을 수행할 수 있다. 인문과학자가 핵심적 포지셔닝과 자기성찰성으로 보는 것을 좀 더 실증주의적인 사회과학자는 나르시소스적인 자기탐닉으로 볼 것이다. 피할 수 없는 차이가 결과에도 영향을 미치지만 4장에서 보았듯이 인지적 맥락화와 일관성에 대한 규칙이 개별 취향의 영향에 균형을 맞춰 준다.

다수가 이론을 본질적인 것으로 보지만, 평가위원들 중 특히 역사학자들은 이론의 남용을 강하게 비판하기도 한다. 실상 평가위원들은 대부분의 다른 것들보다 이 부분에서의 실패에 대해 더 많이 화를 내는 것처럼 보인다. 한 영문학자는 강한 도덕적 어조로 이런 관행을 비판한다.

> 명확성이 우아함을 이깁니다. 심지어 영문학 지원서에서도 마찬가지이죠. 지식을 구축하려 하면서 정작 의사소통을 못한다면 우리는 실상 아무것도 하지 않고 있는 것이기 때문이죠……. 누군가가 그저 그럴싸한 전문용어를 쓰면서 "난 가야트리 스피박Gayatri Spivak을 읽었어."라고 말한다면 그건 잊어버리세요. 그 개새끼는 날 물려고 덤벼들지 않을 테니…… 심지어 부정직하다는 표현까지 쓰고 싶군요. 그것은 한마디로 가정된 정교함을 과시하려는 것입니다……. 일종의 천박함이거나 나태함이기도 하고요……. 나는 결코 반이론주의자가 아닙니다……. 내가 보고 싶지 않은 것은 이론이 사람을 이용하는 것입니다……. 학자들이 이론을 이용해야죠.

한 인류학자는 복잡한 구문과 과도하게 추상적인 언어를 사용하는 데서 이론의 남용을 본다. 그녀가 보기에 그것은 지나치게 꾸민

것이다. 그녀가 특히 싫어했던 한 지원서에 대해 그녀는 "글쓰기 스타일도 도저히 견딜 수 없었어요."라고 고백한다. 하지만 이 사례에서 패널은 "스타일을 간과한 채 내용으로 나아가더군요." 하고 덧붙인다.

면접을 했던 역사학자들 중 다수가 일반화의 수단으로 이론을 이용하기를 거부한다. 한 평가자는 단언한다.

"중간 수준의 일반화만 좋아합니다. 그 수준에서야말로 당신은 실제로 유용한 무언가를 이야기할 수 있으니까요……. 나는 시대를 초월해 3개 사회를 한꺼번에 설명하려는 수준의 연결에 대해서는 관심이 없어요."

역사학자들은 경험적 자료와 적합하게 통합되지 않은 이론을 특히 짜증스러워한다. 한 프랑스사 학자는 '이론 자체에 대해' 반대하지는 않지만 특정 지원서 때문에 반감이 생겼는데, 왜냐하면 그것이 "나름대로 공론장에 대한 이론에 근거한 것 같았지만 잘 통합되지 않았기 때문입니다……. 나는 그것이 일종의 지적 허세라는 것을 알았죠."라고 설명한다.

이론 사용을 자제할 것을 강조하는 유사한 관점이 문화연구와 연관된 한 역사학자의 언급에서 명확히 나타난다. 그는 이론가와 연관되는 '최신 정보에 밝다'는 아우라 때문에 짜증이 났다.

"그것은 일종의 독창성으로서 누군가가 거의 강박적으로 다수의 유행어와 전문용어를 사용하여 나름대로 첨단을 걷고자 하는 것으로 구성됩니다……. [한 유명한 인류학자]와 같은 사람들이 자주 나를 괴롭힙니다……. 그는 유용한 실험에서 강박적인 독창성으로 나아가는 사람의 좋은 사례입니다. 거기에서…… 당신이 쓰는 모든 것은 당신이 썼던 과거의 것과는 근본적으로 다르게 보여야 하죠."

결합시켜 보면 이들 인용문은 다형적인 용어인 이론이 상이한 유형의 긴장의 원천이 될 수 있다는 것을 시사한다.

수행가능성

기금 지원 프로그램들이 평가위원들에게 제시하는 평가의 마지막 공식 기준은 수행가능성이다. 그것은 프로젝트의 범위(시간 계획표, 연구 계획, 예산 등을 포함해)와 지원자의 수행능력preparedness(언어능력, 과거 경험, 지도교수를 포함해)을 아울러 가리킨다. 평가위원들 중 절반이 평가를 할 때 수행가능성을 고려한다고 이야기한다. 또한 그것은 역사학자, 인문과학자, 사회과학자에게 대략 비슷하게 나타난다.

한 정치학자가 설명하듯이 평가위원들은 전형적으로 "[그것은] 적합한 사람이 작성한 적합한 지원서인가요?"라고 묻는다. "어쩌다 정말로 훌륭한 지원서를 보면서 '다른 사람이 하면 좋을 텐데.'라고 생각할 때가 있습니다." 다른 평가위원은 "그들이 자기들이 하고 있다고 생각하는 것을 수행할 수 없다면 우리는 돈을 낭비하는 것이고 그들은 우리 시간을 낭비하는 것이죠."라고 말한다. 그녀는 '학생의 인간적 한계, 그들이 참조할 사람들, 또는 그들이 참조할 증거에 비춰 볼 때 그들이 조사 가능한 개념을 지니고 있는가' 여부에 기초해 수행가능성을 평가한다.

연구 계획의 중요성을 요약하면서 한 정치학자는 "사람들이 모든 답을 알 수는 없지만 적어도 차를 탔을 때 어디로 가려 하는가는 알고 [있어야죠]. 그들은 지도를 가지고 있어야 합니다. 필경 그들은 실수를 저지를 수 있지만 적어도 원하는 나라 안에 있어야 합니다."라고 역설한다.

수행가능성 중 이력과 관련된 측면은 중요하다. 학자들은 모두 경력에 수반하는 많은 요구에 비춰 볼 때(많은 평가위원들은 원하는 것보다 자신들이 덜 생산적이라고 말한다) 지속적으로 생산적이기가 얼마나 어려운지 알고 있기 때문이다. 그럼에도 불구하고 앞에서 지적했듯이 지원자의 이전 경력을 염두에 두는 것은 문제를 초래할 수 있다. 패널 구성원들이 그것의 적절한 비중에 대해 합의하지 못할 수 있기 때문이다. 혹자는 과거의 행위 수준이 수월성과 상관성이 높다고 보며, 실제로 경험적 연구는 이런 주장을 뒷받침한다. 다른 사람들은 그것이 실상을 오도할 수 있다고 느낀다.[23]

⋮ 비공식적, '섬세한' 평가 기준

기금 지원기관이 규정한 공식적 기준을 적용하는 것에 덧붙여 평가위원들은 다른, 비공식적으로 인정된 기준을 평가 과정의 일부로 사용한다. 하지만 그들이 그렇게 한다는 것을 언제나 인식하고 있는 것은 아니다. 한 영문학 교수는 '단지 그것에 대한 나름대로의 눈을 갖는 것'처럼 '직감과 감각'이 수월성을 평가하는 데 중요한 역할을 수행한다고 지적한다.

많은 경우 이처럼 좀 더 섬세한 기준 — '우아함'의 존재, '흥분'을 낳는 능력, 문화자본의 과시 — 은 모두 결합되어 지원자가 누구나 얻고자 하는 '그것'을 지니고 있는지에 대한 감각을 만들어 낸다. 그런 고려는 무엇이 '뜨거운 것인지hot'에 대해 신호를 주고 집합적 정의를 하는 데 영향을 미친다.

패널 의장인 한 역사학자는 그런 섬세한 속성의 영향력을 인정한다. 그것들을 사용하는 것을 괴팍하거나 변덕스러운 것, 그래서 공정한 결정을 내리는 것과 양립할 수 없는 것으로 간주하기보다 그는 평가위원들이 섬세한 기준을 적용하는 것이 진정한 수월성을 찾아내는 데 보다 본질적이라고 본다.

거기에는 이처럼 직감적 측면이 존재하며 동시에 나는 우리가 사회과학을 하고 있다는 것을 믿습니다. 이들 측면은 '이것은 매우 우아하거나 놀라운 지원서이다'와 같이 미학적 측면을 지니고 있습니다. 이것은 개인적·집단적 과정의 중요한 부분이죠. 그렇다고 우리에게 기준이 없다는 의미는 아닙니다. 나는 이 두 가지가 아주 잘 병행될 수 있다고 봅니다. 특히 당신이 그저 약간 규범을 벗어나 있는 쪽을 추구한다면요. 실제로 당신은 지원서가 지닌 불꽃, 신과 같은 속성에서 그들 속성의 일부를 찾습니다.

이들 비공식적 기준은 세 분과학문의 집합을 막론하고 동등하게 사용되는 것 같다. 주관성이 오염시키는 요소이자 편견의 근원이라고 보는 분과학문(경제학 같은) 출신의 학자들조차 누가 '그것'을 지니고 있고 누가 그렇지 않은지를 판단하는 것을 특별히 거리끼지 않는다. 마찬가지로 인문과학자들은 도덕적 고려를 등한시하지 않는 것 같다. 대신 모든 평가위원들은 심의를 설명하면서 이들 비공식적 기준을 참조한다. 그리고 공식적 기준의 적용이 막다른 골목에 부딪쳤을 때만 이들 기준에 의지하지도 않는 것 같다.

패널 구성원들은 섬세한 기준을 영감의 충격으로 보는 것 같다. 아마도 이는 그런 고려가 학문적 삶에 널리 스며들어, 연구를 하거나 동료와 상호작용할 때 학자들에게 동기를 부여하는 것이기 때문인 것 같다. 학계에서는 누가 똑똑한 사람이고 덜 똑똑한 사람인가, 누가 분석적 우아함과 감각을 지니고 있는가, 누가 지루하거나 단조로운가, 누가 훌륭한 사람^{mensch}이고 누가 못 믿을 사람인가, 와 같은 선입견^{preoccupation}이 널리 통용된다. 그래서 평가위원들이 한방에 몇 시간에서 며칠 동안 갇혀 동료에 대한 평가를 내리도록 요청받게 되었을 때 그들이 이들 사안을 고려하는 것은 거의 놀라운 일이 아니다. 수월성을 찾아서 보상하는 절차를 오염시키기는커녕, 이들 고려는 그에 내재된 것이다. 어떤 경우에도 그것들을 피할 수는 없다.

지성의 예언적 표지

표 5_7에서 보듯이 응답자의 4분의 3은 지원서의 평가를 논의하면서 적어도 한 차원의 '지성의 표지'를 언급한다. 한 영문학 교수에 따르면 지원자의 지성은 '프로젝트의 틀에서 보이는 미묘함과 복잡성'에서 볼 수 있다. 이 평가위원에게 지성은 '복잡한 아이디어를 질서 있게 이해하고 제시하는 능력, 충돌의 소지를 지닌 입장이나 정보의 균형을 맞추고 그런 종류의 복잡성을 명료하게 제시하는 능력'이다.

평가자들이 지성의 표지에 부여하는 중요성은 그들이 자신들의 지적 영웅, 복합적 현상의 이해에 탁월한 학자들에 대해 묘사하는 것에서 드러난다. 예를 들어 정치학자 세이무어 마틴 립셋[Seymour Martin Lipset]을 존경하는 한 정치학자는 립셋 사상의 복합성을 강조한다.

"그는 타고난[primitive] 천재입니다. 그는 엄청나게 복합적인 문헌을 잡아 그 문헌 속에 있는 질문들의 몇몇 본질적 요소를 포착하는 시각을 취할 수 있습니다……. 그는 무엇이 진행되는지 정리할 수 있

표 5_7 분과학문의 집합별로 비공식적 기준을 언급*한 평가위원의 수

기 준	인문과학		역사학		사회과학		계	
	빈도	%	빈도	%	빈도	%	빈도	%
지성의 표지(전체)	18	82	15	75	20	69	53	75
명료한	7	32	8	40	5	17	20	28
능력 있는	12	54	10	50	16	55	38	53
지성적인	13	59	6	30	11	38	30	42
재능 있는	4	18	0	0	7	24	11	15
우아함과 문화자본	16	73	14	70	16	55	46	65
문화적 편안함	13	59	9	45	10	34	32	45
문화적 폭	8	36	8	40	10	34	26	36
개인적 속성								
흥미 있는	17	77	9	45	22	76	48	67
흥분되는	7	32	4	20	7	24	18	25
지루한	3	13	3	15	7	24	13	18
도덕적 속성(전체)	8	40	9	46	11	37	29	41
결 의	8	41	4	20	9	31	22	31
겸손함	7	32	4	20	4	14	15	21
진정성	6	27	2	10	6	21	14	19

* 한번의 '언급'이란 어떤 기준이 면접 중 적용된 것을 말한다.

습니다. 그는 그것의 냄새를 맡을 수 있죠."

마찬가지로 한 역사학자는 로버트 팔머Robert Palmer의 책《민주혁명의 시대The Age of Democratic Revolution》가 '특수 사례의 독특성을 취급하는 능력을 갖추고 있으면서 그들 특수 영역을 초월하는 광범위한 변형을 찾아내는, 작은 이야기 모두에서 큰 이야기를 보는 능력'에서 인상적이라고 이야기한다.

5개 기금 지원조직 중 가장 엘리트 조직이며 최종 후보자들과 면접을 하는 유일한 조직인 Society of Fellows 구성원들과의 대화에서, 고도로 세밀하게 계층화된 학문세계에서 무엇이 지성으로 간주되는지 볼 수 있다(이 경연의 기금 수혜를 둘러싼 경쟁률은 200대 1 이상이다). 이들 응답자들은 다양한 속성들이 혼합되어 미묘한 균형을 이루고 있는 것을 지적 세련됨으로 보는 편이다. 예를 들어 한 영문학 교수는 상위 후보자를 다음과 같이 묘사한다.

"이 사람은 극히 인상적이고 조리 있는 사람입니다. 그런데 그것은 실제로 교환회로를 수립하는 방식이지 똑똑한 이야기 하나 해서 추가적 논의를 [이끄는] 식이 아닙니다……. 그래서 나는 이것을 그가 정말로 경청하고 있다는 표지로 받아들입니다. 그는 [자신의 연구를] 기술하는 데 매우 성공적이며 자못 흥미롭습니다. 그러나 그것은 그 자신의 정신과 그의 질문, 그의 대답이 지닌 일종의 영민함nimbleness과 관련이 있는 것입니다."

이 맥락에서 지성을 평가하는 데 사용되는 분류체계는 더 세밀한 등급매기기gradation와 뉘앙스를 허용하는 것처럼 보인다. 앞으로 보게 되듯이 도덕적 요소는 지적 요소와 결합되어 누가 진정으로 가치 있는meritorious 지식인으로 간주될지를 정의한다.

우아함과 문화자본

학자적 우아함의 덕목에 대해 인류학자 클리포드 기어츠보다 더 멋지게 체현한 사람이 있을까? 발리의 닭싸움에 대한 그의 고전적 글은 해석적 사회과학에서 특별히 교묘한 우아함의 예시로 자주 거론된다.[24] 여러 응답자에게 그것은 또한 수월성을 평가할 특정한 각본을 예시하기도 한다. 한 인류학자는 그녀가 높은 순위를 준 모든 지원서가 잘 서술된 것이었다고 설명한 후 닭싸움 논문을 '우리가 할 일을 가장 잘 했을 때의 결과물의 모델'로 지적한다. 그녀는 학문적 수월성을 이해할 때 '언어를 올바로 쓰고자 하는 일종의 완벽주의'를 중시하는 편이라고 말한다.

우아함은 문화자본을 보여 주는 것과도 자주 연결된다. 즉 그것은 문화적 교양literacy과 같은, 상위 신분의 표지와 친숙함을 보여 주는 능력과 연결되어 있다.[25] 이를테면 한 프랑스사 학자는 좋은 글을 높이 평가한다고 이야기하면서 그것은 '적절한 교양'을 가지고 스스로를 표현하는 능력이라고 정의한다. 응답자 전체의 거의 3분의 2가 지원서와 지원자의 평가를 기술하면서 우아함과 문화자본을 보여 주는 것을 지적한다(표 5_7을 보라).

그런데 이 부분에서 분과학문의 집합에 따라 차이가 존재한다. 인문과학자와 역사학자들은 특히 우아함과 문화자본에 가치를 두며 사회과학자들은 그것을 덜 강조한다.[26] 우아함에 대해 한 철학자는 다음과 같이 말한다.

"나는 그것이 좋다고 봐요. 우아함은 장식적인 문장rococo prose이 아니라(비록 장식적인 문장도 우아할 수 있지만) 명확한 문장을 의미합니다. 그것은 사회과학자처럼 보이려 하지 않는 것을 의미하죠.”

여기서 그는 ‘사회과학자처럼 보이려 하는 것’에 대해 부연한다.

“개인적 스타일이 전혀 보이지 않게 하려는 것입니다. 나는 강한 개인적 목소리를 가지고 싶어요.”[27]

문화자본과 관련하여 패널 구성원들은 문화적 폭넓음과 문화적 편안함에 특히 관심을 지니고 있다.

문화자본을 보여 주는 것으로부터 우아함을 나누는 것은 그리 쉽지 않은 편이다. 문화자본은 분과학문에 따라 또 대학에 따라, 계급 구조에 따라 매우 불균등하게 분포되어 있다. 《학문적 인간》에서 부르디외는 인문과학이 상당한 문화자본을 지니고 있을 뿐 아니라 전통적인 엘리트 대학과 ‘지배계급(중상류 계급)’의 문화도 그렇다고 기술한다.[28]

우아함과 문화자본을 보여 주는 것을 중시하는 것은 수월성을 엘리트나 중상류 계급의 멤버십과 뒤섞는 것을 의미할 수 있다.[29] 이런 일이 일어나면 평가위원들은 일상적으로 계급에 따른 차별을 겪고 있는 노동계급 출신의 지원자를 홀대한다고 부르디외는 시사한다.[30] 부르디외의 논리 속에서 가장 빛나는 사람으로 해석된 지원자는 또한 학문세계와 가장 친숙하고 편안하게 느끼는 사람이기도 하다(이를테면 학자의 자녀).

명문대학에서 공부하는 노동계급 출신의 학생은 종종 낙인찍혔다는 느낌을 받고 그들의 과거에 대한 상반된 감정을 경험하며 그들의 배경을 감추는 법을 배운다. 이것은 그들이 얼마나 편안하게 느끼는가에 영향을 미칠 것이고 그 다음 겉으로 얼마나 우아하고 안정되게 보이는가와 연관될 것이며 그래서 나아가 ‘흥분되고’ ‘흥미로

운' 연구를 할 법하다고 보일 가능성과도 연관될 것이다(이 주제에 대해서는 6장도 보라).[31]

'흥분되고' '흥미로운' 것에 가치 두기

'흥분되고' '흥미로운' 연구라는 긍정적 지각은 평가 과정에서 제외될 수 없다. 그러나 이들 용어의 정확한 의미는 무엇인가? 〈흥미로운군, 사회학의 현상학과 현상학의 사회학을 향하여〉라는 논문에서 머레이 데이비스Murray Davis는 '흥미로운' 것으로 생각되는 다수의 사회학적 기여를 조사한 후 '흥미로운 이론은 그들 청중의 어떤 가정을 부정하는 반면 흥미롭지 않은 이론은 어떤 가정들을 확증한다'고 결론지었다.[32]

한 인류학자는 훌륭한 지원서를 '본질적으로 흥미 있게 보이는 것'이라고 묘사하면서 "나는 글쓴이가 이것이 바로 자신이 관심을 가지고 있는 프로젝트라는 점을 전달할 수 있기를 바라요……. 그것이야말로 그 프로젝트가 중요하다는 것을 증명하니까요. 만약 그것이 그들을 흥분시킬 만큼 충분히 중요하지 않다면 왜 그들에게 기금을 주어야 하죠?"라고 진술한다. '흥분되는'에 대립되는 '지루한'은 반복과 등치된다(한 역사학자는 '만약 어떤 사람이 특정 종류의 분석에서 얼마간 성공을 거두었다면 그것을 더 많이 [해서는 안 됩니다.]'라고 이야기한다). 그러나 지루함은 더 불리한 함의를 가질 수 있기도 하다.

평가위원들과 심의 후 면접을 하며 나왔던 가장 적대적인 대화 중 하나로 한 역사학자의 사례를 들지 않을 수 없다. 그는 한 정치학자가 그 분야에서 나온 지원서가 "평가하기에 그다지 힘들지 않으나 극도로 지루하고 전문용어로 채워져 있습니다. [그것들은] 원래부터 재미없는 범주를 둘러싸고 인위적으로 구성된 것이었죠."라고 이야기했다고 말했다. 패널 구성원들이 '흥분되는' 연구를 선호하는 것은 간접적으로 명문대학 출신의 지원자(와 그들의 지도교수)에게 이점을 줄 수 있다. 이들은 어느 시점에서 무엇이 '첨단이고', '흥분되거나' 또는 '지루한지'에 대해 널리 공유되고 있는 이해를 간파하는 데 유리한 지위에 있기 때문이다. 이런 가능성은 비공식적 기준이 업적주의적 평가에 부정적으로 작용할 한 가지 방식을 시사한다.

4장에서 우리는 평가위원들이 종종 괴팍한 평가 기준을 사용하는 것을 보았다(과거의 테니스 스타는 육체에 대한 지원서에, 현대무용의 팬은 무용에 대한 지원서에, 새에 열광하는 사람은 지저귀는 새에 대한 연구에 빠졌다). 그러나 평가위원들이 주관성 ─ 무엇이 흥분되고 지루한가에 대한 그들 자신의 관점 ─ 이 평가에 영향을 미친다고 믿는 데는 중요한 차이 역시 존재한다. 표 5_7이 보여 주듯이 인문과학자들은 역사학자와 사회과학자에 비해 '흥미로운' 또는 '흥분되는' 연구라는 말을 좀 더 자주 사용한다.

인문과학자와 좀 더 해석적인 사회과학자(인류학자와 문화사 학자들)는 평가에서 주관성이 수행하는 역할을 더 편하게 여길 수 있다.[33] 결국 그들의 해석적 권력이 그들의 주된 분석 도구이다. 게다가 그들의 전문성은 본성상 좀 더 순수하게 해석적이어서 브루노 라투르가 《활동 중인 과학*Science in Action*》과 《프랑스의 저온살균*The Pasteurization of France*》에서 묘사한 유형의 기술적인 블랙박스적 도구를 채용하지 않는다.[34]

대조적으로 사회과학 지식의 생산은 논쟁을 정리하기 위해 특수한 자료 수집 기법(사회조사, 면접, 관찰)과 자료 분석 도구(질적 내용 분석 소프트웨어 또는 통계 분석 패키지)에 의존한다.[35] 무엇이 '흥분되고' '흥미로운가'에 대한 대립되는 관점 사이의 경쟁은 그래서 인문과학 분야에서 좀 더 격렬하다.

하지만 해석적이지 않은 분과학문 출신의 평가위원들은 때때로 '흥미로운 것' 또는 '멋진 것cool'을 평가의 기준으로 사용하는 데 매우 비판적이다. 이들 평가위원들은 괴팍한 취향을 의심하며 연구자의 능력에 대한 감식과 프로젝트의 내재적 관심에 균형을 맞추고자 한다. 예컨대 한 역사학자는 관심의 인식과 능력의 평가를 결합시키고 싶어 한다.

"다수의 불가해한 방정식 같은 것을 담고 있는 극히 양적인 지원서는 나의 흥미를 불러일으키기 힘들 겁니다. 나는 그걸 극복해 그것이 단지 취향의 문제가 아니라는 점을 확실히 하고 내 취향은 아니더라도 검증되는 것이 정확히 무엇인지, 중요한 결과가 도출될 가능성은 어느 정도인지를 이해하고자 합니다."

한 사회학자는 명시적으로 흥미를 능력에 종속시킨다. 내 자신의 전문 영역인 문화사회학을 가리키면서 그는 다음과 같이 말한다.

"만약 기금을 구하는 정말 괜찮은 프로젝트가 있다면 당신은 내재적 관심의 수준에서 그것에 대해 그저 매우 흥분될 겁니다. 그러나 나는 그저 '글쎄요, 여기 문화 프로젝트가 하나 더 있네요.'라고 말하겠죠. 하지만 그것이 내 피를 끓게 하지 않는다고 해서 정말 탁월한 프로젝트의 진로를 내가 가로막아야 할까요?"

⋮ 지원자의 도덕적 자질

평가위원들이 사용하는 수월성의 일상어^{vernacular}는 지원자의 도덕적 자질에 대한 참조로 장식된다. 내 동료와 내가 다른 곳에서 주장하였듯이 도덕적 자질에 대한 참조는—특히 '용감하게 위험을 무릅쓰는'과 '게으른 순응주의자'에 대한— 지적 고려 외의 것은 평가 과정을 오염시키는 것으로 보는 동료평가 관련 문헌과 모순된다.[36] 게다가 이런 문헌은 평가위원들이 다른 사람의 연구를 인정하고 평가할 때 자기개념이 얼마나 큰 영향을 미치는가를 무시하기까지 한다.

평가위원들 중 한 영문학 교수는 이런 영향에 대해 다음과 같이 지적한다.

"나이가 들수록 나는 내 자신의 지적 선입견이 바로 내 일상생활에서 막 마주친 관심과 나의 개인적 삶과, 직업생활의 과정에서 내려야 했던 매일의 중요한 결정으로부터 샘솟는다는 것을 점점 더 깨닫게 되었답니다."

이전 장들(특히 4장)에서 보았듯이 학문은 추상적이고 절연된 추구와는 거리가 멀다. 오히려 그것은 학자들이 스스로에 대해 지니고 있는 이미지(그들의 상대적 지위를 포함해)와 어떻게 삶을 이끌어 갈지에 대한 그들의 생각과 긴밀하게 연결되어 있다.

표 5_7은 평가위원 중 41%가 지원서를 평가할 때 지원자의 도덕적 자질을 고려한다는 것을 보여 준다. 이는 그것이 예외적이 아니며 정상적 사물의 질서의 일부라는 결론을 내리기에 충분하다. 평가위원들은 결의와 고된 노력, 겸손함, 진정성, 대담성을 중시한다. 그들은 자기의 관리—적합한 학자적 · 도덕적 아비투스를 보여 주

는 것—이 분야를 넘어 수월성의 정의에 중요하다고 말한다. 이들 자질은 적어도 일부 평가위원들이 단지 학자가 아니라 도덕적 이유로 찬양할 만하다고 생각하는 인간을 선택한다는 것을 시사한다.

그래서 한 정치학자는 수월성을 '무엇보다도 확인할 수 없는 지식의 생산을 제안하기 위해 진지하게 위험을 무릅쓰려 하는 것에 의해' 알게 된다고 말한다. 또한 한 역사학자는 '자신의 지적 작업을 통제하고 있는 사람, 스스로 선택을 하는 사람, 그들이 하는 모든 일에 대해 이유를 가지고 있는 사람'을 예찬한다.

"나에게 그것은 항상 두드러지며 항상 최상의 사람들을 가려내 줍니다."

평가위원들이 가장 자주 언급하는 특정 도덕적 자질이 아래에서 논의되었다(그리고 표 5_7에 제시되었다).

결 의(determination)

이것은 고난을 극복할 수 있는 능력, 강한 노동윤리와 연관된다. 한 저명한 철학자는 그의 가장 뛰어난 제자에 대해 언급했다.

"궤적과 순수한 의지…… 그리고 이 모두를 할 때 그녀가 지닌 선의를 나는 정말 찬양합니다. 내가 실제적인 약점이라고 느꼈던 것을(그것은 그녀도 나도 그리고 누구도 그때에는 알지 못했던 강점이었죠.) 그녀가 극복하고, 스스로 많은 재능과 능력을 지니고 있다는 것을 발견하게 된 사실을요."

겸손함

겸손함^{humility} 또는 잘난 체하지 않는 것은 특히 최상의 전문성과 결합되었을 때 수월성의 추가적 척도로 간주된다. 이것은 고도로 경쟁이 치열한 Society of Fellows 경연의 수상자를 묘사하면서 한 평가위원이 표현한 것에서 드러난다.

"구태의연한 규칙에 얽매이는 사람처럼 보이지 않으면서도 그는 자기 영역을 통제하고 있는 것처럼 보였습니다. 그것은 그 분야에서 30년을 일한 사람만이 가질 수 있는 것이었죠. 그는 고압적이거나 생색내지도 않았고, 막대한 양의 정보를 꿰뚫고 있었으면서도 그 모든 정보는 분명하고도 구조적이었습니다."

다른 경연에서 평가위원을 했던 한 인류학자는, 고압적인 자기 과시에도 불구하고 기금을 제공받은 한 지원자에 대해 회상한다. 그 평가위원은 '지치지 않고 자기를 자랑하는 지원서의 오만한 어조'를 싫어했다. 그것을 그는 지원자의 개인적 인격과 동일시했다.

나를 괴롭혔던 것은 그것이 지닌 수행의 측면이었어요. 그는 이것[역사적 사건]에 대한 모두의 해석이 틀렸다는 것을 증명하려 했죠. 그리고 자신이 진리라고 생각하는 것을 보편타당한 것으로 만들려고 했어요⋯⋯. 그러나 나는 요점을 파악할 수 있었고 자기 과신에 빠진 것만 제외하면 그것은 확실히 뛰어난 연구였답니다⋯⋯. 내가 그 사람에게 아무것도 주고 싶어 하지 않는 것만큼 그는 자격이 있는 사람이었고, 그건 괜찮았습니다.

한 지리학자 또한 자신의 지적 영웅을 묘사하면서 도덕성을 강조한다.

"피터 우드Peter Wood는 모범적 인물이며 매우 겸손합니다. 나는 학계가 너무 오만하다고 봅니다……. 나는 항상 일급의 학자에게서 자제와 겸손이라는 놀라운 자질을 봅니다."

진정성

진성성은 대담함과 종종 병존하는데 그 또한 가치 있는 속성으로 분류된다. 평가위원들은 다소 인기 없는 길을 가더라도 스스로에게 진실한 지원자를 인정한다. 예컨대 한 사회학자는 자신이 가장 좋아하는 지원자에 대해 "나는 매우 위험한 프로젝트를 선뜻 떠맡은 점을 인정합니다. 그런데 그것은 일본 정치학과 관련해, 그래서 선진 산업사회에 대한 비교정치학과 관련해 기존 관점을 재구성하거나 그에 근본적으로 도전한다는 점에서 막대한 보상을 줄 수 있는 것이었죠."라고 논평한다.

그는 그녀를, 지도교수의 연구를 재생산하라는 압력에 굴복한 사람과 '인기 있는 것'의 노예가 된 사람에 비교한다. 저명하고 매우 존경받는 한 역사학자는 '요즘 세대'에 활기를 주는 것으로 보이는 '매우 명확한 직업 전망'에 대해 유감을 표한다. 마찬가지로 '전문화의 불모성'을 언급하며 한 영문학자는 다음과 같이 설명한다.

학생들은 경력의 초기에 설득해야 할 상이한 이해집단에 어떻게 신호를 보낼 것인가를 이해하기 시작합니다……. 내게 가장 흥미 있었고 그들 연구를 통해 가장 많이 배웠던 학생들은, 저자와 주제, 그리고 문제에 정녕 열정적으로 몰두했던 사람들입니다. 또한 그것은 그들의 글에, 얼마나 거침없이 경로를 추구했는가에 드러납니다……. 그래서 패널에 참가할 때면 나는 가장 먼저 그런 것들을 [찾아봅니다]……. 즉 일종의 독창성과 독특한 몰두의 느낌 같은 것 말입니다……. [다른 것들은] 내게 일종의 반향실echo chamber에 들어가 있는 듯한 느낌, 아무런 독창적 소리가 없어 이미 경험한 것 같은 느낌을 줍니다.

진정성은 Society of Fellows의 평가위원들의 설명에서 특히 핵심적이다. 한 철학자는 수상자의 지적 몰두의 진실성을 지적하면서 이 지원자가 "자신의 주제에 완벽하게 몰입되어 있으면서도 그런 몰입을 교감할 능력을 지니고 있습니다……. 누구라도 그가 연구를 진정 사랑하고 있고, 그에 대한 좋은 아이디어를 가지고 있으며 그에 대해 정말 많은 것을 알고 있다는 느낌을 받게 될 겁니다."라고 이야기한다.

이 패널의 구성원이자 앞서 인용한 바 있는, 존경받는 역사가 역시 최상위 후보자 중 1명이 자신의 연구에 대해 대단한 정열을 지니고 있고 지적 정직성과 통합성을 지니고 있다고 기술한다.

"그가 예외적인 주목을 끈 사람이었음은 분명합니다……. 그러나 정말로 주목할 만했던 것은 그가 극히 일부의 사람들만 이해하는 주제를 선택한 젊은 사람이면서도 누구라도 이야기를 나누고 싶어 할 사람이라는 느낌[이었습니다]."

세 번째 후보자에 대해 그는 다음과 같이 말한다.

그와 이야기하면서 우리는 그가 말하는 것 속에 진정한 깊이와 관심, 진정한 열정이 있다는 것을 알았는데 그건 매우 인상적이었습니다……. [그는] 믿을 수 없을 만큼 지적으로 몰입되어 있었는데 그 덕분에 그는 정말로 매우 짧은 시간 만에 타의 추종을 불허하는 슬라브 전문가가 되었죠……. [그는] 경력에 신경 쓰지 않는 열정적 에너지를 가진 사람이었답니다.

이 역사가에게 내가 "당신은 어느 정도나 도덕적 자아 또는 상이한 지적 정체성을 보상한다고 느끼십니까?"라고 물었을 때 그는 다음과 같이 대답했다.

"우리는 분명히 그렇게 하고 있습니다. 의심할 바 없이. 위원회가 작동하는 방식의 대부분이 사람, 당신이 아주 적절하게 '도덕적 자아'라고 표현한 것에 반응하는 것입니다. 이것들은 양화할 수 있는 반응이 아니며, 당신이 반드시 보고할 수 있는 반응도 아닙니다. 그러나 거기에 의심의 여지는 없습니다."

⁝ 결 론

이 장에서는 평가위원들이 수월성에 부여하는 많은 의미와 평가의 공식적·비공식적 기준 중 어느 것을 상대적으로 더 중시하는가에 대해 살펴보았다. 여기서 나는 개별 분과학문 사이나 내부에서의 차이(3장의 초점이었던)가 아닌 분과학문의 집합 — 인문과학, 사회과학, 역사학 — 사이의 차이에 초점을 맞추었다. 분과학문의 집합

교수는
무엇으로 판단하는가

의 수준에서 그런 차이는 훨씬 덜 두드러진다. 이것은 아마 집합 속에서 고려될 때 차이가 희석되어 버리기 때문이거나, 아니면 전반적 유형을 쉬 구별하기 어렵도록 만드는 교차적 차이의 존재 때문일 것이다.

우리는 응답자들 가운데 중요성과 독창성이 가장 중요하게 사용되는 공식적 기준으로 우뚝 서 있고 꽤 뒤처져 명확성과 방법론이 그 뒤를 따름을 보았다. 비공식적 기준 또한 평가의 요소이며 정상적인 사물의 질서의 일부로 간주될 만큼 충분히 중요한 역할을 수행한다. 문화자본과 도덕성이 특히 그런 사례인데 이 두 가지는 업적 자체와는 별개인 것이다.

평가위원들은 미국의 집합적 상상력을 지배하고 있는 따분하고 고루한 학자의 이미지와 반대되는 지적 거장, 위험 감수자를 찬양한다. 그들은 '능숙하고deft' '우아한' 정신을 지닌 지원자를 칭찬하는데 그것들은 때로 계급의 지표나 문화자본의 증거를 통해 읽히는 속성들이다. 평가위원들은 상당히 안정적인 지위를 구축할 수 있게 된 이후에조차 지속적으로 도전하는, 지적 재주넘기를 할 수 있는 사람에게서 매력을 느낀다.

평가위원들의 자기정체성은 평가 과정에서 중요하게 드러난다. 몇몇 평가위원들은 지식의 생산과 평가에서 주관성의 역할을 인정하는 반면 다른 사람들은 그것을 오염시키는 힘으로 보아 도외시하고자 한다. 또한 일부 평가위원들은 특정한 도덕적 자질을 보여 주는 사람을 적극 보상하려 한다.

이들 자질은 그걸 지니고 있는 사람이 쓴 지원서의 내용과는 분리된 것으로 간주되지만 평가자가 학문적 삶을 추구하는 것을 가치 있게 만드는 것이 무엇인가에 대해 지니고 있는, 이상화된 관점과 직접적으로 연결되어 있는 것으로 보인다. 결의와 겸손함, 자신의 직업에 대한 진정한 몰입의 깊이를 드러내 주는 진정성이 그것들이다.

평가 기준에 대해 평가위원들이 부여하는 특정한 의미를 분석함으로써 나는 학문적 평가라는 광대하고 다면적인 우주에서 '창의성'이나 '질'과 같은 기준이 매우 많은 방식으로 정의된다는 것 또한 보여 주었다. 이런 관찰로부터 도출되는 하나의 규범적 결론은 기금 지원 결정에 개입되는 많은 고려사항들을 실증주의적 인식론이든 해석적인 인식론이든 단일한 매트릭스 속으로 몰아넣으려는 시도는 무의미하다는 것이다. 아카데미아는 매우 다채로운 세계이며 질적으로 비교될 수 없는 지원서들이 단일한 기준하에 포괄될 수 없는 곳이다.

방법론적 엄밀함은 이론적 일반화를 기하느냐 아니면 특수한 사례가 광범위한 사회 과정에 대해 무엇을 이야기하려 하는지를 보여 주는가에 따라 다소 다르게 정의된다. 마찬가지로 중요성은 사회적·지적·이론적 차원에서 측정될 수 있다. 이들 관점 각각 그리고 모두는 연구가 의미 있는 시도가 되도록 만들어 주는 것에 대한 이해를 풍부하게 만들어 주고, 또 그런 식으로 우리가 타인의 연구에 부여하는 가치를 결정한다.

마지막으로 우리는 평가자의 개인적 취향과 전문성의 영역 — 예컨대 이론을 더 좋아하는지 아닌지, 사회적 중요성과 지적 중요성 중 어느 쪽을 더 중시하는지 — 이 전문가 자신이 항상 인정하지 않을 방식으로 엮이어 있다는 것을 보았다. 그런 선호는 피할 수 없는 것으로 보이며, 기금 지원 동료평가의 핵심에 있는 심의의 기술은 괴팍함이나 변덕에 맞설 메커니즘으로는 적합하지 않다. 그런 변수의 영향력은 '크림이 위로 떠오른다'는 관점, 인지적 맥락화가 항상 적용되며 기준이 일관성 있다는 관점과 날카롭게 대조된다.

관습적인 평가 기준에 아무리 강하게 몰입하더라도 학문적 평가는 불완전함투성이이다. 이 장과 4장에서 보았듯이 평가의 공식적·비공식적 기준에 부여된 의미와 비중은 절차를 구속하고 방향짓지만 궁극적으로 조리 있는 판단은 예측 불가능한 인간의 성향, 행위자, 즉흥성 때문에 뒤흔들린다. 이들 상쇄적인 힘이 미국 고등교육기관에서 실행되는 기금 지원 동료평가의 공존하는 강점과 약점을 정의한다.

누군가가 평가 과정으로부터 특수주의적 고려를 모두 제거할 수 있다 하더라도 여전히 문화적·사회적으로 배태된 평가가 있을 것이다. 일관성 있고 통합된 과정이라는 목표는 유토피아적이다. 관점은 바뀌고 각 기준에 부여되는 비중은 고려되는 지원서 뭉치의 특징에 맞춰 평가자가 차례로 각 지원서의 서로 다른 측면을 고려함에 따라 변화한다. 기금 지원 평가 과정의 이런 변덕스러움이 학제성과 다양성에 대한 고려를 어떻게 포용할 것인가?

학제성과
다양성에 대한 고려

여성은 질적 연구와 구성주의에 바탕으로 한 인식론적 접근법을 선호하는 편이라는 사실로부터 생기는 간접적 편견이 있다. 엘리자베스 클레멘스와 동료들은 여성 사회학자들이 남성들에 비해 책, 특히 질적 자료를 사용하는 책을 저술하는 비율이 높다는 것을 보여 준다. 질적 연구에 비해 양적 연구를 선호하는 패널은 그래서 여성에게 불이익을 주게 된다. 평가위원들이 높이 평가하는 인식론적 스타일을 비교하면서 나의 동료와 나는 여성들이 남성에 비해 구성주의적 스타일을 사용하는 경향이 있음을 발견했다.

그에 대해서는 분명 아무런 미스터리도 없습니다. 수월성 이외의 기준이 사용되죠.

— 정치학자

　학제성과 다양성의 기준이 한 지원서를 다른 것과 구분하는 데 사용되지만 그것들이 질 자체를 이야기하지는 않는다. 대신 그것들은 아주 훌륭하지만 완벽하지는 않은 프로젝트나 후보자를 알려진 기준 이상으로 밀어 넣을 수 있는 지원서와 지원자의 특성과 연관되어 있다. 그렇게 특히 다양성은 평가의 대안적 기준이 아니라 부가적인 기준으로 작용할 수 있다.

　논의는 먼저 학제적 지원서의 평가가 야기하는 독특한 난점에 초점을 맞추고, 이 영역에서 일반적으로 합의가 존재하지 않는다는 점을 고려해 평가위원들이 '훌륭한 학제성'을 어떻게 정의하는지 탐구한다. 한 사람이 필요한 전문성의 유형을 모두 다 갖고 있는 사례는 거의 없다는 점이 학제적 연구 평가의 어려움을 부분적으로 설명해 준다. 분과학문의 표준으로 되돌아가는 것이 가장 저항이 적은 경로이다.

　우리는 기금 지원 패널의 세계에서, 미국 고등교육기관 세계에서처럼 다양성이 많은 형태를 지니고 있고 많은 색조를 가지고 있음을 보게 될 것이다. 하지만 공공의 논의가 주로 고등교육에서의 인종적 다양성과 젠더 다양성의 자리에 중점을 둔다면 평가위원들은 제도적 다양성과 분과학문의 다양성에 가장 큰 비중을 둔다. 여러 다양성의 유형은 연구 환경의 전반적 질에 기여하는 내재적 선善으로 높이 평가받는다. 대의와 효과(조직의 업무에 맞는 것)에 대한 관심은 다양성을 옹호하는 방향으로 논쟁에 삽입되지만 다양성은 또한 수월성의 구성요소, 과거의 부정의를 시정하고 경쟁의 장을 평준화하며 학문적 파이프라인의 틀을 짜는 수단으로서도 높이 평가된다.

고려 대상이 된 5개 경연은 광범위한 분과학문에서 나온 지원서에 기금을 주려 하고, 다양한 분과학문 출신의 사람들로 패널이 구성된다는 의미에서(2장을 보라) 다학제적이다. 그러나 이들 경연 모두는 비율의 차이는 있지만 분과학문적 지원서와 학제적 지원서 모두에 기금을 제공한다. 후원기관 중 3곳만이 명시적으로 학제적 작업을 권장한다.[1]

다양성과 관련하여 American Council for Learned Societies의 경연과 같은 것은 '소수집단과 기타 집단의 지원 권장'이라고 특화시켜 놓았지만 다른 곳들은 평가위원들이나 지원자들에게 대한 지침서에서 다양성 기준을 언급하지 않고 있다. 미국 고등교육에서 그런 고려는 광범위한 맥락에 걸쳐 평가에 사용되는 당연시된 기준의 일부가 되었다. 그리고 내가 연구한 기금 지원조직의 대부분은 조직의 광범위한 임무 중 일부로 다양성을 장려한다. 그렇다면 지원서에 대한 찬성 또는 반대의 주장을 할 때 피면접자들이 여러 다양성의 종류의 영향력을 일상적으로 언급하는 것도 놀랄 만한 일은 아니다.

긍정적 입법을 비판하는 사람들은 다양성을 계산에 넣는 것이 공정성을 해치는 것이 될 수 있다고 믿는다. 정치이론가 마이클 왈저 Michael Walzer가 《정의의 영역Spheres of Justice》이라는 고전적 저술에서 설명하듯이 정의는 하나가 아니라 다수의 관념이다. 이는 정의를 측정할 단일한 기준이 존재하지 않기 때문이다.[2]

성과와 필요, 분배의 공정함 같은 정의의 원칙은 동일한 질서 속에 있는 것이 아니며 종종 서로 충돌하기도 한다. 하지만 프랑스 사회학자 뤼크 볼탄스키Luc Boltanski와 로랑 테베노Laurent Thévenot는 경쟁하는 정당성의 원칙들 사이에 종종 '타협'이 이루어질 수 있다고 시사한다.[3] 우리가 보게 되듯이, 평가위원들이 수월성과 다양성을 어떻게 균형 맞추는가가 적절한 예이다.

수월성과 다양성, 업적주의와 민주주의 사이의 긴장은 동료평가에 대한 논쟁의 중심에 남아 있다. 미국 고등교육 체계가 매우 넓은 지역에 걸쳐 공간적으로 확산되어 있고 제도적으로 다양하며(공사립대학은 물론 연구중심대학과 소규모 교양중심대학, 커뮤니티 칼리지를 포괄한다), 행정가, 교수진, 학생들이 사회인구학적으로 다양하다는 점이 모두 이들 긴장을 팽팽하게 유지시킨다.

그토록 다양한 지평을 염두에 둘 때 수상자는 다양한 집단과 지역으로부터 선택되어야 하며 평가위원들은 광범위한 인구를 어느 정도 대변해야 한다. 이를테면 수상자가 모두 북동부지역에 있는 소수의 선택된 제도 출신이어서는 안 된다. 이는 업적주의적이고 민주주의적인 체계로서 동료평가의 정당성을 훼손할 것이다. 또한 그런 결과는 조직의 실패 또는 엘리트주의(기회 축적)나 문제 있는 절차의 결과로 간주될 가능성이 높다. 민주적 충동은 미국 고등교육을 특징짓는 첨예한 제도적 위계를 약화시킨다. 그러나 그것이 다른 곳에서는 일종의 사회적 다위니즘의 표현으로 보는 수월성과 업적주의의 무조건적 찬양을 방해하지는 않는다.[4]

⋮ 학제적 평가의 보상과 도전

학제성은 분과학문의 경계가 서로 겹치는 정도와 분과학문이 개념적으로 통합된 정도를 포함해 많은 모습을 지니고 있다.[5] 좀 더 구체적으로 이야기하면, 학제성은 전형적으로, (1) 한 분과학문의 관점을 이용해 다른 분과학문의 관점을 변형시킴으로써 개념적 고리를 발전시키는 것, (2) 한 분과학문에서 발전된 연구 기술을 다른 것의 이론적 모델을 정교화하는 데 사용하는 것, (3) 2개 또는 그 이상의 분리된 영역을 통합하려는 과정에서 그들 영역에서의 연구를 재개념화할 새로운 이론적 틀을 발전시키는 것, (4) 한 영역의 특징인 이론적 틀을 변형하여 다른 것에 적용하는 것을 포함한다.[6]

학제성은 여러 해 동안 기금 지원 세계에서 우선시되었다. 연방기금지원기관(National Institute of Health와 National Science Foundation)의 지도자들, 자신들의 위상을 높여 줄 새로운 영역의 소유권을 주장하는 데 열심인 대학들, 다수의 사설 재단에서 그것을 선호했다.[7] 그래서 내가 연구한 기금 지원 경연도 학제성을 장려하는 데 있어 예외가 아니다. 프로그램 관리자들은 조직의 지침을 진지하게 받아들여 기금 지원 패널을 구성할 때 예비 구성원들의 학제적 지향을 고려 대상에 넣는다. 결과적으로 면접 동안 많은 평가위원들이 소리 높여 학제적 연구를 높이 평가했다.

한 영문학 교수의 언급이 이런 열광을 잘 잡아내고 있다.

"당신이 포괄하는 주제가 많을수록 당신의 주제에 공정하게 접근할 가능성이 높아집니다……. 평소 함께 묶이지 않는 것들을 함께 묶는 것은 좋은 일이며 유용한 지식을 생산할 [혁신]입니다."

'유용한 지식'의 생산에서 하는 역할에 덧붙여 학제성은 '상이한 부류의 사람들에게 이야기할 수 있는 능력'을 향상시켜 주고 따라서 프로젝트의 지적 도달 범위를 확장시키기 때문에 가치를 부여받는다. 하지만 우리가 보게 되듯이 평가위원들은 또한 '진정하고' '훌륭한' 다학제성은 종종 정의하기 어려운 것이라는 점을 인정한다.

⦙ 원만한 수행

학제적 학자로 자신의 정체성을 단숨에 수립한 이후('나는 인류학, 사회학 관련 문헌을 읽었고, 아마도 정치학과 문학 관련 문헌은⋯⋯ 좀 덜 읽었을까?') 한 역사학자는 학제성이 "효과적으로 하기에는 난점이 많은 일'이라고 지적하며 '역사학자들이 때때로 다른 분야로부터 도구와 아이디어들을 채용하는 방식에 대해서는 타당한 비판이 존재합니다."라고 인정한다.

실제로 몇몇 비판자들은 학제적 연구를 하나의 열풍fad으로, 쉽게 평가할 수 없는 학술의 유형으로 평가절하한다.[8] 다른 사람들은 '동료평가'의 관념 자체가 학제적 연구에는 타당하게 적용될 수 없다고 주장했다.[9] 이런 맥락에서 사회과학자들은 학제성의 평가라는 과소 연구된 주제의 난점에 대해 체계적으로 사고하기 시작했다.[10]

그들은 학제성의 평가에 특유한 몇몇 기준을 발견했다(예를 들어 이전 연구와의 일관성, 학제적 관점들 사이의 균형, 잠재적 효과).[11] 학제적 학술의 잠재적인 함정에 대해서도 다소의 합의가 존재한다. 평가위원들은 학제적 연구(와 그것을 수행하는 사람들)의 몇 가지 긍정적·부정적 속성들을 묘사하면서 두 측면에 대해 모두 이야기한다.

최선의 학제적 지원서는 폭과 간결성, 건실함을 성공적으로 접목한다. 여기서 한 지리학자가 이들 엄격한 기준을 충족시킨 지원자를 발견한 방법이 있다.

> 예술적이고 재능 있는 연구자가 되려면 실제로 다양한 분야를 섭렵해야 합니다……. 당신은 여러 분과학문의 언어를 말할 수 있어야 하지만 어디가 첨단인지를 보고 아이디어를 진전시키는 데 적절한 도박을 할 수 있어야 합니다……. 나는 흥미로운 아이디어들을 [지니고 있는 지원서들]에 대해 그것들이 서로 다른 분야들과 좌충우돌하고 있더라도 위험을 감수합니다. 나는 [지원자]의 훈련과 누구와 함께 연구했는가, 그들이 함께 연구했던 사람들의 학식 등을 매우 주의 깊게 살펴봄으로써 이 사람이 실제로 어떤 큰 질문을 제기할 수 있는 사람인지 평가합니다.

한 역사학자는 성공적인 학제적 지원서의 대화적 성격에 초점을 맞춘다.[12] 그는 '중요성의 기본 기준을 충족'시키려면 지원서가 상이한 분과학문에 동시에 이야기해야 한다고 설명한다.

"만약 당신이 당신 분야 밖의 사람에게 다가갈 수 있다면 당신은 학제적입니다……. 분과학문의 숙어를 넘어 패널의 다수 사람들에게 이야기할 수 있는 지원서는 적합한 지원서가 될 겁니다."

최상의 학제적 지원서는 또한 통합적이다. 즉 상이한 분과학문들에서 나온 아이디어와 접근법들을 함께 묶는다.[13] 그래서 응답자들이 찾아낸 함정과 결함 가운데에서 과도한 확산overreaching과 과도한 의욕이 주요 우려 사항이라는 점은 놀라운 일이 아니다. 한 영문학 교수는 이렇게 지적한다.

"자신의 최초 분야를 넘어 나아가려는 큰 야심을 지닌 프로젝트는 위험합니다. 자신이 하고 싶어 하는 것을 못할 수 있으니까요. 몇몇 프로젝트에서 과도한 의욕은 매력적이지만 치명적이기도 했습니다."

한 역사학자는 피상성을 과도한 확산과 결부시키면서 "만약 당신이 학제적이라면 그 분과학문을 잘 알아 조악한 연구를 하지 않을 책임은 당신, 즉 후보자에게 있습니다."라고 주장한다. 이 평가위원은 각각 역사적 접근을 사용하겠다고 제안한 두 명의 문학연구 지원자를 다음과 같이 효과적으로 비교한다.

그녀는 그가 못한 것을 했습니다. 역사학자가 아니면서도 그녀는 역사를 잘못 다루지 않았고 [지원서를] 맥락 속에 정확히 위치시켰습니다. 그리고 나는 그 연구가 이런 종류의 학제적 접근에 어떻게 기여할지 알 수 있었는데, 그녀는 이 작품을 그 맥락 속에서 역사적으로 보려고 했죠. 내가 보았던 문학 지원서 중 소수는 내가 기술하는 바로 그 이유 때문에 매우 안 좋은 것들이었습니다. 그것들은 온통 지도에 대한 것이었죠. 맥락 속에서의 실제 위치에 대한 정보는 전혀 없어요. 제대로 통합하지 못한 채 그저 이론을 나열만 해 놓은 지원자들에게 나는…… 매우 가혹한 점수를 주었습니다.

일시적 화려함^{flashiness} 역시 종종 과도한 확산과 연결된다. 다른 역사학자는 일시적 화려함과 진정한 학제성을 대비하면서 일시적 화려함에 대해 다음과 같이 이야기한다.

다른 것, 당신의 분과학문 외의 것에 대한 당신의 지식을 사용하지만 정말로 몰입하지 않은 채 수사적 전략으로 사용하며 연구하는 방법이 있습니다. 그것은 학제적 연구에 항상 존재하는 위험성이죠.

한 영문학 교수는 자본주의와 미국 원주민들의 경제적·정치적 권력에 관련된 학제적 프로젝트가 '성급하고fast 느슨하다'고 묘사하면서 유사한 비판을 한다.

"성급하고 느슨한 프로젝트는 학제적 어휘 몇 개를 여기저기 던져 놓죠……. 그것은 가야트리 스피박과 베네딕트 앤더슨Benedict Anderson을 끌어들여 일종의 이론적 국그릇 속에 던져 넣는데 그것들은 그냥 낙서 같은 문장들이지 진정으로 그들의 이론을 깊이 있게 적용하는 것이 아닙니다."

많은 사람들이 좋지 않은 학제적 연구에 대해 명확한 관념을 지니고 있지만 가장 큰 난점은 그것을 어떻게 공정하게 평가하고 합의를 이끌어 내느냐 하는 것이다.

⋮ 그것을 잘 평가하기

학제적 연구를 평가하는 데 사용된 기준은 개별 분과학문의 기준을 단순히 조합한 것이 아니다. 그것들은 혼종^{hybrid}이며 실행과 숙고를 통해 발전된 발현적^{emergent} 혼종이다. 기준이 이처럼 발현적 속성을 지니고 있기 때문에 몇몇 평가위원들은 학제적 패널이 통상의 단일 분과학문 패널보다 좀 더 개방적이라고 믿는다. '다른 사람의 마음을 바꾸거나 재고해 보기 위해…… 그들의 기준을 경청하고 당신 자신의 것에 일종의 질문을 던질' 용의를 더 많이 지니게 된다는 것이다.

반면 그런 패널이 분과학문 패널보다 좀 더 보수적이라고 믿는 사람도 있다.[14] 이런 보수적 편견은 구성원의 연령대에서 영향을 받은 것일는지도 모른다. 대다수 경연에서 평가위원들은 평균적인 지원자에 비해 더 나이가 많다. 나이 많은 학자들은 학제적 연구를 인정하기에 덜 사회화되어 있다. 자신이 몸담고 있는 명문대학에서 정년보장과 관련해 논란이 빚어졌던 사례를 언급하면서 한 영문학자는 이렇게 지적한다.

"특히 나이 많은 동료들이 심지어 [이 학자의] 연구를 판단하는 것조차 극력 거부하더군요. 그들은 그저 '우리가 판단할 수 없기 때문에 우리는 이런 종류의 연구를 다루어서는 안 됩니다. 우리는 그것이 좋은지 나쁜지 말할 수 없습니다.'라고 이야기하고 싶어 했습니다. 내게 그것은 누군가를 해고하는 이유 치고는 매우 안 좋은 것이었죠."

정년보장 결정에서처럼 학제적 지원서를 공정하게 평가하는 데 실재하는 난점은 대개 평가위원 중 누구도 이 모든 측면을 적절하게 평가하는 데 필요한 지식을 모두 갖추지 못하고 있다는 사실 때문에 더 악화된다.[15] 때로 누구의 분과적 주권을 존중해야 할지에 대해 아무런 합의를 도출하지 못하는데, 이는 학제적 연구의 평가가 특별히 위험성이 많은 과업임을 의미한다.

때로 학제성은 평가 기준의 확대와 증가를 가져와 개인적 판단과 집단적 동의를 훨씬 더 어렵게 만든다. 앞서 인용했던 영문학 교수는 그녀의 분야에서 정독과 연관되어 사용된 전통적 기준은 예컨대 저자가 한 편의 소네트에 대한 '미묘하고 정확한 독해'를 할 수 있느냐, 하는 것이라고 지적한다. 학제적 연구의 경우 기준은 그 주장이 '그럴듯하고 설득력 있으며 증거를 어떻게 사용했는가'의 여부가 된다.

그리고 비록 증거의 사용은 당연하지만, 평가위원들이 지원자가 가장 적합한 증거를 사용하려고 노력했는가의 여부를 알기란 어렵거나 거의 불가능하다. 특정 사례에 아주 친숙한 사람들만 이런 측면을 평가할 수 있으며 학계 전반을 놓고 보더라도 그처럼 능력 있는 판단을 할 사람의 수는 극소수일 것이다. 이 영문학 교수는 저명한 학문적 업적을 쌓아 많은 존경을 받는 사람인데, 학제적 연구 프로젝트의 수행과 관련한 자신의 경험을 묘사함으로써 딜레마를 예시한다.

당신은 어떤 기존의 원천에서 이론적 틀을 취합니다. 만약 당신이 섹슈얼리티에 대해 쓴다면 당신은 푸코가 초석을 놓은 규칙을 따를 것이고 그래서 누군가가 푸코 식의 독해를 적절하게 했는지 판단할 수 있을 것입니다. [하지만] 나는 확실히 [내가 공부했던] 이들 저널리스틱한 설명을 누구보다 더 많이 안다고 자부합니다. 그것은 누구도 내가 틀렸다고는 말할 수 없다는 뜻인데 그것이 도리어 나를 불안하게 만들었습니다……. 그들은 이들 자료를 처리하는 나의 현란한 발놀림을 보고 어쩔 수 없이 감명을 받겠지만 내가 그것들을 잘못 읽었다고 말하기는 어려울 겁니다.

이 인용문이 시사하듯이 학제성을 평가하는 방법에 대한 정전화된 합의가 존재하지 않는다는 점은 연구자들이 좀 더 여유를 가지고 연구를 추진하도록 만들어 준다. 그러나 그것은 또한 프로젝트 결과의 질을 어떻게 수립할 것인가와 관련해 더 큰 불확실성을 만들어 낸다. 한 역사학자는 '다른 분야의 연장함'을 절제된 방식으로 사용하는 것이 중요하다고 역설한다. 그는 이런 접근법을 '스탠리 피시가 불평한 적이 있던 종류의 학제성, 기본적으로 스스로의 기준을 만들고 그래서 누구에 의해서도 구애받지 않는 사람'과 대조시킨다.

"나는 분과학문의 연장함들 사이에서 의식적으로 유용한 관계를 중개하는 데 관심이 있습니다."

분과학문적 수월성의 전통적 기준과 학제성을 접목하는 것은 이중적 위험성을 내포하고 있다. 전문가와 일반론자^{generalist}의 기준(한 응답자가 '탁월함과 중요성'이라고 정의한)을 동시에 충족시켜야 하기 때문이다. 학제적 연구는 혼종적 형태이기 때문에 통상적인 평가 기준-이를테면 독창성과 중요성—이 서로 다른 비중을 부여받게 될 수 있다. 한 중국 사학자는 다음이 중요하다고 이야기한다.

> 이것이 당신의 특정 분과학문의 필요를 만족시킬 것이라고 느끼는 전문가들의 지지를 받아야 합니다. 내 말은 그들로부터 '오케이'라는 신호를 받고 나서야 일을 계속 진행하라는 것이죠. 이제 우리는 두 번째 수준의 기준을 적용하는데 곧 '그것이 다른 누군가를 위해 무언가를 할 것인가'입니다. 둘 중 첫 번째 것은…… 그들이 말하자면 국지적 전문성에서 능력을 지니고 있다는 것을 확증합니다. 그러나 내게 그것은 궁극적 기준이 아닙니다. 궁극적 기준은 '그것이 우리 중 나머지 사람들에게도 무언가를 해 줄 것인가'입니다.

학제적 장르의 평가 기준이 지닌 발현적 속성을 염두에 둘 때 평가위원들이 무엇에 기금을 주고 주지 않을지를 결정하기 위해 기존의 분과학문적 기준으로 쉽게 되돌아가는 것은 그리 놀라운 일이 아니다. 이는 회의가 막바지에 가면 학제적 연구가 여러 분과학문적 렌즈를 통해 평가된다는 것을 의미할 수 있다. 이것은 동료들과 내가 학제적 패널에서 인지적 맥락화와 공정한 판단의 생산을 연구할 때 도달했던 결론이다.[16]

물론 이 영역, 특히 공유된 학제적 인식의 플랫폼 창조와 평가에 관련된 더 많은 연구가 필요하다.[17] 우리는 또한 상당한 가용 기금과 학제적 연구에 대한 정부의 명령, 그리고 그것에 대한 산업의 높은 평가에 비해 학제적 평가 기준의 제도화가 취약하다는 점에 대해서도 더 잘 이해할 필요가 있다. 이 부문은 본래 모호한 것인가?

'훌륭한' 학제적 평가가 드물지만 매우 두드러지는 전문성의 조합을 요구하는 반면 '훌륭한' 다양성 평가는 상이한 질서의 질문을 제기한다. 이것들은 근본적인 원칙—한편으로 업적에 기반을 둔 평가와 다른 한편으로 필요와 분배적 정의에 기반을 둔 평가를 어떻게 화해시킬 것인가—과 관련이 있다.

⋮ 다양성 기준 포함시키기

많은 연구는 가장 명망 있는 대학에서, 특히 높은 수준의 영향력과 생산성을 지니고 있는 연구중심대학의 정년보장 직위에 여성과 소수자 교수가 비교적 소수임을 보여 준다.[18] 교수진의 다양성이 증가하고는 있지만 고등교육에 대한 접근이 평등하지 않다 보니 이것이 충원 통로에도 지속적인 영향을 미친다.[19] 다양성에 대한 고려가 법과대학원 입학허가와 학과의 정년보장 결정에서부터 장학금의 수여에 이르기까지 미국 고등교육의 선발 형태 전반에 영향을 미치는 것은 이런 배경 때문이다.

학제성의 경우와 더불어, 이 연구에 포함된 몇몇 기금 지원기관은 평가위원들이 차별을 하지 않도록 명시적으로 요구한다. 이를테면 American Council for Learned Societies의 웹사이트는 다음과 같이 단언한다.

장학금과 기금의 운영과 수여에서 ACLS는 인종, 피부색, 성,

교수는
무엇으로 판단하는가

성적 지향, 국적, 연령, 종교, 장애 여부, 결혼/가족 관계, 또는 정당 가입에 기반을 둔 아무런 차별도 하지 않는다. 여성과 소수 집단 구성원의 지원은 특히 환영을 받는다. 젊은 학자와 대학에 자리를 잡지 못한 독립 학자들 또한 지원이 권장된다.[20]

다른 기금 지원조직은 덜 구체적이다. 이를테면 여성학 경연의 후원자인 WWNFF의 웹사이트는 오직 '초창기부터 Woodrow Wilson Foundation은 장벽을 허물고 최상의 교육 기회에 대한 접근이 제한되었던 학생들에게 문을 열어 주었다. 우드로우 윌슨은 진정으로 미국인 모두를 대변하는 젊은 지도자를 양성할 국가적 필요를 계속 충족시키고 있다'고 진술한다.[21]

기금 지원기구 중 두 곳은 다양성을 언급하지 않는다. 그럼에도 기금 수여 결정을 할 때 평가위원 모두가 그것을 고려하리라고 보는 것이 합리적이다. 패널 구성원들이 동료와 학생들의 평가자로서 전형적인 일상 작업을 수행할 때 학문적 평가에서 다양성을 고려하는 것이 적합하다는 점이 광범위하게 인정되고 있기 때문이다. 일반적으로 그들은 차별하지 말도록 요청받지만 다양성은 종종 의사결정에 능동적으로 개입한다.

⁞ 많은 다양성 촉진하기 — 이유와 방법

평가위원들은 인종이나 젠더에 특권을 주지 않는, 그리고 학계의 다양성 촉진을 겨냥하는 광범위한 다양성의 정의를 선호하는 것 같

다. 그것이 본래 좋은 것이며 누구에게나 더 풍부한 학문적 경험을
주고 사회 전체적으로 재능 있는 사람을 더 광범위하게 생산할 것으
로 생각하기 때문이다.[22] 평가위원들은 실제로 수상자의 인종과 젠
더 다양성을 고려하지만 또한 지역적 배려, 그들이 가르치는 제도
의 유형(공립/사립, 명문/비명문대학, 대학/연구중심대학), 출신 분
과학문의 범위 등에도 비중을 둔다.

사례에 따라 어떤 종류의 다양성이 중시되는가는 패널 구성원들
사이의 타협의 대상이다. 표 6_1이 보여 주듯이 약 34%의 피면접
자들이 제도적 다양성과 분과학문적 다양성을 평가 기준으로 꼽았
으며 그에 비해 종족적–인종적 또는 젠더 다양성을 꼽은 사람은 약
15%에 불과했다. 주제의 다양성 또한 많이 사용되는 기준이다. 지
역적 다양성을 꼽은 응답자는 1명뿐이었다.

역사학자들은 주제와 분과학문의 다양성에 가장 관심이 많았다

표 6_1 분과학문별 집합에 따라 다양성을 기준으로 언급[*]한 평가위원의 비율

다양성의 유형	인문과학(N=22)	역사학(N=20)	사회과학(N=29)	계(N=71)
제도	9(41%)	8(40%)	8(28%)	25(35%)
분과학문	7(32%)	9(45%)	8(28%)	24(34%)
주제	6(27%)	9(45%)	5(17%)	20(28%)
젠더	0(0%)	5(25%)	6(21%)	11(15%)
종족–인종	4(18%)	3(15%)	3(10%)	10(14%)
지리	1(5%)	0(0%)	0(0%)	1(1%)
계	27(1.2[**])	34(1.7[***])	30(1.03[***])	91[***]

[*] 한 번의 '언급'이란 면접 중 기준이 적용된 것을 의미한다.
[**] 이 숫자는 평가위원당 언급 비율을 나타낸다. 몇몇 응답자들은 다양성의 각 유형을 한 번
이상 언급했지만 각 다양성 유형에 대해 단지 한 번으로만 기록하였다.
[***] 몇몇 평가위원들은 두 유형의 다양성을 언급했다. 그래서 언급의 총수는 평가위원의 총수
보다 많다.

(역사학자들이 기금의 큰 몫을 받고 매우 많은 수의 지원서를 제출한다는 것을 고려해 볼 때 이것은 노블리스 오블리제를 반영하는 것일 수 있다). 사회과학자들은 이들 두 차원에 가장 관심이 적다. 놀랍게도 인문과학자들은 젠더 다양성을 언급하지 않았는데, 표가 보여 주듯이 이는 역사학자와 사회과학자에게는 비교적 강한 요인들이다. 종족–인종적 다양성에 대한 언급은 분과학문적 집합들에서 대략 동일하다.

전체적으로 볼 때 다양성에 대한 관심은 역사학자들에게서 가장 강하다(이 집합에서는 응답자당 1.7회 언급의 비율인데 인문과학자는 1.2번이며 사회과학자는 1.03번임). 평가위원들이 지원자의 소속 분과학문, 젠더, 소속 제도(그리고 그것의 지리적 위치)와 연구 주제 관련 정보를 알 수 있지만 그들은 종종 지원자의 과거 수상경력(예를 들어 소수자 장학금 수령)과 소속(흑인사회학자연합 Association of Black Sociologists 회원 같은)에 기반을 두고 종족–인종적 정체성을 추측해야 할 때도 있다.

다양성의 형태가 많고 분과학문의 제도적 다양성에 비해 종족–인종적 다양성이 상대적으로 두드러지지 않다 보니 선택의 기준으로 다양성에 부여되어야 할 중요성이 얼마나 큰가를 물었을 때 한 흑인 학자는 '젊은 학자 또는 종족적 소수자'를 겨냥하는 경연뿐 아니라 공사립 대학에서 나온 제안서를 가리키며 응답한다. 그는 명시적으로 인종적 다양성을 촉진하려는 정책이 좀 더 광범위한 다양성의 원칙을 촉진하는 것을 예시하는 것으로 본다.

몇몇 응답자들은 훨씬 더 멀리 나아간다. 한 역사학 교수는 "나는 가능한 한 많이 섞는 것, 어떤 종류이든 많은 다양성을 갖는 것을 믿습니다. 그리고 이는 배경이나 훈련 또는 관심 또는 어쩌면 심지어 연령이나 개성의 다양성도 포함합니다."라고 말한다. 여성과 유색인에게 기금을 주는 것을 더 광범위한 원칙의 확장으로 규정하는 것은 수월성과 공정성 사이의 이율배반으로 인식될 수 있는 것을 최소화한다. 1980년대 이래 조직운영 같은 다른 분야에서 유사한 경향이 발전되었는데 이는 부분적으로 긍정적 입법과 평등한 기회 규제와 관련한 연방정부의 삭감에 대한 대응이다.[23]

친 다양성 pro-diversity 논란은 다양성의 내재적 가치뿐 아니라 최선의 연구를 끌어내기 위해 경기장을 고르게 하고 편견을 극복할 필요(종종 결합되는 근거들)를 환기시키며 만들어진다. "이들과 같은 재단이 가능한 한 넓은 범위의 지식을 생산하도록 권장하는 것은 중요하다."고 한 영문학자는 단언하며 이 과정에 대해 설명한다.

"평가자로서 우리가 가지고 있을 몇몇 편견을 점검하는 데 도움을 줍니다. 그리고 나는 그것이 또한 '경기장을 고르게 하도록' 만든다고 생각해요. 그것은 인종적 또는 계급적 다양성이라는 용어로 종종 사용된 은유인데 나는 전폭적으로 그것이 중요하다고 생각합니다."

한 흑인 평가위원 또한 이 고르지 않은 경기장을 염두에 둘 때 공정성에 호소함으로써 다양성을 고려하는 것을 옹호하며 다음과 같이 지적한다.

"교육 부담이 훨씬 무거운 제도에서 가르치고 많은 출판을 할 기회를 갖지 못했으면서 지원한 사람들이 있죠. 종종 그들의 지원서는 매끄럽고 잘 가다듬어진 것처럼 보이지 않을 수 있습니다 ― '잘 가다듬어진'이라고 말해야 했습니다. '매끄럽다'는 표현은 쓰지 말아야 했고요. 그들은 이름만으로 일종의 무게를 주거나 추천서 같은 편의를 줄 수 있는 그 분야의 지도자와 관계를 유지하지 못했을 겁니다."

하지만 다른 패널 구성원들은 장학금이 대학의 충원 통로를 규정하고 앞으로 수십 년간 대학교수가 무엇으로 보일 것인가를 결정하는 데 기여하는 역할에 관심을 지니고 있다. 스스로 자유주의적이라고 말하는 한 역사학자는 다음과 같이 이야기한다.

> [경연이] 학계로 들어가는 관문이므로 나는 학계에서 단지 백인의 중상류계급, 직업적 전문가, 기본적으로 학계에서 스스로를 재생산하려는 끈질기고 인습적인^{mandarin-like} 욕망을 가지고 여기에 온 사람들보다 더 많은 것을 보는 데 관심이 있습니다……. 다른 연구를 하는 누군가, 좀 더 나이 많은 후보자와 좀 더 젊은 후보자를 만나는 것은 좋은 일입니다……. 심의 종료 시 당신이 본질적으로 일군의 사람들에게 면허를 주어 학계를 매우 상이한 개성과 상이한 배경을 지닌 사람들로 채우게 된다면…… 그것은 엄청난 플러스이죠.

래니 귀니어^{Lani Guinier}와 수전 스텀^{Susan Sturm}이 지적하듯이 오늘날 긍정적 입법을 비판하는 사람들은 업적주의를 다양성과 맞붙여 누구는 '업적으로 받고' 누구는 '쿼터로 받는다'고 한마디로 주장한다.[24] 동료평가의 사례는 다른 관점을 시사하는데, 그것은 잠재적 수상자를 찾기 위해 질과 다양성의 고려를 접목하는 것이다. 비율은 달라지지만 기금은 두 차원 모두에서 빛을 발하는 지원자에게 수여된다. 그래서 나는 업적과 다양성이 평가의 대안적 표준이라기보다 종종 보완적 기준으로 작용한다고 주장한다. 기금 지원 결정에서 다양성의 촉진이 일반적으로 어떻게 성취되는가를 생각하라. 첫 번째 수상자가 결정될 때 다양성에 대한 주장은 거의 두드러지지 않는다. 그의 수상과 관련해서는 빠르게 강한 합의가 이루어진다. 그런 주장은 '아마도 maybe' 항목의 지원서가 논의될 때 나올 가능성이 높다. 이들 사례에서 여러 형태의 다양성은 두 개의 다소간 문제 있는—그러나 각각 서로 다른 문제를 가지고 있고 그래서 쉽게 비교하기 힘든—지원서 사이의 타이브레이커로 작용하여 '계속 일이 진행되도록' 하는 데 도움을 준다.

그녀의 패널이 참여했던 자기평가 self monitoring 과정을 묘사하면서 한 평가자가 일례를 제공한다. 구성원들이 역사학 지원서에 너무 많이 기금을 준 것처럼 보인다고 지적한 후 패널은 교정행위에 착수했다.

"몇몇 지원서는 여타 종류의 [기준 이를테면] 제도적 범위, 지리적 범위뿐 아니라 분야 다양성을 고려해 우리 목록의 상위에 포함되었는데 나는 그 모든 다양성이 매우 중요한 범주라고 생각합니다."

한 흑인 영문학 교수가 상황을 요약한다.

"몇몇 [수상자는] 분야 다양성과 일종의 제도 다양성을 고려하여 포함되었습니다. 지원서의 질에 대해 합의가 잘 이루어지지 않았기 때문예요. 다른 사례에서는 프로젝트의 적합성에 대해 합의가 더 잘 이루어졌습니다."

다양성에 대한 고려로부터 혜택을 보는 사람들이 경연 참여자 집단에 참여하려면 소속 제도, 계급, 인종 또는 국적에 기반을 둔 추가적인 장애와 낙인을 극복해야 한다는 점을 주목하라. 이들 지원자의 궤적이 더 가팔랐다는 점은 어쩌면 그들이 좀 더 혜택을 받는 배경 출신의 지원자에 비해 더 큰 결의와 성공의 잠재력을 지니고 있음을 시사하는 것일 수도 있다.

평가위원들은 비교적 빨리 합의에 도달한 소수 지원서를 넘어 심의가 진행될수록 자신들이 상이한 기준을 적용한다는 것을 알고 있다. 한 영문학자는 다음과 같이 진술한다.

> 우리 모두는 [마지막 6개]의 약점에 대해 이야기했는데 이는 [다른 것들에] 대해서는 하지 않았던 방식이었습니다……. 이것은 주제가 차이를 만들어 내는 기준이었던 것인데 이는 긍정적 입법의 작용에 대해 말해 주는 것이죠. 나는 편안하게 '상위 6개는 학문적 수월성에 기초해 결정되었고 나머지에 대해서는 다른 요인들이 더 많은 비중을 차지했다.'고 말합니다……. 다른 기준을 고려하는 것은 [중요합니다]……. 우리는 연구의 타당성, 특정 분야에 대해 또는 많은 분야에 대해 지금 이 시점에서 그 연구가 얼마나 중요한가, 그것이 얼마나 필요한가 등에 대해 이야기합니다.

따라서 규칙 사용의 일관성은 평가위원들이 지원서 뭉치 전체에 대해 공정한 절차를 구성하는 것이 무엇인가를 평가하고 재평가함에 따라 다른 고려사항들과 경쟁하게 된다.

⋮ 수월성 대 다양성

다양성 기준을 '고려할 것'이 적절한가는 많은 학자들에게 여전히 논란이 되고 있는 질문이다. 많은 사람들은 대부분의 결정이 사실상 수월성과 다양성 고려의 조합에 기반을 둔다는 점을 모르기 때문이다. 순수주의자들은 수상자 분배에서 수월성만 고려해야 한다고 주장한다.[25] 이를테면 한 경제학자는 패널이 다양성 고려를 조화시킬 능력이 있는지에 대해 회의적이다('당신은 정말 있을 것 같지 않은 운에 의해서만 재능 있는 사람을 뽑게 될 겁니다.'). 그는 다음과 같이 주장한다.

> 학계는 원래 엘리트주의적인 기획입니다. 이 나라에서는 모든 사람을 대학에 입학시키지 않습니다. 우리는 모두를 대학원에 입학시키지 않습니다. 우리는 모두에게 정년보장 자리를 주지 않습니다. 우리는 모두에게 정년을 보장해 주지 않습니다. 그리고 그것은 좋은 일입니다……. '약자를 응원해 그들이 이기기를 바라자.'고 말하는 것은 일종의 대중적인 기분풀이용 충동입니다. 나는 좋은 지원서를 쓴 약자만 지원해 주어야 한다고 봅니다.

그런 반대를 예상하면서 '진보적인' 평가위원들은 이 논점을 둘러싼 집단적 대화에 뉘앙스를 도입한다. 이를테면 한 영문학 교수는 다양한 지식의 생산이 수월성을 배양하며 기준을 낮추는 것과 동일시해서는 안 된다고 주장한다. 다른 사람들은 기준의 유형들을 조합하는 것을 강하게 옹호하는 입장을 취한다. 그래서 한 정치학자는 다음과 같이 설명한다.

"글쎄요, 서로 대화하는 중에 경쟁하는 기준을 격렬하게 제기해야 건강한 것입니다. 나는 대안적 기준을 고려하여 당신 자신의 기준을 완화하는 것이 건강하다고 생각합니다. 나는 수월성이든 다양성이든 또는 다른 무엇이든 다른 모든 기준을 배제한 채 하나의 기준만 사용하면 문제가 생긴다고 봅니다."

또 다른 사람들은 한 영문학자가 다음과 같이 시사하듯이 다양성 촉진을 원하지만 사례에 따라 제한을 두고 싶어 한다.

우리는 어떤 추상적 관념이나 학문적 수월성에 대한 맥락주의적 관념에 기반을 두고 진행해서는 안 됩니다. 그렇게 하면 한 부류의 사람들에게 특혜를 줄 것이고 다양성에는 아무 기여를 하지 못할 것이니까요. 다른 목표를 달성하기 위해 학문적 수월성으로부터 얼마나 벗어나야 할까요? 그에 대해서는 아마 실용적으로 사례에 따라, 때에 따라 결정해야 할 겁니다. 그러나 나는 그것이 이루어져야만 한다고 생각합니다.

더 많은 인종적 젠더 다양성을 지닌 수상자 선정을 주장하면서 몇몇 평가위원들은 '수월성 기준'과 '다양성 기준'의 대립을 의도적으로 깨트리려 한다. National Endowment for the Humanities와 American Association of University Women의 패널에 오랫동안 참여했던 한 저명한 페미니스트는 이들 조직이 여성 학자와 여성학 연구 지원서에 기금을 주는 쪽으로 기울어 있지 않았을 때 그것들을 지지했던 일을 회상한다. 그녀는 "그것들에 대해 여성학 프로젝트가 아니라 우수한 것으로 주장했습니다."라고 설명하면서, 시간이 지나자 일반적인 수월성의 기준과 페미니스트 학자에게 적합한 기준이 수렴되어 이제는 거의 구분할 수 없게 되었다고 진술한다. Woodrow Wilson Women's Studies 경연에 대해 이야기하면서 그녀는 다음과 같이 말한다.

> 나는 이들 [장학금] 중 하나를 따려면 하나만 가져서는 안 된다고 봅니다……. 여성학 학자라는 것…… 정말로 더 완벽해야죠. 당신이 이를테면 17세기 문학에 대해 매우 뛰어나지만 여성에 대해서는 전혀 주의를 기울이지 않을 수 있으니까요……. 그러나 이 경연에서 이기려면 그 분야를 완벽히 알아야 할 뿐 아니라 그 분야에 대해 말하는 페미니스트 이론도 완벽히 알아야 합니다. 나는 그것들이 절대적으로 중요하다고, 그들이 두 가지 모두를 가지고 있어야 한다고 생각합니다.

스스로의 과거에 대해 이야기하면서 그녀는 이렇게 회상한다.

"나는 표준적 분야에서 뛰어나야 했고, 여성학에서도 뛰어나야 했습니다……. [과거에] 좀 더 관습적인 연구를 했던 사람들 중 몇몇은, '그래 그녀는 페미니스트 관련 연구를 하고 있는데 요즘 그건 정말 유행이야.' 하고 떠들었죠."

이 평가위원과 다른 사람들이 우수한 질의 학자로 인정받는 것과 새로운 분야의 제도화에 기여하는 혁신적 연구를 하는 것 사이에 강한 긴장(그에 대한 차별은 말할 것도 없고)을 경험했다는 것은 학문적 평가에서 다양성이라는, 널리 퍼져 있고 멀리까지 미치는 드라마에 대해 이야기해 준다.

⋮ 다양성에 대한 관점 : 유색인 평가위원들

나는 백인이 아닌 평가위원들과 아홉 차례 면접을 했는데 그중 일
곱 번은 흑인이었고 두 번은 아시아인 평가자였다. 응답자 전체에
서와 비슷하게 여기서도 나는 선택 기준으로서 다양성에 대한 접근
과 관련해 중요한 차이를 발견했다. 스펙트럼의 한쪽 끝에서는 한
평가위원이, 어떤 모습으로든 다양성이 수상자들 사이에서 대변되
었다는 것을 명시적으로 확실히 하고자 했다.

"나는 수상자 목록이 인구와 서로 다른 종류의 학교, 상이한 분
야, 그리고 이상적으로 학자의 피부색과 관련하여 어느 정도의 다
양성을 확실히 반영하도록 만들고자 했습니다."

반대편 끝에서는 다른 평가위원이 그녀의 패널은 다양성 기준을
명시적으로 적용하지 않았다고 주장한다.

"우리는 그냥 진행하면서 각 지원서를 그 장점에 맞춰 임의적으
로 판단했습니다. 역사 분야가 너무 많군요, 라든가 이것이 너무 많
습니다, 따위의 이야기는 전혀 없었어요. 그러니 그냥 진행하고 다
른 고려는 없이 그저 개별 프로젝트에 근거해 결정을 내리는 데 인
종을 논의할 이유는 전혀 없는 것처럼 보였습니다."

하지만 이 평가위원은 패널에 참여한 두 번째 해에 '2'로 매겨진
지원서('아마도' 범주) 중 어느 것을 지원해야 하는가를 논의하게 되었
을 때, 덜 대변된 주제와 유색인 지원자를 밀고자 했다고 보고한다.

"나는 우리가 이미 지원한 지원서 중에서 덜 대변되었다고 생각
한 관심사와 관련된 주제…… [그리고 그 저자가] 덜 대변된 집단에
속한 것을 [지지했습니다]."

각 집단 내에 존재하는 상당한 차이를 고려해 볼 때 백인과 비백인 평가위원이 다양성의 문제를 똑같이 인종에 관련된 것으로 해석할지 여부를 결정하기란 거의 불가능하다. 게다가 사회과학계와 인문과학계의 학자들은 전반적으로 진보적이어서 다양성의 촉진이 평가위원들 사이에 아주 당연시되고 있어, 그것을 명시적으로 논의할 필요가 없는 것처럼 보이기도 한다(한 사회학자는 그것을 '위원회의 사람들은 괜찮은 진보적 인물이어서 그걸 직접적으로 논의할 [필요는] 없을 것이라는 생각이 들었습니다.'라고 말한다).[26]

그럼에도 우리는 백인들 사이에는 있지만 비백인들 사이에는 없는 입장을 발견한다. 예컨대 인류학자인 한 백인 평가위원은 인종의 고려를 반대하는데, 그렇게 하면 비백인을 후원하고 특권층 유색인종을 지원하게 될 수 있기 때문이다.

내가 있는 대학에서 우리는 지금 어떤 사람을 뽑고자 하는데 그녀는 상위 카스트 출신의 인도 사람으로서 아마도 12명의 하인을 거느리며 자랐을 사람이지만 소수자 특별 채용으로 고려되고 있습니다. 우리는 그렇지 않았으면 존재하지 않았을 자리에, 더 찾아보지 않고 그녀를 채용할 수 있죠. 나는 그것을 전혀 이해할 수 없습니다. 물론 소수자에 대한 편견을 보여 주는 증거가 또 있다면 그건 뿌리 뽑아야 하겠지만 나는 그런 경우를 본 적이 없어요……. 달리 말해 그것이 무엇이든 우리가 동일한 기준을 사용하지 않는다면 나는 후원에 대해 염려하게 될 겁니다. 아시다시피 '글쎄요, 기준을 낮춰야겠군요. 흑인 후보니까요.' 식으로 말입니다.

계급 다양성을 언급한 사람은 거의 없다. 그들은 다양한 형태의 전승된 문화자본을 통해 일반적으로 학문적 성공에 필요한 문화적 자산을 더 잘 갖추고 있는 중산계급 학생들이 대부분의 학문적 선택에서 특혜를 받을 것이라는 점에 대해 의문을 제기하지 않는 것 같다. 하지만 한 피면접자는 다음과 같이 지적한다.

> 미국 대학에서 [계급 다양성은] 심각한 문제입니다. 점차 그리고 다양한 노력에도 [불구하고] 인문과학을 택하는 사람들의 집단이 덜 다양해지고 있고, 더 부유하며 좀 더 기반을 지닌 사람들로 채워지고 있기 때문입니다. 사회과학의 상황은 모르겠어요. 이런 선발을 할 때 당신은 이미 주로 큰 특혜를 받은 부르주아 집단, 명문대학을 다닌 사람들(비록 그들이 엘리트 출신은 아니더라도) 중에서 선택하게 되죠……. 하버드와 웰즐리 출신 사람들이 있지만 반즈앤노블 서점에서 일하며 버클리를 다닌 사람도 있습니다. 따라서 우리가 일정한 범위를 가지는 건 정말 좋은 일입니다.

⋮ 젠더 편견의 인식

사회과학 연구는 학문적 수행을 평가할 때 나타나는 젠더 차별과 관련한 중요한 발견에 기여했다.[27] 이를테면 박사 후 연구 지원서에 대한 동료평가에 대해 널리 인용된 연구는, 평가자들이 비슷한 생산성 수준에도 불구하고 일관되게 남성 지원자보다 여성 지원자에

게 더 낮은 점수를 주었다는 것을 보여 준다.[28]

좀 더 넓게 우리는 남성의 속성이 일반적으로 여성의 속성보다 더 가치 있는 것으로 파악되며 남성들은 일반적으로 더 능력 있다고 판단된다는 것을 안다.[29] 게다가 여성 학자들은 종종 '덜 생산적이거나 또는 전일제의 정년보장 트랙에서 성공할 능력이 없다'고 인식된다. 그리고 이는 여성의 성취를 측정할 때 비슷한 처지에 있는 남성의 성취에 비해 더 엄밀하고 높은 기준을 적용하도록 만든다.[30] '귀속지위에 대한 편견attribution biases'이 빈번하며 이것들은 '사람들이 그들의 내집단의 구성원의 행위를 고정된 원인에 귀속시키는 반면 외집단의 행위는 상황적 원인에 귀속시키는 경향이 있을 때, 즉 그는 뛰어나지만 그녀는 그저 운이 좋았다고 생각할 때' 발생한다.[31]

그런 편견은 명목주의tokenism의 상황, 예를 들어 학과나 등급 내에 단지 소수의 여성들만 있을 때 특히 더 많이 생긴다. 귀속지위에 대한 편견을 낳는 사회적 범주화와 동일집단('내집단') 편견은 정상적 인지의 부분이며 다른 사람들에 대한 사람들의 의식적 감정과 무관하게 발생한다.[32] 지속적인 자기평가와 시간, 그리고 석명 책임accountability의 체계만이 이들 인지적 경향의 방향을 바꿀 수 있다.

이런 발견은 일부 평가위원의 학자적 태도에 대해 알려 주는데, 그들 중 많은 사람들은 학계에서의 젠더 불평등을 다룬 문헌에 대해 잘 알고 있는 사람들이다. 예컨대 한 정치학자는 남성들이 여성 동료의 연구를 '재미없는 것으로', 더 무시할 가능성이 크고 그런 평가가 '일종의 명백한 편견의 사례이며…… 당신과 다른 사람이 당신이 매우 높게 평가할 일을 하는 것을 발견하기란 드물 것'이라고 설명한다.

역시 편견을 다룬 문헌들에 대해 잘 아는 한 역사학자는 지원서를 평가할 때 다양성의 문제를 어떻게 다루느냐는 물음에 대해 다음과 같이 대답한다.

"나는 그것들을 전면에 놓지 [않지만] 진지하게 고려하려 합니다……. 한 뭉치의 지원서를 훑어본 후 나는 혹시 어떤 유형이 존재하는 것은 아닌지 찾아보죠. 내가 높은 점수를 준 것들이 젠더와 분과학문, 연구중심대학 등과 같은 요인에서 구분되는 것은 아닐까, 와 같이요."

이 평가위원은 또 패널이 전반적으로 편견에 민감하다고 회고한다. 그는 "누군가, '어라, 마지막 세 개 중 두 개가 주요 대학 것이 아니네요.'라는 말을 했습니다. 그리고 갑자기 누군가가 그 문제를 살펴보았고 우리는 '정말 그렇네요.'라고 말했죠. 우리는 그런 종류의 일을 절대 맹목적으로 무시하지 않으려 했습니다."라는 예를 든다.

다른 사람들은 젠더가 평가에 영향을 미치는 좀 더 미묘한 몇몇 방식에 초점을 맞춘다. 이를테면 한 사회학자는 피에르 부르디외와 장-클로드 파스롱Jean-Claude Passeron의 노동계급 학생들 사이에서의 '분류전략strategies of relegation'(또는 자기추적 self-tracking)에 대한 연구를 인용하면서 여성들은 좀 더 전통적인 주제와 '안전한' 전문가적 전략을 세심하게 선택하기 때문에 장학금을 획득할 가능성이 줄어든다고 시사한다.[33]

Society of Fellows 패널에 참여한 다른 여성 인류학자는 남성들이 여성에 비해 면접을 훨씬 잘하며 더 편안하게 한다고 지적한다.

"남성적 면접 스타일이 [있습니다]. [그것은 좀 더] 설득력이 있죠. 그리고 특정한 여성적 면접 스타일이 있는데 그건 그리 적극적이지 않습니다. 그게 꼭 변명적인^{apologetic} 것은 아닙니다. 그저 그리 강하지 않을 뿐이죠. 그들은 뛰어나지 않아 보이는데 그것이 우리가 유의해야 할 점입니다."

반대로 그녀는 여성들이 때로는 너무 공격적으로 보여 점수를 잃는다고 지적하는데, 이는 야심 있는 여성들이 자신들의 성취에 대한 보상을 주장하면 벌을 받는다는 발견과 일치한다.[34] 실제로 여러 연구는 남성들이 공격적일 때는 그들의 행동이 큰 재능의 증거로 인지되지만 여성이 동일한 행동을 나타낼 때 그들은 너무 공격적으로 인식된다는 점을 보여 준다. 마찬가지로 '자기광고^{self promotion}'를 하는 남성과 여성이 상이한 방식으로 파악되는 사례도 많다. 남성은 성취를 열망하는 사람으로, 반면 여성은 무례한 사람으로 인식되는 것이다.[35]

마지막으로 여성은 질적 연구와 구성주의에 기반한 인식론적 접근법을 선호하는 편이라는 사실로부터 생기는 간접적 편견이 있다. 엘리자베스 클레멘스^{Elisabeth Clemens}와 동료들은 여성 사회학자들이 남성들에 비해 책, 특히 질적 자료를 사용하는 책을 저술하는 비율이 높다는 것을 보여 준다.[36] 질적 연구에 비해 양적 연구를 선호하는 패널은 그래서 여성에게 불이익을 주게 된다. 평가위원들이 높이 평가하는 인식론적 스타일을 비교하면서 나의 동료와 나는 여성들이 남성에 비해 구성주의적 스타일을 사용하는 경향이 있음을 발견했다.[37]

실증주의에 기반한 인식론적 스타일을 더 높이 평가하는 패널은

교수는
무엇으로 판단하는가

그래서 또 여성에게 얼마간 불이익을 주게 된다. 이들 사례에서 차별은 직접적인 젠더 편견의 결과가 아니라 남성을 선호하는 쪽으로 기울어진 선택 기준을 적용한 결과이다.[38] 함께 고려되면 이들 요인들은 남성들에게 유리하게 작용하는 '누진적 이점'의 가능성을 시사한다. 그리고 이런 가능성은 5장에서 논의한 것과 같은(예를 들어 남성 지원자를 위한 추천서는 좀 더 상세한 것처럼 보여 평가위원들에게 더 강한 인상을 준다) 부가적 영향력의 존재에 의해 고양된다.[39]

유사한 요인들이 또한 여성에 비해 남성이 정년보장을 받을 가능성을 증가시킬 수 있다. 젊은 남성과 여성 학문적 스타들에 대한 비교연구는 멘토가 한 역할, 특권의 이전, 그리고 가사를 전담하는 배우자와 여타 비공식적 자원을 가지고 있는 것이 주는 이점들에서 대조적인 유형을 드러낼 수 있다.

⋮ 제도적인 긍정적 입법

그 이름이 보여 주듯이 American Council for Learned Societies는 전국 연합 조직이다. 거기에는 매우 다양한 회원들이 참여하고 있다. 참여 단체들은 공사립 대학에서 일하는 사람들, 명문대학과 비명문대학, 연구중심대학과 교양대학, 교육 부담이 높은 대학과 낮은 대학, 주변 지역에 위치한 대학들을 대변한다. 그래서 ACLS 패널에 참여하는 사람들에게서는 다양성에 대한 관심이 두드러진다.

이 우산형 조직은 미국 고등교육의 다양한 형태를 반영한 기금 분배가 이루어지기를 원하며 그중에는 지리적 분산과 제도의 다양한 범주가 포함된다. 대변의 논리가 엄밀하게 적용되지는 않지만 하나의 요인인 것은 사실이다. 이 조직에서 연맹의 다양한 참여기관에 걸쳐 기금을 분배하는 것은 공정성의 문제일 뿐 아니라 조직유효성efficacy의 문제이기도 하다.

이 평가위원이 보여 주듯이 여타 경연들 역시 평가위원들에게 수상자를 결정할 때 제도적 다양성을 고려하도록 요청한다.

우리는 프로그램 관리자로부터 대변이 덜 된 제도를 지원서에 혜택을 주는 하나의 추가적인 가점 요인으로 세심하게 고려하라는 통상적인 지령을 받았습니다. 물론 취약하다고 생각하는 지원서의 [다른 부정적 속성]을 지워 버릴 [정도로까지는] 아니지만 말이죠. 그리고 똑같이 우리가 어떤 특정 제도에 과잉보상을 해 준 것을 알았다면 재고해 달라는 지령도 받았습니다. 그는 이런 방식으로 생각해 보도록 이야기했습니다. 즉 우리는 한 해에 모두 미시간대학이나 컬럼비아대학 사람만으로 채우고 싶지 않으며 그들 중 최고의 사람들만 원합니다. 그리고 그것은 물론 우리가 보기에 컬럼비아대학에서 다섯 번째인 사람이 보기에 따라서는, 이를테면 뉴팔츠 소재의 뉴욕주립대학에서라면 첫 번째가 될지도 모른다는 것을 의미합니다.

심의 후 면접 과정에서 1/3 이상의 평가위원들이 평가 기준으로 기관의 '긍정적 입법'을 언급했다. 평가위원들이 지원자의 분야에 가장 적합한 인식론적 스타일을 적용하여 인지적 맥락화 규칙을 따르도록 권장받는 만큼(4장을 보라) 기금 지원 프로그램 관리자는 지원자의 소속 기관에 가용한 자원과 지원자의 경력 단계에 맞춰 상이한 기준을 적용할 것을 촉구한다. 여성학 분야에서 연구하는 한 영문학자는 기관의 기준을 어떻게 반영시켰는지 다음과 같이 기술한다.

> 나는 누군가 덜 느슨한 사람이 만약 럿거스대학이나 여성학 연구를 많이 하는 다른 어떤 기관, 또는 메릴랜드대학 소속이라면 그를 탈락시킬 겁니다. 그러나 [만약 그녀가] 노던일리노이대학이나 유타대학 소속이라면 거기에서는 페미니스트 이슈에 대해 많은 적의가 있고…… 그 공개된 적의는 때로 심지어 폭력을 포함하기도 하므로 나는 이런 사람은 정말로 애를 쓰고 있는 사람이구나, 라고 생각합니다. 그리고 그녀가 행한 작업이 탁월한 것이었고 앞으로도 계속 그럴 것 같으면 나는 그것이 훌륭한 긍정적 입법이라고 이야기하고 싶군요.

평가위원들은 기관의 긍정적 입법을 실행한다. 사립 명문 연구중심대학은 경연 과정에서 특혜를 받는다고 믿기 때문이다. 이를테면 한 영문학 교수는 다음과 같이 관찰한다.

"마침내 10명의 최종 수상자가 나왔을 때 우리는 그들이 거의 모두 주요 연구중심대학 사람들이거나 교육 부담이 아마도 비교적 낮은 곳의 사람들이어서 유감스러웠습니다……. 스스로를 판단하지는 않았지만 나는 우리가 지원서를 검토하면서 그에 대해 다소 이야기를 나누었다고 생각합니다."

덧붙여 한 정치학자는 그녀의 분야에서 기금을 지원받은 지원서에 대해 다음과 같이 말한다.

> 4명의 정치학 수상자 중 3명이 버클리대학 몫으로 간 것은 내게 그리 즐겁지 않은 일이었습니다. 그에 대해 반대하는 것은 전혀 아닙니다. 나는 실제로 버클리대학이 훌륭한 곳이라고 생각합니다. 나도 그 대학 출신이고…… 버클리대학이 굉장한 비교정치학자를 길러 낸다고 생각하니까요……. 그러나…… 누구든 많은 학교가 성공하는 것을 보고 싶을 겁니다.

일류 기관은 지원자가 다량의 자원을 사용할 수 있도록 하는 편인데, 그에는 내부의 대학원 연구 장학금 경연, 더 긴밀한 지도, 좀 더 광범위한 대학원 교과과정 등이 포함된다. 한 평가위원이 "이따금 당신은 이들 연구중심대학의 잘 다져진 트랙 바깥에 있는 누군가가 쓴 지원서를 봅니다. 분명 그들은 주변에 도와줄 동료가 없고 지원서에 대해 조언을 받을 수 없다는 점 모두에서 큰 불이익을 안고 있습니다. 즉 최신의 연구 방법과 같은 것에 대해 풍부한 정보를 가지고 있지 못하죠."라고 지적하면서, 이 사람은 다음과 같이 덧붙인다.

> 일단 어떤 학생이 2~3류 프로그램에 들어가 전혀 알려지지 않은 누군가와 함께 연구하게 된다면, 실제로 그가 다른 누군가에도 뒤지지 않는 훌륭한 자질을 가지고 있더라도 주요한 불이익에 마주치게 됩니다. 사실 이런 종류의 제도적 수단이 아니고는 대학원생이 받은 훈련을 평가하기가 매우 힘드니까요.

부익부 빈익빈의 매튜 효과를 보여 주면서 명망 있는 대학에 소속된다는 것은 지원서가 기준선 이상을 유지하도록 만들 수 있다.[40] 한 사회학자는 펜실베이니아대학에서 가르치는 한 중국 학자의 프로젝트를 논의하면서 이 현상을 묘사한다.

나는 펜실베이니아대학의 중국 문헌이 매우 높은 평가를 받음을 알고 있고 그녀가 이 특정한 종류의 연구를 하면서 장식용 인형dummy 역할을 하지는 않았으리라고 생각합니다. 그건 또한 훌륭한 지원서였죠……. 만약 그녀가 어떤 매우 작고 초라한 대학 출신이었다면 나는 그렇지 못했을 것이라 생각합니다. 다른 사람들에 대해서는 모르겠거니와 적어도 내게는 그렇다는 뜻입니다. 우리는 이런 미묘한 것에 대해서는 이야기해 본 적이 없으니까요. 그러나 내 경우 그녀가 어디 소속인지 보았을 때, 더욱이 그녀는 교수이며 그들은 교수직을 그렇게 쉽게 주지 않으므로, 나는 그녀가 매우 훌륭한 사람임에 틀림없을 것이라고 가정합니다.

명문대학에 재직하는 학자는 일류 기관 사이의 차이에 대해, 특히 경쟁이 치열한 장학금에 대비해 그들이 학생을 어떻게 준비시키는지와 관련해 좀 더 미묘한 관점을 지니고 있다. 한 중국사 학자는 다음과 같이 이야기한다.

하버드대학 출신 사람은 아무런 충고도 받지 않는 반면 스탠포드대학에서는 원고를 계속 수정하여 제출한 후 이 모든 지적을 받아야 합니다……. 마치 시험에 따른 맞춤 교육을 시키는 것처럼요. 그것이 우리가 장려하려는 것과는 다를 수도 있습니다……. 결국 나는 우리가 수월성을 가장 강조하기를 바랍니다. 그러나 우리는 어떤 종류의 다양성에 대해 일종의 가산점을 주어야 하는데 결국에는 그것이 단지 소수 기관의 통제 아래 이것이 귀속되도록 하는 것보다 더 많은 수월성을 촉진시키기 때문입니다.

한 영문학자에게 해결책은 '아이비리그나 연구중심기관이 아닌 곳 출신의 사람들, 좀 더 작은 대학 출신 사람들, 연구 지원을 받지 못하고, 저작물이 적다고 생각될 수 있는 사람들, 또 다른 지역에서 온 사람들, 종족 연구를 하는 사람들 등에게 가능한 한 기금을 주는' 것이다.

평가위원들은 또 과거에 이미 받은 적이 있는 지원자들에게 장학금을 제한할 것을 시사하기도 한다. 이것은 민감한 이슈인데 부분적으로 과거 이력은 수월성을 보여 주는 것으로 간주될 수 있고 또한 그것이 필요의 문제를 제기하기 때문이다. 필요의 측정은 주로 부당하다고 간주되며 평가위원들은 그것을 고려사항으로 언급조차 하지 않는다. 하지만 그것이 개입되어야 하는가에 대해서는 긴장이 존재한다.

필요의 정당성은 기관의 긍정적 입법처럼 분배적 정의와 연결되는데 그것은 업적과는 다른 또 하나의 배분 원칙이다.[41] 논란의 중심에는 많은 자원에 접촉하는 학자가 더 많이 가져야 하는지, 아니면 매우 적은 자원에만 접근할 수 있는 사람이 이득을 얻어야 하는

지의 문제가 있다. 사회학자인 한 평가위원은 기관의 긍정적 입법에 대해 강하게 반대하는데 이는 그가 기관 소속과 연결되어 있는 문화적·사회적 자본의 분배가 쉽게 조종될 수 없다고 믿기 때문이다.

우리 패널의 의장은 덜 대변된 기관을 [미는 데] 매우 열심인 것처럼 보이더군요. 나는 그런 주장에 대해 그리 공감하지 않는 편입니다. 이를테면 오클라호마주립대학에서 대학원 과정을 하는 사람에 대해 편견을 가지는 것은 어리석은 일입니다. 그러나 예를 들어 하나의 주제를 들어 보자면, 만약 당신이 19세기 프랑스의 관료제에 대한 비판을 연구하고자 한다면…… 아마도 그곳은 그런 종류의 연구를 하기에 가장 좋은 곳은 아니리라는 점은 맞죠. 아시다시피 그곳에는 적합한 교수진이 없고 인프라스트럭처 등도 없기 때문이에요. 그래서 대체로 다른 조건이 동일하다면 스탠포드대학에 가 케이스 베이커^{Keith Baker}나 다른 누군가와 함께 공부하는 사람이 아마 더 나을 것이라는 점은 삶의 불행한 현실이고 그걸 바꾸려 하는 것은 어리석은 일입니다.

자기이해관계가 기관의 긍정적 입법 문제에 대해 학자들이 취하는 입장에 영향을 미친다. UCLA에서 가르치는 한 평가위원은 기금 경연이 공립학교 학생들에게 불리하도록 되어 있다고 믿는다.

UCLA에는 많은 인재들이 있습니다. 그러나 그들은 형편없는 학교 체계에서 나온 사람들이죠……. 그들은 SSRC 같은 경연에서 최상위에까지 오르지 못할 겁니다……. 엄밀한 이론적 배경을 가지고 있지 않은 프로그램을 거친 누군가도 [마찬가지일 것이고요]. 그래서 공립대학 체계로서 빅텐대학이나 캘리포니아 대학 체계 같은 곳에 불리한 일종의 편견이 있습니다. 내 생각에 그 편견은 지속적으로 기금을 받는 바로 그 학교들—버클리대학뿐 아니라 시카고대학, 하버드대학, 아이비리그 대학들에 훨씬 많은 비중을 둡니다.

⋮ 연구 주제와 관련된 긍정적 입법

기금 경연 중 두 개는 특정 유형의 연구에 특혜를 준다. 즉 여성학 분야에서 나온 것(WWNFF 경연)과 비교연구(SSRC의 International Dissertation Field Research 경연)가 그것이다. 이들 경연은 평가위원들에게 지원서를 평가할 때 이들 특정 분야에 대한 잠재적 기여를 고려하라고 요구한다. 그러나 이처럼 명시적이고 조직적으로 특수한 초점을 넘어서면 몇몇 평가위원들은 그들이 특별히 높이 평가하며 무시되고 있다고 믿는 학문적 주제를 선호한다. 나는 이것을 '내용적substantive 긍정의 입법'이라고 부른다. 한 정치학자는 독창성의 이름으로 그것을 지원하며 다음과 같이 말한다.

비서구적 주제에 대해 우리는 일종의 부가적 이점을 주어야 할 의무를 느꼈습니다……. 나는 비교적 남들이 건드리지 않은 영역의 연구를 여는 것을 좋게 봅니다. 내가 기억하는 일부 지원서들은 매우 아름답게 다듬어지기는 했지만 전체적으로든 나의 관점에서든 순위에서는 낮았지요. 그것들이 그토록 친숙한 지평을 다루는 것이었기 때문이에요. 그래서 비록 그 사람은 뛰어난 사람이고 그에 대해 독창적으로 이야기할 무엇인가를 가지고 있다 해도 나는 결국 이것이 서구학자들이 그저 한번도 접해보지 못했던 일부 영역에 대한 연구보다 전반적으로 덜 중요한 연구라고 느낍니다.

페미니스트 학문과 '비서구적 주제'는 역사적으로 무시되거나 '주변화되었다'고 자주 묘사되곤 했다. 페미니스트 연구는 사회적 삶의 모든 국면이 젠더화된 성격을 지녔다는 것을 무시하는 젠더 중립적 학문의 전통에 의해 한계가 지워졌다. 비서구적 주제는 다른 모든 지역에 비해 '서구'를 특권화하는 유럽 중심적 학문 전통의 방해를 받았다.[42] 좀 더 보수적인 세력들은 둘 모두를 비판적인 하층민 연구, 반실증주의 연구, 반세계화와 환경주의에 호소하는 연구와 함께 학문적 좌파의 정치적으로 수정된 장식용 주제pet topics로 간주하기도 한다.

에버릿 칼 래드 2세Everett Carl Ladd Jr.와 세이무어 마틴 립셋의 초기 연구와, 좀 더 최근의 연구인 사회학자 닐 그로스와 솔론 시몬스Solon Simmons의 연구는 정치적으로 진보적인 학자들이 전반적으로, 특히 사회과학과 인문과학에서 어떤 대접을 받는지를 보여 준다.[43] 그래서 때로 질과 사회정의가 융합되는 것은 그다지 놀라운 일이 아니다. 자신들의 연구가 사회적 표상의 생산에 매우 중요한 방식으로 기여한다고 보는 학자들은 종속되고 무시되거나 주변적인 집단에 목소리를 주는 데 관심이 있다.

이런 사회적 기여의 유형은 1980년대 이후 특히 높은 평가를 받게 되었는데 이는 문화사에서 '아래로부터의 역사', 영국에서 버밍엄 학파(저항에 초점을 맞추는), 문화연구, 사회학, 인류학의 영향력 증가 그리고 정치이론(비판이론의 영향력이 여전히 두드러지는 곳)에서 그와 동반된 발전과 관련이 있다. 물론 여성학이 예외적으로 역동적인, 학제적이고 분과학문적 분야로 발전한 것 또한 중요한 독립적 영향을 미쳤다.[44]

평가위원들은 여성학 또는 페미니스트 관점의 학문에 특혜를 주는 데 광범위한 이유를 댄다. 일부는 동류애적 선호─수월성은 자신의 연구와 가장 닮은 것(4장을 보라)─에 호소한다. 또 '지식의 사회적 유용성'도 언급된다. 페미니스트 학자로 유명한 한 영문학 교수는 다음과 같이 설명한다.

나는 확실히 내 자신의 학문적 열정을 따랐습니다. 나는 '페미니스트' 프로젝트나 젠더에 초점을 맞춘 프로젝트에 높은 점수를 주었죠⋯⋯. 젠더는 세계와 문화가 조직되는 매우 중요한 방식입니다. 젠더 학문이 대학에 들어온 지 20~30년이 되었지만 나는 아직도 그것이 많은 학자들의 세계 이해에 불충분하게 통합되었다고 생각합니다. 그래서 나는 젠더를 분석적 도구의 일부로 포함시킨 프로젝트를 보면 매우 행복합니다.

페미니스트 학문은 또한, 때로 일부 부문에서 이런 유형의 연구가 조소와 차별의 대상이 된다는 근거에 기반을 두고 지원되기도 한다. 한 인류학자는 이렇게 지적한다.

"이제까지 나는 내가 재직하는 기관의 정치학자들과 함께, 두어 번은 여러 기관이 연합한 여러 위원회에 참여한 적이 있습니다. 그런데 [그것들은] 페미니스트 연구와 여성의 연구에 대해 매우 적대적이더군요."

자기 패널의 젠더 지원서에 별로 반대하지 않았던 한 영문학자는 다른 평가위원들이 페미니스트 연구에 거의 관심을 가지고 있지 않았다는 것에 대해 '죄책감'을 느끼거나 '그것을 인정하기를 당혹스러워' 했다고 추론한다. 그녀는 이를 그녀의 학과 상황과 대비시키는데 거기에서는 "사람들이 페미니스트 학문에 대한 험담을 숨기지 않습니다. 아주 자유롭게요."라고 진술한다

일부 평가위원들이 명시적으로 페미니스트 학문에 특혜를 준다는 바로 그 이유 때문에 공감하지 않는 평가위원들은 그런 후원을 받은 지원서를 수준 이하의 것으로 볼 수 있다. 한 정치학자는 여성학 지원서에 대한 자신의 반응을 다음과 같이 묘사한다.

> 내가 정말 형편없다고 생각한 이 지원서가 그들이 이 여성에게 기회를 주었기 때문에 통과될 수 있었습니다. 그것은 여성학 문제, 그녀의 주제와 연관되어 있었죠. 그녀는 여성이자, 말 그대로 2류 대학 출신이었습니다. 그러나 그것은 여성학 중 분명 더 많은 연구와 기타의 것이 필요한 영역의 프로젝트였습니다. 그래서…….

페미니스트 연구는 부분적으로 그것이 실천적 목적에 기여하고 사회 변형의 역할을 한다는 의미를 지니기 때문에 높이 평가받는

다. 하지만 지식의 생산 그 자체를 목표로 보는 평가위원들은 이런 평가 기준을 거부한다(전형적으로 종합적인 또는 실증주의적인 인식론적 스타일을 신봉하는 평가위원들과 같은 사람들이다). 연구의 목표에 대한 이들 대립적인 이해는 긴장을 낳는다.

여러 해 동안 여성학 프로그램을 지도했던 한 인류학자는, '여성학 사람들이' 자주 '방어적 전투'에 들어가게 되는데 '[거기에서] 그들은 페미니스트라는 것이 학문적 수월성을 낮춘다는 의미는 아님을 이야기해야만 합니다.'라고 지적하며 다음과 같이 덧붙인다.

"(그 분야의 정당성이 증가하고 있음에도) 혹자는 여전히 '페미니스트'라는 접두사에 굴레를 씌우려 합니다. 그들은, '글쎄, 그것이 어떤 목적cause과 관련되어 있다면 그것은 믿기가 좀 어렵다.'고 생각할 것이기 때문입니다."

지식의 목표에 대해서만이 아니라 고품질의 연구를 생산하는 데서 객관성과 '위치성positionality'의 개념에 대해서도 긴장이 있다. 인식론적 스타일로서 실증주의는 연구자와 그의 주제 사이의 관계를 일괄할 것을 요구하기 때문에 그것은 페미니스트 연구의 발전과 양립할 수 없다. 반면 입장 이론standpoint theory은 연구 대상과 우리의 관계가 연구가 수행될 렌즈를 정의한다는 점을 강조하는데, 이 입장은 페미니스트 지향의 학문에 더 큰 운신의 여지를 준다.[45]

비서구적 주제를 겨냥하는 내용적 긍정의 입법에는 다른 논리가 적용된다. 이들 영역에서 특정 주제와 관점에 대한 선호는 괴팍스러운 것으로 보일 수 있으며 평가위원들은 내용에 근거해(예를 들어 폭과 독창성 또는 학문적 중요성을 가리킴으로써), 그리고 전문가의 언어를 사용함으로써 그것들을 정당화한다. 이를테면 한 중국사 학자는 유럽 중심주의에 반대해 다양성을 정의할 때 지적인 넓이를 강조한다.

"나는 유럽-미국적, 서구적 전통 외에도 무언가가 존재한다는 것을 알고 있고 그에 대해 연구할 수 있는 사람들을 정말 환영할 겁니다……. 나는 이런 점을 강조하는 것이 나의 일이라고 느낍니다만 그것들이 반드시 매우 강한 영향을 미쳐야 한다고 느끼지는 않습니다. 그것은 오히려 사소한 비틀기나 잔소리에 가깝죠."

그녀는 기금 지원 프로그램이 사용하는 공식적 기준에 그녀 자신의 기준을 하나 덧붙인다.

> 자신들의 초점을 넘는 [지적] 세계에 대한 인식…… 그것은 단지 국제적인 것만은 아닙니다. 많은 사람들이 극단적으로, 대개 유럽 중심적이거나 아니면 미국 중심적이거나 둘 중 하나죠……. 학계에서 그건 매우 일상적이지만 나는 그걸 보았을 때 지적하고 싶어 하고 그걸 협소함의 기호로 여깁니다……. 나는 유럽에 근거를 두고…… 항상 전체를 포괄하는 진술을 하는 사람들의 거드름을 [싫어합니다]. 30~40년에 걸쳐 중국 분야에 있었던 사람으로서 그건 매우 짜증나는 일이죠. 그것은 그저 그들의 무지를 보여 줍니다.

사회학자인 다른 평가위원은 그에게 '장식용 영역인 어떤 영역이 반드시 존재한다'는 점을 인정한다. 그는 개인적 이유에서가 아니라 '찾기 어려운' 자료를 볼 수 있도록 해 주기 때문에 이런 주제와 지리적 영역을 겨냥하는 지원서를 선호한다.

동시에 일부 평가위원들은 내용적 긍정의 입법에 관여하기를 거부하는데 이는 그렇게 하면 자기 분야 지원서를 선호하는 것과 같이 지각없게 보일 것이기 때문이다. 한 응답자는 무엇을 지원할 것인가를 생각할 때 주제의 다양화를 염두에 두는 것을 강력히 거부한다.

그것을 내 독서 속에 끼워 넣을 수 있는 방법이 없어요……. 나는 [그런 판단을 내릴] 정보를 가지고 있지 않으니까요. 정보를 가지고 있더라도 나는 '그래 한국 연구자는 이미 10명이 있고 이 지원서는 잘 서술되어 있지만 이미 10명이나 있기 때문에 나는 낮은 점수를 줄 거야.'라고 말해야 할까요? 나로서는 [그렇게 하는 것이] 도대체 말이 되지 않는 일입니다.

이 학자는 질에만 근거를 두고 점수를 매기는 것을 선호하지만 심의 과정의 후반부에 다른 요인들을 고려했다는 점을 인정한다.

"그다음 우리는 그것들을 뒤섞어서 함께 늘어놓습니다……. 그 수준에서 나는 질에 기반을 두고 그것들을 판단하지 않습니다. 나는 그저 대변에 기반을 두고 그것들을 판단하죠. 나는 [그에 대해] 완전히 만족합니다."

'진정한 평가'를 타협된 순위매기기와 분리하는 것은 평가위원들이 절차의 신성성을 보호하도록 하는 개념 틀이다(4장을 보라).

마찬가지로 한 정치학자의 언급이 시사하듯이 평가 근거를 조합함으로써—사회정의뿐 아니라 전문성과 관련된 것들도—평가위원들은 다양성 기준을 포함시키면서도 정당성을 보존할 수 있다.

그는 고고학과 관련된 한 지원서에 대한 지원을 이런 방식으로 묘사한다.

> [그 지원서는] 내가 고고학에 대해 읽은 유일한 것이었고 그것의 일부는 우리가 후원한 사람들의 지평을 넓히려고 하는 것이었습니다. 그러나 그것이 그저 단순히 단체 사진에서 고고학자도 포함시키는 것과 같은 쿼터시스템은 아니었습니다. 그는 이슬람을 연구했던 인류학자들과 문화사 학자들이 중세 이슬람에 대한 그들의 이해를 도시의 환경으로부터 도출하는 경향이 있다는, 상당히 합리적인 주장을 폈죠. 이 특수한 지리적 장소를 봄으로써…… 서로 다른 영향력, 문화적 영향력들의 혼합의 면에서 우리는 중세 이슬람의 본질에 대해 매우 다른 이해를 할 수 있습니다……. 나는 그 프로젝트의 다차원성이 좋았습니다.

부분적으로 그것들이 '다양한' 인구와 관련된 학제적 분과라는 점 때문에 여성학, 흑인학, 종족학 같은 분야는 주변 또는 학문적 계급조직totem pole의 바닥으로 밀려나지 않기 위해 투쟁을 벌인다. 문화연구 같은 다른 학제적 분야도 같은 사정이다.[46] 다양성과 학제성에 대한 고려를 학문적 평가에 어떻게 집어넣을 것인가에 대해 매우 많은 불확실성이 남아 있다는 것은, 좀 더 오래된 기성의 분과학문들이 여전히 경기의 규칙을 정의함으로써 이들 분야의 취약성에 기여하고 있다는 사실을 분명히 보여 준다.

⋮ 결 론

학제성과 다양성은 미국 고등교육이 21세기의 초두에 직면하고 있는 주요한 도전들이다. 학제성이, 분과학문들이 관할권 주장을 극대화하기 위해 서로 경쟁하기 시작한 이래 제3차 교육기관의 항구적 측면이었던 반면 다양성의 도전은 1960년대 이래 훨씬 더 두드러졌다. 여기에는 흑인들이 열심히 싸워 체계 속에 더 많이 편입되면서 이 이득을 다양한 집단이 등에 업게 된 것이 기여했다.[47] 명문대학들이 좀 더 다양하게 되었던 반면 모순적인 관점들이 지속되었고 이는 패널의 메커니즘에 반향되고 있다.

학문연구가 극도로 엘리트적이다 보니 다양성을 둘러싼 긴장은 민주적 임무, 지식의 추구, 시장의 압력 사이에서 끌려 다니고 있는 미국 고등교육에 내재적인 것일 수 있다.[48] 매우 많은 사회과학자와 인문과학자가 자유주의적이거나 진보적이다 보니 그들은 엘리트가 업적주의를 희생하면서 선호되는 것에도 관심을 가지고 있다. 한 인류학자의 지적이 의미심장하다.

"유명한 지도교수를 업고 있고 상위 3~4개 대학에 있는 사람들은 그렇지 않은 사람에 비해 지원서의 질은 동일할지라도 더 높은 순위를 받을 겁니다. 내가 보기에 그것은 너무 많은 엘리트주의와 그저 일종의 편애입니다."

아마 이런 긴장이 경험되는 방식에는 독특하게 미국적인 것, 고등교육체계의 엄청난 크기와 공간적 분산, 제도적 다양성, 독특하게 광범위한 사회인구학적 변이와 연관된 무엇인가가 존재할지 모른다. 미국 평가위원들이 다양성과 관련해 미묘하고 호환되는 입장을 가다듬기 위해 그토록 많은 에너지를 쓰는 것은, 그들이 깃들어 있는 학문세계의 엄청난 복잡성을 그들이 얼마나 인식하고 있는지를 보여 준다.

그 이슈에 대한 그들의 주의는 대다수의 유럽 국가들의 상황과 대조되는데, 유럽 국가에서는 고등교육체계가 더 작고 더 동질적이며 그래서 학문적 성취를 평가할 때 다양성과 같은 비전통적 고려사항의 복잡한 가중치 부여에 덜 종속된다. 이들 국가에서는 다양한 유형의 기관들 사이에 부를 분산하는 것과 같은 고려가 동일한 정도로 제기되지 않는다.

예를 들어 1980년대에 부과된 평가 절차에 대한 영국의 개혁은 업적주의적 기준의 직선적 적용을 고취하며 필요와 분배적 정의에 대한 고려를 전혀 허용하지 않았다. 그런데 이는 부분적으로 옥스퍼드와 케임브리지 같은 명문대학을 선호했던, 역사적으로 귀속적인 분배체계에 대한 대응이었다.[49]

미국 체계의 민주적 충동에도 불구하고 그것의 엄청난 크기는 그것을 특징짓는 제도의 고정된 위계와 함께 현존 엘리트주의로부터 자유로워지려는 노력에 암운을 드리울 수 있다. 한 영국 평가위원은 더 좋은 대학 출신의 미국 학생들이 어떻게 특혜를 받는지에 대해 다음과 같이 지적한다.

그들은 어쨌든 최상의 교수들 모두를 가집니다. 예를 들어 사람들은 '글쎄, 알다시피 이러이러한 사람이 우리 지도교수이고 그것은 그 연구가 비록 미심쩍기는 해도 이루어질 것이라는 자신감을 줍니다.'라고 이야기하죠. 그리고 그것은 아주 내부적인 지식입니다. 그러나 그것은 또한 지도교수와 학생 사이의 역할에 대한 가정이기도 합니다.

그럼에도 계층상 아래쪽에 위치한 대학에서 정의를 강조하는 분배의 대안적 원칙을 중시하자는 요구가 주기적으로 제기되는 것은 확실히 사회변화를 일으킬 수 있는 힘이다. 이것은 주로 미국사회학회와 같은 전문가 단체에서 두드러지는 사례인데, 거기에서는 중요한 위원회를 구성하기 위해 선거를 할 때 응용사회학자뿐 아니라 4년제 대학에서 일하는 사회학자를 포함한 후보자들의 다양한 하위 범주에 대해 여지를 준다. 하지만 유사한 접근을 시도했던 미국정치학회에서의 압력에 대한 반응은 민주주의의 딜레마가 분과학문에 따라 매우 다르게 처리됨을 생생하게 보여 준다.

미국정치학회의 최상위 지도자 분파들은 이런 제안을 거부하고 현상유지를 선호했는데 그에 따르면 회원들은 분과학문의 엘리트 회원들이 선택한 후보자 목록—비록 이 목록에는 다양한 유형의 기관에서 가르치는 사람들이 포함되어 있지만—을 그저 고무도장으로 추인한다. 각 분과학문의 분파들 내에서 계속 많은 걱정을 낳고 있는 2개 분과학문의 이처럼 상이한 반응은 업적주의와 민주주의가 미국 고등교육의 맥락에서 종종 이율배반적 원칙으로 작용함을 명확하게 보여 준다. 학자들이 그것들을 화해시키기 위해 아주 열심히 투쟁한다는 것—또는 전혀 투쟁하지 않는다는 것—은 우리 학문세계의 구조에 대한 버팀목으로서 그것의 중요성에 대해 다룬 많은 양의 책에서 드러난다.

덧붙여 이들 두 원칙이 긴장상태로 존재한다는 것은 수월성과 다양성이 왜 그토록 자주 대안적 평가 기준이 아니라 부가적인, 보완적인 요인으로 기능하는가를 이해하는 데 도움을 준다. 그것도 고등교육에서 긍정적 입법과 다양성을 촉진시키고자 하는 여타 정책에 반대하는 대중적 인식과 수사학적 공격에도 불구하고 말이다. 수월성처럼 다양성은 체계의 도덕적 명령$^{moral imperative}$이 되었다. 그것은 미국 학계에서 '신성한 것'의 또 다른 현시이다.[50]

미국과
외국에 대한 함의

다수의 미국 학자들은 동료평가 체계의 정당성을 당연시한다. 하지만 업적주의적 절차의 공정성에 대한 평가는 그 사람의 학문적 성공과 야심의 수준에 따라 성쇠가 있을 수 있다. 경험적 연구를 통해 외부인들이 가장 불확실한 신념을 지니고 있는 것은 아닌지 따져 볼 필요가 있다. 동료평가 절차는 평가위원이 되어 달라는 요청을 받은 사람이 누구인가와, 그 사람들이 어떤 관점과 지적 아비투스를 지니고 심의에 참여하는가에 따라 지대한 영향을 받는다. 편견은 피할 수 없다. 특히 프로그램 관리자는 가장 협력적인(가장 반대가 적고 가장 관습적인) 학자와 이미 풍부한 경력을 지니고 있는 사람을 초청하는 경향이 있다. 그래서 동료평가는 과감하고 혁신적인 연구에 불리한 편이라고 인식되는데, 이는 내 자신의 연구 제안서가 기금 지원을 거부당했을 때 스스로를 위로하기 위해 종종 동원하는 설명이기도 하다.

미국의 고등교육에서 수월성과 업적, 질은 GRE와 SAT 점수(만약 학생이라면) 또는 인용 횟수(만약 연구자라면) 같은 양적 척도로 즐겨 파악된다. 그러나 다양한 분과의 학자들이 제안한 연구를 평가할 때에는 이것들과 같은 간단한 척도는 별로 소용이 되지 않는다. 그 대신 이들 지원서의 장점을 심의하도록 학자들을 초빙한다. 역사학자와 정치학자, 인류학자, 문학자들이 각자 특유한 전문성을 개입시키면서 그들은 서로 배우고, 즉석 조정을 하며, 의견을 토론하고, 설득하며, 경쟁하는 표준 사이의 균형을 맞추려 한다.

그들은 각자의 학문분과에서 형성된 각본을 전략화하고 진행시키며 따르지만 또한 맥락화하고 타협하기도 한다. 그들은 대안적 관점을 존중하고 상호성을 기대한다. 그들은 다른 평가위원들에게 강한 인상을 심어 주고 면목을 세우려 하며 다른 사람들도 그렇게 하도록 도와준다. 그들은 의제를 설정하고 힘을 시험해 보며, 스스로의 능력을 확인해 보고, 지적 교환을 즐긴다. 그들은 결정에 스스로를 투자하고 다른 사람들과 흥분을 공유한다.

그들은 이상적인 것은 아니더라도 '충분히 괜찮은' 해결책에 도달하는데, 이는 그들이 규정된 시간 안에 일을 완수해야 하기 때문이다. 그들은 대개 '체계'도 스스로도 배신하지 않은 채 어려운 일을 잘 처리했다는 느낌을 지니고 집으로 돌아간다. 그들은 원칙에 입각했지만 합의에 도달하지 못할 만큼 엄격하게는 아니다. 그들에게 패널은 영향력을 발휘하고 인정받을 기회이다.

실제적인 제한 속에서 평가위원들은 제도적·분과학문적 다양성과 여타의 다양성을 존중하는 가운데 공정한 평가라는 '신성한 것의 생산'을 목표로 한다. 특히 분과학문의 문화는 다학제적 평가의 요구에 의해 완화된다. 평가자들은 지원자의 분과학문에 적합한 표준을 사용할 때에도 분과학문을 넘어 표준의 일관성을 겨냥한다. 그들은 합의적이고 평등한 의사결정에 참여하고 전문성을 존중한다. 나아가 평가자들은 업적주의와 다양성을 대안이 아니라 보완적인 이상으로 보면서 둘 사이의 균형을 맞추려 한다.

평가위원들의 경험은 체계의 긴장과 이들 긴장이 창출하는 의심 중 다수를 반영한다. 학계가 정확히 어느 정도 치우쳐 있는가? 사람들은 합당한 보상을 받고 있는가? 나는 합당한 보상을 받고 있는가? 그들의 집합적 평가는 감정과 자기이해관계, 전문성을 동원하고 뒤얽히게 한다. 게다가 그것은 이미 평가위원들이 심의실에 발을 들여놓기 오래전에 수립되어 있던 평가문화를 통해 행위와 판단을 조정할 것을 요구한다.

이 책은 기본적으로 공정성과, 그것을 성취하려는 시도에 대한 이야기이다. 전문성으로 제시된 것이 때로 그저 선호도('취향')가 탈개인화된 언어로 표현된 것일 수 있다. 이 과정에서는 서로 권위를 인정해 주는 것이 중요하지만 그것이 명백한 거래가 되어 차선의 결과를 낳을 수 있다. 하지만 이들 잠재적인 위험에도 불구하고 평가위원들은 이 절차가 작동한다고 생각하는데, 부분적으로 이는 그들이 '진리'(또는 적어도 '공정한 평가'를 구성하는 것)란 불가피하게 일시적이며 당대의 공동체에서 최선의 기준에 따라 정의되는 것이라는 실용적 개념을 채용하기 때문이다.[1]

실상 평가 절차에 존재하는 제한—특히 심의 준비를 위해 평가위원들이 쓰는 상당한 시간과 자기 관점의 장점을 동료들에게 설득시키려는 노력—은 좀 더 업적주의적인 체계를 향한 조건의 창출과는 먼 거리를 지니고 있다. 업적주의 체계를 가정하는 일의 수행적 효과는 '시장에 대한 믿음'을 가지는 것과 비견될 수 있다. 즉 신념이 ─ 한계는 있지만 ─ 그 자신의 존재 조건을 창출한다.[2]

몇몇 학자들은 질이 연구에 내재적이며 몇몇 학자들은 그것을 발견하는 타고난 자질을 지니고 있다고 가정하는 경향이 있다. 그러나 실제로 '크림'이 자연히 위로 떠오르지는 않으며 예기치 않은 장소에서 '발굴되지도' 않는다. 그것은 전문적 상호작용을 통해 생산되며 그 자료는 지원자가 제공하는 것이다. 연구도 사람도 사회적으로 분리된 존재가 아니다. 수월성에 대한 평가위원들의 정의는 그들 동료와 관념들의 네트워크에 뿌리를 두고 있고 그로부터 솟아난 것이다. 그들은 공정성을 겨냥하지만 사회적 삶의 당연시되는 측면들 ─ 그들이 일상적으로 사용하는 인지구조, 그들이 한 부분을 이루고 있는 복수의 네트워크 ─ 때문에 자신들에게 매력 있는 것이 그저 최선이라고 가정하게 될 수도 있다.

그래서 평가는 맥락적이고 관계적이며, 비교 가능한 것들의 세계는 지속적으로 변화한다. 지원서는 다양한 표준을 요구하는데 이는 그것들이 상이한 조명 아래에서 특유의 빛을 발하기 때문이다. 몇몇 사례에서 제안된 연구의 중요성은 결과의 일반화 가능성에 의해 결정된다. 다른 사례에서는 주제가 더 광범위한 과정에 대한 우리의 이해를 얼마나 심화시켜 주는가가 더 중요하다. 또 다른 사례에서는 특정 해석의 결과인 더 심오한 이해에 의해 중요성이 평가된다. 패널 심의에서 일관성 있거나 보편주의적인 평가 양식이라는 이상은, 서로 다른 지원서들은 복수의 평가전략을 요구한다는 현실과 끊임없이 직면한다.

이런 복수성은 개별 평가위원들이 지원서들에 대해 전개하는 찬성 또는 반대의 주장 속에서, 그리고 이들 주장이 어떻게 수용되는가 하는 여건 속에서(어떤 지원서에 기금을 제공할지에 함께 영향을 미치는 요인들) 분과학문의 평가문화가 드러날 때 적나라하게 나타난다.

인문과학자와 사회과학자, 역사학자들은 수월성을 평가할 때 공식적·비공식적 평가 기준의 비중을 서로 다르게 부여한다. 하지만 어느 분야에서나 수월성을 도덕적일 뿐 아니라 기술적인 성취로 간주한다. 그것은 결의와 노고, 겸손함, 진정성, 대담성의 결과로 생각된다. 여타의 '섬세한 속성들' 역시 고려된다. 비록 우아함과 문화자본 과시의 경우에서처럼 그것들이 체계에 활력을 주는 업적주의의 이상과 어긋나더라도 말이다.

평가자들의 자기개념은 평가 절차에, 특히 의사결정이 공정하다는 인식에 중요하다. 평가위원들은 지원서를 평가하면서 서로를 평가한다. 그들이 관습적 규칙을 존중한다는 것은 전문가이며, 공정하고 너그러운 학자여서 기금 지원 패널에 참여할 자격이 있는 사람이라는 그들의 정체성을 유지시킨다. 하지만 그들의 자기개념이 지식 생산과 평가의 방향을 결정하더라도 평가위원들은 그것의 역할을 평가절하고 종종 그것을 외적이고 오염시키는 영향력으로 본다.[3]

대부분의 평가위원들에게 학제성과 다양성은 수월성의 요소들이지 그에 대한 대안이 아니다. 학제적 장르의 평가 기준에 대한 합의가 결여되어 있기 때문에 평가위원들은 어떤 학제적 연구에 기금을 지원할지를 결정하기 위해 가용한 도구―기존의 분과학문적 기준―로 쉽게 후퇴한다. 고등교육에서 다양성에 대한 논쟁이 주로 젠더와 인종, 민족적 다양성에 초점을 맞춰 왔지만 내가 이야기했던 학자들은 제도적·분과학문적 다양성에 가장 큰 관심을 지니고 있었다. 그들은 다양성이 좋은 것, 모두에게 더 풍부한 학문적 삶을 주고, 사회 전체를 위해 재능이 더 광범위하게 생산될 수 있도록 해 주는 것으로 본다.

내 연구에서 살펴본 평가위원들처럼 다수의 미국 학자들은 동료 평가 체계의 정당성을 당연시한다. 하지만 업적주의적 절차의 공정성에 대한 평가는 그 사람의 학문적 성공과 야심의 수준에 따라 성쇠가 있을 수 있다. 경험적 연구를 통해 외부인들이 가장 낮은 신념을 지니고 있는 것은 아닌지 따져 볼 필요가 있다. 동료평가 절차는 평가위원이 되어 달라는 요청을 받은 사람이 누구인가와, 그 사람들이 어떤 관점과 지적 아비투스를 지니고 심의에 참여하는가에 의해 깊은 영향을 받는다. 편견은 피할 수 없다. 특히 프로그램 관리자는 가장 협력적인(가장 반대가 적고 가장 관습적인) 학자와 이미 풍부한 경력을 지니고 있는 사람을 초청하는 경향이 있다. 그래서 동료평가는 과감하고 혁신적인 연구에 불리한 편이라고 인식되는데, 이는 내 자신의 연구 제안서가 기금 지원을 거부당했을 때 스스로를 위로하기 위해 종종 동원하는 설명이기도 하다.

그리고 심의 막바지에 우리는 '크림이 위로 떠올랐는지' 확실히 알지 못한다는 것은 사실이다. 그러나 평가위원들이 그랬다고 믿고 훌륭한 작업을 하기 위해 상당한 희생을 했다면 그들은 비교적 업적주의적인 체계를 유지하는 데 기여한다. 모든 수준에서 냉소주의가 지배하는 체계는 훨씬 더 큰 자의성을 낳을 가능성이 높고 의사결정 과정과 지원 준비에 주의를 덜 기울이도록 하게 만들 것이다.

⁞ 미국의 평가 모델 외국에 수출하기

내가 묘사한 동료평가 체계는 다른 곳에서도 물론 실행되고 있지만 주로 미국의 고등교육과 연결된다. 특히 유럽에서 이 체계는 유럽연합 회원국들이 마련한 '볼로냐 절차'라는 교육 개혁에서의 명백한 참조점이 되었다.[4] 1999년의 볼로냐 선언에서 따 이름을 지은 이 절차는 '유럽의 고등교육이 좀 더 호환성 있고 비교 가능하며 유럽인들과 다른 대륙 출신의 학생 및 학자들에게 좀 더 경쟁력 있고 좀 더 매력적인 것으로 만드는 데 필요한 일련의 개혁을 하는 것으로…… 세계에서 가장 뛰어난 수행체계 특히 미국과 아시아의 성과에 필적하려는 것'이다.[5]

선언의 자극을 받아 여러 유럽 국가들(프랑스와 독일을 포함한)의 고등교육은 2010년까지 더 많은 표준화를 이루기 위해 주요한 변형을 겪었다. 이런 노력 속에서 측정과 순위매기기, 인가와 표준화 등의 다른 합리화 형태에 대한 요구와 더불어 동료평가가 두드러진 참고 사항이 되었다.[6]

이들 국가적 대화는 그 배경으로 오늘날 미국에서의 동료평가의 실제 관행과 관련된 이상화되거나 모호하고 정확하지 않은 관점에 근거를 두는 사례가 많다. 더욱이 그런 체계를 유지하는 조건에 대한 체계적 성찰은 거의 없다. 이를테면 과시적 협력성conspicuous collegiality은 개인 간 접촉을 통한 신뢰와 긴밀한 사회통제를 가정할 수 없는 광대하고 익명적인 체계에서 중요하다. 대학의 수가 매우 많고 학문공동체의 크기가 엄청나다 보니 익명의 평가blind review가 가능한 것이다. 그리고 대학의 지리적 분산이 중앙 집중화된 패널 심의를 필수적으로 만든다.

이들 특징은 다수의 유럽 사회에는 적용되지 않으며 유럽의 정책 결정자들은 기금 지원 동료평가를 실행할 때 이들 조건을 항상 고려하지는 않는다. 나는 이 책이 이들 유럽의 대화에 정보를 제공해 주기를 희망한다. 연구의 평가와 자원의 배분에서 학계의 연합, 국가, 전문조직, 전국 기금 지원기관, 재단이 수행하는 역할에 대한 고려가 중요하다. 그러나 업적주의가 거대한 환상, 불가능성 또는 근접하게 다가갈 수 있는 목표인지 아닌지를 포함해 서로 다른 평가문화의 유산에 대한 고려 역시 그렇다.

프랑스의 사례에 대해 생각해 보자. 오늘날 많은 프랑스 학자들은 동료의 연구와 관련해 정확하고 이해관계에서 벗어난 의견을 지닐 능력을 자기 동료들이 갖추고 있는지에 대해 회의적이다.[7] 예를 들어 피에르 부르디외의 《학문적 인간》은 대학의 학과와 연구기관에서 시행되는 평가 기준을 분석하기 위해 서베이 자료를 사용했다.[8] 부르디외는 다양한 기관이 중시하는 기준이 그들 구성원들이 가장 많이 지니고 있을 법한 자질과 상응한다고 주장했다.

소르본느와 에콜 노르말 쉬페리에르 뒬름Ecole Normale Superieure d'Ulm 과 같은 전통적 기관은 전통적 평가 기준, 즉 분과의 철학적 기초에 대한 통달과 일반적 문화를 지니는 것을 중시하는 반면 중요한 하위 분야에서의 최근의 발전에 대해 깊은 이해를 갖는 것은 경시하는 편이다. 평가는 개인 간 네트워크와 지역주의에 긴밀하고 직접적으로 연결되어 있다는 관점에서처럼 업적주의에 대한 냉소주의가 당연시되는 사례가 많다.[9]

프랑스에서는 소수의 자리를 둘러싸고 치열한 경쟁이 벌어진다는 사실은 프랑스 지원자들이 체계의 정당성을 철회하도록 만들 수 있다. 그들은 '승자'가 더 자격 있는 사람이 아니라 그저 더 나은 전략가이거나 자기의 네트워크로부터 지원을 좀 더 잘 받은 사람이라고 평가절하한다.

프랑스와 독일, 미국의 대학 채용 결정을 비교한 크리스틴 뮤셀린Christine Musselin은 부르디외가, 학술기관에서의 지위가 학자들이 사용하는 평가 기준에 영향을 미치는 정도를 과장했다고 주장했다. 그녀는 제도적 위치가 기준 변이의 15% 이하만 설명하는 것을 발견했다. 하지만 그녀는 '개인적 관계'가 프랑스에서 행정직과 교육직을 채용하는 데 특히 중요한 역할을 수행한다고 결론지었다. 채용위원회의 주요 관심은 공정성 확보가 아니라 '서로 다른 채용 유형과 관련해 불확실성을 감소시키는 것'으로 드러났다.[10]

우리가 맥락을 넘어 동료평가가 어떻게 실행되며 그것의 특징이 얼마나 독특한 국가적 조건의 산물인지를 좀 더 잘 이해하려면 정확히 이런 유형의 경험적 연구가 필요하다. 특히 우리는 고등교육 체계 사이에 공정성이 상이하게 생산되지는 않는지 또 그것이 어떻게 생산되는지에 대해 이해할 필요가 있다. 프랑스와 미국의 수월성 문화와 그 말에 부여되는 의미가 두 나라 학자들의 평가 관행에 어떻게 영향을 미치는가? 가장 작은 곳에서 가장 큰 곳에 이르기까지 미국의 많은 대학에서는 성공에 대한 숭배를 찾아볼 수 있다. 프랑스에서는 어떤 대안적 어법을 찾을 수 있는가?

⋮ 동료평가에 대한 훨씬 더 사회적인 관점을 향하여

상호주관성의 공동생산에 초점을 맞추는 수사학자와 과학사회학자의 노선을 따라 나는 동료평가에 참여하는 학자-평가자가 상호작용을 통해 어떻게 합의에 도달하는지에 관심을 가졌다.[11] 내 연구는 평가위원들이 그들의 판단을 어떻게 정당화하는가 뿐 아니라 실행의 절차와 규칙이 어떻게 정당하다고 느끼도록 무대를 마련해 주느냐를 조사했다. 이런 접근법은 기존 동료평가 연구의 지배적 접근법과 뚜렷하게 대조되어 동료평가를 지배하는 것으로 이야기되는 과학의 추상적 규범, 특히 보편주의와 무관심성disinterestedness에 관련된 규범에 초점을 맞춘다.

평가위원들은 단순히 업적주의의 규칙을 준수하지는 않는다(기능주의가 그렇게 하듯이). 그들은 집합적 의사결정이라는 진정으로 사회적인―즉 상호작용적인―미세 정치적 절차에 참여한다. 그들은 자신들이 인정하는 연구와 인정하지 않는 연구 사이에 정서적·인지적 경계선을 긋는데 이는 교환과 심의의 관계 속에서 이루어진다. 공유된 '취향'에 주로 근거를 둔 타협 과정 동안 그들이 형성하는 관계는 그들의 기존 네트워크, 그들의 출신 분야 사이의 인식론적·문화적 유사성과 차이, 그들 자신의 기질 및 변덕스러움처럼 결과에 영향을 미친다.

동료평가에 대한 최근의 문헌뿐 아니라 더 오래된 문헌들도 위험회피, 매튜 효과, 공통적으로 수용되는 이론을 확증하는 연구를 선호하는 편견, 젠더 및 이데올로기적 편견과 특정 프로젝트가 '질 높은 것'으로 치부될 가능성에 영향을 미칠 수 있는 여타 외부적 요인뿐 아니라 편파성과 오류 가능성의 논점에 초점을 맞춘다.[12]

저자들은 과학자들의 특징이 지원서의 평가에 거의 영향을 미치지 않음을 보여 주었는데 이는 평가자들 사이의 합의 결여와 지원자들 사이의 자기 선택에 기인한다.[13] 이 책은 다소간 외인적이고 변칙적인 것으로 보일 수 있지만 일상적인 사물의 질서를 방해할 수 있는 요인들에 초점을 맞추고 있다. 나는 그런 영향력이 동료평가 절차에 근본적인 것이라고 주장한다. 평가가 사회적·인지적 네트워크 속에 뿌리박고 있기 때문이다.

평가 과정에 내재적인 요소들이 그 절차를 오염시키는 것으로 해석해서는 안 된다.[14] 평가에서 주관성을 완전히 제거하려는 것은 실패가 불을 보듯 확실한데, 이는 평가 과정이 상호주관적이기 때문이다. 평가위원들이 지니고 있는 절차의 정당성에 대한 감각은 보편주의와 전문가주의라는 광범위한 규범만큼이나 그들 스스로 생산하고 (재생산하는) 명문화되지 않은 관습적 규칙에 연결되어 있다.

동료평가에 관한 문헌은 이미 알려져 있는 함정을 극복하기 위해 이중 익명성(또는 이중맹검) 같은 요법을 제안한다. 하지만 평가가 맥락적이다 보니 이런 전략이 편견의 가능성을 완전히 배제하지는 못할 것이다. 불완전한 보호수단도 여전히 가치를 지닐 수 있지만 평가위원들에게 동료평가가 어떻게 이루어지는가에 대해 교육하는 것이 더 유용할 것이다.

특히 동류애의 위험과 그것이 넓은 범위의 재능을 찾아내는 것을 어떻게 가로막는가를 강조하는 것이 중요하다. 나는 이 책의 내용과 그것이 낳을 대화를 통해 평가자들이 스스로의 개인적 '취향'이

미치는 영향력을 더 많이 인식하고 특히 그들 자신의 괴팍한 판단에 적극적으로 맞서는 데 더 많은 관심을 가지게 되기를 바란다.

덧붙여 최소한 동료평가 절차 자체는 추가적인 평가의 대상이 되어야 한다. 그를 통해 이를테면 가장 효율적인 패널의 크기, 평가위원들이 지원서의 요소들을 보는 순서, 평가위원들이 얼마나 자주 순환되어야 하는가, 그들을 뽑는 기준(공식적·비공식적) 등을 결정할 수 있을 것이다. 또 우리는 사전 선별자를 훈련하고 프로그램 관리자들에게 충고를 주고 감독하는 데 더 체계적인 접근을 할 필요가 있다. 전체적으로 우리의 집합적 목표는 심의의 프라이버시를 유지하면서도 평가 과정이 좀 더 투명해지도록 만드는 것이어야 한다. 그리고 우리는 항상 임의성, 우연, 순수한 행운 등의 불가피한 요소를 인정해야 한다.

내가 면접한 평가위원들은 위르겐 하버마스가 이상적 대화상황으로 묘사하는 것을 지향하고 있다고 이야기할 수 있을 것이다.[15] 이들 평가자들이 밀접하게 연결된 공동체의 일부가 아니라는 사실은 아마도 그들의 개인적 이해관계를 결부시키지 않을 능력을 향상시킬 것이다. 이런 맥락에서 이 책은 심의와 결정이론에 관심을 지닌 학자들에게 의미를 지니고 있다.[16]

결정이론은 유용성이론의 영향을 강하게 받아 결정이 다양한 결과들의 유용성을 평가하는 데 필요한 정보에 의해 추동된다고 주장한다.[17] 나의 분석은 문화적으로 절연된 평가의 관념과 '어떤 결과가 다른 것보다 더 합리적일 것이라는' 관점에 의문을 제기한다.

하지만 나의 분석이 정당화의 담론에만 기반을 두고 있는 것은 아니다. 또 내가 부르디외를 따라 지위와 담론에 관련된 장의 분석을 수립한다고 주장하는 것도 아니다.[18] 대신 나는 평가위원들이 어떻게 정의의 감각을 창출하는가를 보여 주는데, 나는 이것이 갈등하는 규범들 사이의 타협일 뿐 아니라 특정한 제한 속에서 관습적 규칙들을 따른 결과라고도 주장한다.[19]

그래서 나는 평가 과정의 요구에서 출현하는 다수의 실용적 구속과 관습적 규칙을 찾아낸다. 그 요구란 그 사업의 정의(절차가 공정하다는 외부인의 시각뿐 아니라)에 대한 평가자들의 헌신을 유지하면서도 특정 시간 내에 일을 마칠 필요성이다. 이들 규칙은 행위에 대한 구속이자 행위의 조절장치이지만 또한 그 사업의 정의에 대한 헌신을 창출하는 정당화 장치로서 기능하기도 한다.[20]

⋮ 다른 유형의 평가에 대한 함의

동료평가에 대한 나의 분석이 지닌 함의는 동료평가 학회지, 대학 출판부, 정년보장 평가위원회, 대학 입학 사정 등과 나아가 체육과 예술, 재정 분야의 광범위한 맥락에서 이루어지는 평가의 이해에 도움을 줄 수 있다.[21] 그것은 또한 많은 상이한 종류의 조직 속에서 정당성을 생산하고 엘리트의 지위를 수여하는 집단 과정에 대한 광범위한 논의를 훨씬 풍부하게 만들어 줄 수도 있다.

사전 선별과 순위매기기는 엘리트 전문가 조직의 구성원을 뽑고 명망 있는 직업에서 채용과 승진 결정을 하는 데 역할을 수행한다. 각 경우에 행위자들은 수월성의 경쟁하는 정의나 예시 사이에서 합의를 이루어야 한다. 동료평가 패널처럼 이들 맥락은 특히 평가와 자기이해관계 사이에서, 그리고 민주적 원칙과 전문성 사이에서 종종 강한 긴장을 보여 준다.

다음 단계는 다양한 행위 영역과 제도에 걸쳐 행위에 대한 제한과, 평가자의 성공에 초점을 맞춘 가치평가valuation와, 평가의 화용론pragmatics의 일반 이론을 만드는 것이다.[22] 우리는 해야 할 것을 성취하기 위해 평가자들이 따르는 규칙, 특히 개인의 통제를 벗어나는 상호주관적 관습과 평가의 기준에 관련된, 그리고 특정 문화적 생산물을 정당화하는 데 중요한 규칙을 더 깊이 이해할 필요가 있다.[23] 그리고 우리는 예비학교에서 대학원과 그 이상에 걸쳐 지원자를 생산하는 점점 더 복잡한 기구들에 대해 고려할 필요가 있다.[24]

체계의 정당성에 대한 믿음은 미국과 다른 곳에서 연구와 고등교육의 역동성을 유지하는 데 필수적이다. 동시에 이 체계에 대해 그것의 모순적 성격을 충분히 인식하지 않는 극단적인 낙관주의pollyannaish는 궁극적으로 그것을 약화시킬 것이다. 그래서 그것이 필연적으로 인간행위에 결부되어 있으며 자주 질의 판단을 취향의 판단과 뒤섞는다는 것을 인식하는 것이 중요하다. 결국 동료평가와 그것의 불완전성을 더 잘 이해하는 것은 학자들이 더 많은 믿음뿐 아니라 더 큰 자기인식을 가지고 그것을 실행하려는 시도에 도움을 줄 것이다.

부 록

방법론과 자료 분석

·

감사의 글

·

주석

·

참고문헌

·

찾아보기

방법론과 자료 분석

이 연구에 참여한 조직은 American Council for Learned Societies와 Social Science Research Council, Woodrow Wilson Society of Fellows, 한 익명의 사회과학 재단, 한 명문대학에 있는 Society of Fellows이다. 그들은 다음과 같은 기준을 조합하여 선정했다. (1)사회과학과 인문과학 기금 지원세계에서의 중심성, (2)패널 유형의 다양성, (3)편의성(참여시켜 줄 수 있는 사람과의 개인적 접촉), (4)참여 용의.

마지막 두 가지 요인은 특히 중요한데, 이는 내가 얻고자 한 자료가 매우 은밀한 것이고 연구자들에게 아주 드물게 제공되는 것이기 때문이다. 나는 접촉 허가를 받기 전에 이들 조직 중 몇몇과 오랫동안 협상해야 했고 또 참여자의 참여 조건과 익명성 보호를 서술한 공식 합의서에 서명해야 했다.

평가위원들을 모집하는 조건은 각기 달랐다. 2개 기금 지원기관은 평가위원들이 면접에 자원하도록 강하게 권유했지만 3개 기관은 참여에 대해 패널 구성원들의 만장일치의 동의를 받도록 했다. 모든 사례에서 나는 패널 구성원들의 개인적 동의를 확보하고, 그들에게 프로젝트의 배경 정보를 제공하며, 연구와 그들의 관심사에 대한 토론에 초대하는 편지를 썼다. 초대장에는 연구의 목적을 모호하지 않게 진술하고 결과를 제시할 때 수신자들의 정체성이 드러날지 모를 모든 정보는 보호할 것이라고 확인해 주었다.

⋮ 응답자

모두 81차례의 인터뷰가 이루어졌다. 그중에는 49명의 서로 다른 패널 구성원들과 한 66차례의 면접이 포함된다(17명의 평가위원들은 2회 면접을 했다. 그들이 연구 기간인 2년 동안 패널에 참여했기 때문이다). 15번의 추가 면접은 각 패널의 관련 프로그램 관리자와 의장에 대해 이루어졌는데, 그들은 직접 관찰을 할 수 없었던 패널 심의 중 무슨 일이 일어났는지에 대해 상세히 이야기해 주었다.

평가위원들은 여러 분과학문에 걸쳐 분포되어 있다. 가장 많은 사람이 포함된 분과를 위에서부터 나열해 보면 역사학(14), 문학과 인류학(각각 7), 정치학과 사회학(각각 6), 인류학(5), 음악학(3), 예술사, 경제학, 고전학, 철학(각각 2)과, 지리학과 진화생물학(각각 1)이다.

소속된 분과학문에 덧붙여 몇몇 응답자들은 하나 이상의 분야를 가지고 있다고 밝혔다. 이를테면 12명의 사람이 여성학이나 흑인 연구에 참여하고 있다고 이야기했다. 그래서 면접에서 이들 두 분야가 인문과학뿐 아니라 사회과학도 의미 있게 재구성하고 있는 인기 있는 학제적 영역으로 나타난다.[1] 그것들은 또한 토머스 벤더Thomas Bender가 이야기한 '취약한' 분과의 특징 중 몇 개를 보여 준다. 즉 그것들은 엄밀한 외부적 경계나 강한 내부적 합의를 보여 주지 않는 분야이다.[2]

면접 대상자 중에는 남성이 여성보다 조금 많았다. 응답자 중에는 7명의 흑인과 1명의 아시아인 학자가 포함되었다. 평가위원의 거의 2/3가 사립대학에서 가르치는 사람이었으며 그중 27명은 아이비리그 대학의 교수였다. 이 수치가 이렇게 특히 높은 것은 Society of Fellows가 그런 대학에 위치하고 있는 것과 일응 관련이 있다. 평가위원 모두는 정년을 보장받은 사람들이었고, 압도적 다수가 이전에도 기금 지원 패널에 참여한 적이 있었다. 하나의 기금 지원 경연을 제외하면 심의의 대가로 그들에게 보수가 제공되지는 않았다.

⋮ 인터뷰

이 연구는 과거 내가 했던 문화사회학 연구, 특히 평가 기준에 대한 연구에 직접적인 기반을 두고 있다. 로버트 와이스Robert Weiss의 《이방인으로부터 배우기Learning from Strangers》와 같은 고전적 저작에 의존하여 나는 여기서 그와 유사한 열린, 귀납적 면접을 사용했다. 그 목적은 패널 구성원들이 가치 있는 연구 프로젝트와 가치 없는 연구 프로젝트 사이의 경계를 설정하기 위해 의지하는 당연시된 기준을 찾아 탐구하는 것이었다.[3]

교수는
무엇으로 판단하는가

인터뷰는 대개 약 90분 정도 지속되었다. 나는 대부분의 경우 얼굴을 맞대고 하는 면접을 삼가기로 했는데, 이는 심의를 마친 바로 직후 평가위원들로부터 통찰력을 얻고 싶었기 때문이다. 그래서 대다수의 면접은 평가위원들의 회의가 끝난 후 몇 시간에서 며칠 사이에 전화를 통해 이루어졌다.

얼굴을 맞대고 하는 면접은 내가 근무하는 대학에서 가까운 곳에 있는 평가위원들에 대해 수행되었다. 대개 우리는 카페나 응답자의 연구실에서 만났다. 나는 면접 전에 다수의 지원서 샘플을 읽었고 그것들에 기금을 주자는 편과 주지 말자는 편의 주장에 대해 구체적인 질문을 할 수 있었다.

관 찰

나는 3개의 패널을 관찰할 수 있었다. 평가위원들은 회의 전에 나의 참여에 대해 공지를 받고 그에 동의했다. 나는 심의 전에 나의 연구에 대해 그들과 토의할 수 있었다. 나는 또 중간 휴식 시간과 점심 시간에 평가위원들과 친교를 맺음으로써 그들과 나 사이의 벽을 낮추고자 했다. 모든 경우에 나는 외부인이 아니라 1명의 동료로 대우받았다고 믿는다. 이것은 프로그램 관리자와 패널 의장이 처음부터 나에게 환영의 태도를 보여 주었기 때문에 가능했다.

심의 과정 중에 나는 탁자의 끝에 조용히 앉아 가능한 한 없는 듯이 보이려 했다. 나는 많은 기록을 했고 평가자들이 한 주장에 대해 나의 반응을 드러내지 않고자 했다.

﹕반응성과 익명성 보호

나는 반응성(reactivity; 면접자의 정체성이 연구의 대상에 미치는 영향)이 아마도 내가 관찰한 패널의 동학과 내가 수행한 면접의 내용 모두에 영향을 미쳤을 것이라는 점을 인정한다. 면접을 하게 될 것이라는 것을 알고 있으므로 평가위원들은 자신들이 사용하는 기준과 평가자로서의 행동에 대해 좀 더 '성찰적'이었을 가능성이 높다.

그들은 편견의 가능성을 더 많이 인식하고 그것들의 영향을 제한하기 위해 더 많은 노력을 했을 것이다. 그래서 '크림은 위로 떠오른다'는 그들의 강조는 확실히 면접 상황에 의해 강화되었을 것이다. 그러나 내가 수행한 심층 면접은 이런 관점이 매우 널리 퍼져 있는 것이고(이 책에서 인용한 자료가 예시하듯이) 면접이 표상하는 의사소통 행위만으로 설명될 수 없음을 확신하게 해 주었다.

첫 해에 내가 관찰한 패널 중 하나는 이론이 매우 분분했던 곳이었다. 기금 지원조직은 2년차 때 내가 심의 과정을 관찰하는 것을 거부했는데, 그것은 부분적으로 의장이 반응성을 염려했기 때문이었다. 또, 어쩌면 평가위원들이 외부 관찰자 앞에서 열띤 논쟁을 벌이는 것을 불편하게 느꼈기 때문이었을 것이다.

내가 평가위원들과 맺은 관계가 면접에 작은 영향을 미쳤다. 나는 2명의 응답자와만 긴밀한 사이였다(한 사람은 친구이고 다른 사람은 내 분야의 밀접한 동료이다). 그들의 연구 영역이 나와 얼마간 관련이 있는 3명의 다른 평가위원들과는 좀 더 먼 관계였다. 이처럼 비교적 연결 정도가 낮은 것은 아마도 내 연구 결과에 대한 반응성의 영향을 약화시켰을 것이다.

나는 평가위원들의 익명성을 보존하고 그들의 정체성을 드러낼 수 있는 정보를 제거하는 데 몰두했기 때문에 네트워크 속에 박혀 있다는 것이 그들의 평가에 영향을 미칠 방식을 상세히 분석하지는 않았다. 또 나는 독특한 조직의 특성이 평가에 어떻게 영향을 미치는가에 대해서도 구체적인 정보를 제공하지 않았다.

참여 조직들과의 협의에 따라 이 연구는 명시적으로 특정 기금 지원기관의 기능에 대해서는 관여하지 않아야 한다. 대신 나는 기관들을 동료평가의 세계로 들어가는 입구, 미국 대학을 지배하고 있는 수월성의 담론을 들여다보고 이 담론의 예시를 제공할 통로로 취급했다. 독창성의 기준에 초점을 맞춘 별도의 분석에서 내 동료와 나는 여러 패널에서 사용하는 평가 기준의 차이를 살펴보았지만 의미 있는 차이를 발견하지는 못했다.[4]

⋮ 자료 분석

인터뷰는 녹음한 후 녹취했다. 나는 먼저 녹취 기록에 대한 질적 분석을 했는데, 그것은 본성상 귀납적이고 주제 중심적thematic이었으며 평가 기준을 체계적으로 찾아낼 수 있도록 해 주는 분석적 틀을 사용한 것이었다.[5] 분석은 연구 대상인 분야 내의 사람들이 사용하는 기준에 초점을 맞춰 분과학문 내와 분과학문 사이의 차이와 공통성을 찾아내는 데 중점을 두었다.

나는 또 같은 분야의 사람들이 동일 지원서나 후보자의 질을 어떻게 평가하는가는 물론 서로 다른 분과학문의 사람들이 동일 지원서나 후보자의 질을 어떻게 평가하는가에도 특별히 주의를 기울였다. 덧붙여 나는 기금 지원기구들이 제공한 공식적인 평가의 범주와 기준에 대해서도 평가위원들이 그것들을 사용하는지 아닌지 어떻게 사용하는지와, 다른 범주와 기준은 무엇을 사용하는지도 살펴보았다.

나는 또 2명의 연구조교가 대중적인 소프트웨어인 아틀라스티 Atlas.ti.를 사용해 인터뷰 내용을 분석하도록 했다.[6] 이 소프트웨어 패키지는 사용하는 약호의 틀을 표준화할 수 있도록 하고, 코딩하는 사람들이 부여한 약호를 추적하며 한 사람은 코딩을 하고 다른 사람은 그것을 체크하게 함으로써, 코딩하는 사람들 간의 신뢰성을 상승시킨다. 코딩의 체계는 다음의 형식을 따랐다.

응답자가 사용한 각각의 서술적 단어는 다양한 평가 범주와 기준 내에서 분류되는데 그중 다수는 분석적 틀을 사용해 관찰과 면접으로부터 발견한 것들이다. 약호 역시 귀납적으로 도출했는데 코딩하는 사람들 각각이 처음에 동일한 두 개의 녹취록을 코딩한 후 그들 자신의 코딩 체계를 발전시켰다. 그다음 코딩 체계를 표준화시켜 코딩하는 사람들에게 녹취록을 무작위로 분배했다.

이 최초의 코딩 후 코딩하는 사람들은 녹취록을 교환하여 서로의 작업을 검증하고 개선했다. 신뢰성을 높이기 위해 코딩표의 개발에 참여하지 않았던 세 번째 코딩하는 사람이 녹취록 모두를 재코딩했다. 모순이 나타나면 모두 나와 의논하여 해결했다. 필요한 사람에게는 코딩표를 제공해 줄 수 있다.

공식적·비공식적 평가 기준의 빈도와 인식론적 스타일을 분석할 때 프로그램 관리자와 한 면접은 포함시키지 않았다. 반면 서로 다른 3개 패널의 의장과 했던 5차례의 면접은 포함시켰는데, 그들 역시 동료평가자로 참여했고 평가 기준에 대해 질문을 받았기 때문이다.

자료 분석의 마지막 단계는 녹취록의 주제 분석을 아틀라스티의 도움을 받아 만든 주제와 기준의 빈도에 대한 분석과 연결시키는 것이었다. 이 두 방법을 결합하는 것은 해석에 깊이를 더해 주고 자료 내에서의 주제와 유형에 대한 체계적인 양적 분석을 가능하게 해 준다.

연구의 한계

이 연구의 전 단계에서 나는 이전에 했던 학자들의 연구로부터, 비록 그것들이 지닌 일부 맹점에 대해서는 비판적이었지만, 여러 가지로 빚을 졌다는 것을 잘 알고 있었다. 이런 인식은 연구가 진정으로 집합적인(그리고 세대연결적인 intergenerational) 노력이라는 나의 관점을 강화시켰다. 내가 이 책의 몇 가지 약점을 집어내는 것은 이런 배경과 연관해서이다.

이 연구는 다학제적 패널만 다룬다

피면접자들은 학제적 패널이 분과학문적 패널에 비해 덜 논쟁적이라고 시사했다. 평가위원들이 '덜 친숙한' 연구 영역을 다루는 지원서에 대해 '덜 비판적인' 경향이 있다는 것이다. 게다가 학제적 패널은 방법론적 시각에서 볼 때 인지적 맥락화의 규범 때문에 분과학문적 패널에 비해 엄밀성이 다소 떨어지는 것으로 인식된다.

어떤 정치학자는, "내가 참여한 적이 있는 National Science Foundation 패널은 훌륭한 과학, 첨단의 방법론에 큰 주의를 기울였지만 이번 패널에서 나에게 그것들은 기준이 아니었습니다."라고 언급한다. 애초의 생각은 이 책에서 다학제적 패널과 분과학문적 패널을 비교해 보려는 것이었는데, 다른 곳에서 나는 분과학문적 패널과 다학제적 패널 사이의 차이를 겨냥하려고 했다.[7]

이 연구는 기금 지원 동료평가 패널에서 정의된 질에 대해서만 살펴보았다

평가위원들의 질에 대한 표상에 초점을 맞추는 대신 나는 대학의 채용과 승진 과정에서의 의사결정 절차, 학술 저널과 학문적 출판에서의 동료평가, 또는 평가 기준의 역사적 변화에 대해 살펴볼 수도 있었다.

또는 노련한 평가위원들을 면접해 과거의 경험을 묻거나 지원서를 평가하기 위해 역량 있는 포커스 그룹을 모을 수 있었을지도 모른다. 나는 내가 채용한 전략이 두 가지 주요 이유 때문에 더 낫다고 믿었다.

(1)지역의 채용과 승진 결정이 아니라 전국적 기금 지원 프로그램에 초점을 맞춤으로써 평가의 제도화된 범주와 기준에 대해 더 일반화할 수 있는 결과를 얻을 수 있었다. 더욱이 승진 결정은 교육과 대학에 대한 봉사 같은 요인들에 기반을 두며, 학문적 수월성에 대

한 경쟁하는 정의를 그만큼 독점적으로 다루고 있지는 않다.

마지막으로 여러 기금 지원기관의 동료평가 패널을 분석하는 것은 경제적이고 체계적인 접근을 가능하게 하며, 대략 비교 가능한 곳ー비록 고려 대상이 된 기금 지원 패널이 박사논문, 조사, 방문학자scholars-in-residence 장학금뿐 아니라 연구 기금도 분배하고 있지만ー에서 수집된 자료에 의존한다는 이점을 지니고 있다.

(2)역사적 접근은 기금을 받지 못한 지원서를 고려하는 것뿐 아니라 평가자와의 면접에 의존하는 것도 대체로 불가능하게 만들 것이다. 저널은 일반적으로 거부한 초고에 대한 평가를 버리기 때문이다.

이 연구는 제한된 수의 인터뷰에 기반을 두고 있다

기금 지원 패널과의 접촉을 협상하려면 중요한 장애를 극복해야 한다. 나는 연구에 참여할 용의가 있는 기금 지원조직이 제한되어 있는 상황에서 내가 할 수 있는 최선을 다했다. 나는 다른 학자들이 이를 통해 영감을 발견해 내가 성취한 것을 넘어설 관련 연구 프로젝트를 수행하게 되기를 바랄 뿐이다.

● ● ●

감사의 글

이 책을 마치면서 나는 지식 생산의 집합적 성격을 더욱 확신하게 되었다. 이 책은 지난 수년간에 걸친 친구와 동료들과의 매우 많은 대화의 중심에 있었다.

나는 첫 번째로 연구 장소에 접근할 수 있게 해 준 사회과학자들에게 감사한다. Social Science Research Council의 의장인 크레이크 칼훈은 처음부터 내 연구의 관심사를 이해해 주었고, SSRC의 문을 열어 주었으며, 다른 기관에 참여하는 데도 도움을 주었다.

American Council of Learned Societies의 명예회장이자 프린스턴 대학의 전 동료인 스탠리 캐츠 역시 중요한 역할을 했으며, WWNFF의 로버트 와이스부치와 주디스 핀치도 마찬가지였다. 나는 익명을 요구한 이들 참여 조직의 지도자들과 함께 일했던 프로그램 관리자들에게도 감사를 드린다.

이 프로젝트는 면접 참여와 관찰 대상이 되는 것에 동의한 많은 학자들의 호의가 없었다면 가능하지 않았을 것이다. 나는 그들 모두가 보여 준 모험심과 관대함, 개방성에 큰 감사를 드린다. 그들이 나에게 보여 준 믿음이 가치 있는 것이었기를 바란다.

프로젝트의 시작을 가능하게 해 준 것은 프린스턴대학의 사회과학과 인문과학 연구를 위한 대학위원회University Committee for Research in the Social Sciences and the Humanities에서 나온 작은 기금이었다.

연구의 큰 몫은 국립과학재단(SES-0096880)에서 준 기금의 지원을 받았다. Canadian Institute for Advanced Research 역시 이 책의 작업을 할 때 내 시간을 지원해 주었다.

나는 지난 5년간 CIFAR Successful Societies 연구 그룹의 특별한 동료애, 특히 피터 홀, 내털리 제몬 데이비스, 빌 소웰, 앤 스위들러와 조너선 애럭이 이 프로젝트에 보여 준 동료애에 감사를 드린다.

첫 번째 초고는 Andrew W. Mellon Foundation의 장학금(기금 번호 29800639)을 받고 Center for Advanced Study in the Behavioral Sciences에서 방문교수로 있을 때 썼다. 책의 초고는 Radcliff Institute for Advanced Study에서 Matina Horner Distinguished Professorship의 자리에 있을 때 완성했다.

CASBS의 사례에서처럼 래드클리프대학도 이 책의 저술에 필요한 지적 자극과 방해받지 않는 시간의 이상적 조합을 제공해 주었다. 나는 이 연구년 기간 동안 나를 계속 나아갈 수 있도록 해 준 격려로 충만한 우정에 특히 감사한다.

나는 특히 팔로 알토의 제인 버뱅크, 프레드 쿠퍼와 피터 구레비치, 래드클리프의 브루스 캐루더스와 웬디 에스플랜드에게 감사한다.

프로젝트의 개념을 잡고 인터뷰를 하고 책의 초고를 쓰는 동안 많은 친절한 사람들과 함께할 수 있었던 것은 행운이었다. 그중 가장 핵심적이었던 사람은 내 동료이자 연구조교이며 친구인 조슈아 게츠코(지금은 애리조나대학의 조교수)와 그레그와르 말라르(지금은 노스웨스턴대학의 조교수)였다. 조쉬는 이 연구의 모든 다양한 단계에 기여했다. 그의 분별력 있는 지적과 친절함은 과정 전반을 풍성하게 만들어 주었다. 특히 우리가 함께 쓴 논문들에서 그의 실질적인 기여는 많은 방식으로 이 책의 주장을 숙성시켰다.

같은 이야기가 그레그와르(미국에서는 '그레그 Greg'로 알려져 있다)에 대해서도 적용되는데, 그는 조쉬보다 뒤늦게 프로젝트에 참여했지만, 특히 5장에서 사용한 인식론적 스타일의 유형학을 구성하는 데에서 역시 중요한 기여를 했다.

하버드대학에서는 또 다른 대학원생인 로렌 리베라가 나를 많이 도와주었고, 여러 다른 조교들―프레드릭 클라크, 에바 디커맨, 조슈아 웨이크햄, 루이스 마토스, 빅토리아 슬래비니아, 재니스 황과 메이 토빈―호샤스태트도 마찬가지였다.

다른 동료들은 여러 번에 걸쳐 직접적으로 프로젝트에 기여했다. 프린스턴대학에서는 칼 쇼스케가 특히 사회과학과 인문학의 변형과 관련하여 톰 벤더와 함께 한 연구에 대한 대화를 통해 많은 영감을 주었다.

분과학문들에 걸친 수월성 문화에 대한 나의 초기 생각은 존 보네만, 앤젤라 크리거, 봅 단튼, 토니 그래프톤, 레나 레더맨, 리즈 룬벡과 알렉산더 네하마스 등과의 대화를 통해서도 풍부해졌다.

사회학 내에서는 폴 디마지오, 로버트 우드나우, 비비아나 젤리저와 매리온 포카드-구린차스 등이 지식사회학 주제와 관련해 풍부한 자극을 주는 대화 상대자가 되어 주었고, 크리스 윈십과 닐 그로스는 하버드대학에서 비슷한 역할을 해 주었다.

내가 속한 학과를 넘어서는 리즈베스 코헨, 피터 갤리슨, 하워드 가드너, 아이반 개스켈, 쉴라 재사노프, 스티브 샤핀, 케이 쉴레메이, 게르하르트 소너트와 많은 다른 사람들이 너그럽게 내 프로젝트에 참여해 주었다.

나는 특히 제니 맨스브리지와 샌디 젠크스의 중요한 기여, 그들의 일관된 우정을 강조하고 싶다. 제니와 앤 블레어, 낸시 코트, 래니 귀니어, 리 프라이스와 해리엇 리트보 등이 포함된 나의 저술 그룹은 이상적인 학제적 청중을 구성했다. 존 다이아몬드, 제인 카멘스키, 페기 밀러, 리 프라이스, 프란세스카 트리발레토로 구성된 나의 래드클리프 저술 그룹도 마찬가지였다.

3장에 나오는 다양한 분과학문의 문화에 대한 기술에 대해 여러 분과학문의 친구와 동료들이 핵심적인 '원어민' 독자의 반응을 제공함으로써 중요한 역할을 수행했다. 그들의 관대함에 감사를 드리지만 모든 비난으로부터는 그들을 면제시켜 주고 싶다.

인류학의 존 보웬, 돈 브레나이스와 낸시 셰퍼-휴스, 철학의 레베카 골드스타인, 문학연구의 조너선 애럭, 호미 바바와 리 프라이스, 역사학의 내털리 제몬 데이비스, 드류 파우스트와 빌 소웰, 정치학의 수잔 버거, 피터 홀과 시드 태로, 그리고 경제학의 데이비드 커틀러와 엘해넌 헬프먼 등이 그들이다.

광범위한 동료 집단과의 대화는 이 프로젝트에 대한 나의 사고를 풍부하게 만들어 주기도 했다. 나는 전체 초고나 특정 장에 대해 충고를 해 준 동료들에게 특히 감사드린다. 스티브 브린트, 찰스 캐믹, 브루스 캐루더스, 웬디 에스플랜드, 매리온 포캐이드, 마르셀 푸르니에, 닐 그로스, 조슈아 게츠코, 안네트 라로, 그레그와르 말라르, 제니 맨스브리지, 찬드라 무커지, 클로드 로젠털, 미첼 스티븐스, 아트 스틴치코움, 안드레아스 비머, 크리스 윈십이 그들이다.

나는 또 줄리아 애덤스, 랜달 콜린스, 니나 엘리아소프, 어윈 펠러, 데이비드 프랭크, 조앤 후지무라, 패트리샤 겸포트, 스탠리 헤긴보텀, 내털리 하이니치, 앤드완 헤니온, 워렌 일치먼, 캐린 노르, 브루노 라투르, 폴 리히터맨, 존 마이어, 켈리 무어, 크리스틴 뮤셀린, 프랜시스코 라미레즈, 수전 실비, 페기 소머스, 조지 스타인메츠, 로랑 테브노, 다이앤 보간, 마크 벤트레스카와 우디 파월에게 감사한다.

이 책은 또 프린스턴대학에서 지식사회학 연구를 했던 이전 대학원생들과의 지속적인 의견 교환으로부터도 큰 도움을 받았다. 새다악사토바, 비랙 몰나르, 교코 사토, 안나 쟈오 순, 로라 스타크가 그들이다.

하버드대학에서는 문화와 사회 분석 워크숍이 2003년부터 또 다른 이상적 청중을 제공해 주었다. 나는 정기적으로 워크숍에 참여했던 대학원생들이 이것과 다른 주제와 관련해 나의 사고에 많은 기여를 해 준 것에 감사한다. 알바로 아큐나-산타나, 크리스 베일, 조본느 비커스태프, 제프 데니스, 크리스털 플레밍, 나단 포스, 조이스 류, 마크 패추키, 사브리나 펜더그라스, 로렌 리베라, 그라지엘라 실바, 제시카 웰번이 그들이다.

나는 또 지난 수년간 여러 시기에 워크숍에 참여했던 박사 후 과정생과 방문 대학원생 및 교수에게도 감사를 드리는데, 그들 중 여러 명은 나와 함께 이 책을 토론하기도 했다. 개비 애번드, 재니스 오리니, 케이트리 후토니에미, 후나이다 개닝, 후유키 구라사와, 나세르 미어, 애비 쇼샤나, 실비 티소, 알렉시스 트레뮬리나스, 조너선 화이트가 그들이다.

케이시 무니에게도 특별한 감사를 드린다. 그녀는 능란한 솜씨로 책을 편집해 주었다. 하버드대 출판부의 내 편집자 엘리자베스 놀은 처음 이 프로젝트에 대해 알았을 때부터 대단한 열정을 보여 주었다. 또 애덤 키셀, 도로시 프렌들리, 메리 퀴글리, 그리고 특히 조 쿡에게도 감사를 드린다. 그들은 이 프로젝트의 여러 단계에서 단순한 기술적 도움 훨씬 이상을 제공해 주었다.

마지막으로 나는 나의 아이들, 가브리엘, 피에르, 클로에에게도 감사한다. 그들은 내가 이 책의 작업을 하는 동안 기분전환과 즐거움, 사랑을 주었다. 처음에 나는 이 책을 나의 막내인 피에르와 클로에에게 바칠 생각을 했다. 그들은 내가 이 프로젝트의 개념을 짜기 시작할 때 태어나 내가 책을 마쳤을 때는 일곱 살이 되었다(정말 뜻 깊은 시간들이었다).

다른 자연스러운 선택은 나의 동료들(우리의 집합적 심의가 잘 돌아가도록 윤활유 역할을 하기 위해)이나 대학원생(불꽃이 살아 있도록 하기 위해)이 되었을 것이다. 그러나 결국 나는 이 책을 남편인 프랭크 도빈에게 바친다. 그는 여러 가지 점에서 탁월한 사람이다. 사랑을 담아 지난 25년에 대해 감사를 드린다.

●●●

주 석

| 제1장 | 동료평가의 블랙박스를 열며

1 아카데미아에서 동료평가와 여타 자원 배분 수단들의 체계에 대한 일반적 분석은 Chubin과 Hackett(2003)에서 찾아볼 수 있다. 다양한 보상 체계와 문지기에 대해서는 Crane(1976)도 보라.

2 인지심리학자와 조직 행동 전문가들은 탁월한 개인들의 성공과 지성, 창의성, 발전에도 초점을 맞춘다. 예를 들어 Csikszentmihalyi(1996)와 Gardner (1999), Goleman, Boyatzis와 McKee(2002), Ericsson(1996)을 보라.

3 이런 접근법은 지적·문화적 산물의 인식에 대한 Latour(1988), Hennion (2004), Heinich(1996), Rosental(2003)의 연구에서 기술된 것과 유사하다. Frickel과 Gross(2005)와 Lamont(1987)도 보라. 관습에 관해서는 Becker(1982)를 보라.

4 평가문화에 대한 나의 접근법은 Fleck의 고전인 《과학적 사실의 발생과 발전 *Genesis and Development of a Scientific Fact*》(1979)에 기반을 두고 있는데, 이 책은 '사고 집합체'가 생산하는 '사고 스타일'의 중요성에 주목하

도록 만들었다. 그는 '과학적 사고의 훈련되고 공유된 분위기'(144)에 대해서도 썼다.

5 사회과학자들은 사람들이 실체를 이해하기 위해 널리 사용하는 관념들을 가리키기 위해 '문화적 대본'이라는 용어를 사용한다. 고등교육에서의 '대본'과 관련해 나는 John Meyer와 동료들(2006)의 책에 의존했는데, 그것은 서구 고등교육이 확산시킨 개인적 합리주의의 모델이 수행하는 역할을 강조한다.

6 이들 평가문화는 인식문화(epistemic cultures)에 포함되어 있어 동료평가는 단순히 평가 작업의 양식이 아니라 진리 주장을 생산하고 결정하는 기술 또는 기제이기도 하다. 인식문화의 개념은 Knorr-Cetina(1999)에서 빌린 것이다.

7 젠더 차별과 평가에 관한 책들은 일관성을 강조하느라 그런 편차를 경시하는 경향이 있다. 특히 Schiebinger(1999)를 보라.

8 조직 속에서 관찰을 통한 학습과 관련해서는 Helper, MacDuffie와 Sabel(2000)을 보라.

9 실제 상황에서 심사는 추상적 공식이 아니라 공정성에 대한 공동의 표준을 만들고 드러낸다. 특정하자면, 배심원의 심리를 연구하는 사람들이 이야기하듯이 행위자들이 서로를 확신시키려고 하는 과정에서 '임기응변적 수단, 상식, 생생하고 우발적인 결정'에 의한 판결이 일어난다. Maynard와 Manzo(1993, 174)를 보라.

10 예를 들어 *Journal of the American Medical Association*(*JAMA*)은 1989년부터 한 동료평가 컨퍼런스를 후원해 매 4년마다 동료평가의 신뢰성을 연구하고 검토한다.

11 대면 회의에 대한 선호는 논쟁이 공정성을 증진시키고 편견을 감소시키는 데 큰 역할을 할 수 있음을 보여 주는 책이 많은 것을 설명해 준다. 심사는 양적 순위매기기처럼 감식안과 주관성 같은 예측 불가능한 변화에 대한 내재적 방어막을 지니고 있는, 좀 더 기계적인 평가기술과 대조된다. 양화에 의해 만들어지는 차이와 관련해서는, 예를 들어 Porter(1999)와 Espeland와 Sauder(2007)를 보라. 양화는 파산과 신용불량을 예측하고 피하며 신용을 관리하기 위해서도 사용된다. Carruthers와 Cohen(2008)을 보라. 조직에서의 정보와 불확실성 관리와 관련해서는 Stinchcombe(1990)를 보라. 많은 사람들은 기금 지원 동료평가 시 엄격한 기술적 의사결정 규칙을 부과하는 것이

단지 객관성의 환상만 빚어낼 뿐이라고 믿는다.

12 집단 스타일의 개념은 Eliasoph와 Lichterman(2003, 738)이 발전시킨 것이다. '우리는 집단 스타일을, 집단 상황에 바르게 또는 적절하게 참여하는 것이 무엇인가에 관한 집단의 공유된 가정에서 파생되는 반복적인 상호작용의 유형으로 정의한다……. 일상의 경험을 참조해 보면 집단 스타일의 개념은 직관적으로 그럴듯하다고 느껴진다. 일단 집단 상황 속에 들어가면 사람들은 대개 어떤 스타일이 존재함을 알아채게 된다. 그들은 그 상황이 참여자에게 모범시민과 성상 파괴자 중 어느 쪽으로 행동할 것을 요구하는지 안다. 그들은 특정 상황이 유쾌한 불경함을 요구하는 반면 다른 상황은 고상한 진지함을 요구한다는 것을 안다. 상황은 대개 집단 스타일을 지속시킨다. 상황에 따라 이 방식은 서로 달라진다.'

13 이 주제에 대한 내 생각은 평가와 객관성에서 자아의 위치에 대한 근자의 저술들 특히 Daston, Galison(2007)과 Shapin(1994)의 저술에 영향을 받았다.

14 과학연구와 경제사회학에서는 이들 효과를 '수행적 효과(performative effects)'라고 부른다. Michel Callon이 언급했듯이(1998, 30) 경제는 '사회 안에가 아니라 경제학 속에 박혀 있다.' 왜냐하면 경제학이 시장을 존재하게 만들고 그것이 기술하는 현상을 창조하기 때문이다. 그래서 경제학은 그것이 가정하는 합리적 행위자를 창조한다. Donald MacKenzie와 Yuval Millo는 수행성을 갈등적이고 내재된 과정에서 기인하는 '안정화하는' 자기실현적 예언으로 분석함으로써 이 방법을 정교화했다. MacKenzie와 Millo(2003)를 보라.

15 인지적인 것과 사회적인 것 사이의 고전적 이분법에 대한 비판으로는 Longino(2002)를 보라. Robert K. Merton, Jonathan Cole과 Stephen Cole, Harriet Zuckerman 등이 발전시킨 동료평가에 대한 제도적 접근법에서는 전형적으로 사회적인 것이 인지적인 것을 어떻게 훼손하는가에 관심을 둔다. 예를 들어 Cole과 Cole(1981), Cole, Rubin과 Cole(1978), Zuckerman과 Merton(1971)을 보라. Mulkay(1976)와 같은 다른 사람들은 평가의 비인지적 측면에 관심을 가졌다. 또 Pierre Bourdieu와 Bruno Latour는 평가 기준이 어떻게 사회적 배태성(embeddedness)을 반영하는지 분석했다. Bourdieu(1988)와 Latour(1987)를 보라. 4장과 5장에서 동료평가 관련 문헌

에 대한 나의 비판을 더 상세히 다룰 것이다.

16 사회적 정체성을 집단 정체성과 사회적 범주화의 양자를 모두 고려하여 개인의 실용적 성취로 보는 연구로는 Jenkins(1996)를 보라.

17 Hochschild(1979).

18 미국 고등교육기관에 대한 문헌의 현 상황에 대한 심층 분석으로는 Stevens, Armstrong과 Arum(2008)을 보라.

19 Kanter(1977)는 '자신의 이미지에 따라 스스로를 재생산하려 하는' 고용담당자(recruiter)를 가리키기 위해 동류애라는 개념을 사용한다. Rivera(2009)도 보라. 고용과 구직에서 비공식 네트워크가 사용될 때 동류애는 때로 후보자의 풀에 영향을 미쳐 더 많은 사람이 고용되도록 만들기도 한다. Ibarra(1992)와 Reskin과 McBrier(2000)를 보라. 문화적 후손—특히 전통의 신성한 속성—에 대한 논의에 기반을 둔 주장에 대해서는 Mukerji(2007)를 보라. 이 책에서 논의하는 패널에서의 동류애 측정과 관련해서는 Guetzkow 등(2003)을 보라.

20 보수적 편견에 대해서는 Eisenhart(2002)를 보라.

21 이 개념을 제안하면서 Merton은 마태복음을 인용했다. '이미 가진 사람은 모두 더 많은 것을 가질 것이요 그것도 풍족하게 가지리라. 그러나 아직 가지고 있지 않은 사람은 지금 가진 것조차 빼앗기리라.' Merton(1968)을 보라.

22 Bourdieu(1988)는 학자들의 하비투스가 분과 영역의 경쟁논리 때문에 스스로의 작업을 선호하는 평가 기준을 증진시킨다고 시사하지만 나는 이 경향이 그들이 지닌 필연적인 문화적·제도적 배태성에서 기인하는 것이라고 시사한다. Bourdieu는 정체성에 대한 여지를 거의 남겨 놓지 않음으로써 내가 여기서 논의하는 밀고 당기기의 유형을 묵살하고 있다.

23 예를 들어 Ben-David(1991), Fuchs와 Turner(1986), Collins(1994), Braxton과 Hargens(1996), Hargens(1988)를 보라.

24 Galison과 Stump(1996), Knorr-Cetina(1999).

25 이 주제에 대해서는 Guetzkow, Lamont, Mallard(2004)와 5장을 보라.

26 많은 저자들이 이 점을 지적했다. 이를테면 Brint(2002), Slaughter와 Rhoades(2004), Krip(2003)을 보라. 과학과 사회 사이의 관계에 대한 정교한 이론적 설명으로는 Jasanoff(2004)도 보라.

27 Hall과 Lamont(2009)은 '성공적인 사회'라고 정의될 수 있는 질문을 둘러싼

이 줄다리기에 개입하고자 하는 하나의 시도이다.

28 Hargens(1988).

29 Hayagreeva, Monin과 Durand(2005).

30 혹자는 편견을 피하는 질의 측정 수단으로서 인용 횟수 세기의 사용을 옹호한다. 많은 저작들이 출판물의 통계적 분석 기술을 비판했다. 이에 대한 논의로는 Feller 등(2007)을 보라.

31 Lustick(1997).

32 Feagin(1999).

33 공동생산을 유지하는 조건에 대해서는 Jasanoff(2004), 특히 1~12쪽을 보라.

34 McCartney(1970).

35 Shenhav(1986).

36 Cole과 Cole(1973).

37 이 점에서 나는 Daryl Chubin과 Edward Hackett, 그리고 그 밖의 많은 사람들의 업적에 추가적 기여를 하는 것이다. 특히 Chubin과 Hackett(2003)을 보라.

38 참여자의 익명성 보호를 위해 연도는 밝히지 않았다. 마찬가지로 나는 평가위원과 지원자 모두의 익명성을 보장하기 위해 면접 질문에 대한 몇몇 응답에서 실명을 알 수 있는 사소한 내용들을 바꿨다.

39 이것은 Weinberg(1963)에서 사용한 접근법과 대비되는데 거기에서는 과학적 작업의 가치 평가를 위해 사용해야 하는 범주(이를테면 사회적·기술적 유용성)를 규범적으로 정의했다.

40 나는 자신의 행위에 대한 응답자의 설명이 관찰된 행동과 일치하는지를 밝히려고 하지는 않았다. 대신 나는 수월성의 광범위한 구성의 일환으로서 학위의 질에 대한 진술과 함께 자신의 행동에 대한 그들의 표상을 분석했다. 또 나는 인터뷰 상황에서 그들이 한 말을 수행적(遂行的) 행위 또는 화행(speech act)으로 간주했다.

41 자세한 것에 대해서는 Lamont(1992, 부록 3)과 Lamont(2000, 서문)을 보라.

42 태도와 신념, 의미 사이의 이러한 대조는 White(2007)가 발전시킨 것이다.

43 Brenneis(1999).

44 수상을 했을 때 얻는 심리적 혜택은 Kessler-Harris, Swerdlow와 Rovi(1995)

가 인터뷰했던 여성학 학위논문 기금의 수상자들이 강조한 바 있다.

45 지위의 생산에서 제3자가 하는 역할에 대해서는 Sauder(2006)를 보라.

46 불어로 쓴 나의 미간행 학위논문은 사회과학과 인문과학 전반에 걸쳐 분과학문의 위상이 급속히 변해 가고 있는 상황을 다루고 있다. 나는 또 이론의 성공 뒤에 있는 지적·제도적 조건을 연구했고 프랑스와 미국의 문화 전문가들, 지성인들, 사회학자들의 역할과 사회적 지위를 비교했다(Lamont 1987, Lamont과 Witten 1989, Lamont과 Wuthnow 1990). 최근의 공저 논문에서는 미국 고등교육기관의 장학금 경연에서 사용하는 수월성의 기준을 다뤘다. 나는 수상 학생이 개인적·학문적 수월성을 어떻게 정의하고 있으며—Lamont, Kaufman, Moody(2000)를 보라—1950~1955과 1968~1972 사이에 작성된 추천서에서 수월성의 기준이 어떻게 변화했는지 분석했다.—Tsay 등(2003)을 보라—이들 연구는 내 오랜 관심사인 경계구성(boundary formation)에 대한 연구에 기여했다. Lamont과 Molnár(2002), Pachucki, Pendergrass와 Lamont(2007), Wimmer와 Lamont(2006)을 참조하라.

47 Merton(1972).

48 이런 의미에서 이 책은 Karin Knorr-Cetina와 Bruno Latour처럼 이들 전통의 영향을 받은 학자들의 저술과 친척 관계에 있다.

49 Bénatouïl(1999), Boltanski(2007b), Boltanski and Thévenot(1991), DiMaggio(1997), Garfinkel (1967), Geertz(1973), Goffman(1990), Thévenot(2007b).

50 Latour와 Woolgar(1979), Collins와 Evans(2007). 전문성과 논쟁에 대해서는 *Social Studies of Sciences*, vols 3과 4(2003년 7, 8월호)에서의 2003년 논쟁을 보라. 또 Gieryn(1983), Abbott(2001)도 보라.

51 Cole(1978; 1992); Cole, Cole과 Simon(1981), Liebert(1976), Merton(1996), Mulkay(1991).

52 Bell(1992); General Accounting Office(1994), Roy(1985). Merton으로부터 직접 영감을 받은 가장 철저한 연구는 Stephen Cole의 연구인데 그는 1975년에 화학역학, 고체 물리학, 경제학 분야에서 국립과학재단(National Science Foundation)에 응모한 기금 수혜 지원서의 평가를 조사했다. Cole(1978), Cole과 Cole(1981)을 보라. 콜은 어떤 지원서를 지원해야 할 것인가와 관련

해 평가위원들 사이의 합의 수준이 높지 않은 편이었고 지원서의 성공에 대해 다수 조사자들의 특성은 별 영향을 미치지 못했음을 발견했다. 그는 성공적인 지원서란 가장 '질'이 높은 지원서라고 결론지었다. 국립과학재단과 국립인문과학지원기구(National Endowment for the Humanities), 국립보건기구(National Institutes of Health)의 동료평가 절차에 대한 좀 더 최근의 연구는 콜의 발견 중 다수를 지지하지만 '지원서의 내재적 질(연구 디자인과 제기한 질문의 중요성 같은)이 평가위원의 채점에 중요한 요소'라고 결론짓기도 했다. General Accounting Office(1994)를 보라. 하지만 이들 연구 중 어느 것도 동료평가 평가위원들이 지원서의 질('창의성', '중요도', '수행가능성' 등의 범주로 파악되는)을 어떻게 평가하는가, 라는 질문에 초점을 맞추지는 않았다.

53 Ilse Hartmann과 Friedhelm Neidhardt는 이를 달성하기 위한 모델의 기초를 제공해 준다(1990). 그들은 내용 분석을 통해 어떤 평가 범주(예컨대 연구책임자의 자질과 평판, 이미 수행된 것에 대한 예비적 작업, 지원서의 과학적 의의)가 독일연구재단(Deutsche Forschungsgemeinschaft; 미국의 국립과학재단에 해당하는 곳)에 제출된 기금 지원서의 수혜 결정에 영향을 미쳤는가를 연구한다. 그들은 콜보다 기금 수여 절차에서 더 많은 합의를 발견하며 그의 분석이 시사하는 것보다 이 절차가 덜 임의적임을 보여 준다. 그들이 찾아낸 평가의 범주는 55%의 변이를 설명하며 나머지는 '이면(裏面)의 요소'에 의해 설명되고 있다(425).

54 Harry Collins와 Robert Evans는 평가위원들이 다양한 관점 사이의 '인지적 번역(cognitive translation)'을 함으로써 즉 "'타인'의 스타일을 받아들이고 서로 다른 사회세계 사이를 넘나들며 그것들 사이를 통역하는 특별한 능력"을 보여 줌으로써 공정한 평가를 생산한다고 주장한다(Collins와 Evans 2002, 262; Callon 1994). 나의 접근법은 그들의 방법을 보완하지만 Collins와 Evans가 번역은 자동적으로 공정한 평가를 낳는다고 주장한 반면 나는 관례적 규칙 전반에 관심이 있다. 또 다른 과학연구 저자들은 보다 특별하게 평가의 인지적 차원을 분석하고 공정성의 문제에는 그다지 주의를 기울이지 않았다는 것도 주목하라. – 예컨대 Gilbert와 Mulkay (1984), Latour(1987), Latour와 Woolgar(1979), Travis와 Collins(1991)를 보라. 그들

교수는
무엇으로 판단하는가

연구의 목적은 과학자들이 그들의 결과를 그것들이 생산되는 맥락에서 추상화시켜 제시하는 방법을 보여 주는 것이었다. 민속방법론의 영향 아래 그들은 문화적 틀(schemas)과 인지적 내용의 타협에 초점을 맞췄다. 예컨대 Gilbert와 Mulkay(1984, 56)는 생화학자들이 실험실이라는 사적인 자리에서는 어떻게 결과를 얻어 냈는가를 기술하기 위해 '우연성의 레퍼토리들(contingent repertoire)'을 사용할 수 있지만(사회적 관심의 중요성과 운좋은 serendipitous 연구 과정을 강조하는) 공적으로는 전략적으로 그들의 작업을 기술하기 위해 '경험주의자의 레퍼토리'를 동원하는데 그에 따르면 이론은 '몰개인적인 자연세계의 경험적 특질들로부터 아무 문제없이 불가피하게 따라 나오는 것'이다. 다른 곳에서 Latour(1988)는 생물학자들이 연구를 출판하여 동료들에게 제시할 때 연구 절차에 대한 선형의 기술을 제공해 주는 '환원주의적' 수사법을 사용한다고 설명한다. 과학자들은 또 심사 중인 논문(Gilbert와 Mulkay[1984], Latour와 Woolgar[1979]를 보라)이나 기금 수혜 지원서(Travis와 Collins[1991])를 보라)에 대한 동료들의 지지를 얻기 위해 다양한 인식론적 스타일을 동원한다. 하지만 이들 저자는 이 전략적 시도가 공정성의 논점과 어떻게 연관되는지에 주목하지 않는다. 좀 더 상세한 내용을 보려면 Mallard, Lamont, Guetzkow(2009), Gilbert와 Mulkay(1984)를 참조하라.

55 Gladwell(2005), 또 Gigerenzer(2007).

56 과학제도에 대한 머튼 식의 접근에 대한 Michael Mulkay의 비판(1976)은 정서적 몰입이 적어도 정서적 중립성의 관념만큼이나 이 제도 내에 퍼져 있음을 강조한다. 멀케이는 머튼이 발견한 과학의 규범이 실제적으로 기능하는 과학의 규범이라기보다 직업집단이 정당화를 위해 지어낸 어휘의 하나일 뿐이라고 주장한다. 나의 분석은 Mulkay의 분석에 기반을 두고 있지만, 나는 또한 공유된 실체의 정의가 그렇지 않다면 불가능했을 어떤 일들을 가능하게 만든다고 주장한다. 예컨대 절차의 공정성에 대한 믿음은 새로운 지원자의 동원에 기여한다. 업적주의의 규범을 채용한 평가자는 많은 대가를 지불해야 하는데, 이 믿음 때문에 다른 사람의 업적을 평가하는 데 수많은 시간을 들여야 하기 때문이다. '정서적 작업'에 대해서는 Hochschild(1979)를 보라.

57 Whitley(1984)와 Bourdieu(1996).

58 Whitley(1984).

59 Bourdieu와 de St. Martin(1975), 또 Bourdieu(1996, 30~53).

60 그의 아비투스 개념은 주관성에 대해 다소 빈약한 분석을 제공한다. Ortner(2005)를 보라. Boltanski, Thévenot와 동료들이 제시한 대안은 비판적 판단과 여타 참여양식의 사회학을 만드는 것이다. Boltanski(2007a)를 보라. 다른 참여양식에 대해서는 Thévenot(2007a)를 보라. 자아에 대한 Bourdieu의 접근법에 대한 비판으로는 Alexander(1995)를 보라. 그의 장의 개념이 지닌 제로섬적 가정에 대한 비판으로는 Lamont(1992)을 보라.

61 Bourdieu(1988).

62 지식사회학의 핵심적이지만 무시되어 온 차원인 자아개념에 대해서는 특히 Gross(2008)를 보라. Gross가 주장하듯이 자아와 자아개념에 대한 관심이 Bourdieu(1988)와 Collins(1998)의 저술에는 빠져 있다. 초기의 정식화에 대해서는 Lamont(2001)과 Szakolcai(1998)를 보라. 자아의 역할은 4장에서 탐구된다.

63 Heinich(1997), Thévenot(2006), Bénatouïl(1999)도 보라.

64 Dewey(1985). 또 Ansell과 Gash(2007)도 보라. 나의 관점과 Bourdieu의 관점 사이의 차이에 대해서는 Lamont(2009)을 보라. 나의 관점과 Boltanski와 Thévenot의 관점 사이의 차이에 대해서는 Lamont(2008)을 보라.

| 제2장 | 패널의 작동 방식

1 Knorr-Cetina(1999).

2 Meyer와 Rowan(1977).

3 다른 곳에서 나는 고려된 경연과 다른 기금 수여조직 사이의 차이와 관습적인 평가의 규칙과 여타 주제에 대한 그것의 함의를 다룬 바 있다. Finnish Academy of Science의 3개 패널에 대한 비교에 대해서는 Lamont과 Huutoniemi(2007)를 보라. Standard Research Grants Program of the Social

Sciences and Humanities Research Council of Canada(SSRC)의 7개 분과학 문적·학제적 기금 수여 패널의 비교에 대해서는 Lamont 등(2006)을 보라. 또 Guetzkow, Lamont과 Mallard(2004)와 Mallard, Lamont과 Guetzkow(근간)도 보라.

4 Cohen, March와 Olsen(1972), March와 Olsen(1976)을 보라. 학문적 평가와 의사결정을 잘 조명한 분석으로는 Powell(1985)을 보라.

5 나는 이런 시사를 해 준 Mitchell Stevens에게 감사한다. 그는 《계급 만들기 *Creating a Class*》(2007)에서 이들 주제 중 몇 가지를 언급한 바 있다.

6 ACLS도 이 SSRC 프로그램의 장학금을 지원하기 위해 기금을 제공한다.

7 SSRC의 11개 지역연구위원회가 해체되고 IDRF 프로그램이 만들어진 것은 Kenneth Prewett의 지도하에서 일어난 일이다. 이 결정을 둘러싼 논쟁에 대한 보다 상세한 기술로는 Worcester(2001)를 보라.

8 IDRF의 웹사이트인 http://programs.ssrc.org/idrf를 보라.

9 우드로 윌슨 재단의 웹사이트인 http://www.woodrow.org/fellowships/women_gender/index.php를 보라(2008년 7월 8일에 접속함).

10 Weisbuch(1999, 4).

11 American Council of Learned Societies(n.d.).

12 회복 작업에 대해서는 Garfinkel(1967)을 보라.

13 간접적 권력에 대해서는 Lukes(1974)를 보라.

14 Social Sciences Research Council(n.d.).

15 D'Arms(1998).

16 비교의 관점에 대해서는 출판산업의 편집자가 서평자를 선택하는 방법을 분석한 Walter Powell의 관점을 보라(1985, 특히 3, 4장).

17 이 주제와 관련해서는 앞의 책을 보라.

18 네트워크의 역할은 4장에서 기술된다.

19 이 주제와 관련해서는 예컨대 Brint와 Karabel(1989)을 보라.

20 이 관찰과 관련하여 Claude Rosental에게 경의를 표한다. 로가리듬의 평가에 대한 그의 연구로는 Rosental(2008)을 보라.

21 감격과 규범의 공유에 대해서는 Collins(1998, 2004).

22 Bourdieu(1997).

23 Collins(1998).

24 Gross(2008).

25 정체성 유지와 관련해서는 Goffman(1990)을 보라. 기회 축적에 대해서는 Tilly(1998)를 보라.

26 Stevens(2007).

27 학자들이 일에 얼마나 많은 시간을 들이는가와 관련해서는 Jacobs(2004)를 보라. 또 Jacobs와 Winslow(2004)도 보라.

28 이 평가위원은 특히 다음과 같은 생각을 했다고 상기한다. "이 프로젝트는 그 시기에 대해 무언가 정말 다른 것에 대해 이야기하려고 했습니다. 이 기본서를 꺼냈던 기억이 나는군요. 저자 이름이 누구더라? 그래, Jim Doe였죠. 중동 역사에 대해 기본서를 썼던 사람입니다. 나는 중동 역사가는 아니지만 그의 책을 가지고 있었습니다. 그래서 [나는] 그 책을 꺼내 그가 이야기한 것을 살펴보았죠. 이 책은 그 분야 전공자가 아닌 나와 같은 사람이 무언가를 찾으려 할 때 참고해야 할 책입니다. 그리고 이 사람의 연구는 표준 교재와 완전히 다르고 표준 교재를 전적으로 재구성할 잠재력을 지닌 것이어서 나는 그 지원서를 높이 평가했습니다." 그런 수고를 했던 지원서가 많았느냐고 물었을 때 그는 "소수의 지원서에 대해서는 그랬던 것 같아요. 사람들은 자신이 할 수 있는 걸 하지요."라고 대답했다.

29 비교 불가능한 것에 대해서는 Galison(1997)을 보라. 또 Espeland와 Stevens(1998)도 보라.

30 National Science Foundation에서의 동료평가에 대한 연구에서 Don Brenneis는 "패널 읽기 작업에 참여하는 것은 정상화 과정 또는 때로 학계의 은어(dialect)로 '규범화(norming)'에 뛰어드는 것"이라고 지적한다(1994, 32). 평가 방법의 학습에 관해서는 Walker 등(2008)과 Gumport(2000b)를 보라.

31 내가 연구한 경연 중에는 모든 평가위원들이 모든 지원서를 다 읽는 것이 아니라 단지 그중 일부 분야의 것만 읽는 경연도 있다. 최종 결정을 내리는 패널과 추천만 하는 패널 사이의 차이에 대한 논의로는 Lamont과 Huutoniemi(2007)를 보라.

32 Garfinkel(1967).

33 패널에 대한 연령과 인종, 성별의 동학을 연구하면 많은 것을 배울 수 있다.

예를 들어 집단 대화 중 성별화된(gendered) 끼어들기의 유형에 관심이 있는 대화 분석가라면 패널 심사에서 풍부한 토양을 찾을 수 있다(Kollack, Blumstein과 Schwartz[1985]). 마찬가지로 그것들은 소집단 내에서 권력과 지위의 성별화된 배분을 조사하고자 할 때에도 유용한 공간이 될 수 있다. Ridgeway(1997)를 보라. 또 Berger 등(1993)도 보라.

34 전문성과 경험의 보증이 적용되는 것과 관련해서는 Collins와 Evans(2002, 2007)의 분석을 보라.

35 자아의 수행에 대해서는 Goffmann(1963)을 보라.

36 Eliasoph와 Lichterman(2003)을 보라.

37 '최소한의 필요조건을 충족시킨다'는 용어는 Herbert A. Simon(1957)이 만든 것이다. 그것은 인지적·상황적 제약 요인 속에서 충분히 괜찮은 선택이나 판단을 내리는 것을 가리킨다.

38 Dewey(1985). 성공적인 심의에서 대화의 역할에 대한 Dewey의 관점에 근거를 둔 오늘날의 접근에 대해서는 Ansell과 Gash(2007)를 보라.

39 Abbott(2001)는 분과 간 갈등의 동학에서 프랙탈에 초점을 맞추면서 분과 간의 가교를 건설하는 기제로서 인식문화(epistemic culture)를 고려하지 않는다.

40 배심원의 심의에서도 규칙이 집단적으로 구축된다. 이들 심의가 협동적 성취로 기술되는 이유는 바로 이 때문이다. 규칙의 적용에서 대화가 핵심적이라는 점에서이다. 그렇게 하면서 배심원들은 추상적 추론을 넘어 개인의 경험에 의지하게 된다. Manzo(1993)를 보라. 또 Maynard와 Manzo(1993)도 보라.

41 기계화된 평가 형태―신용평가(credit-rating)―의 연구에 대해서는 Carruthers와 Cohen(2008)을 보라.

42 Dubet(2006)를 보라. 프랑스에서 학자의 충원에 대해서는 Musselin(2005)도 보라.

43 전문가와 경영자 사이에서 도덕적 신호에 대한 불확실성의 영향력에 대해서는 Jackall(1988)과 Lamont(1992)을 보라.

44 Meyer(1986).

45 최근 미국 고등교육의 엘리트주의적 성격에 대해서는 Karabel(2005)을 보라.

또 Wilson(1942)과 Lewis(1998)도 보라. 평가의 기준 변화에 대해서는 Tsay 등(2003)을 보라.

| 제3장 | 분과문화에 대하여

1 Snow의 1959년 리드(Rede) 강연의 출판본(그리고 수정본)에 대해서는 Snow(1993)를 보라.

2 분과문화라는 광범위한 주제와 관련해서는 이를테면 Bender와 Schorske(1998)와 Becher와 Trowler(2001)를 보라. 또 Steinmetz(2005)도 보라. 학문적 장의 '구조화(structuration)'에 대한 Bourdieu 식의 분석은 분과 학문의 지향이 지닌 차이에 대한 많은 관찰도 담고 있다. 예를 들어 Bourdieu (1988). 또 분과적 역동성의 분석에 대해서는 Abbott(2001)를 보라.

3 Knorr-Cetina(1999)를 보라. 인식론은 과학철학 전통의 한 부분인 지식이론 을 가리킨다. 표준적인 인식론적 입장에는 실증주의, 사실주의, 구성주의 등 이 있다. 내가 기술한 인식론적 스타일은 이들 입장과 연관되지만 또한 응답 자들이 채용한 '임의적 철학(spontaneous philosophies)'도 가리킨다.

4 Abbott(2001); Bourdieu(1988); Merton(1972); Weber(1984).

5 전자의 관점에 대해서는 DeVault(1999)와 Smith(1990a)를 보라. 후자의 관점 에 대해서는 Nagel(1961)을 보라.

6 형식적 모델과 가설 검증의 가치에 대해서는 예컨대 Nagel(1961), Ragin(1987), Singleton과 Straits(1999), Stinchcombe(2005), Tilly(1984)를 보라. Clifford와 Marcus(1986)는 그런 접근법에 반대하는 고전적 논증을 제시 하고 있다.

7 심리학에서 탐구 신념의 연구에 대해서는 Martin(1994)을 보라. 사회학과 관 련해서는 Abend(2006)를 보라. 사회학의 연구 관행을 다룬 문헌의 탁월한 분석으로는 Leahey(2008)를 보라.

8 Fiske(2002). 정체성의 관계적 차원에 대해서는 Jenkins(1996)를 보라.

9 Whitley(1984).

10 여기서 논의하지 않는 분야는 예술사(2명의 응답자), 지리학(2명의 응답자), 음악학(3명의 응답자), 자연과학(1명의 응답자), 사회학(6명의 응답자)이다. 사회학을 뺀 이유는 이 분야 출신의 피면접자들이 모두 개인적으로 아는 사람들이기 때문이다. 사회학에 대한 그들의 표상은 사회학자이자 학자로서 내 자신의 정체성에 대한 그들의 이해에 의해 직접적으로 영향을 받았는데, 이는 다른 분과학문 출신의 응답자에게는 거의, 또는 전혀 흥미가 없는 것처럼 보이는 요인이다. 다만 나는 이들 사회학자가 다른 분과학문에 대해 지니고 있는 관점에 대해서는 의존했다.

11 나는 국립과학재단의 여러 사회과학 패널과 접촉했으나 결국 총무국에 의해 접근을 거부당했다. 변호사들은 이 결정을 정당화하기 위해 프라이버시 관련법을 들었다.

12 이 비교는 평가위원들이 전반적으로 연구를 평가할 때 사용하는 기준뿐 아니라 심의 중에 하는 논증을 어떻게 기술하는지와 관련된 것이다. 자세한 내용에 대해서는 Mallard, Lamont과 Guetzkow(2007)를 보라. 분과학문 수준에서 인식론적 스타일의 체계적 비교가 통계적으로 의미 있는 차이를 드러내지는 않았다. 하지만 이 통계 분석을 통해 어떤 결론을 내리기에는 응답자의 수가 너무 적었다.

13 Munch(1975).

14 이 연구에서 '사회과학자'는 인류학자, 경제학자, 정치학자, 사회학자, 지리학자와 진화 생물학자를 포함한다. '인문과학자'는 예술사학자, 영문학 교수, 음악학자와 철학자를 포함한다. 일부 역사학자는 서사적이고 기술적인 역사의 생산에 몰두하지만 다른 사람들은 이론과 사회적 설명에 좀 더 중점을 둔다.

15 Guillory(1993, 2장).

16 Lamont(2004b)은 분야의 활력을 측정할 지표에 관해 논의한다. Feller 등 (2007)도 보라. 특정 분야의 건강성 지표에 대한 좀 더 포괄적인 연구의 예로는 http://www.asanet.org/cs/root/leftnav/research_and_stats/health_of_sociology_fact_sheets를 보라(2008년 7월 8일에 접속).

17 합의의 조건에 대한 문헌은 매우 많다. 이를테면 Cole, Cole과 Simon(1981)을 보라. 또 Hargens(1988)도 보라.

18 분자생물학과 고에너지 물리학에서 지식의 생산에 맥락이 수행하는 역할에 대해서는 이를테면 Knorr-Cetina(1999)를 보라. 양적 사회과학에 대해서는 퍼지 세트(fuzzy sets)에 대한 Ragin의 중요한 책(2000)을 보라.

19 Sewell(2005).

20 4장에서는 평가위원들이 수행하는 인지적 맥락화와 기타 관행적 절차에 대해 논의한다. 또 Mallard, Lamont과 Guetzkow(2009)도 보라. Callon(1994), Callon, Lascoumes과 Barthe(2001), Collins와 Evans(2007) 같은 과학연구들은 평가에서의 절차적 공정성을 연구했다. Collins와 Evans(2002, 262)는 평가위원들이 번역이라는 상호주관적 과정을 통해 특유한 기준의 일반화된 적용 가능성을 보여 줄 때(이는 '타인의 스타일을 받아들일 수 있고 서로 다른 사회영역 사이를 옮아가며 그 사이를 통역할 수 있는 특별한 능력'으로 정의되는데) 절차적 공정성이 달성된다고 시사한다. 앞으로의 연구는 부정의─Dubet(2005)와 같은─와 오염을 다룬 더 광범위한 문헌의 맥락에서 학문적 판단을 연구하는 것이 되어야 한다. Bezes와 Lascoumes(2006)을 보라.

21 Nehamas(1997, 232).

22 근자에 철학에서 '자연주의'를 지향하는 경향은 '성공적인 과학의 방법론을 채용하고 모방하거나…… 과학의 추상적·반성적 분과로서 과학과 함께 가는 것'을 목표로 하고 있다. Leiter(2004, 3)를 보라. 자연주의는 철학이 학제적 평가에 좀 더 부합하도록 만들었는데 이는 그것이 철학자들로 하여금 심리학자와 컴퓨터 과학자, 언어학자, 경제학자 등과 협력하도록 부추겼기 때문이다. 하지만 이런 경향 덕분에 내가 연구했던 패널의 작업이 용이하게 된 것은 아니다. 패널 구성원들 중에는 이들 분야 출신이 아예 없거나 소수뿐이기 때문이다.

23 현대 미국 철학에서 접근법의 다양성과 실질적 논점을 지적하면서 Leiter(2004)는 분석철학이 주로 "'논리'와 '엄밀성', '논증'을 강조하는 하나의 스타일"로서 광범위한 영향력을 행사하고 있음을 주목한다. 분과학문의 순위에 대한 정보를 제공하는 *Philosophical Gourmet Report*는 분석철학에서의 실질적 연구는 1970년대에 대부분 종결되었으며 그래서 '분석적이라는 것은 단지 학자와 저술, 사고의 스타일을 가리키고 그중 명확성, 정확성, 논쟁적 엄밀성이 가장 중요한 것으로 되었다'고 시사한다. http://www.

philosophicalgourmet.com(2006년 10월 20일에 접속). 실용주의와 대륙 철학은 오늘날 철학에서 주변적인 분야처럼 보이며 그 결과 이 연구의 응답자들은 그 둘에 대해 언급조차 한 적이 없다.

24 미국철학회의 '직업에 대한 진술'을 보라. http://www.apa.udel.edu/apa/governance/statements/research.html.

25 4장에서 설명하듯이 잘 운영되는 패널은 분과학문적 전문성에 대한 존중을 포함한 '관습적 규칙'을 잘 따른다. 이 철학자가 지리학자에게 떠넘긴 종류의 행위는 이 중요한 지침을 위배하는 것으로서 패널의 동학이 곤란한 지경에 빠졌음을 드러낸다.

26 John Lachs(반더빌트대학교)는 국립인문과학기금(National Endowment for the Humanities)에서 철학 패널에 참여한 후 미국철학회의 총무에게 보낸 널리 공개된 편지에서, 평가위원들의 논쟁성은 종종 이 분과학문이 더 적은 기금을 받는 것으로 귀결된다고 지적한다. Lachs는 미국철학회 내에서 '다원주의자의 반역'을 이끈 사람 중 1명이었다. 산타야나 장학생이었던 Lachs는 분석적 전통과 다소 거리를 지니고 있는 사람이다. http://www.apa.udel.edu/apa/governance/edletters/를 보라.

27 분과학문으로서 철학의 쇠퇴는 철학 담화(Philosophy Talk) 블로그에서 종종 논의된다. 예를 들어 theblog.philosophytalk.org/2006/08/the_future_of_p.html을 보라(2008년 5월 29일에 접속). 철학에서 표준의 엄정성이 증가하는 것에 대해서는 Putnam(1997)을 보라.

28 정전화와 정전 전쟁(canon war)에 대해서는 특히 영문학과에서 벌어진 이 논쟁의 틀에 대한 Bryson(2005)의 분석을 보라. 또 Guillory(1993), Graff(1992), Palumbo-Liu(1995)도 보라. 미국 대학 인구의 다양성을 반영할 수 있도록 문학을 가르치라는 압력이 정전 전쟁 뒤에 있는 하나의 추진력이다.

29 Lamont(1987), 또 Lamont과 Wuthnow(1990)도 보라. 프랑스 문예연구 학자들은 정전의 존재보다 그것을 재정의하는 문제에 더 집중하는데, 이는 미국 학자들과는 크게 다른 것이다. 이 주제에 대해서는 Duell(2000)과 Mallard(2005)를 보라.

30 영문학에서 꼼꼼한 독서의 중심성이 쇠퇴하는 것에 대해서는 Turner(1991)를 보라.

31 Jeffrey Williams(2004).

32 그 공중의 쇠퇴와 변형을 포함해 최근 문학연구에서의 변화에 대해서는 Lamont과 Witten(1989), Lamont(1987)과 더불어 Moser(2001)를 보라.

33 문학연구에서 '스타' 현상의 출현과 그 발전 과정에서 이론의 역할에 대해서는 Shumway(1997)를 보라. 나는 이 주제에 대해 그들의 생각을 나눠준 Leah Price와 Jonathan Arac에게 감사한다.

34 또 다양한 유형의 장인적 기술에 대한 존중을 지적하면서 한 중세사 학자는 분과학문의 균열을 인식하지만 또한 "비록 사람들이 특정 접근법이나 방법론을 싫어하지만 일단 그것을 보게 되면 이에 대한 훌륭한 예를 인식할 수 있을 것이고 그것이 가장 강력하게 고려되는 것들 중 하나라는 점을 인식한다."고 말한다.

35 Iggers(1997, 144).

36 상세한 사항에 대해서는 Frank, Schofer와 Torres(1994)를 보라.

37 http://www.historians.org/info/Data_Jobs_PhDs.pdf를 보라. 미국역사학회의 2004년 조사에 따르면 상용고와 임시고의 역사 교수 수가 늘어났다. 다수는 유럽사와 미국사를 가르치며 '기타 영역은 모두 합해 교수의 10% 이하이다.' '역사학과의 상태: 2001~2002 AHA 학과 조사' http://www.historians.org/perspectives/issues/2004/0404/rbtfaculty0404.cfm을 보라. 이 조사는 또 2002~2003년에 역사 전공자의 수가 8% 늘어났음을 보여 준다. 출판연감 자료에 따르면 출판된 역사 서적의 수는 2002~2003년에 의미 있게 늘어났으며 (7,929권에서 10,439권으로) 1993년에서 2003년 사이에 60.3%가 증가했다. 역사 서적은 대학 출판사 신규 서적의 거의 10%를 차지한다. http://www.historians.org/Perspectives/issues/2004/0410/0410new2.cfm을 보라(2006년 11월 1일 접속).

38 Novick(1988, 362).

39 앞의 책(593).

40 이 주제에 대해서는 앞의 책을 보라.

41 Sewell(2005); Burke(2004); Iggers(1997).

42 미국사회학회의 문화 분과는 전체 분과들 중 두 번째로 규모가 큰데 가장 규모가 큰 분과는 대학원생 회원 부문이다. Erskine과 Spalter-Roth(2006)를

보라.

43 Givens와 Jablonski(1996). 미국인류학회가 1996년에 수행한 조사에 따르면, 인류학 분야 예술학사(BA) 학위자 수는 1970년대 중반에서 1980년대 사이에 급격히 줄었다. 이런 하락은 1980년대 말에 저점을 이루고, 1995년에는 기록적인 수의 BA(7,555)와 박사학위(464)가 수여되었다. 하지만 학사 과정에서의 반전과 달리 박사학위의 수는 비교적 고정되어 있는 편이다.

44 위기의 주제와 관련해서는 Borofsky(1994)도 보라. 그는 문화인류학 분야를 함께 묶어 주는 것과 그것을 해체시키는 것을 요약한다. 그는 여러 요소들이 지식의 축적과 안정된 분과학문적 정체성을 해치고 있다고 주장한다. 인류학이 인문과학이나 자연과학 중 어느 곳에 속하는 것이 적합한가, 인류학에 대한 탈식민주의적 비판, 문화를 동질적이고 안정된 것으로 보는 관념에 대한 도전, 인문과학(예를 들면 문학연구)이나 사회과학(마르크스주의와 정치경제학처럼)으로 눈을 돌리는 많은 문화인류학자들의 학제적 지향 등이 그것이다.

45 Geertz(1985, 623).

46 분과학문의 경계 작업과 관련해서는 Gieryn(1994)을 보라. 인류학과 분과학문의 경계에 대해서는 Lederman(2006)을 보라.

47 이를테면 Keane(2003)을 보라. 재현에 대한 분과학문적 질문은 또한 Talal Asad(1973)와 같은 탈식민주의 저술가들의 자극도 받았다.

48 다지역 연구에 대해서는 Martin(1994)을 보라.

49 몇몇 저자들은 합리적 선택이론과 여타 접근법을 조합한 진테제를 제안했다는 것을 지적해야겠다. 이를테면 Hall과 Soskice(2001)를 보라. 또 Carlsnaes, Risse와 Simmons(2002)도 보라.

50 Green과 Shapiro(1994)와 Shapiro(2005)는 합리적 선택이론이 정치학에 가져온 변화에 대한 분석뿐 아니라 그에 대한 실질적인 비판까지 제공한다. 정치학의 통합성 결여에 대해서는 Mansfield와 Sisson(2004)도 보라. 이 책의 서문에서는 지난 반세기에 걸쳐 정치학이 어떻게 하위분야들로 점차 전문화되었는가를 추적하고 있다. Laitin(2004)은 이를테면 합의를 이룬 표준 개론 과목이 존재하지 않는 것에서 드러나는 통합성의 약화에 대해 상세한 분석을 제공한다.

51 Tarrow(2007).

52 이 운동에 대해서는 Stewart(2003)를 보라.

53 Shapiro, Smith와 Masoud(2004).

54 평가와 지위의 지표로서 합의에 대해서는 Cole(1992)을 보라.

55 King, Keohane과 Verba(1994).

56 이를테면 http://www.asu.edu/clas/polisci/cqrm/QualitativeMethodsAPSA. html을 보라.

57 이에 대한 예로는 http://www.asu.edu/clas/polisci/cqrm을 보라(2008년 7월 8일에 접속).

58 Breslau와 Yonay(1999). 그럼에도 불구하고 나라에 따라 경제학의 분과학문적 합의의 정의는 다르다. 특히 Fourcade-Gourinchas(2001)와 Fourcade(2009)를 보라.

59 2007년 2월 19일에 이루어진 개인적 의사소통.

60 이 과정에 대해서는 Fourcade(2006)를 보라. 저자의 분석은 경제학 지식의 보편주의와 양화의 수사학, 수학적 형식주의를 분과학문의 동질화와 합의 구축의 기초로서 강조한다. 경제학 내의 분리에 대해서는 Steinmetz(2005)에 실린 Breslau의 논문을 보라. 형식주의에 대해서는 Steinmetz(2005)에 실린 Lawson의 논문을 보라.

61 국립여론연구센터(National Opinion Research Center)(2006).

62 Scott(2001).

63 Cole(1992).

64 Fish(1980).

| 제4장 | 실용적 공정성 : 심의의 관습적 규칙들

1 이들 평가위원 중 97%는 드러내 놓고, 또는 암묵적으로 평가 절차의 통합성을 확인했다. 단지 2명의 응답자만이 상당한 유보적 태도를 보였다. 그러나 54%는 이런 긍정적 판단에 대해 사소한 유보 조건을 달았으며, 가장 자

주 거론된 것은 절차적 공정성과 절차의 본질적인 오류 가능성('우리가 무언가를 간과했을지도 모른다'는), 인식론적 편견이었다. 이들 '사소한 이의 제기자들'은 또 이데올로기적 공정성, 엘리트주의, 머뭇거림과 질의 결핍(많은 순서대로)에 연관된 문제를 지적했다. 절차적 공정성에 대한 우려는 불공정한 결과가 절차의 실패나 지배적인 성격 탓으로 설명될 때 발생하는 것으로 보였다.

2 학문적 담론에 대한 Bourdieu 식의 접근은 외견상 무관심적인 입장이 실제로는 이해관계에 사로잡혀 있음을 보여 주면서(예를 들어 Bourdieu, 1984) 이들 감춰진 이해관계를 고발한다(Bourdieu와 Wacquant 1992). 이와 달리 나의 접근 방식은 행위에 대한 주관적 지향을 문제화하기 위해 Goffmann의 프레임 분석에 의존하고 있다. Goffmann(1974)과 Polletta와 Ho(2005)를 보라. 유사한 접근이자 Bourdieu의 작업에 대한 비판으로는 Boltanski와 Thévenot (1991)와 더불어 Guaspare(2005)를 보라.

3 Armstrong(1999), Bakanic, McPhail과 Simon(1987), Chubin과 Hackett(1990), Cole(1978), Cole과 Cole(1981), Cole, Rubin과 Cole(1978), General Accounting Office(1994), Liebert(1982), Roy(1985), Zuckerman과 Merton(1971)을 보라. 또 스위스 재단이 '가장 뛰어난' 과학자들에게 기금을 지원한 정도를 조사한 Bornmann과 Daniel(2005)도 보라.

4 특히 Merton(1973)이 이런 관점과 연관되어 있다. 문화에 대한 기능주의적 관점은 과학 분야에서의 기금 지원(또는 출판) 결정이 연구자의 사회적 특성과 독립적으로 연구 프로젝트(또는 연구 결과)의 평가에 기초하여야 한다는 관념에 직관적으로 호소했다. 주관주의, 호선(cooptation), 집단 내 우대는 열린 과학적 논의, 자유로운 탐구, 결과와 지원서의 과학적 질에 대한 편견 없는 논의와 대척점에 서 있는 것이다. 평가자들이 대개 보편주의적 규범을 따른다는 것을 보여 주는 경험적 연구로는 Cole(1978), Cole과 Cole(1981), Cole, Rubin과 Cole(1978), General Accounting Office(1994), Zuckerman과 Merton(1971)을 보라.

5 나의 접근 방법은 다양한 원천으로부터의 통찰력에 의존하고 있다. 그것은 Gilbert와 Mulkay(1984)에서 제안된 수사학적 접근 방법, 규칙과 모레스 (mores)는 사회학적 분석에 의해 정의되어야 할 것이 아니라 일상생활의 행

위에 의해 정의될 수 있는 것이라는 Cicourel의 지적(1974), Fujimura(1988), Gerson(1983), Clarke(1990), Clarke와 Gerson(1990)과 Star(1985) 등 과학에서 과업의 협동적 추구와 이 과정에서 불만 제기의 역할을 조사한 과학연구 학자들의 작업을 포함한다.

6 Weber에게 정당성은 '[그것이 요구하는] 복종의 유형, 그것을 보증하기 위해 발전된 행정 스태프의 종류, 권위의 행사 양식'에 따라 다양하다. Weber (1978, 213)를 보라.

7 Emile Durkheim에게 종교 체계는 세계의 조직 방법과 세계의 요소들이 서로, 그리고 성스러운 것에 연결되는 방법에 대한 일반적 해석을 제공한다. 이 우주론은 하나의 분류 체계로 작용하고 그것의 요소들은 위계(예를 들어 고/저, 순수/불순, 우리/그들)에 따라 조직된다. 이 '사물의 질서'에 투여된 믿음은 사람들의 삶을 구조화하여 그들의 행위를 제한하고 가능하게 만든다. Durkheim (1965, 7장)을 보라.

8 관습적 규칙에 대해서는 Burbank(2004)를 보라. 학자들이 직업의 수행 방식을 학습하는 것과 관련해서는 Walker 등(2008)을 보라. 연구 훈련의 성취와 관련해서는 Gumport(2000b)를 보라.

9 대조적으로 프랑스 학계에서 동료의 임용을 다룬 Musselin(1996)을 보라. 또 정년보장 심의를 분석한 Fournier, Gingras와 Mathurin(1988)도 보라.

10 합리적-법적 정당성은 '제정된 규칙의 정당성과 그런 규칙하에서 권위에 오른 사람들이 명령을 내릴 권리'에 기초를 두고 있다(Weber 1978, 215).

11 다시 말해 나는 응답자들에게 면접의 맥락 속에서 '경계나누기 작업 (boundary work)'을 할 것을 요구했다. 이 기술은 피면접자들이 사용하는 당연시된 범주들뿐 아니라 사용하는 주관적 평가 기준의 차이와 아울러 응답자들 사이의 유사성과 차이를 이해하는 방식을 드러내는 데도 유용하다. 이 기술을 적용한 다른 연구로는 Lamont(1992, 2000)을 보라.

12 '자기연출'에 대해서는 Goffman(1990)을 보라.

13 Wilson(1942)과 Lewis(1998).

14 동료평가가 기능하는 데 도덕성과 정서가 하는 역할과 인지적 요소에 비해 문헌에서 그것들이 얼마나 무시되어 왔는가와 관련해서는 Guetzkow, Lamont과 Mallard(2004)와 Mallard, Lamont과 Guetzkow(2007)를 보라.

15 '이상적 발화 상황'에 대해서는 Habermas(1982)를 보라. 또 Habermas(1984) 도 보라. 몇몇 정치 이론가들은 특정 원칙들이 민주적 숙의를 이끌어 가고 그 것이 판단되어야 할 기준을 결정해야 한다고 시사했다. 민주적 숙의를 위한 일반적 조건을 찾는 사람들은 상호성(상호존중), 공개성(은밀성에 대립하는), 설명 가능성을 중요한 것으로 본다. 그들은 참여자들이 자유롭고 '동등한 목 소리'를 지니며, 합리적이고(감정적인 것에 대립하는), 심의가 합의적이고 공 동선에 초점을 맞춘 것이어야 한다고 시사한다. Gutmann과 Thompson (1996)을 보라. 또 Cohen(1989)도 보라.

16 이 주제에 대해서는 Stark(2007)도 보라.

17 문화적 권위와, 과학자들이 자기의 전문성을 수립하는 방법에 대해서는 많은 문헌이 있다. 이를테면 Shapin과 Schaeffer(1985)를 보라. 그것은 Hobbes와 Boyles의 대안적인 문화적 우주와 과학의 집합적 성취에 초점을 맞추고 있다. 또 직업집단이 정당한 지식과 관할권에 대해 어떻게 주장하는지를 다룬 Abbott(1988)도 보라. 과학과 정치 사이의 권위 협상에 대해서는 Jasanoff (1990)를 보라.

18 '보편주의'라는 용어는 문헌에 따라 달리 사용된다. 기능주의 사회학의 문헌 에서는 '보편주의적/특수주의적' 유형 변수의 많은 차원에 따라 국가별 문화 적 지향을 비교한다. 보편주의적 지향은 '모든 사람이 동일한 기준(예를 들 어 법 앞에서의 평등)에 따라 대우받을 것'이라고 믿는 것이다. 반면 특수주 의적 지향은 '사람들은 개인적 속성이나 특정 계급 또는 집단 소속이라는 것 에 따라 다르게 대우받을 것'이라는 믿음에 입각한다(Lipset 1979, 209). 이것 이 여기서 채용한 정의이다.

19 선택적 친화력에 대해서는 Weber(1978)를 보라.

20 인지 맥락의 중요성에 대해서는 Engel(1999)을 보라. 박혀 있음(embeddedness) 에 대해서는 Granovetter(1985)를 보라. 거기에서 저자는 과도하게 개인주의 적인 해석에 반대하여 인간이 네트워크 속에 고착되어 있다고 주장한다. 경 제에서 가치의 생산과 고착 사이의 관계에 대해서는 Uzzi(1999)를 보라.

21 이 주제에 대해서는 Burt(2005)와 Cook(2005)을 보라.

22 Guetzkow, Lamont과 Mallard(2004)는 평가위원들이 자신들의 작업에 귀속시 키는 독창성의 유형과 이것들이 다른 지원서에 그들이 귀속시키는 독창성의

유형에 어떻게 겹쳐지는 편인지에 대해 논의한다. 이는 그들이 다른 형태의 독창성을 인정하고 높이 평가할 만큼 개방적일 때도 그렇다. 자기를 닮은 것을 좋아하는 것은 사회학자들이 '동류애'라고 부르는 사회현상이다. '동류애의 원칙'은 유사성이 연결을 낳는다고 주장한다. McPherson, Smith-Lovin과 Cook(2001, 415)에 따르면 '동류애는 사람들이 받는 정보, 그들이 형성하는 태도, 그들이 경험하는 상호작용에 강력한 영향을 미침으로써 그들의 사회세계를 한정짓는다.' 또 Kanter(1977)도 보라. Travis와 Collins(1991, 336)는 인지적 동류애의 관념과 공명하는 '인지적 특수주의'를 지적한다. 인지적 특수주의는 공유된 사상 학파에 근거를 둔 편애(favoritism)의 한 유형이다. 저자들은 그것이 주류 연구보다 '학제적 연구, 첨단 과학, 논쟁 영역, 위험스러운 새로운 출발'에서 더 많이 일어날 가능성이 있다고 시사하지만 나는 이런 종류의 인지적 동류애가 연구 일반에 고질적인 것이라고 주장한다.

23 National Endowment for the Humanities와 여타 기금 지원기관의 미래에 대한 의회의 논쟁을 촉발시켰던 '정치적 올바름'과 연관된 편견에 대한 우려에도 불구하고 이 언급은 내 면접 전체에 걸쳐 '정체성 정치' 편견을 명백하게 반영하는 것으로 해석될 수 있는 극히 소수의 예 중 하나이다.

24 주관성과 감식안에 대해서는 Datson과 Galison(2007)을 보라.

25 이것은 '논리학에서의 취향의 사회학'에서 Claude Rosental이 묘사한 논리학자와 다르지 않다. Rosental(2008)을 보라.

26 Smith(1990b), Marcus와 Fischer(1986). 구성주의적 스타일을 포함해 분과학문과 인식론적 스타일 사이의 연관에 대해서는 Mallard, Lamont과 Guetzkow(2009)를 보라.

27 Dorothy Smith의 영향력 있는 연구, 특히 Smith(1990a)를 보라.

28 Mallard, Lamont과 Gusetzkow(2009)를 보라.

29 다양성이 집합적 의사결정에 기여하는 것에 대해서는 Page(2007)를 보라.

30 Durkheim 식의 견해로, 평가위원들은 신성한 것을 생산하기 위해 핵심적인 의례에 참여한다.

31 Bourdieu와 반대로 희소성은 이해관계를 넘어선 행위가 관여되는 정도에 중요한 편차를 낳는다.

32 사회질서의 당연시되는 성질을 드러내는 수단으로 규칙 깨기에 초점을 맞추

는 것은 민속방법론이 사회학적 전통에 기여한 주된 요소 중 하나이다. Garfinkel(1967)을 보라.

33 이들 패널에 대한 상세한 기술에 대해서는 Mallard, Lamont과 Guetzkow (2009)를 보라.

34 전문성 주장의 경쟁에 대한 예로는 Mallard, Lamont과 Guetzkow(2007)를 보라.

35 Lakatos(1974).

36 흑인 학자들에게도 적용될 수 있을, 엘리트 흑인들이 발전시킨 반인종주의 전략에 대해서는 Lamont과 Fleming(2005)을 보라.

37 준비시키기에 대해서는 Bargh(2006)를 보라.

38 권력의 심리학에 대해서는 Gruenfeld, Martorana와 Fan(2000)을 보라.

39 기대상태 이론에 대한 요약으로는 Webster(2003)를 보라. 또 Berger, Wagner 와 Zelditch(1985)도 보라.

40 앞의 책.

41 공통의 지시 대상과 농담은 리틀리그 야구에서 집단문화의 발전을 다룬 Gary Alan Fine(1979)의 글에 기술된 개별문화(idioculture) 발전의 한 부분이다.

42 Tilly(2006)를 보라.

43 Collins(2004).

44 Engel(1999).

45 분과학문의 패널과 다학제적 패널 사이의 차이에 대한 예비적 분석으로는 Lamont과 Huutoniemi(2007)를 보라.

| 제5장 | 수월성의 다양한 종류 인식하기

1 Readings(1996, 2장).

2 지적 아비투스의 개념은 Bourdieu에게서 빌린 것이다. Bourdieu는 이론적 문화를 아비투스로, 즉 구조화된 경향의 틀로 연구했다. 지적 아비투스 관념에 대해서는 Brubaker(1993)를 보라.

3 Jencks와 Reisman(1977, 18~19).

4 Goffman(1981, 171)은 사회적 상호작용의 관습적 질서화와 사회세계의 정의와 유지를 이해하기 위해 대본 개념을 사용한다.

5 이를테면 기준의 비중에 대해서는 Langfeldt(2001)를 보라. 거기서는 사회과학과 인문과학에서 프로젝트의 기술에 가장 큰 비중을 부여한다고 지적한다.

6 프린스턴대학 철학자 Harry Frankfurt의 견해를 좇아, 나는 '진실과의 관련 결핍, 사물이 정녕 어떻게 되고 있는지에 대한 무관심'을 거짓으로 규정한다. Frankfurt를 보라(2005, 30).

7 16명의 평가위원은 추천서가 그들의 의사결정에 중요하다고 이야기했다. 나머지는 의견을 이야기하지 않았다.

8 과학에서의 밴드왜건에 대해서는 Fujimura(1988)를 보라.

9 나는 평가위원들이 찬양하거나 신뢰하는 학자들의 신원을 감추지 않았다. 이 정보는 거론된 학자에게 편견을 주는 것이 아니기 때문이며 본명을 쓰면 왜 이들 학자들이 존경받는지 독자들이 이해하는 데 도움이 될 것이기 때문이다.

10 남학생들은 좀 더 길고 좀 더 자세한 추천서를 받는 편이어서 그만큼 이들 동일한 평가자들의 혜택을 받을 가능성이 높다. Frances Trix와 Carolyn Psenka는 1990년대 중반에 규모가 큰 미국 의과대학의 교수 채용 때 제출되었던 300개의 추천서를 분석하여 이들 젠더 틀을 찾아낸 바 있다. Trix와 Psenka(2003)를 보라.

11 Goffman(1990)과 Garfinkel(1967)이 신호와 신뢰의 수립을 집합적 성취로서 제시했지만 신호에 대한 좀 더 최근의 문헌들은 취약성을 완화하는 방법을 생각하는 데 합리적 선택 관점에 의지한다. 이를테면 Gambetta와 Hamill(2005)을 보라.

12 Merton(1968).

13 Merton(1973, 293).

14 Latour(1987).

15 Guetzkow, Lamont과 Mallard(2004).

16 Mallard, Lamont과 Guetzkow(2007).

17 Levinson(2002).

18 한 영국인 평가위원은 그녀가 고려하도록 요청받은 기준에서 사회적 중요성이 부각되지 않는 점에 만족을 표했다. 그녀의 말에 따르면 그녀는 "그것이 다수의 영국 [경연]들과 같지 않은 것에 일종의 안도를 느꼈습니다. 영국의 경연에서는 일종의 돈값, 사회적 유용성, 사회적 중요성, 국가의 발전에 대한 중요성 등에 [초점을 둡니다]. 그 사람들은 이 모든 것을 정말 용케 잘 피해 나온 것 같아요." 1980년대 초부터 영국에서는 학자들이 연구의 사회적 유용성을 고려하도록 요구했다. 분과학문을 불문하고 연구 성과에 대한 대규모의 분과학문 포괄적 조사가 대학의 모든 연구에 대한 자원 배분을 지도했다. 연구 프로젝트의 영향과 사회적 적합성을 증대시키기 위해서였다(Lamont과 Mallard 2005). 캠브리지대학의 인류학자 Marilyn Strathern은 그것이 개방성과 투명성, 민주주의의 가치를 증진시키는 한 학문세계에서 감사(audit) 문화가 확산된 것을 비판하기는 어렵다고 지적하지만 동시에 정부의 평가 작업이 연구 관행을 크게 표준화하고 정상화하는 결과를 낳았다고 언급한다. 감사와 성과 평가는 비교가능성(commensuration), 즉 단일한 표준을 사용하여 상이한 단위를 비교할 필요를 가정한다. 그래서 감사 문화는 수행되는 연구의 범위와 다양성에 직접적인 영향을 미쳤다. Strathern(2000)을 보라. 유사한 점에 대해 Espeland과 Sauder(2007)를 보라.

19 Lamont(1989), Lamont과 Wuthnow(1990), Cusset(2003).

20 Bourdieu(1988).

21 질적 연구에 적용되는 경험적 엄밀성의 표준에 대해서는 국립과학재단(2004)을 보라. 또 Lamont과 White(2008)에 수록된, 사회과학 전반에 걸쳐 공유된 표준에 대한 2008 국립과학재단 보고서도 보라.

22 Camic과 Gross(1998).

23 Gerhard Sonnert는 미국 생물학자들이 동료들의 전반적인 과학적 기여의 질을 평가할 때 사용하는 기준에 대해 양적 연구를 수행했다. 그 결과 연간 출판 생산성이 가장 강력한 예측인자임이 드러났다(그것은 40%의 변이를 설명한다). 이 요인, 즉 단독 저자 출판물의 저술과 출신 대학원의 위상이 질 평가의 변이 중 59%를 설명한다.

24 Geertz(1973).

25 Lamont과 Lareau(1988).

26 이 유형은 거의 놀라운 것이 아니다. Stephen Jay Gould는 '인문학자들은 스타일리스틱한 서술의 덕목과 적절함(felicities)을 정당하게 강조'하는 반면 '사회과학자들은 물론 간결성과 명확성이 배양되어야 하지만 말하는 스타일은 물질적 현실의 연구에서 아무 역할도 하지 않는다고 단언하는 편이다.' Gould(2003)를 보라. 마찬가지로 《학문적 인간》에서 Pierre Bourdieu는 다양한 분과학문의 상대적인 문화자본을 비교하며 인문과학이 '정전적' 분과이고 엘리트 문화와의 친숙성이 특히 중요한 분야라고 기술했다. Bourdieu(1988, 176, 255~256, 339)를 보라.

27 동시에 이 철학자는 그의 분과에서 우아함은 '매너와 외관, 피상성과 함께 간다. 그것은 경탄과 누군가에 대한 비하 모두의 방법이다'라고 인정한다.

28 Bourdieu(1988).

29 이 점에 대해서는 Bourdieu(1984)를 보라.

30 최근의 연구는 격리, 평가절하, 무시, 배제를 통한 개인 간 계급 차별과 나아가 제도화된 계급 차별, 스테레오타입의 인용 같은 계급 차별의 좀 더 정교한 영역을 보고하고 있다. Regina Day Langhout, Francine Rosselli와 Jonathan Feinstein은 그들이 연구했던 노동계급 출신의 대학생 중 43%에서 80%가 적어도 한 가지 형태의 계급 차별을 경험했음을 발견했다. Langhout, Rosselli와 Feinstein(2007)을 보라.

31 집단으로서 응답자들은 노동계급 출신 학생 지원자들의 성취가 낮다고 보는 것 같지 않는데, 이는 그들이 명석함의 표지가 종종 중상류계급 출신의 표지 또는 학자 집안 출신과 닮아 있다는 것을 인식하지 못하는 것처럼 보이는 것과 마찬가지이다. 노동계급 학생에 대해서는 Granfield(1991)를 보라. 또 Stuber(2006)도 보라. 대학원 학생에 대해 이들 계급 메커니즘이 연구된 적은 없다. 하지만 노동계급 학자의 자전적 에세이는 불편한 문화적 분위기가 낮은 학문적 평가로 이어졌던 많은 사례를 예시하고 있다. Dews와 Law(1995)를 보라. 또 http://www.workingclassacademics.org도 보라.

32 Davis(1971).

33 이는 Daston, Galison(2007)과 일치한다.

34 Latour(1987, 1988).

35 논쟁의 종결에 대해서는 Epstein(1996)을 보라. 또한 Martin과 Richards(1995)도 보라.

36 Guetzkow, Lamont과 Mallard(2004).

| 제6장 | 학제성과 다양성에 대한 고려

1 SSRC 경연은 '특정 분과학문에 적합하면서 다른 분야를 가로질러 반향을 일으키는 연구'를 장려하고자 한다. Society of Fellows는 '혁신적인 학제적 접근'에 몰입한다. Women's Studies fellowship 경연은 '분과학문과 지역, 문화적 경계를 넘어 여성에 대한 독창적이고 중요한 연구'를 고무한다. ACLS의 웹사이트는 단지 '학제적 제안서 [장학금 경연을 위해] 환영'이라고 쓰고 있다. 익명의 사회과학 재단은 학제성에 대해 아무런 언급이 없다.

2 Walzer(1983).

3 Boltanski와 Thévenot(2006), 또 Lamont과 Thévenot(2000).

4 Dubet(2006).

5 '학제성'이라는 말이 최초로 언급된 때는 1929년으로 보고되어 있다. Balsiger(2004)를 보라.

6 이 정의는 Fuller(1988)가 제안한 것으로 그것은 Bechtel(1986)에 근거를 두고 구축된 것이다.

7 Brainard(2002)를 보라. 학제성에 대한 출판물의 증가에 대한 자료로는 Jacobs(출판 예정)를 보라.

8 학제적 연구에서 (분과학문적 연구와 대비해) 질의 통제를 확보할 널리 합의된 기준이 존재하지 않는다는 점에 대해서는 Klein(2003, 2005), Mansilla와 Gardner(2004), Weingart(2000)를 보라.

9 Porter와 Rossini(1985, 33).

10 특히 Grit Laudel과 Gloria Origgi가 편집한 *Research Evaluation*(2006년 봄)의 특별호를 보라. 또 Veronica Boix Mansilla, Irwin Feller와 Howard Gardner가 워싱턴 D.C.에서 2006년 2월 8일에 열렸던 미국과학발전협회(American

Association for the Advancement of Science)에서 조직한 '학제적 연구와 교육에서의 질의 평가'(2006)라는 워크숍을 보라.

11 Boix Mansilla(2006).

12 대화적 연구는 다른 문헌, 다른 저자와 지속적인 대화를 수행한다. Bakhtin(1981)을 보라.

13 Klein(1996). 대조적으로 석명 가능성(accountability), 혁신, 존재론(ontology)이라는 3가지 독특한 논리가 학제적 연구를 지도한다고 주장하는 대안적 논의도 있다. Barry, Born과 Weszkalnys(2008)를 보라. 또 Rhoten(2003)도 보라.

14 이 점 역시 Langfeldt(2006)가 지적한 것이다.

15 Veronica Mansilla와 Howard Gardner는 학제적 연구의 평가에 존재하는 다른 난점을 지적하는데 그것들은 기준의 다양성, 개념적 명확성의 부재, 연구가 진행됨에 따라 주제 자체로부터 적합한 기준을 발전시키는 것의 힘겨움 등이다(평가자들은 종종 분과학문적인 대리 기준에 대신 의지한다). 그들의 연구—Mansilla와 Gardner(2004)—는 학제적 기구에서 일하는 연구자들과의 60개 면접에 기반을 두고 있다.

16 Mallard, Lamont과 Guetzkow(2009).

17 Lamont, Boix Mansilla와 Huutoniemi(2007).

18 이를테면 흑인 교수의 경우 Walter Allen과 동료들은 '그들의 충원과 보유, 성공에 대한 심각하고 지속적인 장애'를 보여 준다. Allen 등(2000, 112)을 보라. 또 Jacobs(출판 예정-b)와 Perna(2001)도 보라.

19 학계의 상황이 개선되는 데 대해서는 이를테면 Smith와 Moreno(2006)를 보라. 여성 인문과학 교수의 비율이 늘어난 덕분에 인문과학에서는 다른 분과학문에서보다 성에 따른 임금과 승진의 차이가 덜 두드러진다. 하지만 인문과학의 남녀 모두 자연과학(hard sciences)의 학자들보다는 평균적으로 적은 수입을 얻는다. 학계의 충원 통로에서 여성의 존재에 영향을 미치는 문제에 대해서는 특히 National Academy of Sciences(2006)를 보라.

20 http://www.acls.org/fel-comp.htm을 보라(2006년 11월 1일 접속).

21 WWNFF의 웹사이트 http://www.woodrow.org/diversity.php를 보라.

22 이런 접근법에서 평가위원들의 관점은 Gruter v. Bollinger 사건으로 이끈 미

시건대학 법학대학원의 입학허가 정책과 일치한다(이 소송은 그 자체가 캘리포니아대학 이사회 대 Bakke의 1978년 사례에 기반을 둔 것이다). 이 정책은 '모두의 교육을 풍부하게 하고 그래서 법학대학원 수업이 그 부분의 합보다 더 강하도록 만들 잠재력을 지닌 다양성을 성취'(118)하고자 했다. 이 정책은 다양성 기여의 유형을 입학허가 절차에서 '실질적 가중치'를 받을 자격이 있는 유형에 국한하지 않고 대신 '다양성 입학허가에 대한 많은 가능한 기초'를 인정한다(118, 120). 하지만 그 정책은 '하나의 특수한 다양성의 유형', 즉 '인종적·종족적 다양성 특히 흑인이나 히스패닉, 원주민 인디언처럼 역사적으로 차별을 받았고 이런 개입이 없이는 학생 가운데에서 의미 있는 수치로 대변되지 못할 집단 출신의 학생을 포함하는 데 강조점을 두는'(120) 법학대학원의 오랜 개입을 재확인한다. 그래서 그 정책은 다양성을 '인종적 종족적 지위만으로'(121) 정의하지는 않는다. Grutter v. Bollinger, 539 U.S. 306(2003)을 보라. http://www.supremecourtus.gor/opinions. 이런 주장은 전 하버드대 총장이었던 Neil Rudenstine을 포함해 반복해서 이루어졌다. Rudenstine (2001)을 보라.

23 2001년 논문인 '다양성 수사와 법의 경영화(Diversity Rhetoric and Managerialization of Law)'를 위한 연구에서 Lauren B. Edelman과 Sally Riggs Fuller, 아이오나 Iona Mara-Drita는 19개의 경영 전문 잡지의 내용을 분석해 넓은 범위의 조직에서 채용하고 있는 경영 모델에서 다양성의 의미를 연구한다. 그들은 다양성의 의미가 법적으로 보호받고 있는 것을 넘는 범주를 포용하도록 확대되고 있음을 보여 준다. 다양성에 대한 기업의 수사학은 역사적 잘못을 바로잡는 것의 관념(민권법과 같은 법에 포함되어 있는 개념)으로부터 효율성과 생산성에 대한 새로운 강조로 옮아갔다. 이 변화의 시기와 Reagan의 삭감 결과에 관해서는 Kelly와 Dobbin(1998, 2001)을 보라.

24 Guinier와 Sturm(2001).

25 Glazer(1976). 긍정적 입법이 차별이라는 주장에 대한 비판으로는 Dobbin(2009)을 보라. Glazer의 주장은 기업의 채용과 승진 체계가 증명된 수월성, 능력, 그리고 학교 성적에 기반을 둔다고 단정한다. 실제로 1970년대 이전에는 대부분의 경영직의 채용과 승진이 전적으로 비공식적이었으며 거의 모든 회사가 여성과 소수자들을 최악의 직업으로 내몰았다.

26 사회과학과 인문과학계 학자들의 일반적인 진보적 면모에 대해서는 Gross와 Simmons(2006)를 보라.

27 이를테면 Castilla(2006)를 보라.

28 Wenneras와 Wold(1997).

29 Ridgeway(1997).

30 Perna(2001), Joan Williams(2004).

31 Lamont(2004a, 2000, 321).

32 Reskin(2000, 321), Fiske(1998, 364).

33 Bourdieu와 Passeron(1990).

34 Fels(2004).

35 Joan Williams(2004).

36 Clemens 등(1995).

37 Mallard, Lamont과 Guetzkow(2009).

38 Sonnert(1995, 2002). 이런 유형의 간접적 편견은 '훌륭한 과학'을 구성하는 것이 무엇인가에 대한 정의가 남성 과학자와 여성 과학자들 사이에 크게 다르다는 점을 염두에 둘 때 순수과학 전반에 적용될 수 있다.

39 Trix와 Psenka(2003).

40 매튜 효과에 대해 더 많은 논의로는 Merton(1968, 1988)을 보라.

41 Walzer(1983).

42 사회적 삶의 젠더화된 성격에 대해 사회학에 기반을 두고 이런 주장을 정교화한 것으로는 Ferree, Khan과 Morimoto(2007)를 보라.

43 Ladd와 Lipset(1975), Gross와 Simmons(2006).

44 Gumport(2002), Messer-Davidow(2002). 여성학의 발전이 사회학에 미친 영향의 한 예는 오늘날 성과 젠더를 다루는 부문이 천 명이 넘는 회원과 함께 미국사회학회의 가장 큰 세 부문 중 하나라는 것이다(의료사회학과 문화사회학에 관련된 부문과 함께). http://www.asanet.org를 보라.

45 Smith(1990a).

46 Hall(1990). 여성학에 대해서는 Bird(2001)를 보라. 흑인학과 그것의 취약한 지위에 대해서는 Gordon과 Gordon(2006)에 취합된 에세이들을 보라.

47 다양한 분과학문들의 영역주의에 대해서는 Abbott(1988)를 보라. 미국 문화

와 학계에서 서로 다른 집단들이 동등한 지위를 얻기 위해 한 작업에 대해서
는 Skrentny(2002)를 보라.

48 Brint(2002), Kirp(2003).

49 Lamont과 Mallard(2005).

50 Roksa와 Stevens(2007)가 제안한 '다양성 명령'의 관념도 보라.

| 제7장 | 미국과 외국에 대한 함의

1 이것은 James(1911)의 진리 개념과 상당 부분 궤를 같이하는 것이다.

2 MacKenzie와 Millo(2003), 또 Dobbin(1994).

3 이를테면 Shapin(1994)과 Daston과 Galison(2007)을 보라.

4 볼로냐 절차에 대해서는 Ravinet(2007)를 보라.

5 볼로냐 절차에 대한 기술은 유럽연합의 웹사이트인 유로파(Europa)에 실려
있다. http://ec.europa.eu/education/policies/educ/bologna/bologna_en,
html을 보라.

6 이를테면 유럽연합의 웹사이트인 유로파 http://ec.europa.eu/education/
index_en.html을 보라.

7 Lamont과 Mallard(2005)를 보라.

8 Bourdieu(1988).

9 Oliver Godechot와 Alexandra Louvet, '학문세계에서의 지역주의: 또 다른 접
근(Le localisme dans le monde académique: Une autre approche).' 2008년 4
월 22일. http://www.laviedesidees.fr/Le-localisme-dans-le-monde,315.html
(2008년 7월 8일에 접속).

10 Musselin(2005).

11 상호주관성에 대해서는 Bazerman(1988)을 보라. 또 Lynch(1993)도 보라. 여
기서 내 분석은 나의 프랑스인 동료인 Boltanski와 Thévenot의 연구에 영향
을 받았는데 그들의 2006년도 저작 《정당화에 대해 *On Justification*》는 상호
주관적인 합의의 생산을 다룬 것이다.

12 Campanario(1998a, 1998b)를 보라. 편파성과 오류 가능성의 함정에 대한 광범위한 개관은 Hojat, Gonnella와 Caelleigh(2003)에서 볼 수 있다. Laudel(2006)은 어떤 것이 '질 높은 것'으로 치부되는가에 영향을 미치는 국가의 연구 기금 투자 수준과 같은 요인을 지적한다.

13 Cole과 Cole(1981).

14 Travis와 Collins(1991, 336)는 인지적 동류애의 관념과 조응하는 '인지적 특수주의'를 지적한다. 인지적 특수주의는 공유된 사상적 학파에 기반을 둔 편애의 한 형태이다. 그들은 그것이 주류 연구보다 '학제적 연구, 새로운 영역을 개척하는(frontier) 과학, 논쟁의 영역, 위험성 높은 새로운 출발'에서 일어날 가능성이 가장 높다고 시사하지만 나는 이런 종류의 인지적 동류애가 연구 일반에 만연된 것이라 주장한다.

15 Habermas(1984).

16 Stout(2004); Chambers(1996); Mansbridge(1983).

17 Hastie(2001).

18 Bourdieu(1984).

19 갈등하는 규범들 사이의 타협을 이루는 것과 관련해서는 Boltanski와 Thévenot(2006)를 참고하라. 나와 그들의 접근법이 지닌 유사점과 차이에 대한 상세한 논의에 대해서는 Lamont(2008)을 보라.

20 Lévi-Strauss에게 규칙은 무의식적인 것이고 Bourdieu에게 규칙은 행위자들이 사용하는 전략적 약호이지만, 나는 규칙이란 행위자들이 주어진 상황에 참여하면서 실용적으로 만들어 내는 것이라고 본다. Lévi-Strauss(1983), Bourdieu(1977)를 보라.

21 Chambliss(1988), Stevens(2007), Espeland와 Sauder(2007), Baumann(2007), Frickel과 Gross(2005).

22 이 이론은 Boltanski와 Thévenot의 연구와 Bourdieu의 연구에 기반을 두어야 하지만, 미국에서의 경제사회학과 조직사회학, 문화사회학의 최근의 발전에도 도움을 받아야 한다.

23 Lamont과 Zuckerman(출판 예정)을 보라.

24 이를테면 Gaztambide-Fernandez(2009)를 보라.

교수는
무엇으로 판단하는가

| 부록 |

1 Klein(1996).

2 Bender(1998).

3 Weiss(1994). 면접과 관련한 나의 접근법에 대해서는 Lamont(2004b)을 보라.

4 Guetzkow, Lamont과 Mallard(2004).

5 Miles와 Huberman(1994).

6 아틀라스티에 대해서는 Kelle, Prein과 Beird(1995)를 보라.

7 Lamont과 Huutoniemi(2007).

참고문헌

Abbott, Andrew D. 1988. *The System of Professions: An Essay on the Division of Expert Labor*. Chicago: University of Chicago Press.

———. 2001. *Chaos of Disciplines*. Chicago: University of Chicago Press.

Abend, Gabriel. 2006. "Styles of Sociological Thought: Sociologies, Epistemologies, and the Mexican and U.S. Quests for Truth." *Sociological Theory* 24 (1): 1–41."

Alexander, Jeffrey C. 1995. *Fin-de-siècle Social Theory: Relativism, Reduction, and the Problem of Reason. London*: Verso.

Allen, Walter R., Edgar G. Epps, Elizabeth A. Guillory, Susan A. Suh, and Marguerite Bonous-Hammarth. 2000. "The Black Academic: Faculty Status among African Americans in U.S. Higher Education." *Journal of Negro Education* 69 (1–2): 112–127.

American Council of Learned Societies. N.d. "A.C.L.S. Fellowship Program Peer Review Process." Report prepared for the American Council of Learned Societies, New York.

Ansell, Chris, and Alison Gash. 2007. "Collaborative Governance in

Theory and Practice." *Journal of Public Administration Research and Theory Advance Access*. November 13.

Armstrong, J. Scott. 1999. "Forecasting for Environmental Decision-Making." pp. 192–225 in *Tools to Aid Environmental Decision Making*, ed. Virginia H. Dale and Mary R. English. New York: Springer-Verlag.

Asad, Talal, ed. 1973. *Anthropology and the Colonial Encounter*. London: Ithaca Press.

Bail, Christopher. 2008. "Diverse Diversities: Symbolic Boundaries against Immigrants in Twenty-one European Countries." *American Sociological Review* 73 (1): 37–59.

Bakanic, Von, Clark McPhail, and Rita J. Simon. 1987. "The Manuscript Review and Decision-Making Process." *American Sociological Review* 52 (5): 631–642.

Bakhtin, Mikhail. 1981. *The Dialogic Imagination: Four Essays*. Trans. Caryl Emerson and Michael Holquist. Austin: University of Texas Press.

Balsiger, Philip W. 2004. "Supradisciplinary Research Practices: History, Objectives and Rationale." *Futures* 36: 407–421.

Bargh, John A. 2006. "What Have We Been Priming All These Years? On the Development, Mechanisms, and Ecology of Nonconscious Social Behavior." *European Journal of Social Psychology* 36 (2): 147–168.

Barry, Andrew, Georgia Born, and Gisa Weszkalnys. 2008." Logics of Interdisciplinarity." *Economy and Society* 37 (1): 20–49.

Baumann, Shyon. 2007. "A General Theory of Artistic Legitimation: How Art Worlds Are Like Social Movements." *Poetics: Journal of Empirical Research on Literature, Media, and the Arts* 35: 47–65.

Bazerman, Charles. 1998. *Shaping Written Knowledge: The Genre and Activity of the Experimental Article in Science*. Madison; University of Wisconsin Press.

Becher, Tony, and Paul Trowler. 2001. *Academic Tribes and Territories: Intellectual Enquiry and the Cultures of Disciplines.* Philadelphia: Society for Research into Higher Education.

Bechtel, William, ed. 1986. *Integrating Scientific Disciplines.* Boston: Kluwer Academic.

Becker, Howard. 1982. *Art Worlds.* Berkeley: University of California Press.

Bell, Robert. 1992. *Impure Science: Fraud, Compromise, and Political Influence in Scientific Research.* New York: John Wiley and Sons.

Ben-David, Joseph. 1991. *Scientific Growth: Essays on the Social Organization and Ethos of Science.* Berkeley; University of California Press.

Bénatouïl, Thomas. 1999. "A Tale of Two Sociologies: The Critical and the Pragmatic Stance in Contemporary French Sociology." *European Journal of Social Theory* 2 (3): 379–396.

Bender, Thomas. 1998. "Politics, Intellect, and the American University, 1945–1995." pp. 17–54 in *American Academic Culture in Transformation: Fifty Years, Four Disciplines*, ed Thomas Bender and Carl E. Schorske. Princeton: Princeton University Press.

Bender, Thomas, and Carl E. Schorske, eds. 1998. *American Academic Culture in Transformation: Fifty Years, Four Disciplines.* Princeton: Princeton University Press.

Berger, Joseph, David G. Wagner, and Morris Zelditch Jr. 1985. "Expectation States Theory: Review and Assessment." pp. 1–72 in *Status, Rewards, and Influence*, ed. Joseph Berger and Morris Zelditch Jr. San Francisco: Jossey-Bass.

Berger, Joseph, Murray Webster Jr., Cecilia Ridgeway, and Susan J. Rosenholtz. 1993. "Status Cues, Expectations, and Behavior." pp. 1–22 in *Social Psychology of Groups: A Reader*, ed. Edward J.

Lawler and Barry Markovsky. Greenwich, Conn.: JAI Press.

Bezes, Philippe, and Pierre Lascoumes. 2006 "Percevoir et juger la 'corruption politique' Enjeux et usages des enquêtes sur représentations des atteintes à la probité publique." Manuscript from Centre de Sociologie des Organisations: Fondation Nationale de Sciences Politique, Paris.

Bird, Elizabeth. 2001. "Disciplining the Interdisciplinary: Radicalism and the Academic Curriculum." *British Journal of Sociology and Education* 22 (4): 463–478.

Boix Mansilla, Veronica. 2006. "Assessing Expert Interdisciplinary Work at the Frontier: An Empirical Exploration." *Research Evaluation* 15 (1): 17–31.

Boix Mansilla, Veronica. Irwin Feller, and Howard Gardner. 2006. "Proceedings from Workshop on 'Quality Assessment in Interdisciplinary Research and Education." Submitted February 8 to the American Association for the Advancement of Science.

Boix Mansilla, Veronica, and Howard Gardner. 2004. "Assessing Interdisciplinary Work at the Fontier: An Empirical Exploration of Scientific Quality." Cambridge: Interdisciplinary Studies Project, Project Zero, Harvard Graduate School of Education. http://www.interdisciplines.org/interdisciplinarity/papers/6(accessed February 26, 2004).

Boltanski, Luc. 2007a. "La domination revisitée: De la sociologie française critique des années 1970 à la sociologie contemporain." Unpublished manuscript. Paris: Ecole des Hautes Etudes en Sciences Sociales.

———. 2007b. "L'inquiètude sur ce qui est: Pratique, confirmation, et cirtique comme modalités du traitement social de l'incertitude." *Anthropologie et pragmatique*. Papier preparé pour la journeée d'études du Laboratoire d'anthropologie sociale.

Boltanski, Luc, and Laurent Thèvenot. 1991. *De la justification. Les économies de la grandeur.* Paris: Gallimard.

―――. 2006. On *Justification: Economies of Worth.* Trans. Catherine Porter.

Princeton: Princeton University Press.

Bornmann, Lutz, and Hans-Dieter Daniel. 2005. "Selection of Research Fellowship Recipients by Committee Peer Review: Reliability, Fairness, and Predictive Validity of Board of Trustees' Decisions." *Scientometrics* 63 (2): 297–320.

Borofsky, Robert. 1994. *Assessing Cultural Anthropology.* New York: McGrawHill.

Bourdieu, Pierre.1977. *Outline of a Theory of Practice.* Trans. Richard Nice. New York: Cambridge University Press.

―――. 1984. *Distinction: A Sociology of the Judgment of Taste.* Cambridge: Harvard University Press.

―――. 1988. *Homo Academicus.* Trans. Peter Collier. Cambridge, Eng.: Polity Press.

―――. 1996. *The State Nobility.* Trans. Lauretta C. Clough. Stanford: Stanford University Press.

―――. 1997. "Marginalia-Some Additional Notes on the Gift." pp. 231–241 in *The Logic of the Gift: Toward an Ethic of Generosity,* ed. A.D. Schrift. New York: Routledge.

Bourdieu, Pierre, Jean-Claude Chamboredon, and Jean-Claude Passeron. 1968. *Le Métier de Sociologue.* Paris: EHESS Editions.

Bourdieu, Pierre, and Monique de St. Martin. 1975. "Les catégories de l'entendement professoral." *Actes de la recherche en science sociales* 1 (3): 63–93.

Bourdieu, Pierre, and Jean-Claude Passeron. 1990. *Reproduction in Education, Society, and Culture.* Trans. Richard Nice. Newbury Park, Calif.: Sage.

Bourdieu, Pierre, and Loïc Wacquant. 1992. *Invitation to Reflexive Sociology*. Chicago: University of Chicago Press.

Brainard, Jeffrey. 2002. "U.S. Agencies Look to Interdisciplinary Science." *Chronicle of Higher Education* 48 (40): A20–22.

Braxton, John M., and Lowell L. Hargens. 1996. "Variation among Academic Disciplines: Analytical Frameworks and Research." pp. 1–46 in *Higher Education: Handbook of Theory and Research,* ed John C. Smart. New York: Agathon.

Brenneis, Donald. 1994. "Discourse and Discipline at the National Research Council: A Bureaucratic *Bildungsroman*." *Cultural Anthropology* 9 (1): 23–36.

———. 1999. "New Lexicon, Old Language: Negotiating the 'Global' at the National Science Foundation." pp. 123–146 in *Critical Anthropology Now,* ed. George Marcus. Santa Fe: School of American Research Press.

Breslau, Daniel, and Yuval Yonay. 1999. "Beyond Metaphors: Mathematical Models in Economics as Empirical Research." *Science in Context* 12 (2): 317–332.

Breviglieri, Marc, Claudette Lafaye, and Daniel Trom, eds. 2005. *Sens de la critique, sens de la justice*. Paris: La Découverte.

Brint, Steven. 2002. *The Future of the City of Intellect: The Changing American University*. Stanford: Stanford University Press.

Brint, Steven, and Jerome Karabel. 1989. "American Education, Meritocratic Ideology, and the Legitimation of Inequality: The Community College and the Problem of American Exceptionalism." *Higher Education* 18 (6): 725–735.

Brubaker, Rogers. 1993. "Social Theory as Habitus." pp. 212–234 in *Bourdieu: Critical Perspectives,* ed. Craig J. Calhoun, Edward LiPuma, and Moishe Postone. Chicago: University of Chicago Press.

Bryson, Bethany Paige. 2005. *Making Multiculturalism: Boundaries and Meaning in U.S. English Departments*. Stanford: Stanford University Press.

Burbank, Jane. 2004. *Russian Peasants Go to Court: Legal Culture in the Countryside, 1905-1917*. Bloomington: Indiana University Press.

Burke, Peter. 2004. *What Is Cultural History?* Malden, Mass.: Polity Press.

Burt, Ronald S. 2005. *Brokerage and Closure: Introduction to Social Capital*. Chicago: University of Chicago Press.

Callon, Michel. 1994. "Is Science a Public Good?" *Science, Technology, and Human Values* 4 (19): 395-424.

————. 1998. *The Laws of the Markets*. Malden, Mass.:Blackwell.

Callon, Michel, Pierre Lascoumes, and Yan Barthe. 2001. *Agir dans un monde incertain: Essai sur la démocratie technique*. Paris: Seuil.

Camic, Charles, and Neil Gross. 1998. "Contemporary Developments in Sociological Theory: Current Projects and Conditions of Possibility." *Annual Review of Sociology* 24: 453-476.

Camic, Charles, Neil Gross, and Michèle Lamont. In preparation. *Knowledge Making, Use, and Evaluation in the Social Sciences*. New York: Russell Sage Foundation.

Campanario, Juan Miguel. 1998a. "Peer review of Journals as It Stands Today; Part 1." *Science Communication* 19 (3): 181-211.

————. 1998b. "Peer Review of Journals as It Stands Today: Part 2." *Science Communication* 19 (4): 277-306.

Carlsnaes, Walter, Thomas Risse, and Beth A. Simmons, eds. 2002. *Handbook of International Relations*. Thousand Oaks, Calif.: Sage.

Carruthers, Bruce G., and Barry Cohen. 2008. "The Mechanization of Trust: Credit Rating in Nineteenth-Century America." Chicago: Department of Sociology, Northwestern University.

교수는
무엇으로 판단하는가

Castilla, Emilio. 2006. *Gender, Race, and Meritocracy in Organizational Careers*. Cambridge: Department of Organizational Behavior, Massachusetts Institute of Technology.

Chambers, Simone. 1996. *Reasonable Democracy: Jürgen Habermas and the Politics of Discourse*. Ithaca, N.Y. Cornell University Press.

Chambliss, Daniel F. 1988. *Champions: The Making of Olympic Swimmers*. New York: William Morrow.

Chubin, Daryl E., and Edward J. Hackett. 1990. *Peerless Science: Peer Review and U.S. Science Policy*. Albany: State University of New York Press.

————. 2003. "Peer Review of the Twenty-first Century: Applications to Education Research." Report prepared for the National Research Council, Washington, D.C.

Cicourel, Aaron. 1974. *Cognitive Sociology*. New York: Free Press.

Clarke, Adele. 1990. "A Social Worlds Research Adventure: The Case of Reproductive Science." pp. 15-42 in *Theories of Science in Society,* ed. S. Cozzens and Thomas Gieryn. Bloomington: Indiana University Press.

Clarke, Adele, and Elihu Gerson. 1990. "Symbolic Interactionism in Social Studies of Science." pp. 179-214 in *Symbolic Interaction and Cultural Studies,* ed. Howard Becker and Michael McCall. Chicago: University of Chicago Press.

Clemens, Elisabeth S., Walter W. Powell, Kris McIlwaine, and Dina Okamoto. 1995. "Careers in Print: Books, Journals, and Scholarly Reputations." *American Journal of Sociology* 101 (2): 433-494.

Clifford, James, and George Marcus, eds. 1986. *Writing Culture: The Politics and Poetics of Ethnography*. Berkeley: University of Califonia Press.

Cohen, Joshua. 1989. "Deliberation and Democratic Legitimacy." pp. 17-34 in *The Good Polity: Normative Analysis of the State*, ed. Alan

Hamlin and Philip Pettit. Oxford: Basil Blackwell.

Cohen, Michael D., James J. March, and Johan P. Olsen. 1972. "A Garbage Can Model of Organizational Choice." *Administrative Science Quarterly* 17 (1): 1–25.

Cole, Jonathan, and Stephen cole. 1973. *Social Stratification in Science*. Chicage: University of Chicago Press.

―――. 1981. *Peer Review in the National Science Foundation: Phase Two of a Study*. Washington, D.C.: National Academy Press.

Cole, Stephen. 1978. "Scientific Reward Systems: A Comparative Analysis." pp. 167–190 in *Research in the Sociology of Knowledge, Science and Art,* ed. Robert A. Jones. Greenwich, conn.: JAI.

―――. 1992. *Making Science: Between Nature and Society*. Cambridge: Harvard University Press.

Cole, Stephen, Jonathan Cole, and Gary Simon. 1981. "Chance and Consensus in Peer Review." *Science* 214: 881–886.

Cole, Stephen, Leonard Rubin, and Jonathan Cole. 1978. *Peer Review in the National Science Foundation: Phase One of a Study*. Washington, D.C.: National Academy Press.

Collins, Harry M., and Robert Evans. 2002. "The Third Wave of Science Studies: Studies of Expertise and Experience." *Social Studies of Science* 32 (2): 235–296.

―――. 2007. *Rethinking Expertise*. Chicago: University of Chicago Press.

Collins, Randall. 1994. "Why the Social Sciences Won't Become High-Consensus, Rapid-Discovery Science." *Sociological Forum* 9 (2): 155–177.

―――. 1998. *The Sociology of Philosophies: A Global Theory of Intellectual change*. Cambridge: Belknap Press of Harvard University Press.

―――. 2004. *Interaction Ritual Chains*. Princeton: Princeton

교수는
무엇으로 판단하는가

University Press.

Cook, Karen S. 2005. "Network, Norms, and Trust: The Social Psychology of Social Capital." *Social Psychology Quarterly* 68 (1): 4–14.

Crane, Diane. 1976. "Reward Systems in Art, Science and Religion." *American Behavioral Scientist* 19 (6): 719–735.

Csikszentmihalyi, Mihaly. 1996. *Creativity: Flow and the Psychology of Discovery and Invention*. New York: Harper Perennial.

Cusset, François. 2003. *French Theory: Foucault, Derrida, Deleuze, and Cie et les mutations de la vie intellectuelle aux Etats-Unis*. Paris: Découverte.

D'Arms. John.1998. "Press Conference Announcing Major Foundation Grants." New York: American Council of Learned Societies. February 5.

Daston, Lorraine, and Peter Galison. 2007. *Objevtivity*. Cambridge: Zone Books.

Davis, Murray. 1971. "That's Interesting! Toward a Phenomenology of Sociology and a Sociology of Phenomenology." *Philosophy of the Social Sciences* 1: 309–344.

Debray. Regis. 1979. *Le pouvoir intellectual en France*. Paris: Ramsay.

DeVault, Marjorie L. 1999. *Liberating Methods: Feminism and Social Research*. Philadelphia: Temple University Press.

Dewey, John. 1985. *How We Think: A Restatement of the Relation of Reflective Thinking to the Educative Process*. Mineola, N.Y.: Dover publications. (Orig. pub. 1933.)

Dews, C. L. Barney, and Carolyn Leste Law. 1995. *This Fine Place So Far from Home: Voices of Academics from the Working Class*. Philadelphia: Temple University Press.

DiMaggio, Paul. 1997. " Culture and Cognition." *Annual Review of Sociology* 23: 263–287.

Dobbin, Frank. 1994. *Forging Industrial Policy: The United States, Britain, and France in the Railway Age*. New York: Cambridge University Press.

————. 2009. *Inventing Equal Opportunity*. Princeton: Princeton University Press.

Dubet, François. 2005. "Propositions pour une syntaxe des sentiments de justice dans l'experience du travail." *Revue française de sociologe* 46 (3): 495-528.

————. 2006. *Injustices: L'experiences des inegalites au travail*. Paris. Seuil.

Duell, Jason. 2000. "Assessing the Literary: Intellectual Boundaries in French and American Literary Studies." pp. 94-126 in *Rethinking Comparative Cultural Sociology: Repertoires of Evaluation in France and the United States,* ed. Michèle Lamont and Laurent Thevenot. New York: Cambridge University Press.

Durkheim, Emil. 1965. *The Elementary Forms of Religious Life*. New York: Free Press.

Edelman, Lauren B., Sally Riggs Fuller, and Iona Mara-Drita. 2001. "Diversity Rhetoric and the Managerialization of Law." *American Journal of Sociology* 106 (6): 1589-1641.

Eisenhart, Margaret. 2002. "The Pradox of Peer Review: Admitting Too Much of Allowint Too Little?" *Research in Science Education* 32 (2): 241-255.

Eliasoph, Nina, and Paul Lichterman. 2003. "Culture in Interaction." *American Journal of Sociology* 108 (4): 735-794.

Engel, Susan. 1999. *Context Is Everything: The Nature of Memory*. New York: W.H. Freeman.

Epstein, Steven. 1996. *Impure Science: AIDS, Activism, and the Politics of Knowledge*. Berkeley: University of California Press.

Ericsson, Karl A. 1996. "The Acquisition of Expert Performance: An

Introduction to Some of the Issues." pp. 1–50 in *The Road to Excellence: The Acquisition of Expert Performance in the Arts and Sciences, Sports and Games,* ed. Karl A. Ericsson. Mahwah, N.J.: Lawrence Erlbaum.

Erskine, William, and Roberta Spalter-Roth. 2006. "Profile of 2005 ASA Membership: Who Joined, Who Moved to the Top, and Who Is in What Subfield?" Report prepared for the American Sociological Association, Washington, D.C.

Espeland, Wendy N., and Michael Sauder. 2007. "Rankings and Reactivity: How Public Measures Recreate Social Worlds." *American Journal of Sociology* 113 (1): 1–14.

Espeland, Wendy N., and Mitchell L. Stevens. 1998. "Commensuration as a Social Process." *Annual Review of Sociology* 24: 313–343.

Feagin, Joseph. 1999. "Soul-Searching in Sociology: Is the Discipline in Crisis?" *Chronicle of Higher Education* 46 (8): B4.

Feller, Irwin, Paul C. Stern, the National Research Council, and the Committee on Assessing Behavioral and Social Science Research on Aging. 2007. "A Strategy for Assessing Science: Behavioral and Social Research on Aging." Report prepared for the National Academies Press, Washington, D.C.

Fels, Anna. 2004. *Necessary Dreams: Ambition in Women's Changing Lives.* New York: Pantheon Books.

Ferree, Myra M., Shamus Khan, and Shauna Morimoto. 2007. "Assessing the Feminist Revolution: The Presence and Absence of Gender in Theory and Practice." pp. 438–479 in *Sociology in America: A History,* ed. Craig Calhoun. Chicago: University of Chicago Press.

Fine, Gary A. 1979. "Small Groups and Culture Creation." *American Sociological Review* 44: 733–745.

Fish, Stanley. 1980. "How to Recognize a Poem When You See One."

pp.322–337 in *Is There a Text in this Class? The Authority of Interpretive Communities*. Cambridge: Harvard University Press.

Fiske, Susan T. 1998. "Stereotyping, Prejudice, and Discrimination." pp. 357–411 in *Handbook of Social Psychology,* ed. Daniel T. Gilbert, Susan T. Fiske, and Gardner Lindzey. New York: McGraw-Hill.

————. 2002. "What We Know about Bias and Intergroup Conflict, the Problem of the Century." *Current Directions in Psychological Science* 11: 123–128.

Fleck, Lidwik. 1979. *Genesis and Development of a Scientific Fact*. Trans. Fred Bradley and Thaddeus Trenn. Chicago: University of Chicago Press. (Orig. pub.1935.)

Fourcade-Gourinchas, Marion. 2001. "Politics, Institutional Structures, and the Rise of Economics: A Comparative Study." *Theory and Society* 30: 397–447.

Fourcade, Marion. 2006. "The Construction of a Global Profession: The Transnationalization of Economics." *American Journal of Sociology* 112 (1): 145–194.

————. 2009. *Economists and Societies: Discipline and Profession in the United States, Great Britain and France*. Princeton: Princeton University Press.

Fournier, Marcel, Yves Gingras, and Creutzer Mathurin. 1988. "L'evaluation par les pairs et la definition legtime de la recherche." *Acts de la Recherche en Sciences Sociales* 74: 47–54.

Frank, David John, Evan Schofer, and John Chrles Torres. 1994. "Rethinking History: Change in the University Curriculum, 1910-90." *Sociology of Education* 67 (4): 231–242.

Frankfurt, Harry G. 2005. *On Bullshit*. Princeton: Princeton University Press.

Frickel, Scott, and Neil Gross. 2005. "A General Theory of Scientific/

Intellectual Movements." *American Sociological Review* 70 (2): 204–232.

Fuchs, Stephen, and Jonathan H. Turner. 1986. "What Makes a Science 'Matture' : Patterns of Organizational Control in Scientific Production" *Sociological Theory* 4 (2): 143–150.

Fujimura, Joan H. 1988. "The Molecular Bandwagon in Cancer Research: Where Social Worlds Meet." *Social Problems* 35 (3): 261–283.

Fuller, Steve. 1988. *Social Epistemology*. Bloomington: Indiana University Press.

Galison, Peter L. 1997. *Image and Logic: A Material Culture of Microphysics*. Chicago: University of Chicago Press.

Galison, Peter L.,and David J. Stump, eds. 1996. *The Disunity of Sciences. Boundaries, Contexts, and Power*. Stanford: Stanford University Press.

Gambetta, Diego, and Heather Hamill. 2005, *Streetwise: How Taxi Drivers Establish Their Customers' Trustworthiness*. New York: Russell Sage.

Gardner, Howard. 1999. *Intelligence Reframed: Multiple Intelligences for the Twenty-first Century*. New York; Basic Books.

Garfinkel, Harold. 1967. *Studies in Ethnomethodology*. Englewood Cliffs, N. J.: Prentice Hall.

Gaztambide-Fernandez, Ruben. 2009. *Lives of Distinction: Ideology, Space, and Ritual in Processes of Identification at an Elite Boarding School*. Cambridge: Harvard University Press.

Geertz, Clifford. 1973. *The Interpretation of Cultures: Selected Essays*. New York: Basic Books.

―――. 1985. "Waddling In." *Times Literary Supplement,* June 5.

General Accounting Office. 1994. "Peer Review Reforms Needed to Ensure Fairness in Federal Agency Grant Selection: Report to the

Chairman, Committee on Governmental Activities, U.S Senate."
Washington, D.C.: General Accounting Office.

Gerson, Elihu. 1983. "Scientific Work and Social Worlds." *Knowledge*
4: 357–377.

Gieryn, Thomas. 1983. "Boundary-work and the Demarcation of
Science from Non-Science: Strains and Interests in Professional
Ideologies of Scientists." *American Sociological Review* 48: 781–
795.

———. 1994. "Boundaries of Science." pp. 393–443 in *Handbook of
Science, Technology, and Society,* ed. Sheila Jasanoff, Gerald
Markle, James Petersen, and Trevor Pinch. Beverly Hills, Calif.:
Sage.

———. 1999. *Cultural Boundaries of Science: Credibility on the Line*.
Chicago: University of Chicago Press.

Gigerenzer, Gerd. 2007 *Gut Feelings: The Intelligence of the
Unconscious*. New York: Viking.

Gilbert Nigel, and Michael Mulkay. 1984. *Opening Pandora's Box: A
Sociological Analysis of Scientists' Discourse*. Cambridge, Eng.:
Cambridge University Press.

Ginther, Donna K., and Kathy J. Hayes. 2003. "Gender Differences in
Salary and Promotion for Faculty in the Humanities, 1977–95."
Journal of Human Resources 38 (1): 34–73.

Givens, David B., and Timothy Jablonski. 1996. "AAA Survey of
Anthropology PhDs." Report prepared for the American
Anthropological Association, Arlington, Va.

Gladwell, Malcolm. 2005. *Blink: The Power of Thinking without
Thinking*. New York: Little, Brown.

Glazer, Nathan. 1976. *Affirmative Discrimination*. New York: Basic
Books.

Goffman, Erving. 1963. *Stigma*. Englewood Cliffs, N.J.: Prentice Hall.

————. 1974. *Frame Analysis*. New York: Harper.

————. 1981. *Forms of Talk*. Philadelphia: University of Pennsylvania Press.

————. 1990. *The Presentation of Self in Everyday Life*. New York: Doubleday. (Orig. pub. 1959.)

Goleman, Daniel, Richard E. Boyatzis, and Annie McKee. 2002. *Primal Leadership: Realizing the Power of Emotional Intelligence*. Boston: Harvard Business School Press.

Gordon, Lewis R., and Jane Anna Gordon, eds. 2006. *A Companion to African-American Studies*. Oxford, Eng.: Blackwell.

Gould, Stephen Jay. 2003. *The Hedgehog, the Fox and the Magister's Pox: Mending the Gap between Science and the Humanities*. New York: Harmony Books.

Graff, Gerald. 1992. *Beyond the Culture Wars: How Teaching the Conflicts Can Revitalize American Education*. New York: Norton.

Granfield, Robert. 1991. "Making It by Faking It: Working-Class Students in an Elite Academic Environment." *Journal of Contemporary Ethnography* 20 (3): 331–351.

Granovetter, Marc. 1985. "Economic Action and Social Structure: The Problem of Embeddedness." *American Journal of Sociology* 91 (3): 481–510.

Green, Donald P., and Ian Shapiro. 1994. *Pathologies of Rational Choice Theory: A Critique of Applications in Political Science*. New Haven: Yale University Press.

Gross, Neil. 2008. *Richard Rorty: The Making of a Philosopher*. Chicago: University of Chicago Press.

Gross, Neil, and Solon Simmons. 2006. "Americans' Views of Political Bias in the Academy and Academic Freedom." Paper Presented at the Annual Meeting of the American Association of University Professors, Washington, D.C., June 8–11.

Gruenfeld, Deborah, Paul V. Martorana, and Elliot T. Fan. 2000. "What Do Groups Learn from Their Worldliest Members? Direct and Indirect Influence in Dynamic Teams." *Organizational Behavior and Human Decision Processes* 82 (1): 45–59.

Guetzkow, Joshua, Michèle Lamont, Marcel Fournier, and Grégoire Mallard. 2003. "Originality and the Construction of Academic Worth: Substantive Qualities and Scholarly Virtue in Peer Review." Paper Presented at the Annual Meeting of the American Sociological Association, Atlanta, Ga., August 16–19.

Guetzkow, Joshua, Michèle Lamont, and Grégoire Mallard. 2004. "What Is Originality in the Social Sciences and the Humanities?" *American Sociological Review* 69 (2): 190–212.

Guillory, John. 1993. *Cultural Capital: The Problem of Literary Canon Formation.* Chicago: University of Chicago Press.

Guinier, Lani, and Susan Sturm. 2001. *Who's Qualified?* Boston: Beacon Press.

Gumport, Patricia J. 2000a "Academic Restructuring: Organizational Change and Institutional Imperatives." *Higher Education: An International Journal of Higher Education and Educational Planning* 39: 67–91.

———. 2000.b. "Learning Academic Labor." *Comparative Social Research* 19: 1–23.

———. 2002. *Academic Pathfinders: Knowledge Creation and Feminist Scholarship.* Westport, Conn.: Greenwood.

Gutmann, Amy, and Dennis Thompson. 1996. *Democracy and Disagreement.* Gambridge: Harvard University Press.

Habermas, Jürgen. 1982. "A Reply to My Critics." In *Habermas: Critical Debates,* ed. John B. Thompson and David Held. Cambridge: MIT Press.

———. 1984. *The Theory of Communicative Action.* Trans. Thomas

교수는
무엇으로 판단하는가

McCarthy. Boston: Beacon Press.

Hall, Peter A., and Michèle Lamont, eds. 2009. *Successful Societies: How Institutions and Culture Affect Health*. New York: Cambridge University Press.

Hall, Peter A., and David Soskice, eds. 2001. *Varieties of Capitalism: The Institutional Foundations of Comparative Advantage*. New York: Oxford University Press.

Hall, Stuart. 1990. "The Emergence of Cultural Studies and the Crisis of the Humanities." *October* 53: 11–23.

Hargens, Lowell L. 1988. "Scholarly Consensus and Journal Rejection Rates." *American Sociological Review* 53 (1): 139–151.

Hartmann, Ilse, and Friedhelm Neidhardt. 1990. "Peer Review at the *Forschungsgemeinschaft*." *Scientometrics* 19 (5–6): 419–425.

Hastie, Reid. 2001. "Problems for Judgment and Decision Making." *Annual Review of Psychology* 52: 653–683.

Hayagreeva, Rao, Phillippe Monin, and Rodolphe Durand. 2005. "Border Crossing: Bricolage and the Erosion of Categorical Boundaries in French Gastronomy." *American Sociological Review* 70 (9): 868–991.

Heinich, Nathalie. 1996. *The Glory of Van Gogh*. Princeton: Princeton University Press.

———. 1997. "Les frontières de l'art à l'épreuve de l'expertise: politique de la décision dans une commission municipale." *Politix* 38: 111–135.

Helper, Susan, John Paul MacDuffie, and Charles Sabel. 2000. "Pragmatic Collaborations: Advancing Knowledge While Controlling Opportunism." *Industrial and Corporate Change* 9 (3): 443–488.

Hennion, Antoine. 2004. "Pragmatics of Taste." pp. 131–144 in *Blackwell companion to the Sociology of Culture*, ed. Mark Jacobs and Nancy Hankahan. Oxford, Eng.: Blackwell.

Hochschild, Arlie. 1979. "Emotion Work, Feeling Rules and Social Structure." *American Journal of Sociology* 85 (3): 551–575.

Hoffer, T. B., V. Welch Jr., K. Webber, K. Williams, B. Lisek, M. Hess, D. Loew, and I. Guzman-Barron. 2006. "Doctorate Recipients from United States Universities: Summary Report 2005." Report prepared for the National Opinion Research Center, Chicago.

Hojat, Mohammadreza, Joseph S. Gonnella, and Addeane S. Caelleigh. 2003. "Impartial Judgment by the Gatekeepers of Science: Fallibility and Accountability in the Peer Review Process." *Advances in Health Sciences Education* 8 (1): 75–96.

Ibarra, Herminia. 1992. "Homophily and Differential Returns: Sex Differences in Network Structure and Access in an Advertising Firm." *Administrative Science Quarterly* 37: 422–447.

Iggers, Georg G. 1997. *Historiography in the Twentieth Century: From Scientific Objectivity to the Postmodern Challenge*. Middletown, Conn.: Wesleyan University Press.

Jackall, Robert. 1988. *Moral Mazes: The World of Corporate Managers*. New York: Oxford University Press.

Jacobs, Jerry A. 2004. "The Faculty Time Divide (Presidential Address)." *Sociological Forum* 19 (1): 3–27.

―――. Forthcoming-a. "Interdisciplinarity: A Review of Research on Communication among Social-Science Disciplines." *Annual Review of Sociology*.

―――. Forthcoming-b. *Women in Higher Education*. New York: Russell Sage Foundation.

Jacobs, Jerry A., and Sarah Winslow. 2004. "Overworked Faculty: Job Stresses and Family Demands." *Annals of the American Academy of Political and Social Science* 596 (1): 104–129.

James, William. 1911. "The Essence of Humanism." pp. 121–135 in

The Meaning of Truth. New York: Longman, Green.

Jasanoff, Sheila. 1990. *The Fifth Branch: Science Advisers as Policy Makers*. Cambridge: Harvard University Press.

―――. ed. 2004. *States of Knowledge: The Co-Production of Science and social Order*. New York: Routledge.

Jencks, Christopher, and David Riesman. 1977. *The Academic Revolution*. Chicago: University of Chicage Press.

Jenkins, Richard. 1996. *Social Identity*. London: Routledge.

Kanter, Rosabeth M. 1977. *Men and Women of the Corporation*. New York: Basic Books.

Karabel, Jerome. 2005. *The Chosen: The Hidden History of Admission and Exclusion at Harvard, Yale, and Princeton*. Boston: Houghton Mifflin Co.

Keane, Webb. 2003. "Self-Interpretation, Agency, and the Objects of Anthropology: Reflections on a Genealogy." *Comparative Studies in Society and History* 45 (2): 222–248.

Kelle, Udo, Gerald Prein, and Catherine Beird. 1995. *Computer-Aided Qualitative Data Analysis: Theory, Methods, and Practice*. Thousand Oaks, Calif.: Sage.

Kelly, Erin, and Frank Dobbin. 1998. "How Affirmative Action Became Diversity Management: Employers' Response to Anti-Discrimination Law, 1961–1996." *American Behavioral Scientist* 41: 960–984.

―――. 2001. "How Affirmative Action Became Diversity Management: Employer Response to Anti-Discrimination Law, 1961–1996." pp. 87–117 in *Color Lines: Affirmative Action, Immigration and Civil Rights Options for America.*, ed. John Skrentny. Chicago: University of Chicago Press.

Kessler-Harris, Alice, Amy Swerdlow, and Sue Rovi. 1995. "Evaluation of Woodrow Wilson National Fellowship Foundation." Report prepared for the Woodrow Wilson National Fellowship Foundation, Princeton.

King, Gary, Robert O. Keohane, and Sidney Verba. 1994. *Designing Social Inquiry; Scientific Inference in qualitative Research.* Princeton: Princeton University Press.

Kirp, David L. 2003. *Shakespeare, Einstein, and the Bottom Line: The Marketing of Higher Education.* Cambridge: Harvard University Press.

Klein, Julie T. 1996. *Crossing Boundaries: Knowledge, Disciplinarities, and Interdisciplinarities.* Charlottesville: University of Virginia Press.

――――. 2003. "Thinking about Interdisciplinarity: A Primer for Practice."

Colorado School of Mines Quarterly 103 (1): 101-114.

――――. 2005. "Interdisciplinary Teamwork: The Dynamics of Collaboration and Integration." pp. 23-50 in *Interdisciplinary Collaboration: An Emerging Cognitive Science,* ed. S. J. Derry, C.D. Schunn, and M.A. Gernsbacher. Mahwah, N. J.: Lawrence Erlbaum.

Knorr-Cetina, Karin. 1999. *Epistemic Cultures: How the Sciences Make Knowledge.* Cambridge: Harvard University Press.

Kollock, Peter, Philip Blumstein, and Pepper Schwartz. 1985. "Sex and Power in Interaction: Conversational Privileges and Duties." *American Sociological Review* 50: 34-46.

Ladd, Everett Carll, and Seymour M. Lipset. 1975. *The Divided Academy: Professors and Politics.* New York: Norton.

Laitin, David. 2004. "The Political Science Discipline." pp. 11-40 in *The Evolution of Political Knowledge: Theory and Inquiry in American Politics,* ed. Edward D. Mansfield and Richard Sisson. Columbus: Ohio State University Press.

교수는
무엇으로 판단하는가

Lakatos, Imre. 1974. "History of Science and Its Rational Reconstructions." in *The Interaction between Science and Philosophy,* ed. Yehuda Elkana. Atlantic Highlands, N. J.: Humanities.

Lamont, Michèle. 1987. "How to Become a Dominant French Philosopher: The Case of Jacques Derrida." *American Journal of Sociology* 93 (3): 584–622.

————. 1989. "The Power-Culture Link in a Comparative Perspective." *Comparative Social Research* 11: 131–150.

————. 1992. *Money, Moral, and Manners: The Culture of the French and American Upper-Middle Class*. Chicago: University of Chicago Press.

————. 2000. *The Dignity of Working Men: Morality and the Boundaries of Race, Class, and Immigration*. Cambridge: Harvard University Press.

————. 2001. "Three Questions for a Big Book: Collins' *The Sociology of Philosophies*." *Sociological Theory* 19 (1): 86–91.

————. 2004a. "Recruiting, Promoting, and Retaining Women Academics: Lessons from the Literature." Report prepared for the Committee on the Status of Women, Faculty of Arts and Sciences, Harvard University, Cambridge.

————. 2004b. "Theoretical Growth and Conceptual Foreplay." *Perspectives: Newsletter of the ASA Theory Section* 27 (3): 1.

————. 2008. "Critères d'évaluation et structures culturelles: réflections sur un parcours de recherches." in *Sens de la critique, sens de la justice,* ed. Catherine Guaspare, Marc Breviglieri, Claudette Lafaye, and Daniel Trom. Paris: La Découverte.

————. 2009. "The Challenges of Pierre Bourdieu." In *After Bourdieu,* ed. Elisabeth Silva and Alan Warde. London: Routledge.

Lamont, Michèle, Veronica Boix Mansilla, and Katri Huutoniemi.

2007. "Fostering Successful Interdisciplinarity through Shared Cognitive Platforms." Prepared for the Canadian Institute for Advanced Research, Toronto.

Lamont, Michèle, and Crystal Fleming. 2005. "Everyday Anti-Racism: Competence and Religion in the Cultural Repertoire of the African-American Elite and Working Class." *Du Bois Review* 2 (1): 29-43.

Lamont, Michèle, Marcel Fournier, Joshua Guetzkow, Grégoire Mallard, and Roxane Bernier. 2006. "Evaluating Creative Minds: The Assessment of Originality in Peer Reviews." pp. 161-181 in *Knowledge, Communication and Creativity,* ed. Arnaud Sales and Marcel Fournier. London: Sage.

Lamont, Michèle, and Katri Huutoniemi. 2007. "Comparing Customary Rules of Fairness: Evidence of Evaluative Practices in Various Types of Peer Review Panels." Paper presented at the conference Making, Evaluating, and Using Social Scientific Knowledge, Russell Sage Foundation, New York, December 7-8.

Lamont Michèle, Jason Kaufman, and Michael Moody. 2000. "The Best of the Brightest: Definitions of the Ideal Self among Prize-Winning Students." *Sociology Forum* 15 (2): 187-224.

Lemont, Michèle, and Annette Lareau. 1998. "Cultural Capital: Allusions, Gaps, and Glissandos in Recent Theoretical Developments." *Sociological Theory* 6 (2): 153-168,

Lamont Michèle, and Grégoire Mallard. 2005. "Peer Evaluation in the Social Sciences and Humanities Compared: The United States, the United Kingdom, and France." Report prepared for the Social Sciences and Humanities Research Council of Canada, Ottawa.

Lamont Michèle, and Viràg Molnár. 2002. "The Study of Boundaries across the Social Sciences." *Annual Review of Sociology* 28: 167-195.

Lamont Michèle, and Laurent Thévenot, eds. 2000. *Rethinking*

교수는
무엇으로 판단하는가

Comparative Cultural Sociology: Repertoires of Evaluation in France and the United States. London: Combridge University Press.

Lamont Michèle, and Patricia White. 2008. "Workshop on Interdisciplinary Standards for Systematic Qualitative Research: Cultural Anthropology, Law and Social Science, Political Science, and Sociology Programs." Report prepared for the National Science Foundation, Washington, D.C.

Lamont, Michèle, and Marsha Witten. 1989. "Surveying the Continental Drift; The Diffusion of French Social and Literary Theory in the United States." *French Politics and Society* 6 (3): 17–23.

Lamont, Michèle, and Robert Wuthnow, 1990. "Betwixt-and-Between; Recent Cultural Sociology in Europe and the United States." pp. 287–315 in *Frontiers of Social Theory: The New Synthesis*, ed. George Ritzer. New York: Columbia University Press.

Lamont, Michèle, and Ezra Zuckerman In preparation. "Towards a Sociology of Valuation: Convergence, Divergence, and Synthesis." *Annual Review of Sociology*.

Langfeldt, Liv.2001. "The Decision-Making Constraints and Processes of Grant Peer Review, and Their Effects on the Review Outcome." *Social Studies of Science* 31 (6): 820–841.

———. 2006. "The Policy Challenges of Peer Review: Managing Bias, Conflict of Interest, and Interdisciplinary Assessment." *Research Evaluation* 15 (1): 31–42.

Langhout, Regina Day, Francine Rosselli, and Jonathan Feinstein. 2007. "Assessing Classism in Academic Settings." *Review of Higher Education* 30 (2): 145–184.

Latour, Bruno, 1987. *Science in Action: How to Follow Scientists and Engineers through Society*. Cambridge: Harvard University Press.

———. 1988. *The Pasteurization of France*. Trans. Alan Sheridan and John Law. Cambridge: Harvard University Press.

Latour, Bruno, and Steve Woolgar. 1979. *Laboratory Life; The Social Construction of Scientific Facts*. Princeton: Princeton University Press.

Laudel, Grit. 2006. "The Quality Myth': Promoting and Hindering Conditions for Acquiring Rescarch Funds." *Higher Education* 52: 375–403.

Laudel, Grit. and Gloria Origgi. 2006. "Special Issue on the Assessment of Interdisciplinary Research." *Research Evaluation* 15 (1).

Leahey, Erin. 2008. "Methodological Memes and Mores: Toward a Sociology of Social Research." *Annual Review of Sociology* 34: 33–53.

Lederman, Rena. 2006. "Introduction: Anxious Borders between Work and Life in a Time of Bureaucratic Ethics Regulation." *American Ethnologist* 33 (4): 477–481.

Leiter, Brian, ed, 2004. *The Future for Philosophy*. New York: Oxford University Press.

Lenoir, Timothy. 1993. "Discipline of Nature and the Nature of Disciplines." pp. 77–78 in *Knowledges: Historical and Critical Studies in Disciplinarity*, ed. Ellen Messer-Davidow, David Shumway, and David Sylvan. Charlottesville: University of Virginia Press.

Lévi-Strauss, Claude. 1983. *Structural Anthropology*. Trans. Monique Layton. Chicago: University of Chicago Press.

Levinson, Jerold. 2002. "Hume's Standards of Taste: The Real Problem." *Journal of Aesthetics and Art Criticism* 60 (3): 227–238.

Lewis, Lionel. 1998. *Scaling the Ivory Tower: Merit and Its Limits in Academic Careers*. New Brunswick, N.J.: Transaction.

Liebert, Roland. 1976. *Disintegration and Political Action: The Changing Functions of City Governmens in America*. New York: Academic Press.

————. 1982. "Productivity, Favor, and Grants among Scholars." *American Journal of Sociology* 83 (3): 664–673.

Lipset, Seymour M. 1979. *The First New Nation.* New York: Norton. (Orig, pub. 1963.)

Longino, Helen E, 2002. *The Fate of Knowledge.* Princeton: Princeton University Press.

Lukes, Steven. 1974. *Power: A Radical View.* London: Macmillan.

Lustick, Ian. 1997. "The Disciplines of Political Science: Studying the Culture of Rational Choice as a Case in Point." *PS—Political Science and Politics* 30 (2): 175–179.

Lynch, Michael. 1993. *Scientific Practice and Ordinary Action: Ethnomethodology and Social Studies of Science.* New York: Cambridge University Press.

MacKenzie, Donald, and Yuval Millo. 2003. "Constructing a Market, Performing Theory: The Historical Sociology of a Financial Derivatives Exchange." *American Journal of Sociology* 109 (10): 1907–1945.

Mallard, Grégoire. 2005. "Interpreters of the Literary Canon and Their Technical Instruments: The Case of Balzac Criticism." *American Sociological Review* 70 (6): 992–1010.

Mallard, Grégoire, Michèle Lamont and Joshua Guetzkow. 2007. "Cognitive Contextualization, Epistemological Styles, and Peer Review in the Social Sciences and the Humanities." Cambridge: Harvard University, Department of Sociology.

————. 2009. "Fairness as Appropriateness: Negotiating Epistemological Differences in Peer Review." *Science, Technology and Human Values.*

Mansbridge, Jane J. 1983. *Beyond Adversary Democracy.* Chicago: University of Chicago Press.

Mansfield, Edward D., and Richard Sisson. 2004. *The Evolution of*

Political Knowledge: Theory and Inquiry in American Politics. Columbus: Ohio State University Press.

Manzo, John. 1993. "Jurors' Narratives of Personal Experience in Deliberation Talk." *Text* 13 (3): 267-290.

March, James J., and Johan P. Olsen. 1976. *Ambiguity and Choice in Organizations.* Oslo, Norway: Universitetsforlaget.

Marcus, George E., and Michael M. Fischer, 1986. *Anthropology as Cultural Critique: An Experimental Moment in the Human Sciences.* Chicago: University of Chicago Press.

Martin, Brian, and Eveleen Richards. 1995. "Scientific Knowledge, Controversy, and Public Decision Making." pp. 506-526 in *Handbook of Science and Technology,* ed. Sheila Jasanoff, Gerald E. Markel, James C. Paterson, and Trevor Pinch. Newbury Park Calif.: Sage.

Martin, Emily. 1994. *Flexible Bodies: Tracking Immunity in American Culture from the Days of Polio to the Age of AIDS.* Boston: Beacon Press.

Maynard, Douglas W., and John Manzo. 1993. "On the Sociology of Justice: Theoretical Notes from and Actual Jury Deliberation." *Sociological Theory* 11 (2): 171-193.

McCartney, John. 1970. "On Being Scientific: Changing Styles of Presentation of Sociological Research." *American Sociologist* 5 (1): 30-35.

McPherson, Miller, Lynn Smith-Lovin, and James M. Cook. 2001. "Birds of a Feather: Homophily in Social Networks." *Annual Review of Sociology* 27: 415-444.

Merton, Robert K. 1968. "The Matthew Effect in Science." *Science* 159: 56-63.

———. 1972. "Insiders and Outsiders: A Chapter in the Sociology of Knowledge." *American Journal of Sociology* 78 (1): 9-47.

————. 1973. "Priorities in Scientific Discovery: A Chapter in the Sociology of Science." pp. 286–324 in *The Sociology of Science: Theoretical and Empirical Investigations,* ed. Norman Storer. Chicago: University of Chicago Press. (Orig. pub. 1957.)

————. 1988. "The Matthew Effect in Science, II: Cumulative Advantage and the Symbolism of Intellectual Property." *Isis* 79:606.

————, ed, 1996. *On Social Structure and Science.* Chicago: University of Chicago Press.

Messer-Davidow, Ellen. 2002. *Disciplining Feminism: From Social Activism to Activist Discourse.* Durham, N.C.: Duke University Press.

Meyer, John. 1986. "Myths of Socialization and of Personality." pp. 208–221 in *Reconstructing Individualism: Autonomy, Individuality, and the Self in Western Thought,* ed. Thomas C. Heller, Morton Sosan, David E, Welbery, Arnold I. Davidson, Ann Swidler, and Ian Watt. Stanford: Stanford University Press.

Meyer, John, Francisco Ramirez, David John Frank, and Evan Schofer. 2006. "Higher Education as an Institution." Stanford: Center on Democracy, Freeman Spogli Institute for International Studies, Stanford University.

Meyer, John, and Brian Rowan. 1977. : "Institutionalized Organizations: Formal Structure as Myth and Ceremony." *American Journal of Sociology* 83 (2): 340–363.

Miles, Matthew B., and A. Michael Huberman. 1994. *Qualitative Data Analysis: A Sourcebook of New Methods.* Beverly Hills, Calif.: Sage.

Moser, Walter. 2001. "Posface: Pas d'euphorie! anatomie d'une crise." *Canadian Review of Comparative Literature* 26 (3–4): 193–210.

Mukerji, Chandra. 2007. "Cultural Genealogy: Method for a Historical Sociology of Culture or Cultural Sociology of History." *Cultural*

Sociology 1 (1): 49–71.

Mulkay, Michael. 1976. "Norms and Ideology in Science." *Social Science Information* 15: 627–656.

———. 1991. *Sociology of Science: A Sociological Pilgrimage,* Philadelphia: Open University Press.

Munch, Peter A. 1975. "'Sense' and 'Intention' in Max Weber's Theory of Social Action." *Sociological Inquiry* 45 (4): 59–65.

Musselin, Christine. 1996. "Les marchés du travail universitaires, comme économie de la qualité." *Revue Française de Sociologie* 37 (2): 189–208.

———. 2005. *Le marché des universitaires: France, Allemagne, Etats-Unis.* Paris: Presses de SciencesPo.

Nagel, Ernest. 1961. *The Structure of Science: Problems in the Logic of Scientifc Explanation.* New York: Harcourt, Brace.

National Academy of Sciences. 2006. "Beyond Bias and Barriers: Fulfilling the Potential of Women in Academic Science and Engineering." Report prepared for the National Academies, Washington, D.C.

National Opinion Research Center. 2006. *Survey of Earned Doctorates,* 2005. Arlington, Va.: National Science Foundation.

National Science Foundation. 2004. "Report of the Workshop on Scientific Foundations of Qualitative Research." Report prepared for the National Science Foundation, Arlington, Va.

Nehamas, Alexander. 1998. "Trends in Recent American Philosophy." pp. 227–242 in *American Academic Culture in Transformation,* ed. Thomas E. Bender and Carl E. Schorske. Princeton: Princeton University Press.

Novick, Peter. 1988. *That Noble Dream: The "Objectivity Question" and the American Historical Profession.* New York: Cambridge University Press.

교수는
무엇으로 판단하는가

Ortner, Sherry B. 2005. "Subjectivity as Cultural Critique." *Anthropological Theory* 5 (1): 31–52.

Pachucki, Mark, Sabrina Pendergrass, and Michèle Lamont. 2007. "Boundary Processes: Recent Theoretical Developments and New Contributions." *Poetics* 35 (6): 331–351.

Page, Scott E 2007. *The Difference: How the power of Diversity Creates Better Groups, Firms, Schools, and Societies.* Princeton: Princeton University Press.

Palumbo-Liu, David. 1995. *The Ethnic Canon: Histories, Institutions, and interventions.* Minneapolis: University of Minnesota Press.

Perna, Laura W. 2001. "Sex and Race Differences in Faculty Tenure and Promotion." *Research in Higher Education* 42 (5) 541–567.

Perry, Merry G. 2006. "Feminism and Cultural Studies in Composition: Locating Women and Men in College Writing Courses." *Composition Forum* 15 (special issue "Composition and Location"): http://www.fau.edu/compositionforum/15/perryfeminism.php.

Polletta, Francesca, and M. Kai Ho. 2005. "Frames and Their Consequences." pp. 187–214 in *Oxford Handbook of Contextual Political Studies,* ed. Robert E. Goodin and Charles Tilly. Oxford, Eng.: Oxford University Press.

Porter, Alan L., and Frederick A. Rossini. 1985. "Peer Review of Interdisciplinary Research Proposals." *Science, Technology, and Human Values* 10 (3): 33–38.

Porter, Theodore. 1999. "Quantification and the Accounting Ideal in Science." pp. 394–406 in *The Science Studies Reader,* ed. Mario Biagioli. New York: Routledge.

Powell, Walter W. 1985. *Getting into Print: The Decision-Making Process in Scholarly Publishing.* Chicago: University of Chicago Press.

Putnam, Hilary. 1998. "A Half Century of Philosophy, Viewed from

Within." pp. 193–226 in *American Academic Culture in Transformation,* ed. Thomas E. Bender and Carl E. Schorske. Princeton: Princeton University Press.

Ragin, Charles C. 1987. *The Comparative Method: Moving beyond Qualitative and Quantitative Strategies.* Berkeley: University of California Press.

———. 2000. *Fuzzy Set Social Science.* Chicago: University of Chicago Press.

Ravinet, Pauline. 2007. "La genèse et l'institutionalisation du processus de Boulogne." Ph.D. diss., Fondation Nationale des Sciences Politique (Sciences Po).

Readings, Bill. 1996. *The University in Ruins.* Cambridge: Harvard University Press.

Reskin, Barbara F. 2000. "The Proximate Causes of Employment Discrimination." *Contemporary Sociology* 29 (2): 319–328.

Reskin, Barbara F., and Debra B. McBrier. 2000. "Why Not Ascription? Organizations' Employment of Male and Female Managers." *American Sociological Review* 65 (2): 210–233.

Rhoten, Diana. 2003. "Final Report, National Science Foundation BCS-0129573: A Multi-Method Analysis of the Social and Technical Conditions for Interdisciplinary Collaboration." Report prepared for the National Science Foundation, Washington, D.C.

Ridgeway, Cecilia L. 1997. "Interaction and the Conservation of Gender Inequality: Considering Employment." *American Sociological Review* 62 (2): 218–235.

Rivera, Lauren. 2009. "Cultural Reproduction in the Labor Market: Homophily in Job Interviews." Paper presented in the Culture and Social Analysis Workshop, Department of Sociology, Harvard University, October 6.

Rosental, Claude. 2003. "Certifying Knowledge: The Sociology of a

Logical Theorem in Artificial Intelligence." *American Sociological Review* 68 (4): 623–644.

———. 2008. *Weaving Self-Evidence: A Sociology of Logic*. Princeton: Princeton University Press.

Roska, Josipa, and Mitchell L. Stevens. 2007. "Diversity in Organizational Admission: Explaining the Success of Affirmative Action in U.S. Higher Education." Presented at the annual meeting Is Another World Possible? American Sociological Association, New York, August.

Rossi, Peter, and Howard Freeman. 1993. *Evaluation: A Systematic Approach*. New York: Sage.

Roy, Rustum. 1985. "Funding Science: The Real Defects of Peer Review and an Alternative to It." *Science, Technology, and Human Values* 10: 73–81.

Rudenstine, Neil L. 2001. *Pointing Our Thoughts: Reflections on Harvard and Higher Education,* 1991–2001. Cambridge: Harvard University Press.

Sauder, Michael. 2006. "Third Parties and Status Systems: How the Stucture of Status Systems Matter." *Theory & Society* 35: 299–321.

Schiebinger, Londa L. 1999. *Has Feminism Changed Science?* Cambridge: Harvard University Press.

Scott, Joan M. 2001. "Women's History." pp. 43–70 in *New Perspectives on Historical Writing,* 2d ed., ed. Peter Burke. University Park: Pennsylvania State University Press.

Sewell, William H., Jr. 2005. *Logics of History: Social Theory and Social Transformation*. Chicago: University of Chicago Press.

Shapin, Steven. 1994. *A Social History of Truth: Civility and Scicnce in Seventeenth-Century England*. Chicago: University of Chicago Press.

Shapin, Steven, and Simon Schaeffer. 1985. *Leviathan and the Air*

Pump: Hobbes, Boyle, and the Experimental Life. Princeton: Princeton University Press.

Shapiro, Ian. 2005. *The Flight from Reality in the Human Sciences*. Princeton: Princeton University Press.

Shapiro, Ian, Rogers M. Smith, and Tarek E. Masoud. 2004. *Problems and Methods in the Study of Politics*. New York: Cambridge University Press.

Shenhav, Yahouda A. 1986. "Dependence and Compliance in Academic Research Infrastructures." *Sociolocial Perspectives* 21 (1): 29–51.

Shumway, David R. 1997. "The Star System in Literary Studies." *PMLA: Publications of the Modern Language Association of America* 112 (1): 85–100.

Simon, Herbert. 1957. *Models of Man: Social and Rational*. New York: John Wiley and Sons.

Singleton, Royce A., and Bruce C. Straits. 1999. *Approaches to Social Research*. New York: Oxford University Press.

Skrentny, John D. 2002. *The Minority Rights Revolution*. Cambridge: Belknap Press of Harvard University Press.

Slaughter, Sheila, and Gary Rhoades. 2004. *Academic Capitalism and the New Economy*. Baltimore: John Hopkins University Press.

Smith, Daryl G., and José Moreno. 2006. "Hiring the Next Generation of Professors: Will Myths Remain Excuses?" *Chronicle of Higher Education* 53 (6): 64.

Smith, Dorothy E. 1990a. *The Conceptual Practices of Power: A Feminist Sociology of Knowledge*. Toronto: University of Toronto Press.

———. 1990b. "Women's Experience as a Radical Critique of Sociology" and "The Ideological Practice of Sociology." pp. 1–57 in *The Conceptual Practices of Power: A Feminist Sociology of*

교수는
무엇으로 판단하는가

Knowledge. Boston: Northeastern University Press.

Snow, Charles P. 1993. *The Two Cultures*. New York: Cambridge University Press.

Social Science Research Council. N.d. "Academic Fellowship Program Peer Review Process." Report prepared for the Social Science Research Council, New York.

Sonnert, Gerhard. 1995. "What Makes a Good Scientist? Determinants of Peer Evaluation among Biologists." *Social Studies of Science* 25: 35–55.

———. 2002. *Ivory Bridges: Connecting Science and Society*. Cambridge: MIT Press.

Star, Susan Leigh. 1985. "Scientific Work and Uncertainty." *Social Studies of Science* 15: 391–427.

Stark, Laura. 2007. "IRB Meetings by the Minute(s)." Presented at the Work-shop on Konwledge Production and Evaluation in the Social Sciences, Russell Sage Foundation, New York.

Steinmetz, George. 2005. *The Politics of Method in the Human Sciences: Positivism and Its Epistemological Others*. Durham, N.C.: Duke University Press.

Stevens, Mitchell L. 2007. *Creating a Class: College Admissions and the Education of Elites*. Cambridge: Harvard University Press.

Stevens, Mitchell L., Elizabeth A. Armstrong, and Richard Arum. 2008. "Sieve, Incubator, Temple, Hub: Empirical and Theoretical Advances in the Sociology of Higher Education." *Annual Review of Sociology* 34: 127–151.

Stewart, Sharla. 2003. "Revolution from Within." *University of Chicago Magazine* 95 (5): 33–37.

Stinchcombe, Arthur L. 1990. *Information and Organizations*. Berkeley: University of California Press.

———. 2005. *The Logic of Social Research*. Chicago: University of

Chicago Press.

Stout, Jeffrey. 2004. *Democracy and Tradition*. Princeton: Princeton University Press.

Strathern, Marilyn, ed. 2000. *Audit Cultures: Anthropological Studies in Accountability, Ethics, and the Academy*. London: Routledge.

Stuber, Jenny M. 2006. "Talk of Class: The Discursive Repertoires of White Working-and Upper-Middle-Class College Students." *Journal of Contemporary Ethnography* 35 (3): 285–318.

Szakolcai, Arpad. 1998. *Max Weber and Michel Foucault: Parallel Life-Works*. London: Routledge.

Tarrow, Sid. 2007. "Knowledge Struggles: Two Disciplines Processing Contention." Institute of Social Sciences, Cornell University, Ithaca, N.Y.

Thévenot, Laurent. 2006. *L'action au pluriel: Sociologie des régimes d'engagment*. Paris: La Découverte.

———. 2007a. "The Plurality of Cognitive Formats and Engagements: Moving between the Familiar and the Public." *European Journal of Social Theory* 10 (3): 409–423.

———. 2007b. "A Science of Life Together in the World." *European Journal of Social Theory* 10 (2): 233–244.

Tilly, Charles. 1984. *Big Structures, Large Processes, Huge Comparisons*. New York: Russell Sage.

———. 1998. *Durable Inequality*. Berkeley: University of California Press.

———. 2006. *Why?* Princeton: Princeton University Press.

Travis, G. D. L., and Harry M. Collins. 1991. "New Light on Old Boys: Cognitive and Institutional Particularism in the Peer Review System." *Science, Technology and Human Values* 16 (3): 322–341.

Trix, Frances, and Carolyn Psenka. 2003. "Exploring the Color of Glass: Letters of Recommendation for Female and Male Medical Faculty."

Discourse and Society 14 (2): 191–220.

Tsay, Angela, Michèle Lamont, Andrew Abbott, and Joshua Guetzkow. 2003. "From Character to Intellect: Changing Conceptions of Merit in the Social Sciences and Humanities, 1951–1971." *Poetics* 31: 23–49.

Turner, Mark. 1991. *Reading Minds: The Study of English in the Age of Cognitive Science*. Princeton: Princeton University Press.

Uzzi, Brian. 1999. "Embeddedness and the Making of Financial Capital:How Social Relations and Networks Benefit Firms Seeking Financing." *American Sociological Review* 64: 481–505.

Walker, George, Chris Golde, Laura Jones, Andrea Conklin Bueschel, and Pat Hutchings. 2008. *The Formation of Scholars: Rethinking Doctoral Education for the Twenty-first Century*. San Francisco: Jossey-Bass.

Walzer, Michael. 1983. *Spheres of Justice: A Defense of Pluralism and Equality*. New York:Basic Books.

Weber, Max. 1978. *Economy and Society*. Berkeley: University of California Press. (Orig.pub.1956.)

———. 1984. *Confucianism and Taoism*. Trans. M. Alter and J. Hunter. London: London School of Economics. (Orig. pub. 1913.)

Webster, Murray, Jr. 2003. "Working on Status Puzzles." pp. 173–215 in *Power and Status, Advances in Group Processes,* ed. Shane R. Thye and John Skvoretz. New York: Elsevier/JAI.

Weinberg, Alvin. 1963. "Criteria for Scientific Choice." *Minerva* 1 (2): 159–171.

Weingart, P. 2000. "Interdisciplinarity: The Paradoxical Discourse." pp. 25–42 in *Practising Interdisciplinarity,* ed. P. Weingart and N. Stehr. Toronto: University of Toronto Press.

Weisbuch, Robert. 1999. "Why Wonen's Studies." *Woodrow Wilson National Fellowship Foundation Newsletter* (Fall): 4.

Wenneras, Christine, and Agnes Wold. 1997. "Nepotism and Sexism in Peer Review." *Nature* 387: 341–343.

White, Harrison C., and Cynthia A. White. 1993. *Canvases and Careers: Institutional Change in the French Painting World.* Chicago: University of Chicago Press.

White, Jonathan. 2007. "A Political Bond in Europe." Ph.D. diss., European University Institute, Florence, Italy.

Whitley, Richard. 1984. *The Intellectual and Social Organization of the Sciences.* Oxford, Eng.: Clarendon Press.

Williams, Jeffrey J. 2004. "Here's the Problem with Being So 'Smart.'" *Chronicle of Higher Education* 51 (17): B16.

Williams, Joan. 2004. "Hitting the Maternal Wall." *Academe* 90 (6): 16–20.

Wilson, Logan. 1942. *The Academic Man.* New York: Oxford University Press.

Wimmer, Andreas, and Michèle Lamont. 2006. "Boundaries and Group Making: A Framework and a Research Agenda." Paper presented at the American Sociological Assocation's annual meeting, Montreal, August.

Worcester, Kenton. 2001. *The Social Science Research Council, 1923–1998.* New York: Social Science Research Council.

Zuckerman, Harriet, and Robert K. Merton. 1971. "Patterns of Evaluation in Science–Institutionalisation, Structure, and Functions of the Referee System." *Minerva* 9 (1): 66–100.

찾아보기

ㄱ

가야트리 스피박_260, 291

가치평가_346

감정 작업_199

거래_172, 222

건실함_38, 238, 289

게리 킹_140

게으른 순응주의자_273

게츠코_88, 242

결의_266, 274, 337

결정이론_344

경로의존성_39

경연_35, 47, 224, 267

경험적 뒷손_95

경험적 연구_259

계급 다양성_300

계급조직_327

공정성_39, 207, 300, 314, 336

과도한 확산_289

과시적 협력성_339

관습적 규칙_158, 197

괴팍스러운 취향_182, 272

교양중심대학_286

구성주의_247

구성주의적 스타일_89, 312

구전설화_200

귀속지위에 대한 편견_310

규율_135

규칙의 위반_196

그레고와르 말라르_88, 242

긍정적 입법_97, 285, 300, 313

ㄴ

낙관주의_346

낮은 점수 주기_174

내부자성_36

내재적 선_284
내재적 질_178, 222
냉소주의_338
네트워크_55, 146, 207, 336
노블레스 오블리제_60, 299
높은 점수 주기_175
닐 그로스_258, 321

ㄷ

다원주의_28, 137, 148, 188
다위니즘_286
다인과 모델_204
다학제적 패널_18, 87, 164, 223
대담성_273, 337
대안적 평가 기준_304, 331
대의와 효과_284
대학혁명_226
데이비드 리스먼_226
데이비드 흄_248
도덕적 명령_331
도덕적 아비투스_273
도덕적 자질_273
동료의식_151
동료평가_17, 38, 150, 273, 281, 338
동류애_25
동류애적 선호_322
동일한 표준_202

등급매기기_267
디아스포라_251
딜레마_293, 330
딜레탕트_167, 170

ㄹ

라카토스 식_141
래니 귀니어_301
로랑 테베노_286
로버트 와이스_48
로버트 커헤인_140
로버트 팔머_267
뤽 볼탄스키_286
리처드 휘틀리_37, 86

ㅁ

마르크스주의_107, 143, 251
마이클 왈저_285
막스 베버_157
매튜 효과_26, 342
머레이 데이비스_270
멘토_63, 313
면대면 대화_80
명료성_98, 125
명목주의_310
명확성_235, 279

무관심성_342
문예지식인_84
문화자본_38, 228, 263, 309, 337
문화적 관행_259
문화적 대본_20
미시사_119
민주혁명의 시대_267

ㅂ

반향실_277
반환원주의_258
발광성_237
발리의 닭싸움_268
방법론_27, 227, 279
방법론적 다원주의_23, 137, 148, 188
밴드왜건 효과_232
베네딕트 앤더슨_291
보편주의_56, 159, 172, 190, 336
볼로냐 절차_339
부르디외_37, 122, 269, 311, 340
분과문화_20
분과학문의 다양성_284, 334
분과학문의 주권_169, 192, 224
분과학문적 편견_192
분류전략_311
분석적 명확성_237
불확실성_46, 187

브라이언 로웬_45
브루노 라투르_37, 242, 271
비교연구_320
빌 리딩스_226

ㅅ

사전 선별자_63, 229, 344
사전 평가위원_44
사회학–민속방법론_37
상징적 상호작용_37
선험적 위신_113
섬세한 기준_265
섬세한 속성_228, 264, 337
성찰성_258
세이무어 마틴 립셋_266, 321
솔론 시몬스_321
수월성_16, 32, 85, 125, 142, 235, 334
수전 스텀_301
수행가능성_227, 235, 262
숙의민주주의_166
순위매기기_136, 177, 326, 339, 345
스탠리 피시_148, 294
스테레오타입_84, 122, 204
스토리텔링_95, 120
스티븐 울가_37
시드니 버바_140
시장기제_155

신실용주의_41
신화와 의식_45
실용적 이해_222
실증주의적 스타일_89, 246
심의규칙_74, 223
쓰레기통 모형_46

ㅇ

아이비리그_209, 318
아카데미아_17, 280
안식년_34, 200
알렉산더 네하마스_97
어빙 고프먼_227
언어적 선회_100
엄밀성_98, 143, 235
업적주의_81, 286, 301, 328, 342
에밀 뒤르켐_157, 180
에코시스템_191
엘리자베스 클레멘스_312
엘리트주의_149, 286, 304, 328
여성학_297, 305
연공서열_34, 207
연구중심대학_286, 296, 311, 315
영민함_267
오귀스트 콩트_26
위계질서_107, 207
위르겐 하버마스_344

위치성_324
유연성의 결여_190
의심의 혜택_195, 224
이데올로기적 편견_342
이론적 애착_85
이안 샤피로_137
이중맹검_23, 343
이차적 분과학문_98
익명의 평가_339
인식론적 다양성_27
인식론적 다원주의_28
인종적 다양성_284, 299
인종적 정체성_207, 299
인지적 맥락화_23, 90, 108, 150, 188,
260, 281, 315
인지적 세계_26
일관성_200
일시적 화려함_290
입장 이론_324

ㅈ

자기과시_275
자기정체성_208, 279
자기추적_311
자기평가_302
자신들의 별세계_102
자아의 수행_78

자율성_100

장식용 주제_321

장식적인 문장_268

장인정신_227, 238

전략적 투표_172, 222

전치 효과_219

정년보장_73, 81, 292

정당성 위기_20, 104

정독_107

정실_223

정의의 영역_285

정전화_104, 294

정직성_277

정확성_237

제도적 다양성_284, 328

제임스 클리포드_128

젠더_119, 167, 297

젠더 다양성_284, 298

젠더 차별_309

젠더의 효과_207, 211

조앤 스코트_145

조지 마커스_128

조지 애커로프_233

조직유효성_314

존 마이어_45

존중의 규칙_197

중요성_39, 70, 102, 227, 279

지성의 표지_265

지적 아비투스_226, 257, 338

진정성_266, 276, 337

진정한 학제성_291

질적 연구_312

집합적 평가_335

ㅊ

찰스 캐믹_258

찰스 퍼시 스노_84

창의성_27, 102

치열한 시합_210

친화력_21, 173

ㅋ

캐린 노르−세티나_44

커뮤니티 칼리지_286

크리스토퍼 젱크스_226

크리스틴 뮤셀린_341

ㅌ

타렉 마수드_137

타자성_36

탈전문화_108, 148

탐구 신념_85

토머스 쿤_242

통합성_207
투명성_237
특정한 사람들_165
틀짓기_39

ㅍ

패널_18, 187, 336
페미니스트_144, 174, 305
페미니즘_61, 107, 236, 252
편파성_156, 343
평가 기준_202
평가위원_31, 54, 144, 230, 273, 338
평가의 맥락_173, 222
평가의 화용론_346
폐허 속의 대학_226
포스트구조주의_90, 104, 147, 252
표준_20, 227
프랑소와 뒤베_81
프랑스의 저온살균_271
프로그램 관리자_31, 55, 144, 344
피에르 부르디외_37, 122, 311, 340

ㅎ

학문 간 대화_111
학문공동체_17, 44, 167
학문분과_17

학문적 수월성_18, 32, 85, 90, 125, 142,
252, 303
학문적 인간_40, 269, 340
합리적 선택_138
해석적 연구_259
혁신성_235
협력관계_171
협소한 지원서_250
혼종_292
확장된 다원주의_119
활동 중인 과학_271
회복작업_52
후광 효과_38, 234